国家电网公司
电力科技著作出版项目

信息化企业
理论、方法与实践

王继业 著

XINXIHUA QIYE
LILUN FANGFA YU SHIJIAN

中国电力出版社
CHINA ELECTRIC POWER PRESS

内 容 提 要

在现如今各个行业的价值链都将经历营收和利润激烈变革的环境下，信息化将为创新发展赋予新的动能。成功经历这次转变且在新时代脱颖而出的信息化企业更能有效的提高管理效率、运营效率以及服务水平，在激烈的市场竞争中保持基业常青、立于不败之地，同时也足以影响全球信息化格局。基于此，编写了《信息化企业理论、方法与实践》一书。

本书共包括 7 章，分别是概述，企业信息化概况，信息化企业定义、模型与特征，信息化企业评价体系，信息化企业建设，信息化企业典型实践与成效，信息化企业的演进与发展。

本书可供政府及企业等单位、部门信息化管理者、科研技术人员、工程建设运行者和应用人员学习使用，也可供大专院校相关专业广大师生阅读参考。

图书在版编目（CIP）数据

信息化企业理论、方法与实践 / 王继业著 . —北京：中国电力出版社，2019.5
ISBN 978-7-5198-0670-5

Ⅰ．①信⋯　Ⅱ．①王⋯　Ⅲ．①企业信息化－研究　Ⅳ．① F272.7-39

中国版本图书馆 CIP 数据核字（2019）第 034384 号

出版发行：中国电力出版社
地　　址：北京市东城区北京站西街 19 号（邮政编码 100005）
网　　址：http://www.cepp.sgcc.com.cn
责任编辑：罗翠兰
责任校对：黄　蓓　太兴华
装帧设计：张俊霞
责任印制：石　雷

印　　刷：三河市万龙印装有限公司
版　　次：2019 年 5 月第一版
印　　次：2019 年 5 月北京第一次印刷
开　　本：710 毫米 ×1000 毫米　16 开本
印　　张：20.25
字　　数：316 千字
印　　数：0001—2000 册
定　　价：68.00 元

谨将此书献给为电力信息化做出贡献的信息化管理者、科研技术人员、工程建设运行者和应用人员。

序言一

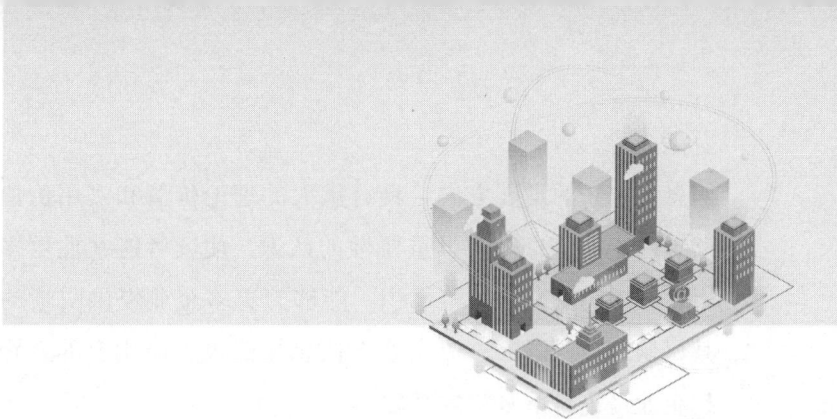

随着我国电力工业体制改革的不断推进，电力企业信息化已成为支撑电力企业生产、经营、管理和建设世界一流能源企业的基础。特别是大数据、云计算、物联网、移动互联、人工智能和区块链等新技术的迅猛发展，在诸多因素的合力推动下，信息化也将进入发展转型的关键期，信息化建设的技术、理念、理论、模式及评价标准等都已发生或即将发生重大变化，需要用全新的理念和方法去筹划。信息化企业是一个全新的概念，是新时代企业发展的新阶段，是所有企业实施信息化的必然方向。中国有句俗语："打铁必须自身硬。"国家电网公司在十多年的信息化统一建设过程中，领导重视、持续投入、技术引领、方法得当，用很短的时间建成了世界上规模最大的一体化集团企业级信息系统，覆盖了各专业、各层级、各单位，系统内部用户数超过 250 万户，外部用户数超过 2 亿户，很好地支撑了国家电网公司的安全稳定运行和客户优质服务，信息化也取得了很好的绩效，年综合贡献率超过主营业务收入的 1‰，信息化和企业运营发展形成了健康良好的互动循环。事实证明，企业要想管理提质增效，亟须接受全新的管理理念方法和技术支撑，只有借助于信息化带来的高效率、高质量、高绩效、低成本，不断提高企业综合管理水平、技术水平和企业核心竞争力，如此才能在严酷的市场竞争中立于不败之地，这也正是信息化企业的核心内涵。

本书作者王继业教授拥有 30 多年电力信息化建设的宝贵理论和实践经验，并总结出许多可供企业借鉴的信息化建设方法，他从企业管理创新的角度出发，以国家电网有限公司企业信息化建设工作实践作为案例，梳理不同企业实施信息化过程中的异同点，比较全面地阐述了国家电网公司信息化建设所涉及的理论、方法、步骤、技术要点，并在此基础上总结企业信息化建设通用方法，提出"数字化企业—信息化企业—智慧化企业"的发展路径，进一步探讨了企业信息化未来的发展方向，具有重大的理论价值和实用价值。相信本书能够加深读者对企业信息化建设重要性的认识，使读者能掌握更多有关信息化建设、运行、应用、安全防护等知识，能够为更多企业提供明晰的信息化实施方向，使其尽快缩短同国际一流企业在信息化建设和应用上的差距，为向国际一流的卓越企业迈进打下坚实的基础。

中国工程院院士
华北电力大学原校长　刘吉臻

2019 年 2 月 20 日

序言二

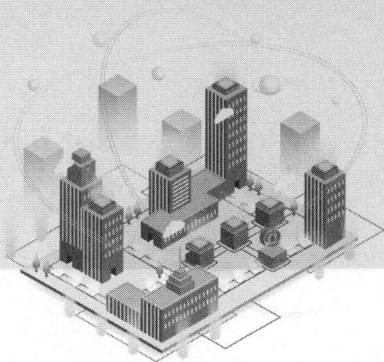

随着大数据、云计算、物联网、移动互联等新技术不断融入企业价值链的各个环节，企业信息化从最初的信息技术驱动转变为信息战略驱动，信息化也从最初的跟随、支撑向驱动引领转变。信息是企业管理的基础要素，面对信息革命即将到来的巨大浪潮，许多企事业单位尤其是管理者对于如何借力信息化提升企业绩效并不是十分清楚，对于企业信息化的发展形态及其作用的认识较为模糊，对于如何多快好省地建设企业信息化更是模棱两可。为避免企业盲目进行信息化投入和无效的建设，使企业了解和掌握信息化企业的概念、内涵及建设方法，王继业同志结合国内外最新科技和工程实际成果以及自己多年从事电力信息化工作的经验撰写了本书。

本书以宽阔的视野与读者一起回顾信息化的概念由来以及对人类社会的作用，进而全面系统地介绍了信息化企业的基本内容、特征、能力和评价体系，从实用性和综合性的角度出发，以信息化建设为中心，以国家电网信息化企业实践为基础，通过以信息化建设战略为"道"，以信息化建设策略为"法"，以信息化建设方法步骤为"术"，以信息化相关的各种基础技术为"器"四个方面的阐述，讲清其内在建设逻辑，总结出信息化企业具体可实施的路径。其中，国家电网有限公司科学的信息化企业建设方法，合理的信息化企业评价指标以及周密多层次的验收步骤，是承载企业使命、践行企业创新发展、建设一流现代化企业的创举，值得其他企业学习。尤其让我惊喜的是，本书将本来模糊的信息化概念和内涵，以及复杂的技术路线和方法论阐述得直接明了，没有模棱两可，有很强的实用性，比如创造性地提出信息化企业"SMART"模型，明确了信息化企业标准，科学判断企业信息化的实施环境；又比如在论述信息化企业技术路线和方法论时，从确定中长期规划和年度计划、明确技术路线和管控措施、开发和实施、运行维护、信息系统应用、网络与信息安全保障等方面展开叙述，深入浅出，有很强的实践指导意义。愿此书能为广大读者厘清概念，增强指导，推动电力行业的信息技术进步和广泛深入应用，为提升我国信息化水平做出一定的贡献。

中国科学院院士

2019 年 3 月 20 日

前　言

从 20 世纪 60 年代起，电子数字计算机逐步由科学计算领域走向普通社会，并随着个人计算机（PC）的普及应用于各行各业，掀起了各行业信息化的浪潮，企业信息化、政府信息化、教育信息化、医疗信息化等发展得如火如荼，为经济社会带来了巨大变化和创新。尤其是互联网的出现，进一步加快了信息化的步伐，"互联网＋""数字化转型""数字中国""智慧地球"等新概念层出不穷，日新月异。面对信息化发展的迅猛态势，人们对越来越多的新概念、新理念认识不一，一定程度上为信息化的发展增添了不确定性。诸如，数字经济与信息经济有什么不同，数字化与信息化有什么不同，数字化转型是否信息化的高级阶段，企业信息化建设有无方法和规律可循，企业信息化发展到什么时候到头，发展的最终结果是什么形态，企业信息化与信息化企业有什么不同等，专家学者以及业界相关人士对此进行了长期探索。笔者有幸经历了这一过程，并在从业 30 多年后对这一变化体会颇多。可以说，数字化与信息化并不矛盾，是发展的两个阶段；企业信息化与信息化企业是不同的，后者站位更高，着眼于企业自身发展，是信息化发展的真正目标和动力。为了使广信息化从业人员深入了解企业信息化与信息化企业的不同，了解信息化企业的概念、内涵以及建设方法，笔者对信息化企业理论和实践探索成果进行了总结、提炼，形成本书。

应该说，信息化企业这个概念提出后更多时间仅仅处于理论探讨阶段，国外企业没有相关实践，国内企业中除了国家电网有限公司外仅有少数单位提出设想，并未有真正付诸实践。虽然有些企业可能事实上已经达到了信息化企业的标准，但由于没有进行认真的评估缺乏权威的结论。国家电网公司从 2010 年起研究信息化企业的评价方法并在个别所属企业中试点验证，2015 年起正式启动对所属单位的信息化企业评价。通过两化融合贯标、单位自评、专家审核、专家远程测试、现场验评等环节，至今已有 21 家省级电力公司通过了信息化企业的验评，目前这一计划仍在进行之中，预计到 2020 年完成全部 60 多家所属单位的信息化企业验评，这在国内外也是一个创举。

本书通过梳理理论界和实业界对于信息化企业的观察，并结合笔者长期参与国家电网信息化企业创建工作经验，从信息化企业发展源流、内涵、原理、评价、建设以及未来展望等方面加以论述。

在阐述信息化企业相关理论和实践经验时，关于本书的特色，其一，在于将信息化企业与读者们耳熟能详的企业信息化进行比对分析，从其天然而生的有机联系到截然不同的原则、内涵等方面展开说明，加深读者对于信息化企业的理解程度。其二，本书融会贯通国内外关于信息化企业建设的学界、政府机构、企业多方经验，将最新的技术动态前沿加以详细介绍，如"大云物移"、人工智能、混合现实、区块链等，从而为读者开展信息化企业建设提供有力的技术抓手。其三，本书以国家电网公司、中国石油、中国石化、沃尔玛、亚马逊、中国联通、中广核、华为公司、柳工集团等企业信息化建设实践经验为典型案例，通过博览特大型集团、大型集团以及中小企业不同类型企业特点，提出了一整套适配各类型中国企业的信息化企业建设方法论，具有较强的实操指导意义。

本书虽然描述了信息化企业的有关原理和方法，但由于主要面向完整而全面的方法论，对于大型、特大型集团企业更为合适；对于中小企业，由于规模较小，可以吸取其理念，选择性地摘取其部分方法作为参考。对于其他机构，比如政府、医院、学校、科研院所等机构，其"信息化＋机构"的方法和实践也是可以借鉴的，因此本书也适用于各类机构的信息化建设。本书对于各类企业、政府机构、大专院校、科研院所的信息化从业人员、研究人员，以及教师、学生等都具有一定的借鉴意义。

最后，衷心感谢中国科学院院士、清华大学卢强教授，中国工程院院士、华北电力大学刘吉臻教授为本书作序并给予指导。衷心感谢国家电网公司信息通信部的郝悍勇同志，上海久隆企业管理咨询有限公司的史景超、高原同志，北京国网信通埃森哲信息技术有限公司的张瑜同志，以及全球能源互联网研究院的王家凯等同志，分别在理念讨论、材料收集、文字修订等方面给予大力帮助和支持。衷心感谢中国能源建设集团有限公司科技信息部主任王聪生、中国网安科技委副主任胡建生、中国电科院副院长王继业（与作者同名）三位专家对本书信息化企业典型实践的精彩点评。

  由于水平有限加之时间仓促，疏漏之处在所难免，敬请读者提出宝贵意见。

编者

2019 年 2 月

目 录

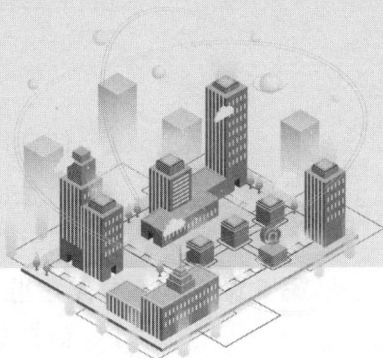

第 1 章　概　　　述

1.1　信息化由来

在人类发展的进程中，科学技术对经济发展和社会进步起着关键性的作用。新技术往往会诱发社会创新，进而带动社会的进步。两个多世纪以前，起源于西方的工业革命开启了从早期的自然经济向工业经济发展的进程。近 20 年来，信息技术的快速发展和应用普及，使信息化成为推动国家发展的最强的动力，计算机和新型通信方式，也标志着第三次工业革命的开始。在此过程中，信息数据化和进一步的数字化，电脑自动化运行，人们把需要做的事情编写好对应的程序，然后让程序运行，代替人们做那些重复而又易出错的事情。互联网和信息技术的快速发展，使得数据海量汇聚，也使得数据越来越具有价值。有了有价值的数据，为行政服务科学化提供巨大动力和强大的技术手段，就可以为各个领域的决策提供更加准确、可靠的支持。这使得企业、行政、商业等领域向数字化、信息化等方向发展，使得企业管理、行政服务及商业决策更具前瞻性、更能够把握先机。自此，第三次工业革命启动和萌发了进入信息社会的前提，开启了信息化的大门。

1.2　时代演进

人类文明在不断开化发展过程中，对于信息的掌握程度日渐加深，信息传递和交流方式随着新技术如雨后春笋般地涌现且不断创新发展，对于社会和经济的发展起到了无与伦比的倍增作用，劳动事务处理效率不断提高，大大加快了人类社会发展的历程。在蒸汽机发明之前，人类用了 1800 多年才使得劳动效率提升 1 倍；电动机发明之后，每 50 年人类的劳动生产效率提升 1 倍；到 1946 年计算机出现后，每 20 年就能提升一倍生产效率，为人类社会发展带来了翻天覆地的变化，大大加快了历史的发展进程。尤其是20世纪90年代以后，互联网技术的迅猛发展让人类社会发生了翻天覆地的变化；从1974年TCP/IP协议诞生到1994年互联网商业化，20年来生产效率提升了1倍多，而现在全球已形成40亿互联网用户，增长速度更快，潜力不可预料。同时，"互联网＋"、人工智能、区块链与数字化提供了强有力的技术支撑，互联网使人类正处于加速变化的浪尖上，速度超过历史上任何时刻。技术进步对人类社会的巨大影响见图1-1。

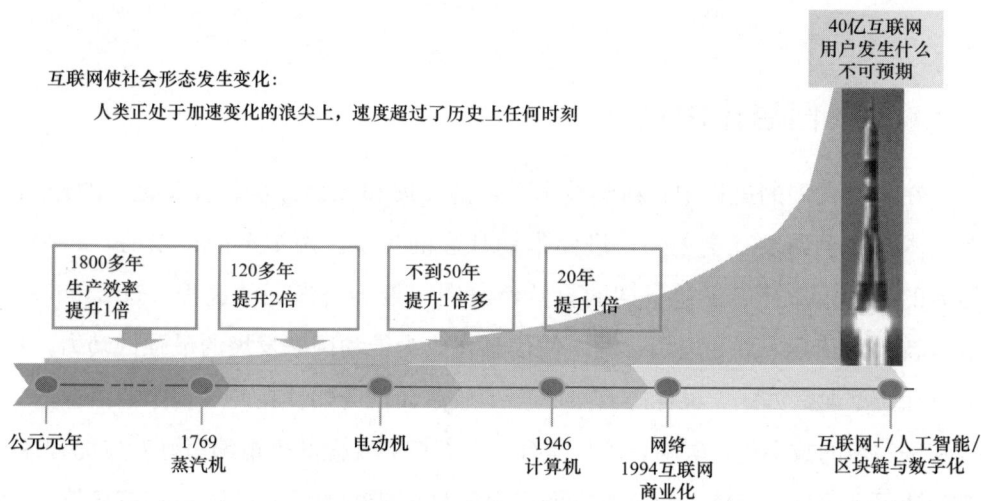

图1-1 技术进步对人类社会的巨大影响

计算机与信息技术经历了半个世纪的发展，给人类社会带来了巨大的变化与影响。在支配人类社会的三大要素（能源、材料和信息）中，信息越来越显示出其重要性和支配力，并将人类社会由工业化时代推向信息化时代。随着人类活动范围的扩展，生活节奏的加快，以及技术的进步，人们能以更快速、更容易、更廉价的方式获取和存储数据，使得数据及其信息量以指数方式增长。互联网使社会形态发生巨大变化见图1-2。

人类社会形态从生产力的角度可以划分为农业社会、工业社会和信息社会。在此演变过程中，信息起到了至关重要的作用。而信息化是充分利用信息技术，开发利用信息资源，促进信息交流和知识共享，提高经济增长质量，推动经济社会发展转型的历史进程。20世纪90年代以来，信息技术不断创新，信息产业迅猛发展，信息网络广泛普及，信息化成为全球经济社会发展的显著特征，并

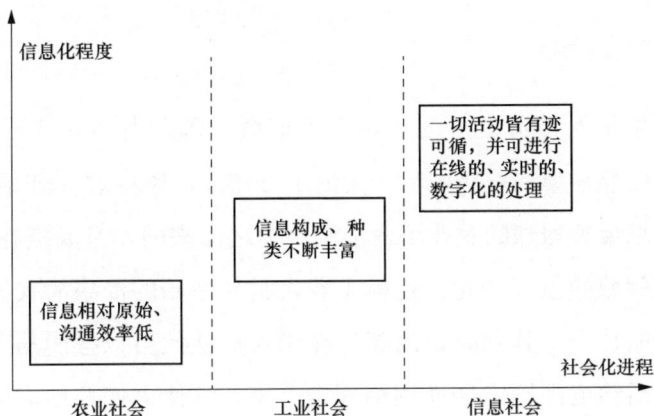

图 1-2　互联网使社会形态发生巨大变化

逐步向一场全方位的社会变革演进。进入 21 世纪，信息化对经济社会发展的影响更加深刻。广泛应用、高度渗透的信息技术正孕育着新的重大突破。信息资源日益成为重要生产要素、无形资产和社会财富。信息化与经济全球化相互交织，推动着全球产业分工深化和经济结构调整，重塑着全球经济竞争格局。农业社会、工业社会与信息社会的区别见表 1-1。

表 1-1　　　　　　　　农业社会、工业社会与信息社会的区别

项目	农业社会	工业社会	信息社会
起始时间	大约 1 万年前	18 世纪 60 年代	21 世纪初或目前正在进入
主要信息传递媒介	驿站、烽火台、书信	电话、手机、计算机	手机软件、网页
主要信息革命	语言的产生、文字的创造、造纸和印刷术的发明	蒸汽机的发明、电的发明、计算机的发明	微处理器芯片的发明、互联网的发明、智能化技术的成熟
信息构成	文字、符号、语言、音乐	文字、符号、语言、音乐、视频、图片	文字、数字、图片、音乐、语言，视频、三维时空信息
主要特征	信息传递方式相对比较原始，沟通（传递）缓慢、低效，信息形式单一，内容不清楚，但信息传递是单线传播，过程中信息损耗较少，有利于信息的保存（文字记录）	信息的产生、记录、存储、传递和表达的种类更多，传输更快速进一步缩短了信息交流的距离，也使得沉淀的信息量越来越大，信息既便于保存，又易于广泛传播，信息的传递效率得到大幅度提升	信息均是动态的、数字化的、在线的、随时更新的，而且均以数字化的形式在线存储，并且以其低成本的信息获取，大幅度提高劳动生产率

1.2.1 农业社会

农业的产生是人类历史上的一场重大革命。在人类 300 多万年的历史中，绝大部分时间依靠采集和狩猎生活。大约 1 万年前，原始农业开始萌芽和发展，由此引发了一场轰轰烈烈的农业革命浪潮。随之而来的，是人类在生产、生活、社会和思想等领域的重大变化。这标志着人类从原始的渔猎时代开始进入以农业为基础的文明社会，其划时代的意义在于人类从此可以摆脱居无定所的游牧生活。人们的活动范围因定居而逐渐固定下来，这使人们开始有时间、也有动力发展城镇和自己的文化。在人类社会文明的发展进程中，曾经有过几次比较重要的、与信息和信息处理技术相关的技术革命，如语言的产生、文字的创造、造纸和印刷术的发明等，这些诞生于农业时代的辉煌成就，对扩展社会信息的传播，促进经济和社会的发展有着极为重要的意义。

农业社会的信息传递和交流方式虽然在不断地进步和发展，但是其总体特征是传递速度慢、信息形式单一、内容不精准；信息传递是单线传播，过程中信息损耗较大，有利于信息的保存。这些特点与当时人类社会整体的效率相匹配。其中，驿传是见诸记载最早的信息传递方式之一，是早期有组织的通信方式。从西周开始，我国就形成了一整套完备的驿传制度，并逐渐发展成为后来的邮政系统。为了传递军事情报，人们还设立了烽火台，利用火光与狼烟传递信息。此外，人们还想出了许多奇异的信息传递方法，如漂流瓶、信号树、信鸽、信猴等。总的来说，在农业社会生产效率总体较低，一般有组织的通信系统有两套：一是以步行、乘车马为主的邮传通信系统；二是以烽火为主的早期声光通信系统。两种模式均缺乏信息的数字化和有效存储。

1.2.2 工业社会

18 世纪 60 年代，肇始于英格兰中部地区，以机器取代人力，以大规模工厂化生产取代个体工场手工生产的工业革命，让人类步入工业社会。机械力代替了人和牲畜的自然力，成为工业革命第一个阶段的主要特征。蒸汽机的发明和应用首先使纺织业由农舍进入工厂，而煤与蒸汽机的结合所产生的"蒸汽"，标志着现代经济纪元的开端。由蒸汽机所驱动的各种机械随后被用来开矿、生产纺织品、制造各种原来用手工生产的产品，大大提高了人类的劳动生产率。蒸汽驱动的轮船代替了帆船，火车代替了马拉的货车，原材料与最终产品运输和流通的效率也得以大大提高。

工业革命的第二阶段，作为工业革命第一阶段的继续，出现于19世纪后期。电的发明和应用是其主要的特征，在生产机械化的基础上解决了生产的电气化和自动化的问题。电的发明和应用衍生了许多其他的发明，促进了现代技术的发展，而且有力地推动了一系列新兴产业的诞生。1837年，美国人莫尔斯和两个英国工程师库克、怀斯顿几乎同时发明了电报机，使人类在历史上克服距离的障碍而实现通信成为可能。电报的发明，拉开了电信时代的序幕，开创了人类利用电来传递信息的历史，信息传递进入数字化阶段，从此大大加快信息传递的速度和效率。

但是，电报所传送的毕竟只是文字，且不能让人们进行即时的、双向的信息交流。因此，人们又开始探索一种能直接传送声音的通信方式，这就是电话。1876年，贝尔发明了第一部实用的电话，其所采用的电声和声电变换技术，也成为后来各种各样的电子录音设备的基础。在工业社会，由于电的发明，信息的交流与传递技术得到了前所未有发展，发生了革命性的变化，为信息化的出现及快速发展奠定了坚实的技术基础。1946年在美国宾夕法尼亚大学诞生了世界上第一台现代电子数字计算机埃尼阿克（ENIAC），标志工业革命第三阶段的开始。1971年，第一个微处理器芯片的发明，强化和加速了这场信息革命。

总之，蒸汽机、电力、计算机的发明，使得信息的产生、记录、存储、传递和表达的种类变得更多，传输更快速。20世纪70年代，互联网等技术的出现，使信息交流更为便捷。数字化技术的深入应用，使得沉淀的信息量越来越大，信息既便于保存，又便于广泛传播，进一步提升了信息传递效率。

1.2.3 信息社会

信息社会又称信息化社会，是工业化后期出现的新型社会形态，信息在社会中发挥重要作用。从20世纪中叶开始的信息革命是人类历史上生产技术变革的第三次浪潮，对人类的生产、生活、社会和思想等都产生了重大影响。理论上，人类的一切逻辑思维活动都可以"数字化"。与工业化延伸人类自然力中的

"体力"相呼应，信息化延伸的是人类自然力中的"脑力"。人类社会的方方面面无处不用"脑"，信息化也就无处不在，这正是信息化的生命力之所在。此外，信息化往往不是单独存在的，而是与农业化、工业化相互结合，从而发挥出巨大的复合作用。近年来，信息化与工业化的融合，使工业化开始走向以数字化为基本特征、逐步向智能化和网络化发展的道路，人类的劳动生产率由此开始了前所未有的加速发展。虽然人类社会正在步入信息社会，但是农业化和工业化也并未结束，它们与信息化不是"有你无我"的互斥型发展过程，也不是一先一后、互相"断代""你方唱罢我登场"的关系；信息化与农业化、工业化，是一个相互融合、相互渗透的包容性发展过程。促进信息化与农业化、工业化的深度融合，已经成了信息时代人类文明发展的主题。首先，在生产活动范围广泛的工作过程中，引入信息处理技术，从而使其自动化程度达到一个崭新的水平；其次，电信与计算机系统集成合一后，可以在几秒钟内将信息迅速传递到全世界任何地方，从而使人类活动各方面表现出信息活动的特征。最后，信息和信息传输处理的机器成了一切活动的积极参与者，甚至参与了人类的感知活动、概念活动和原动性活动。在此进程中，信息正在以系统的方式被应用于变革物质资源，正在替代劳动成为国民生产中"附加值"的源泉。这种革命性不仅会改变生产过程，更重要的是，它将通过改变社会的通信和传播结构而催生出一个新时代、新社会。在这个社会中，信息成为社会的主要财富，信息流成为社会发展的主要动力，信息源成为新的知识源。随着信息技术的普及，信息的获取将进一步实现平等化、便捷化，在社会政治关系和经济竞争上，胜负取决于谁享有信息源优势。信息和信息技术的本质特点，在社会和经济发展方面也必将带来全新的格局。

信息社会中的信息传输高速化，天地一体、有线无线相融合，如光纤、无线、卫星通信，无处不在，无时不在，覆盖了人类生活的方方面面、任何时间与地点。主要传递的信息内容包括文字、数字、图片、音乐、语言，还有时空信息（三维的）等类型，这些信息是在线的、随时更新的，而且均以数字化的形式在线存储。目前，人类正处于信息社会的进程中，人类的生产劳动效率进一步大幅度提高，信息技术已经融入日常工作生活之中，一切活动皆有迹可循，并且通过在线的、实时的、数字化的采集、存储、传递方式，得以实时记录，以数字化的形式通过信息网络传播。在信息社会中，信息技术及产业将进一步发展，信息技术涉及信息和数据的采集、处理、存储以及通信设备、计算机、软件和消费类电子产品等领域，工业、农业、服务业发展进一步数字化，高度融合，界限逐渐模糊。信息的处理方式也相较于以前更加高效，通过在线实时计算、智能化（语言识别、图像识别、视频识别、深度学习）促使产业结构的调整、转换和升级，促进人类生活方式、社会体系和社会文化发生深刻变革，夯实信息社会的基础。

伴随着全球进入信息时代，一场数字革命正在中国风起云涌。据 2018 年知名社会化媒体传播公司 We Are Social 和 Hoot Suite 的最新全球数字报告显示，全球使用互联网的网民数量已经超过 40 亿户，全球互联网普及率超过半数。得益于近十几年移动网络与智能设备的发展，在这 40 亿户网民中，有大约一半使用智能手机上网。根据 2018 年 1 月 31 日，中国互联网络信息中心（CNNIC）发布的第 41 次《中国互联网络发展状况统计报告》中显示：截至 2017 年 12 月，中国网民规模达 7.72 亿人，普及率达到 55.8%，超过全球平均水平（51.7%）4.1 个百分点，超过亚洲平均水平（46.7%）9.1 个百分点且还在持续增长。这意味着，以互联网技术为代表的信息时代正以前所未有的速度从根本上重构中国人的生活方式。进入 21 世纪以来，信息技术在政治、经济、文化等各个领域不断渗透和推陈出新，正深刻改变着人类社会的运作方式和创新模式，驱动信息社会快速实现转型升级。根据中国互联网络信息中心在第三届世界互联网大会上发布的《国家信息化发展评价报告（2016）》，在对 2011～2015 年原始数据开展统计分析的基础上，采用综合评分法计算得出的各个国家和国内各省（区、市）的信息化发展指数，得到了世界各国的政府部门、行业组织普遍关注。在国家信息化发展总指数方面，中国排名从 2012 年的第 36 位迅速攀升至 2016 年的第 25 位。其中，美国、日本和中国信息化发展总指数分别为 84.4、81.5 和 72.8，中国的信息化指数排名大幅度提升。"二十国集团"国家信息化发展总指数对比见图 1-3。

随着云计算、大数据、物联网、人工智能、下一代移动网络技术的逐步成熟和应用，以数据的深度挖掘和融合应用为主要特征的智慧化，将成为未来数字化的重要标志。新一代信息技术在经济社会领域的渗透日益深入，未来经济

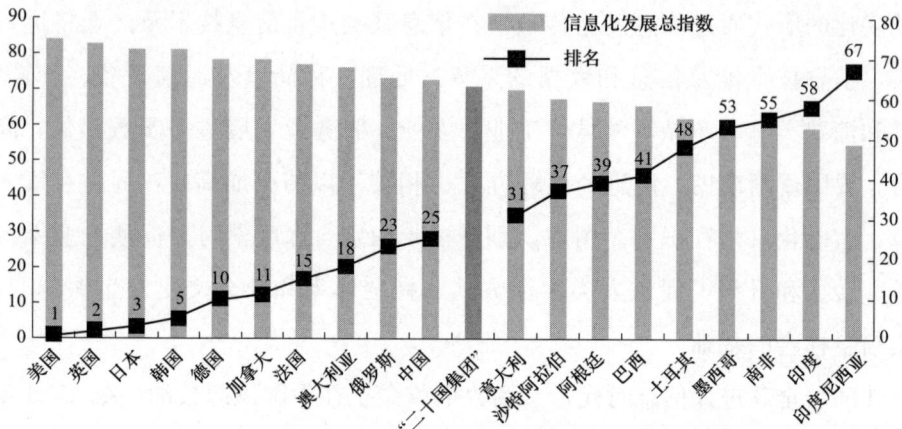

图 1-3 "二十国集团"国家信息化发展总指数对比

发展的技术延展性将不断增强，商业、产业、企业活动的边界也会不断拓展和融合。根植于新兴信息技术的全新经济系统——数字经济跃上历史舞台。根据阿里研究院、毕马威等机构发布的 2018 全球数字经济发展指数报告显示，中国位于 2018 全球数字经济发展指数第二位，仅次于美国。其中，中国在数字消费者分指数方面排名全球第一。美国用了 14 年，电子商务用户渗透率达到 50%，而中国仅用了 9 年时间。《2017 中国数字经济发展报告》中显示，2016 年全球发达国家（美、日、德、英）数字经济占 GDP 比重均在 50% 左右，美国数字经济规模占 GDP 比重超过 58%，超 10 万亿美元，排在全球首位。2017 年中国数字经济占 GDP 的比重仅为 32.28%，虽然中国经济发展速度加快，但与发达国家相比仍有很大的差距。

笔者认为，信息社会是以电子信息技术为基础，以信息资源为基本发展资源，以信息服务性为基本社会产业，以数字化、网络化、智能化为基本社会交往方式的新型社会。

故而，笔者提出以数字经济在国民经济中的比重达到 2/3 作为判断是否进入信息社会标准，如果数字经济在国民经济中的比重超过 2/3，则可认为已经进入信息社会。因此，目前世界发达国家正处于大步迈向信息社会的进程之中，发展中国家和不发达国家则刚刚启动信息化进程。

1.3　信息化概念与应用

信息化（Informatization）是信息技术（Information Technology，IT）应

用的过程，是 IT 技术与 IT 产业发展在社会经济各部门各单位应用基础上，不断运用 IT 技术改造传统的经济、社会结构从而通往如前所述的理想状态的一段持续的过程。使用信息化技术后，可以极大地提高各种行为的效率，为推动人类社会进步提供极大的技术支持。

1.3.1　信息化的概念

信息化的概念首先是由日本学者梅棹忠夫提出来的，而后被译成英文传播到西方。西方社会普遍使用"信息社会"和"信息化"的概念是 20 世纪 70 年代后期。关于信息化的表述，百度百科定义为：信息化代表了一种信息技术被高度应用，信息资源被高度共享，从而使得人的智能潜力以及社会物质资源潜力被充分发挥，个人行为、组织决策和社会运行趋于合理化的理想状态。

1997 年召开的首届全国信息化工作会议，对信息化和国家信息化的概念第一次做了明确界定："信息化是指培育、发展以智能化工具为代表的新的生产力并使之造福于社会的历史过程。国家信息化就是在国家统一规划和组织下，在农业、工业、科学技术、国防及社会生活各个方面应用现代信息技术，深入开发广泛利用信息资源，加速实现国家现代化进程。"在中共中央办公厅、国务院办公厅印发《2006～2020 年国家信息化发展战略》中，其叙述如下：信息化是充分利用信息技术，开发利用信息资源，促进信息交流和知识共享，提高经济增长质量，推动经济社会发展转型的历史进程。

笔者认为"信息化"是指信息技术在社会经济活动中广泛应用的过程，是信息的收集、传输、处理和应用的全过程。企业信息化技术处于不断发展的过程中，它不仅与信息技术的整体进展有关，也与企业的经营管理目标、需要和行为密切相关。其中，数字化仅仅是为信息化提供生产工具的第一阶段，即通过提供计算存储等基本数字化能力，为信息获取、信息传递、信息处理、信息再生、信息利用等打下技术基础。同时，随着信息化技术发展，数字化只有逐渐发展到构建并运行一个庞大规模、自上而下、有组织的信息网络体系，并逐渐改变人们的生产方式、工作方式、学习方式、交往方式、生活方式、思维方式等时，才能说达到了信息化阶段。从信息化和数字化的概念和广泛应用中，东西方对于信息化的理解不完全一致，西方社会更注重于数字的收集和处理，以数字化（Digital）为主要思维，强调现实世界向数字世界的技术转化；而东方社会更注重于信息（Information），这里强调的是以信息的转化和应用为导向，按需使用技术手段作为支撑。

1.3.2　信息化在各行各业中的应用

一般来说，信息化通过自动化效应、信息效应、变革效应三种模式创造价值。自动化效应指的是通过信息化和自动化节省劳动力、降低成本、提升生产力、提高劳动效率。信息效应是指在信息资源层面，一方面信息化改善信息传递、处理的质量；另一方面信息化用先进的管理理念影响人的行为，提高人们的思维素养和企业领导的决策能力。变革效应则是最高层次，指的是信息化能带来发展模式的转变和产业结构的提升，引领竞争能力的提高，从而帮助一个单位或一个行业抓住重大机遇，适时整合、重组资源，在变革中谋求新的发展。这三种模式的直接结果就是一个单位或一个行业效率、效能和效益得到显著提升。效率的提升，体现在各环节的管理效率、技术效率、工作效率和工作质量有明显改善；效能的提升，突出体现在具有了信息化能力，即通过信息化可以改善企业生产、经营、管理、营销等各环节的业务流程、业务标准化规范化、业务协同以及信息集成，可以具备过去达不到的能力甚至业务创新，从而显著提升企业的核心竞争力；效益的提升，则体现在通过信息化手段直接创造价值、制造效益或降低成本而增加利润，从而取得好的投资回报。

信息化价值的体现，必须以信息化的正确建设为前提。企业信息化实施的主体是企业，客体是信息资源，工具是信息技术。成功的信息化建设应使得信息化能够加入整个企业价值的创造过程。因此，信息化本身也可看作是一种资源，一种可以使企业资产增值的工具。所以，在信息化的建设和应用过程中，应做好以下几点：一是将信息化投资有效地转化为信息技术应用；二是使信息技术应用形成有效的信息化能力；三是将信息化能力理想地转化为商业价值效果；四是保证商业价值的效果完全符合企业生存发展的核心价值，不能偏离。

信息技术在不同行业和机构的应用构成了行业信息化的主体，以下就政务信息化、企业信息化、城市信息化、农村信息化、教育信息化和交通信息化六个方面做简单介绍。

1.3.2.1　政务信息化

对于政务信息化，目前国内外学者有不同的称谓和理解。有人认为政务信息化就是政府办公自动化，有人认为政务信息化就是政府信息资源的管理，是"政府上网"，也有人借用电子商务的要领将其称为电子政务。而"电子化政府"则是国际上通用的一个概念。事实上，政务信息化的内涵是随着信息技术的发展和在政府管理中的应用程度而不断变化和扩展的。

所谓政务信息化或电子化政府，是指政府有效利用现代信息和通信技术，透过不同的信息服务设施（如电话、网络、公用电脑站等），使政府机关业务处理具备信息化和自动化能力，在此基础上进一步为企业、社会组织和公民，在其更方便的时间、地点及方式下，提供自动化的信息及其他服务，从而建构一个有回应力、有效率、负责任、具有更高服务品质的政府，做到让百姓一次都不跑，最多跑一次，让信息跑路的目标。简言之，政务信息化就是指政府行政管理方式、内容和手段的电子化、数字化、网络化和现代化。

尽管政务信息化的概念在表述形式上不尽相同，但都包含两个重要内涵：第一，运用先进的信息、通信以及网络等技术手段，打破传统政府管理的物理组织界限，整合和贯通政府部门的行政流程，使得公众可以在不同的场所、利用不同的渠道随时获取政府的信息，参与公共决策和享受服务，而不是传统的层层关卡与书面审核的作业方式，从而实现传统的政府管理模式向适应当今信息时代要求的新政府管理模式的转换，实现对传统政府管理模式和公共服务方式的改革或改造。第二，政府部门之间及政府与社会各界之间也是通过各种电子化渠道进行相互沟通，并依据人们需求的不同、使用形式的不同以及要求时间及地点的不同，提供各种不同的服务选择，从而提高政府工作的有效性、透明性、廉洁性、服务性和便捷性，达到高质量服务于公众、服务于社会、服务于经济的目标。

1.3.2.2　企业信息化

随着全球化浪潮的日益发展和科学技术的不断深入，信息社会的来临正在引起世界范围内经济、政治、文化等多方面的结构重组和模式变动，信息技术在成为各国经济发展的主动推动力的同时，也成为塑造社会形态的结构性力量。作为现代社会的重要组成部分，企业的存在与发展不可避免地被卷入到当前的信息化浪潮中。应该说，企业信息化不仅是市场经济环境下企业存在与发展的题中之义，也是整个社会与经济发展的内在要求。

本质上，信息革命也好，信息化也好，都是源于人类对提高劳动生产率的孜孜不倦、无穷无尽的追求。劳动生产率的变化导致了经济和社会结构的变化，推动了社会的发展、繁荣和进步。

综合已有的研究文献来看，所谓企业信息化，是指在企业的设计、生产、分配、销售等各个环节中，充分利用以网络、计算机、通信、数据库等为媒介的现代信息技术、信息环境和信息资源，通过对信息资源的深度开发和广泛利用，搭建企业内部各个部门、生产各个环节及企业与企业之间的信息网络平台，实现企业内外部信息的共享和有效利用，在对企业的生产、销售、服务等的相关信息进行整合的基础上，可以为客户提供更好的服务，为合作伙伴形成一种合作共赢的生态链，同时在把握企业自身发展及市场环境的前提下，向企业的战略层、战术层和执行层提供准确有效的信息，从而使得企业能够在明确自身优势的基础上强化自身的竞争优势、优化自身的管理和经营策略。

简言之，企业信息化就是以计算机网络资源为媒介，使企业的各个环节实现自动化和网络化，从而极大激发企业的生产、经营活力，有效提高企业的绩效。在企业信息化过程中，企业信息必须以优化竞争力结构为目标，以提高经济效益为中心，以产品的最终销售为落脚点。纵观当前的企业发展现状，信息技术给一个企业带来的效益是不言而喻的。信息技术对企业经营管理等方面的介入，一是可以推动企业技术升级和技术革新，如提高企业运行的自动化程度、提升产品质量、改进生产工艺、降低能源消耗；二是可以建立健全各种信息化系统，帮助企业管理者进行科学决策和优化设计。从当前的企业操作实践来看，将信息化硬件和软件进行融合已是必然趋势，硬件与软件系统实现了企业内部与外部的网络连接，在信息共享的基础上提高了企业的管理和生产水平，从而优化了企业在转型期的生存策略和生存空间，助力企业实现绩效优秀。

从更深层次来看，信息化无疑构成了信息社会中最为强劲的生产力，信息化在企业运营中的成功应用成为推动企业发展的核心动力。信息化在企业的全面推行，不仅为企业管理和运营的规范化推进提供了必要的条件和手段，而且还将进一步推动企业在发展理念、管理模式、组织结构等方面进行全方位的变革。可以说，企业信息化趋势不仅是当前企业发展的内在要求，更是后工业社会中企业生存和发展的必由之路。

1.3.2.3 城市信息化

关于城市信息化，源于"数字城市"这一概念，信息化城市的发展过程又称作"城市信息化"。美国加利福尼亚大学伯克利分校的教授卡斯特罗最早在《信息化城市》（1989）一书中提出并进行了系统研究。他认为，在信息社会背景下，传统的城市空间正在逐渐被一种流动空间——信息空间所取代。这种流动空间通过强大的信息技术传媒把整个空间形式和社会文化规范分开来，并进行重新组合，从而形成了一个全新的"二元化城市"。书中探讨了信息社会城市的运行模式和形态特征，科学地讨论了信息化对城市功能与空间结构的影响问题，谈到信息空间分布的决定性因素，对于后来学者的研究具有很大启示和借鉴意义。随着信息技术的不断发展，很多学者对城市信息化的概念进行了不断的充实和完善。

在全球信息化风起云涌的大背景下，城市的信息化也日益受到重视。城市是全球各国的政治、经济、文化中心，城市经济是全球经济最核心的部分，城市信息化也必然成为全球信息化的核心组成部分。1994年，中国上海市敏锐洞察到美国等发达国家大力推进信息化的最新趋势，结合上海城市的特点，率先提出了"城市信息化"的崭新命题。2000年6月，由联合国经济及社会理事会支持下的联合国开发计划署、上海市人民政府、中国信息产业部和中国科学院共同主办了首届"亚太地区城市信息化高级论坛"，论坛主题为"推动城市信息化，共创未来新家园"，并发表了《亚太地区城市信息化高级论坛宣言》（即《上海宣言》），首次在全球范围内提出了"城市信息化"问题，使"城市信息化"的概念和相关内容得到联合国等国际组织以及全球众多国家和城市的广泛认同和响应。

城市信息化有以下几种理解：

（1）城市信息化是通过建设多媒体信息网络、地理信息系统等基础设施平台，整合城市信息资源，实现城市经济信息化，建立城市电子政府、电子商务、企业和电子社区，并通过发展智能化家电、远程教育、网上医疗等，建立信息化社区。

（2）城市信息化在某种意义上讲是国家信息化的缩影。相比之下，城市信息化规模小，界定划分不明显，可以理解为是国家信息化的重要组成部分。中国的城市信息化既要符合信息化的客观规律，又要符合国家的具体国情和各地的特色。所以说，城市信息化，在国家信息化发展的总体指导下，不仅指城市本身致力于发展信息产业，更是指城市利用信息技术及相关活动改造和发展社会、经济、文化、生活等一切领域。通过信息化提高和完善城市服务的功能，深入开发和广泛利用信息资源，加速城市现代化的进程，提高人民生活和城市环境的质量。

（3）城市信息化依托信息和网络技术，通过政府的组织行为，对城市各类信息资源进行有序、有效地整合，建设规范化和标准化的城市信息体系，建设统一的信息平台和完善的各类信息数据库，开发地理信息、专业应用、社区服务等一系列应用工程，形成整个城市发展、管理、服务功能的信息数字化，并为调控城市资源、预测城市风险、管理城市运营提供革命性的手段，使城市建设和发展提高到一个新的水平。

（4）城市信息化可以被形象地称为"数字城市"，即以计算机技术、多媒体技术和大规模存储技术为基础，以宽带网络为纽带，运用"3S"技术〔遥感（RS）、全球定位系统（GPS），地理信息系统（GIS）〕、遥测、仿真与虚拟技术等对城市进行多分辨率、多尺度、多时空和多种类的三维描述。简单地说，就是利用信息技术手段将城市的过去、现状和未来的全部内容在网络上进行数字化虚拟实现。

（5）城市信息化是指数字技术、信息技术、网络技术渗透到城市生活的各个方面，其本质是用数字化的手段来处理、分析和管理整个城市，促进城市的人流、物流、资金流、信息流的通畅与高速。城市信息化包括电子政务、电子商务、城市智能交通、市政基础设施管理、公共信息服务、教育管理、社会保障管理、城市环境质量监测与管理、社区管理等城市生活与管理的方方面面。

（6）城市信息化是区域信息化、领域信息化、企业信息化和社会信息化的交汇点。推进城市信息化，带动城市信息化发展，是国家信息化建设的重点。城市信息化是在经济、社会和生活的各个方面应用现代信息技术，深入开发和广泛利用信息资源，加速实现城市现代化的进程。推动城市信息化有助于政府对城市建设、管理和服务功能的提高，发挥城市的中心作用，加速城市化进程。城市信息化可以提升城市生活质量，提高公众参与的机会，推动廉政建设。城市信息化为企业信息化提供环境支持，有助于带动区域、领域、企业、社会信息化水平的提高。城市信息化将促进城市和地区产业结构的调整和生产力水平的提高，加速经济和社会的发展。城市信息化有助于提高全民素质，提升教育水平和教育质量，以及全民信息化知识和技能。

从社会发展角度看，城市信息化是促进城市社会形态由工业社会向信息社会演变的动态发展过程；从技术和产业发展的角度看，城市信息化就是信息技术和信息产业在城市的经济与社会发展中的作用不断增强并占据主导地位的过程；从资源利用的角度看，城市信息化就是城市信息资源得以充分开发和利用，并取代物质、能源成为社会发展最重要的战略资源的过程；从发展目的来看，城市信息化就是利用信息技术实现城市管理的过程。

1.3.2.4　农村信息化

作为农村建设的一个重要组成部分，农村信息化的发展正逐渐改善着农民的生活和农村的面貌，并且给城镇化进程带来了深刻的影响。如何充分发挥农村信息化的效用，促进农村和农业的可持续发展，使农民摆脱贫困并增加收入是当前中国政府面对的一个重要问题。

我国政府从 1994 年开始陆续制定了"金农工程""村村通工程"等一系列国家性普遍服务的政策，使得农村地区通信网络和农村信息化平台建设取得了一定的成效。农村信息化就是通过信息技术以及互联网在农村农民日常生活、劳作、销售的广泛应用，从而提高农民劳动生产率、扩大农产品的销售渠道，推动农村现代化。"十三五"时期，大力发展农业农村信息化，是加快推进农业现代化、全面建成小康社会的迫切需要。《中华人民共和国国民经济和社会发展第十三个五年规划纲要》提出推进农业信息化建设，加强农业与信息技术融合，发展智慧农业，全面加强信息技术与农业生产融合应用。一是推进物联网、大数据、空间信息、移动互联网等信息技术在农业生产的在线监测、精准作业、数字化管理等方面得到不同程度应用。例如，在大田种植上，遥感监测、病虫害远程诊断、水稻智能催芽、农机精准作业等大面积应用。二是在设施农业上，温室环境自动监测与控制、水肥药智能管理等加快推广应用。例如，在畜禽养殖上，精准饲喂、发情监测、自动挤奶等在规模养殖场实现广泛应用。在水产养殖上，水体监控、饵料自动投喂等快速集成应用。三是加强农业农村信息化装备建设，不断提升农田水利基础设施、畜禽水产工厂化养殖、农产品加工贮运、农机装备等基础设施信息化水平，加快推进北斗系统在农业农村中的应用。

1.3.2.5 教育信息化

信息与通信技术的迅猛发展及其在教育领域中的渗透，促使世界各国的教育信息化进程日趋加快，教育信息化也成为世界各国推进教育持续发展和变革的必由之路。作为跨世纪教育改革的一项重要内容和指标，教育信息化不断被世界各国纳入新一轮的教育改革之中。比如，联合国教科文组织的"教育信息化促进教学变革"行动计划，欧盟的"尤里卡计划"，韩国的"虚拟大学"，日本的第五代、第六代计算机进入教育网计划，新加坡的"智慧岛"计划等。

我国高等教育信息化起步于1998年，至2003年为教育信息化第一阶段，主要是完成软硬件设施建设；2003年至今为第二阶段，主要关注信息和信息技术在教育、教学中的应用。我国基础教育信息化则起步于2000年，第一阶段于2008年结束；第二阶段从2008年至今。随着教育信息化的发展重心从搭建基础平台转向深化应用、促进变革，软件资源的建设正在逐步成为教育信息化建设的重点内容。

在理论研究方面，随着信息与通信技术在各级各类教育情景中的应用，我国围绕"教育信息化"开展了大量的研究工作，议题涉及教育信息化的本质、特征与价值、历史与现状、基础设施建设调查、信息化教育资源的研究、人力资源培训的研究、信息技术在教学中的应用与教育管理的信息化研究、国外教育信息化政策对我国的启示的研究等。

在实践方面，近几十年来，我国的教育信息化工作取得了重大进展，经历了从无到有、从弱到强的发展过程。我国对教育信息化工作一直以来非常重视，投入了大量的资金，建设了教育网CERNET，网络大学、网上教学等设施，丰富了"国家精品课程""国家的视频公开课"等优质教学资源，建设了诸多学校、区域层次的"基础教育信息化资源库"。

1.3.2.6 交通信息化

信息技术的应用程度深刻影响着交通运输现代化进程，信息化是现代交通运输业发展水平的重要标志。在一定意义上讲，没有信息化，就没有现代交通运输业的发展，也就没有交通运输的现代化，加快推进交通运输信息化建设，以信息化带动交通运输现代化，是事关交通运输发展全局的重大紧迫任务。通过对公路、车辆、船舶、交通运输、港口等资源数据的规范化，提供一套方便快捷的应用系统，大力推进各种运输方式高效衔接和资源共享，应用信息技术提高交通运输装备水平、管理水平和交通运输服务质量，规范市场运行秩序，增强安全监管能力，从而大力推进交通运输业健康发展。在我国，《中华人民共和国政府信息公开条例》（简称《条例》）于 2008 年 5 月 1 日起正式施行，《条例》对保护公众知情权，提高政府透明度，建立阳光政府，促进依法行政，充分发挥政府信息对人民群众生产、生活和经济社会活动的服务作用都有了明确规定。为适应《条例》的要求，交通运输行业需要以公众的需求为出发点，加快推进交通运输信息化建设。根据《交通运输信息化"十三五"发展规划》，交通运输信息化建设将迈入全面联网、业务协同、智能应用的新阶段，信息服务能力进一步提升，商业化的交通信息服务蓬勃发展，公众信息服务体验不断改善，交通信息服务产业发展环境持续优化。例如，实现了全国高速公路电子不停车收费系统（ETC）联网运行，开展了京、津、冀、湘、渝等省（市）的中国高速公路交通广播系统建设，普遍提供了高速公路热线电话和网站等服务手段，移动应用服务（APP）和微信公众号等方式得到快速推广。27 个省（区、市）开展了省域道路客运联网售票系统建设，改善了百姓购票服务体验，方便了百姓出行。全国地级以上城市全部开通了 12328 交通运输服务监督电话，实现了交通运输服务监督"一号通"。围绕出行导航、订票、约租车、物流、飞机、航运和船舶信息服务等领域，商业化的交通信息服务 APP 呈现爆发式增长，创新了交通信息服务模式，大大改善了用户服务体验。

1.4　国内外政府对信息化的推进策略

进入全球经济一体化的信息时代之后，企业信息化建设是企业发展的必要条件，不能滞后。但我国企业往往面临资金少、技术人才缺乏、竞争能力相对较弱等现实问题。在充分认识我国企业信息化的现实状况、正确评估在薄弱的工业化基础上实现信息化的艰巨性的前提下，通过借鉴其他国家和地区等先进企业信息化发展的经验，寻找适合中国国情的企业信息化发展战略和实施举措，对于建设信息化企业具有十分现实的意义。

信息化对于人类社会和国家、民族的发展的重要性不言而喻。信息化推进生产力的发展、促进生产关系的变革，其所触发的社会经济转型和由工业社会向信息社会的转变，不仅将重绘全球的政治版图，而且将影响每一个国家在人类历史长河中的重新定位。因此，正确认识信息化、驾驭信息化，以信息化谋发展，也成为每一个国家在信息时代必须关注的重大问题。无论是美国、日本以及欧洲等经济发达国家或地区，还是中国、印度这样迅速崛起的新兴经济体❶，都在国家政策层面建立了信息化中长期发展战略，欲举全国之力来占据信息化这一未来发展高地。

1.4.1　中国政府对信息化的推进策略

我国是信息化起步较早的国家之一，我国政府认识到信息化的重要性和着手抓住信息革命的机遇的时间其实都不算晚。早在 20 世纪 50 年代，我国就开始在着手发展航空工业和原子能工业的同时关注信息化了。然而，我国的特殊国情，决定了我国只能在解决好温饱问题，经济发展到一定程度的时候，才能大规模地发展信息化。因此，我国真正开始大力发展信息化是从改革开放之后开始的。经过数十年的发展，我国信息化如同我国经济和社会的发展一样，取得了举世瞩目的成就。迄今为止，从政府对信息时代的应对角度出发，我国的信息化发展主要经历了酝酿、起步、全面推进和加速发展四个阶段。

一是信息化酝酿阶段（1956～1978 年）。1956 年，在周恩来总理亲自主持制定的《十二年科学技术发展规划》中就已经将计算机、半导体及电子学作为当时我国科学技术发展规划六个重点项目中的三项，我国的计算机技术和产业由此开始起步。"文化大革命"时期，电子计算机和通信技术经历了曲折发展的十年，计算机的研制与生产推进到了第三代，并开始了系列机的研制与生产，以及微型机的研制与应用开发。截至 1978 年，我国计算机应用领域由科研单位和高等院校逐渐向政府机构和企业扩展，虽然仍以科学计算为主，但已经逐渐扩展到了数据处理、过程控制等领域。

---

❶　这些新兴经济体，包括中国、印度、俄罗斯、巴西和南非，合称为金砖国家（BRICS）。

二是信息化起步阶段（1979～1989年）。1978年3月，中共中央在北京隆重召开了全国科学大会，邓小平同志提出了"科学技术是生产力"的重要论断。全国科学大会以后，中国科学技术事业特别是高新技术、信息技术跨越到了一个新的发展阶段。1983年，国家制定新技术革命对策时，首次把发展信息技术纳入国家政策，信息技术的重要性开始得到充分重视。1984年10月，十二届三中全会通过的《中共中央关于经济体制改革的决定》，揭开了中国信息化的序幕。同年12月，国务院做出了把电子和信息产业的服务重点转向发展国民经济、为整个社会生活服务的决定。同时，把电子和信息产业列为优先发展的高技术产业，并实行优惠政策；把加快电子信息技术的普及应用同改造传统产业结合起来，并以此促进电子信息产业的发展。1987年3月，第六届全国人民代表大会第五次会议正式通过《高新技术研究开发计划纲要》并组织实施俗称"863"计划。在"863"计划中，信息技术被列为七大重点发展领域之一。1988年8月，国家又制定了"火炬计划"，这个计划的宗旨就是使高技术成果商品化、高技术商品产业化、高技术产业国际化。

在政府机构的设置上，也体现出我国对信息化的重视在逐渐加强。1982年，第四机械工业部国家电子计算机工业总局和国家广播电视工业总局撤销，成立了电子工业部。1984年经国务院批准，国家计委成立了信息管理办公室，负责推动国务院有关部委经济信息系统的建设工作。1987年，国家计委的计划中心、预测中心与信息管理办公室三家单位合并组建了国家信息中心，负责国家经济信息系统的规划与建设。

三是信息化全面推进阶段（1990～1999年）。随着我国社会、经济持续快速发展，产生了对信息化的强烈需求。这个阶段的信息化发展重心从政治、科研领域扩展到了经济、社会、文化等各个领域，信息化的国际交流与合作也大大加强了。1992年5月，国家计委召开全国第三次产业规划会议，把大力发展信息服务业列为第三产业发展的重点内容。1993年12月，为适应全球建设信息高速公路的潮流，我国正式启动了国民经济信息化的起步工程——"三金工程"，即金桥工程、金关工程和金卡工程。同年12月，国务院批准成立国家经济信息化联席会议。"联席会议"的成立和"金字系列工程"的陆续启动，标志着中国信息化掀开了新的一页。

1995 年 10 月，十四届五中全会通过的《中共中央关于制定国民经济和社会发展"九五"计划和 2010 年远景目标的建议》，首次提出了"加快国民经济信息化进程"的战略任务。1996 年 5 月，推进信息化被纳入了《国民经济和社会发展"九五"和 2010 年远景目标纲要》之中，"国民经济信息化程度显著提高"被列为"九五"计划的一项重要目标。1997 年 4 月，国务院在深圳召开了全国信息化工作会议，确定国家信息化的定义、信息化体系六大要素及其指导方针、工作原则、奋斗目标和主要任务，通过了《国家信息化"九五"规划和 2010 年远景目标》，将中国互联网列入国家信息基础设施建设，并提出建立国家互联网信息中心和互联网交换中心的建议。1999 年 7 月，国家计委、科技部首次印发了《当前优先发展的高技术产业化重点领域指南（1999 年度）》；同年 12 月，为加强对国家信息化工作的领导，成立了国家信息化工作领导小组。这个阶段的另一重要特点是，我国信息化发展中国际交流与合作大大加强。

四是信息化加速发展阶段（2000 年至今）。2000 年 10 月，十五届五中全会通过了《中共中央关于制定国民经济和社会发展第十个五年计划的建议》，建议"加强国民经济和社会信息化"。2001 年 3 月，第九届全国人民代表大会第四次会议通过了《国民经济和社会发展第十个五年计划纲要》，对"加快推进国民经济和社会信息化"做了进一步的规定。2001 年 7 月，由信息产业部会同有关部委共同研究制定的《国家信息化指标构成方案》出台，这是全球首例由国家制定的信息化标准，对推进国民经济和社会信息化产生了深远的影响。2001 年 9 月，历时一年多的《"十五"信息化发展重点专项规划》和《信息产业"十五"计划纲要》等陆续出台，为加速推进信息化提供了更为具体的行动指南。

2002 年，党的十六大报告中将推进信息化作为我国面向新世纪的战略举措，明确提出信息化是我国加快实现工业化和现代化的必然选择。2006 年 5 月颁布的《2006～2020 年国家信息化发展战略》明确了今后 15 年我国信息化的基本方向，成为我国未来 15 年信息化发展的纲领性文件。该文件指出，大力推进企业信息化，是国家信息化的重点任务。2007 年，党的十七大报告首次鲜明地提出了信息化与工业化融合发展的崭新命题，赋予了我国信息化全新的历史使命。两化融合是指电子信息技术广泛应用到工业生产的各个环节，信息化成为工业企业经营管理的常规手段。

2007 年国资委印发了《关于加强中央企业信息化工作的指导意见》（简称《指导意见》），提出了"十一五"时期中央企业信息化建设的目标，即"到 2010 年，基本实现中央企业信息化向整个企业集成、共享、协同转变，建成集团企业统一集成的信息系统；多数中央企业的信息化基础设施、核心业务应用信息系统和综合管理信息系统达到或接近同行业的世界先进水平"。《指导意见》是在反复研究讨论中央企业信息化总体现状、存在问题、面临形势和任务要求的基础上形成的，是"十一五"时期指导中央企业信息化建设的纲领性文件。

2008 年，我国大部制改革后，成立了工业和信息化部（简称工信部）。为了贯彻党的十七大提出的"大力推进信息化与工业化融合发展，构建现代产业体系"的战略任务，工信部将推进两化融合作为一项重点工作，在全国范围内进行部署，随后确立了"系统推进、多维推进、关键突破"的总体思路，即宏观、中观、微观（行业、地域、企业）的三级推进思路。

2011 年，工信部等部委印发了《关于加快推进信息化与工业化深度融合若干意见的通知》，提出两化融合的发展目标，即到 2015 年，要实现"信息技术在企业生产经营和管理的主要领域、主要环节得到充分有效应用，业务流程优化再造和产业链协同能力显著增强，重点骨干企业实现向综合集成应用的转变，研发设计创新能力、生产集约化和管理现代化水平大幅度提升；生产性服务业领域信息技术应用进一步深化，信息技术集成应用水平成为领军企业核心竞争优势；支撑'两化'深度融合的信息产业创新发展能力和服务水平明显提高，应用成本显著下降，信息化成为新型工业化的重要特点。"实现两化深度融合，不仅是党和国家的重要决策部署，也是我国加快实现工业化和现代化的必然选择，更是企业提高核心竞争力的重要途径。企业如何借助信息技术，提升技术创新、设计研发、生产制造、财务管理和成本控制、市场开发等方面的能力，进而赢得竞争优势，已经成为每个企业必须关注的重要问题。这一切无不彰显了信息化与工业化融合的无穷魅力，信息化已经成为企业发展的重要引擎。

进入 21 世纪以来，国家对信息化更加重视，布局更加宏伟。2012 年，党的十八大工作部署中提出两化深度融合，报告第四部分加快完善社会主义市场经济体制和加快转变经济发展方式中，提出要"坚持走中国特色新型工业化、信息化、城镇化、农业现代化道路，推动信息化和工业化深度融合、工业化和城镇化良性互动、城镇化和农业现代化相互协调，促进工业化、信息化、城镇化、农业现代化同步发展。"同时，成立了网络安全与信息化小组，推动"互联网＋"融合应用，有力推动了互联网技术在商业服务、零售等领域的深度融合，有力促进了我国电子商务、电子支付的发展，并已走在世界前列。

2014年2月，习近平总书记在中央网络安全和信息化领导小组第一次会议提出"没有网络安全就没有国家安全，没有信息化就没有现代化"的著名论断。2016年《中华人民共和国网络安全法》开始实施，其中指出要加强网络产品和服务安全、网络运行安全、网络数据安全、网络信息安全保障，加强监测预警与应急处置、网络安全监督管理，全面提升网络安全保护能力。国家安全相关法律法规要求企业必须信息安全建设与信息化发展并重，持续健全信息安全保障体系。

2015年，国务院、工业和信息化部先后出台了《中国制造2025》《国务院关于积极推进"互联网＋"行动的指导意见》《工业和信息化部关于贯彻落实〈国务院关于积极推进"互联网＋"行动的指导意见〉的行动计划（2015～2018年）》等一系列指导性文件，部署全面推进实施制造强国战略。2016年，政府工作报告中进一步提出要深入推进"中国制造＋互联网"。《中国制造2025》明确提出通过政府引导、整合资源，实施国家制造业创新中心建设、智能制造、工业强基、绿色制造、高端装备创新5项重大工程，实现长期制约制造业发展的关键共性技术突破，提升我国制造业的整体竞争力。

2016年7月，中共中央办公厅、国务院办公厅印发《国家信息化发展战略纲要》（简称《纲要》），要求将信息化贯穿我国现代化进程始终，加快释放信息化发展的巨大潜能，以信息化驱动现代化，加快建设网络强国。《纲要》强调，要围绕"五位一体"总体布局和"四个全面"战略布局，牢固树立创新、协调、绿色、开放、共享的发展理念，贯彻以人民为中心的发展思想，以信息化驱动现代化为主线，以建设网络强国为目标，着力增强国家信息化发展能力，着力提高信息化应用水平，着力优化信息化发展环境，让信息化造福社会、造福人民，为实现中华民族伟大复兴的中国梦奠定坚实基础。

在2017年10月的党的十九大会议上，习近平总书记强调推动互联网、大数据、人工智能和实体经济深度融合，通过"互联网＋""智能制造2025""国家大数据战略"等与实体经济深度融合，建立网络强国。2017年12月，习近平总书记在中央政治局第二次集体学习时强调，我们需要审时度势、精心谋划、超前布局、力争主动，深入了解大数据发展现状和趋势及其对经济社会发展的影响，分析我国大数据发展取得的成绩和存在的问题，推动实施国家大数据战略，加快完善数字基础设施，推进数据资源整合和开放共享，保障数据安全，加快建设，更好地服务我国经济社会发展和人民生活改善。

在2018年第十三届全国人民代表大会李克强总理的《政府工作报告》中，也多次提到将信息化、"互联网＋"、数字经济作为实施创新驱动发展战略的抓手，继续推进"互联网＋"、网络提速降费、发展智能产业，运用新技术、新业态、新模式，大力改造提升传统产业。

从《"十三五"国家信息化规划》提出到2020年"数字中国"建设取得显著成效；到党的十九大报告强调，以技术创新为"数字中国"提供支撑；再到2018年的《政府工作报告》中提出以网络提速降费为"数字中国"建设加油助力，"数字中国"已成为我国未来蓝图的重要组成部分。

在2018年4月的全国网络安全和信息化工作会议上，习近平总书记强调：信息化为中华民族带来了千载难逢的机遇。我们必须敏锐抓住信息化发展的历史机遇，加强网上正面宣传，维护网络安全，推动信息领域核心技术突破，发挥信息化对经济社会发展的引领作用，加强网信领域军民融合，主动参与网络空间国际治理进程，自主创新推进网络强国建设，为决胜全面建成小康社会、夺取新时代中国特色社会主义伟大胜利、实现中华民族伟大复兴的中国梦做出新的贡献。

1.4.2　国外政府对信息化的推进策略

不仅我国政府对信息化推进做出明确指导，整体推进，国外政府也纷纷不遗余力地开展自己国家信息化体系的建设工程。发达国家和发展中国家竞相制订和实施国家信息化战略与行动计划，力图抢占未来发展的战略制高点。

信息化始于20世纪70年代的技术革命，全球信息化则因于1993年美国克林顿政府"国家信息基础设施"（National Information Infrastructure，NII）行动计划的提出。NII计划认为，发展本国的信息基础设施，实现国家信息化，将会给美国带来巨大的潜在的和现实的利益。最重要的是，国家信息基础结构将改变美国人民的生活，因而这个计划也被称为"信息高速公路计划"，受到广泛关注。欧共体同年提出了"泛欧网络"，日本通产省和邮政省于 1992 年和 1994 年分别提出"曼陀罗"计划和"维纳斯"计划，韩国 1994 年成立了"超高速信息通信网"促进委员会，新加坡更是早在美国之前便制订了自己的"智能岛"计划。1994 年，美国在国际电信联盟举办的世界电信发展大会上又进一步提出了全球信息基础结构计划（Global Information Infrastructure，GII），并于第二年发表了《全球信息基础结构合作日程》，信息高速公路开始伸向全球各地。

世界各国政府均对信息化工作倾注了前所未有的重视。冷战后美国拥有了历史上从未有过的优势地位，从克林顿政府推动互联网的商业应用开始，以信息技术的广泛应用为核心的"新经济"引领了美国历史上"最长的增长周期"。

2013 年，美国总统执行办公室、国家科学技术委员会和高端制造业国家项目办公室联合发布了《国家制造业创新网络初步设计》，投资 10 亿美元组建美国制造业创新网络（NNMl），集中力量推动数字化制造、新能源以及新材料应用等先进制造业的创新发展，打造一批具有先进制造业能力的创新集群。其重点研究领域包括：开发碳纤维复合材料等轻质材料，提高下一代汽车、飞机、火车和轮船等交通工具的燃料效率、性能以及抗腐蚀性。完善"3D"打印技术相关标准、材料和设备，实现利用数字化设计进行低成本小批量的产品生产。创造智能制造的框架和方法，允许生产运营者实时掌握来自全数字化工厂的"大数据流"，以提高生产效率，优化供应链，并提高能源、水和材料的使用效率等。

2015 年初，美国众议院通过《网络情报共享和保护法案》（CISA），推动网络信息在公司和政府之间的共享，意在辅助美国政府对网络威胁进行提前防控。同年 6 月，美国联邦通信委员会（Federal Communications Commission，FCC）制定的《网络开放条例》正式实施，对网络运营商提出三条禁令——禁止封锁、禁止流量控制、禁止网络快车道优先付费。这三条禁令没有豁免条件，堪称史上最严，这为互联网企业和用户公平接入互联网提供了法律依据，极大地保护互联网企业的创新积极性。

2015 年，欧盟委员会发布欧盟数字单一市场战略，旨在打造包括数字商品、服务、资本及数据在内的欧盟统一市场，培育欧盟本土企业和数字产业，并加大对谷歌、脸书（Facebook）等美国互联网企业巨头的反垄断调查，提升欧盟产业竞争力。

2015 年，新加坡政府推出《2025 年信息通信及媒体综合计划》，提出将建立一个具备全球竞争力的信息通信媒体生态环境，包含五大关键部分：信息通信媒体基础设施、灵活的企业、技术娴熟的劳动力、先进的技术和领先的研发能力。截至 2016 年，新加坡已经出台了两个网络安全规划。新的国家网络安全总体规划（NCSM2018）的目标是：到 2016 年之前新加坡能够成为一个"可信任的和健康的信息中心"，形成一个安全的、有弹性的信息环境以及有活力的网络安全生态系统。

总之，各国在信息化推进中有"三大重视"：第一，重视核心技术和产业；第二，重视经济结构转型；第三，重视应用水平。

发展中国家的信息化推进战略与发达国家存在着重大差异。对绝大多数的发展中国家而言，信息化推进只是停留在现代信息技术的应用这个层次上。而且，许多应用还仅仅停留在公共领域，无法触及发达国家信息化的高度。如何扭转这种"为拥有先进信息技术的国家支付研发资金"的被动局面，是发展中国家应该尽力解决的问题。

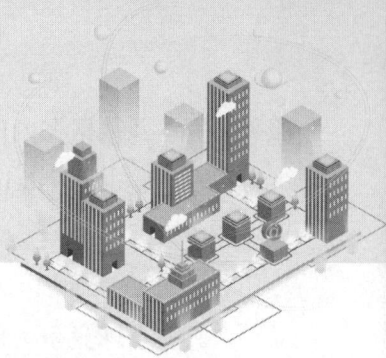

第 2 章 企业信息化概况

信息化一词，最早是由日本学者提出并创造了一个新的英文单词"Informationalization"[1]。企业信息化的内容涉及企业的方方面面，同时又是一个长期的、系统的动态过程。企业信息化的实质就是要在企业生产管理各环节采用信息技术，深度开发利用信息资源，以达到提高企业竞争力和经济效益的目的。同时，企业作为经济社会的细胞，其信息化建设是实现整个国民经济信息化的基础。把信息化落实到企业，是实现社会生产力跨越式发展的根本。20 世纪 90 年代至今，出现了生产自动化与管理信息化相融合的网络化、数字化、智能化的发展趋势，迈进了一个新的不断完善的发展阶段。本章主要从企业信息化的发展阶段和企业信息化发展现状等方面展开阐述，从纵向时间序列层面及横向的不同规模类型企业实践层面，概要介绍企业信息化发展的基本情况。

2.1 企业信息化发展阶段

20 世纪 60 年代，日本学者最先创造了信息社会与信息化两个概念，并率先出版了大量的关于信息化的著作，如《论信息产业》（1963）、《信息社会的社会学》（1964）、《信息社会中的受众》（1965）、《信息社会中的媒体》（1966）、《信息社会中的组织和个人》（1966）、《信息产业社会的妇女》（1966）等。

随后美国学者注意到了信息技术对社会各个层面的影响，斯蒂格勒于 1961 年提出"信息经济学"的学科概念，首次将信息作为经济活动的要素加以研究。1976 年，美国经济学会在经济学分类中正式列出信息经济学。Parson（1983）、

---

[1] 汪莹. 企业信息化的效应理论与评价方法研究［M］. 北京：中国经济出版社，2006.

Callon（1996）从战略管理的角度出发，分析了信息化从产业、企业、战略三个层次给企业带来的改变，阐述了信息化可以获取竞争优势的部分原因。Davenpost 和 Short（1990）以及 Tapscott 和 Caston（1998）提出了信息技术不仅仅是自动化与机械化的工具，而是可以从根本上改变组织经营方式的强大武器。R. L. Benjamin 和 E. Evinson（1993）提出，单一的信息化技术是不可能大幅提升组织运行效率的，必须开展相应的组织、流程变革，使得技术、组织、流程达到运转的最佳状态。

同时，信息化带来的最为直观，也是最有说服力的经济效果是它对国民经济发展起到了举足轻重的推动作用。美国是其中最为明显的例子，由于在 20 世纪 80 年代末对信息技术进行了大规模和普遍的投入，美国在 20 世纪 90 年代实现了被称为"新经济"的长达十年的经济快速增长。信息技术行业在美国经济中所占的比重，从 1990 年的 5.8% 上升到 2000 年的 8.3%。90 年代后期，美国约 1/3 的经济增长来自信息化的拉动，超过了其他任何技术的拉动作用。

企业信息系统是指借助于计算机信息技术和互联网技术，综合企业的经营、管理、决策和服务于一体的系统。只有做到了企业与系统的效率、效能和效益的统一，才能使计算机和互联网技术在企业管理和服务中发挥更显著的作用。追根溯源，从计算机被研制出来后，经历了科学计算应用、单项单机单应用、局域网广域网应用以及综合应用四个阶段。

2.1.1　科学计算应用阶段

1946 年，美国宾夕法尼亚大学制成了世界上第一台电子计算机，取名埃尼阿克（ENIAC）。作为世界上的第一台电子计算机，埃尼阿克是个庞然大物——重 30t，占地 150m²，装有 18800 只电子管。直到 1954 年，美国通用电气公司安装了第一台商业用数据处理计算机，开创了信息系统应用于企业管理的先河。通过这种商业用计算机，企业可以开始从事一些简单的数据处理，但是还没有中心服务器的概念，每台计算机的地位相互平等。这个阶段的计算机仅限于减轻人们在计算方面的劳动强度，如用于计算科学实验结果、计算重复性的运算结果、计算企业人员的工资、统计账目等，属于电子数据处理业务；对企业单项业务进行计算，基本不涉及管理内容。总而言之，科学计算应用阶段，计算机的应用领域以军事和科学计算为主，特点是体积大、功耗高、可靠性差、速度慢（一般为每秒数千次至数万次）、价格昂贵，但为以后的计算机发展奠定了基础。

2.1.2 单项单机单应用阶段

随着信息技术不断发展，尤其是处理器及存储技术的突飞猛进以及个人计算机的出现，"科学计算器"已逐渐完善，并形成了面向业务的电子数据处理系统（Electronic Data Processing System，EDPS）。具体来说，到了 20 世纪 80 年代，一些发达国家开始研究计算机技术在企业经营、管理、设计、制造等部门的应用，形成了一批分立的、单项应用系统。这些系统更多面向操作层，以单项应用为主，数据资源不能共享，以批处理方式为主。此时，EDPS 较少涉及管理问题，它是管理信息系统的初级阶段。美国在 1983 年已有 2.4 万家企业使用电子数据交换（EDI），EDI 也被视为电子商务的前身，其中最大的 100 家企业使用 EDI 已达 97%。美国所有的大公司都实现了办公自动化，一些跨国公司还实现了虚拟办公室。在计算机辅助制造领域，已基本建成数字化、网络化系统，企业信息化单项应用领域已达较高水平。

我国自 20 世纪 70 年代中期开始推进企业信息化。从此时开始，我国企业开始构建简单、独立的单项单机单应用系统，比如工资处理系统、财务报表系统、公文处理系统及计算机辅助设计（Computer Aided Design，CAD）和计算辅助制造（Computer Aided Manufacturing，CAM）等。当时主要以单机操作为主，功能单一、信息不能共享，"信息孤岛"较为普遍。

2.1.3 局域网广域网应用阶段

由于市场驱动，为促进信息技术与企业各个层面的融合和信息资源共享，以提高企业竞争力，美国于 20 世纪 70 年代提出了计算机集成制造系统的概念。同时，随着数据库技术、网络通信技术和科学管理方法的发展，计算机在管理上的应用日益广泛，从而使管理信息系统（Management Information System，MIS）逐渐成熟起来。随着企业业务需求的增长和技术条件的发展，逐渐产生了部门间信息共享的需求。计算机在局部事务处理中产生了管理功能，但尚未形成对企业全局的管理。在我国，1981 年，财政部提出并推动"会计电算化"概念，国内企业开始开展企业信息化应用，计算机应用主要集中在财务电算化和档案数字化等个别领域。

管理信息系统是以电子计算机为基本信息处理手段，以现代通信设备为基本传输工具，为管理决策提供信息服务的人机系统。在 MIS 阶段，关注企业内部各业务系统间的信息联系，以完成企业总体任务为目标，形成对企业全局的计算机应用，为企业各级领导提供管理需要的信息，但信息的范围还更多地侧重于企业内部。

随着局域网和广域网逐渐大规模建立，企业管理信息系统以用户为中心，以系统工程理论为指导，以网络为传输媒介，以集成为核心，以流程重组为主线，实现企业管理信息流、物流和作业流的有机集成。在 20 世纪 90 年代，随着并行工程、精益生产、敏捷制造、产品数据库管理概念的融入，计算机集成制造系统日趋完善，已成为发达国家制造企业信息化的主要运行模式之一，在发达国家大企业中得到广泛应用和普及。到 1997 年，美国实施计算机集成制造系统的企业达 10 万家。此时企业信息化的应用技术和系统如表 2-1 所示。

表 2-1　　　　　　　　　　企业信息化的应用技术和系统

项目	技术和系统
技术系统	计算机辅助设计（CAD），计算机辅助制造（CAM），计算机辅助工程分析（CAE），计算机辅助工艺编制（CAPP），计算机辅助检测（CAT）和产品数据管理（PDM）
制造系统	成组技术，数控技术，计算机辅助检验、检测、监控和诊断
管理系统	办公自动化（OA）系统，电子数据交换（EDI），辅助决策支持系统及人力资源、财务管理、物料管理、质量管理等子系统
基础技术	条码技术，多媒体技术，安全保密技术

上述系统的建成，有力地提高了企业的决策、经营和管理水平，提高了企业的核心竞争力。从 20 世纪 80 年代中期开始，我国企业对企业内部业务数据共享、协同工作产生了需求，也更加重视企业业务流程的优化。我国企业开始使用局域网络连接企业各职能部门，发展功能更强大的企业 MIS 和办公自动化系统。生产制造行业在网络化的同时，采用面向企业过程的软件技术，实施物料

需求计划（Material Requirement Planning，MRP/MRP Ⅱ）系统。这些系统综合地利用了各种信息技术，用网络连接各企业各部门，采用客户机/服务器（Client/Server，C/S）结构管理公共软件和信息，采用数据库实现信息数据管理和共享，采用面向企业过程的软件技术以实现企业设计、生产、服务过程的自动化和信息化。

2.1.4　综合应用阶段

20世纪90年代以后，首先是美国在物料需求计划（MRP-Ⅱ）系统基础上，集成了供应链管理和客户关系管理，开发了企业资源计划（Enterprise Resource Planning，ERP）系统，同时，这一阶段还以建设面向决策的决策支持系统（Decision Support System，DSS）为主要诉求，以帮助高层次管理人员制定决策为目标。决策者和决策分析人员可以充分利用系统的引导，详细了解和分析其决策过程中的各主要因素及其影响，激发思维创造力，从而在DSS的帮助和引导下逐步深入地透视问题，最终有效地做出决策，即通过人机交互完成最终决策。在企业信息化建设的浪潮中，美国企业广泛参与并取得了丰硕成果。例如，福特汽车公司通过网上采购，使汽车零部件的采购成本下降30%，通用电气公司借助供应链管理（Supply Chain Management，SCM）手段，2000年节省成本16亿美元；美国菲利浦莫里斯公司借助客户关系管理系统，建立了拥有2.6亿烟民的个人档案，卡夫通用食品公司建立了3000万顾客的个人档案，布洛克巴斯特公司建立了3600万个家庭的娱乐消费档案。

20世纪90年代中后期，随着全球经济一体化和互联网应用迅速普及，新的信息技术和管理模式被应用于我国企业信息化建设之中，信息化进程进入了一个飞速发展的时期。2000年以来，我国企业信息化进入了快速发展阶段。该阶段的应用特点为以ERP套装软件为集成应用的企业级应用，加强信息资源利用，集成和整合信息流、价值流、业务流，支持企业管控模式，全面提升企业决策能力。2009年8月，我国提出"感知中国"的理念。企业开始积极尝试采用物联网、云计算等新兴信息技术步入新的阶段，其特点为信息化和管理提升充分结合，支持企业模式创新和产业转型升级。

这一阶段，各大领先型企业开始投入大量资源开展决策支持系统（DSS）建设，由以往以填报、补录为准的管理信息系统（MIS）向智能化、自动化、实时化方向转变。计算机信息系统已经从管理信息系统向更强调支持企业高层决策的决策支持系统发展。管理信息系统从20世纪60年代的物料需求计划（MRP）发展到了到90年代的企业资源计划（ERP）以及精益生产（Just In Time，JIT）、计算机集成制造系统（Computer/Contemporary Integrated Manufacturing Systems，CIMS）等❶。

同时，在这个阶段，软件虚拟化是一个大趋势，大中型计算机服务器已经从专用的实体环境分离到虚拟机，实现自动配置、负载平衡和过程管理。管理程序（即控制虚拟资源的软件、固件、硬件）已经发展到可以单独管理和协调各种虚拟组件的程度，在性能和扩展性方面实现了巨大突破。随着企业信息技术的不断发展，整个技术层面（包括计算、网络、存储）都可以实现虚拟化（SDDC），在节约成本和提高生产力方面提供了可能性。对财富500强企业进行分析，虚拟化所带来的成本节约效益如图2-1所示。由图2-1可知，进行虚拟化可以在系统花费上减少大约20％的成本，而且随着运行时间延长，所节省的费用还会继续增加。

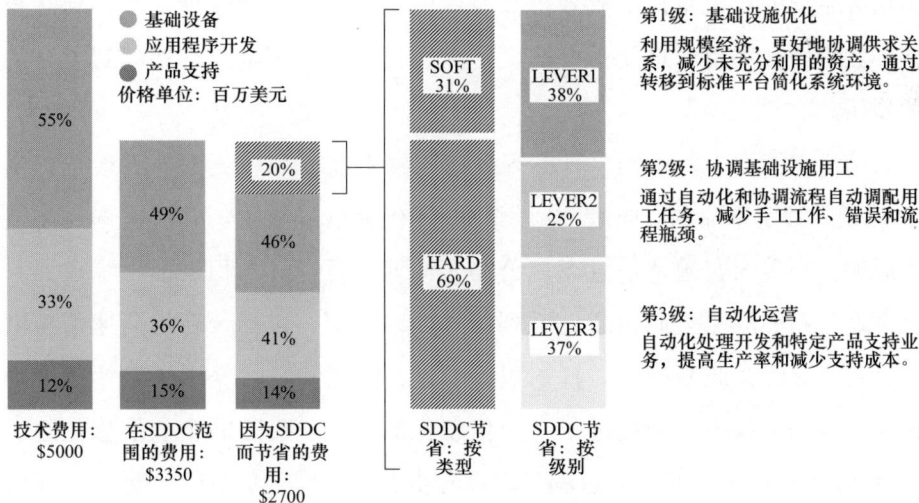

图 2-1　虚拟化所带来的成本节约效益

---

❶　除此之外，随着网络的迅速发展，还出现了各种管理思想和模式的管理信息系统，如客户关系管理（CRM）、供应链管理（SCM）、商业智能（BI）、电子商务（EC）等。

综合分析国外发达国家企业信息化的发展阶段和趋势，对于企业客观判断本企业信息化的发展程度，寻找合适的切入点，制定科学的发展战略具有十分重要的作用。在企业管理领域，计算机的应用已有 40 年的历史。从 20 世纪 60 年代初，最早的计算机信息系统用于数据处理，先后经历了事务处理系统（Transaction Processing Systems，TPS）、管理信息系统（MIS）、决策支持系统（DSS）、办公自动化（Office Automation，OA）系统、专家系统（Expert System，ES）、管理支持系统（Management Support System，MSS）、高层管理支持系统（Executive Information System，EIS）、战略信息系统（Strategic Information System，SIS）等不同阶段的单位发展过程，综合来看，资源计划系统（ERP）仍是目前最为综合的管理信息系统。

2.2　企业信息化的现状

2.2.1　企业信息化发展概述

企业信息化即为企业内部层面，设计系统、制造系统、管理系统、基础技术等信息系统的有机集成，有效提高企业的决策、经营和管理水平，提高企业的核心竞争力。利用信息化手段改变传统经营模式，对企业发展起到了至关重要的作用。

在信息化浪潮中，美国、日本等发达国家走在前列。美国学者最早提出了 ERP 建设，数字革命的影响在 20 世纪 90 年代就已经显现，并对美国经济造成巨大影响。在美国实施"信息高速公路"计划之后，日本积极推出了建立日本信息高速公路的战略，制定了一系列信息网络计划，包括《新的高速信息电信服务计划》等。在此基础上，日本积极引进、消化和吸收美国等发达国家的信息技术，这一切都极大地促进了企业信息化的发展。我国的企业信息化建设至今已有 40 多年历史，其发展过程可以说起步于 20 世纪 70 年代中期，80 年代掀起了高潮，90 年代至今出现了生产自动化与管理信息化相融合的网络一体化发展趋势，迈入了一个新的不断发展完善的阶段。

随着互联网广泛应用，企业信息化进入了快速发展阶段。20 世纪 90 年代后期，世界 500 强企业中近 80％的企业采用了 ERP 管理软件。电子商务（EC）成为现代企业信息化的一大热点。据统计，美国企业信息化已进入比较高级的阶段，60％的小企业、80％的中型企业、90％以上的大企业已借助互联网广泛开展电子商务活动，其中 B2B 占电子商务总额的 80％以上。

信息化对于现代企业来说已经上升到战略高度，最明显的就是一个全新管理职位——首席信息官（CIO）的诞生。据安达信公司 20 世纪 80 年代中期对全美服务业和 500 家大企业的调查显示，当时美国已有 40％的公司设立了CIO 的职位，到 1988 年底，世界排名前 500 家的大企业中有 30％以上实行了首席信息官体制。到 2000 年底，美国大企业基本上都已经设立了首席信息官职位。

在信息化支出方面，国外企业投入重金用于相关信息化建设和发展。据有关数据显示，中国企业在信息化方面的投资仅占总资产比例的 0.3％，而在发达国家这一比例达到了 10％。由于新技术发展迅速，隐私、数据保护以及相关的法律都使得普通公司在应用 ICT 技术（信息和通信技术）时面临较大困难。国外的跨国企业如今更加注重信息化方面的投入，他们通过信息化手段将自身的经营网络延伸到尽量广的地方，并愿意在防火墙、入侵检测、内容安全、虚拟专用网（Virtual Private Network，VPN）等安全类技术方面投入巨资❶。各国政府的引导与推动在中小企业信息化进程中起到积极作用，形成了政府、中介机构各司其职、分工合作、形式多样的中小企业信息化服务模式，从法律法规建设、规划、政策、示范推广、宣传培训、研究开发等多个层次积极推动中小企业信息化的应用和发展。

对于信息化的理解，有以下几点需要加以明确：一是信息化不等于自动化，信息化系统也不同于自动化系统。传统的自动化设备由物质能源驱动，通电、加油即可运行。而信息化的制造系统，如计算机集成制造系统（CIMS）则以制造信息的充分沟通、交流与共享为基础，控制制造系统各个部分协调动作，从而达到最大的整体效益。在生产中使用的柔性加工系统（Flexible Manufacturing System，FMS），必须不断地接收被加工零件的信息，确定工艺路线、工艺方法及工艺参数。数控加工中心必须不断地接收关于加工工件例如曲率等信息，才能正确完成加工。以上系统已不是传统意义上的"机械系统"，而成为某种信

---

❶ 晓镜．国外企业信息化发展现状研究 ［J］．中南视点，2006（4）：60.

息处理系统和机械加工系统的融合。二是信息化不仅是信息高速公路，中国的国家信息化体系（National Informatization System，NIS）也不等同于美国的国家信息基础设施（NII）。我国的国家信息化体系概念与美国对 NII 的理解有相似，但也有区别。美国的 NII 包括五部分，分别是通信网络或信息技术设施、信息内容（信息资源）、技术和设备、信息应用的软件标准规范、人才。而我国的 NIS 由六部分组成，分别是信息资源开发利用、信息化网络、信息技术的应用、信息技术和产业、信息化人才队伍、信息化的政策法规标准，我国将信息资源开发利用放在了首要位置。

下面从中小企业、集团企业以及特大型集团三个方面来简述我国企业信息化建设的基本概况。

2.2.2 中小企业信息化

中小企业作为推动我国经济发展的重要力量之一，亟待提升信息化水平。最新统计数据显示，我国中小企业数量已达 8000 万家，并且在以 10% 的增长率逐年增加，占企业总数的比例超过 90%。但根据资料显示，目前中小企业信息化率还处于一个很低的水平。

同时，中小企业发展到一定规模后，会逐渐面临公司管理、流程管理、信息整合等多方面的问题。中小企业通过信息化的实施，可以解决在发展中面临的四个矛盾，即集中与分散管理、规模与效率、初始销售与扩大营销、服务与成本之间的矛盾，见图 2-2。

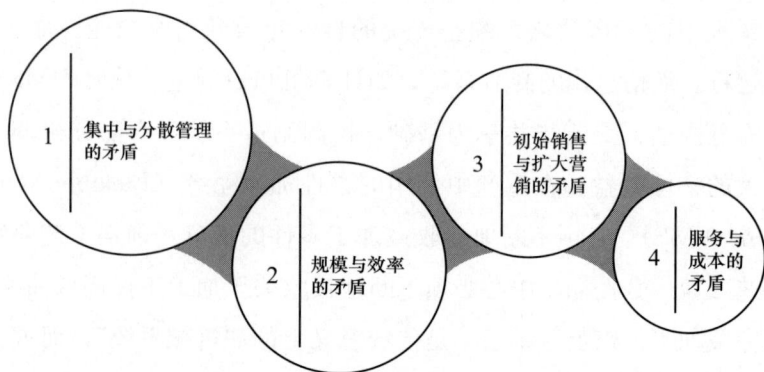

图 2-2　中小企业发展的四大矛盾

中小企业一般业务、组织结构比较简单，信息化建设资金等各项资源受限，采用外包等方式比较简化地开展企业信息化，无须组建专业团队，不用自建信息系统。外包服务就是企业将全部或部分信息技术（IT）工作外包给专业性公司完成的服务模式，包括简单使用或量身定制等类型。中小企业选择 IT 外包服务有以下优点：企业提出的任何设想，可以得到免费的咨询和满足，IT 外包较企业自己设立 IT 部门的方式成本要低，既节约了费用，又解决了中小企业 IT 人才缺乏的问题，同时可以获得外包企业专业化的技术支撑。

规模很小的企业基本上无自己的信息系统，通过电子邮箱（租用）与外部联系，通过网站发布产品信息，成本低、效果也较好。中等规模的企业通过购买工具性软件，比如金山、用友、金蝶等，建立自己的个别信息系统满足简单的业务处理需要，并没有建立完整的企业业务系统，也没有实现信息的贯通。有的中等规模企业以 IT 外包方式为主来构建企业信息化能力。还有的企业直接使用公有云的服务进一步降低成本。

推动中小企业信息化是促进中小企业创新转型发展的重要途径，2005 年以来，国家实施中小企业信息化推进工程取得了一定成效，涌现出一批具有明显信息化优势、市场竞争力强的中小企业，集聚了一批优质的信息化服务资源，形成了支持中小企业信息化和创新发展的服务网络，成绩明显。但是，中小企业信息化建设问题依然存在，如我国中小企业的信息化水平普遍低下，依然是传统的增长模式，技术装备、信息化水平、生产方式还比较落后。虽然，众多中小企业意识到信息化对企业发展的重要性，但中小企业进行信息化建设仍困难重重。

2.2.3　集团企业信息化

相对于中小型企业而言，集团企业所属单位多，业务流程较复杂，集团企业的信息化工作不能完全外包，需要适用于本企业的信息系统来支撑相关业务的开展。较多的企业采用了外请软件公司定制化开发的方式，一般根据业务发展开发一些单项的业务子系统，但由于业务人员对需求描述不够清楚、开发人员整体水平不高、缺乏顶层设计等原因，自行开发的系统往往不能很好适应企业需求，导致作用发挥不大，生命周期短，信息化的效果很差，使得各层领导对信息化的作用打了问号。也有部分集团企业通过购买成熟套装软件并基于实际需要进行定制化开发来满足用户个性化需求，这样的模式成功率相对较高，对于提高企业管理的现代化水平无疑有着重要意义，也符合管理软件发展的趋势。

2.2.4　特大型集团企业信息化

相对于中小企业以及集团企业而言，特大型集团企业一般规模非常大、流程复杂、层级非常多，很多特大型集团都是所在行业的领头羊，标杆作用很明显，在社会和行业影响大。因此，特大型集团企业信息化建设模式不局限于一种，一般都是通过自建的方式进行信息系统开发，对于企业专属的业务应用采用定制开发方式，借助自有或外部固定的开发队伍进行自主开发。对于通用业务应用则采用购买成熟套装软件的方法直接应用。同时"以我为主"，将部分工作委托第三方科研机构或者咨询公司进行合作。定制开发方式包括企业自行开发或与其他开发单位合作开发，需要凝聚自身行业管理理论和最佳实践经验，并借助信息化手段予以固化。

特大型集团企业信息化需要企业具有较强的管理意识、较高水平的管理人才和信息技术人才，对企业管理基础要求非常高，否则，信息化失败的可能性很大。近年来，很多单位的信息化经常"翻烧饼"，刚刚花了很多钱建设的系统又被弃用，新的领导一换，又要投入大量资金重新建设系统。这也导致很多单位业务部门总在抱怨信息化没有能够发挥较大的作用。在重新开发时，大家积极性不高，领导也缺乏投资的热情，信息化建设进入恶性循环。

究其原因有很多，其中，缺乏高水平的信息化管理者，尤其是既懂信息化又懂企业业务的复合型人才；缺乏高水平的顶层设计；缺乏好的实施方法论；缺乏持续的资金和人员投入；业务与技术两张皮是最重要的五个方面原因，这也是本书想要论述的内容。

2.3　加强企业信息化建设的意义

2.3.1　企业自身发展的需要

20世纪50年代中期，计算机被引入企业管理领域。20世纪70年代起，美国、日本等发达国家开始有计划地推进企业信息化。经过几十年的发展，信息技术已经渗透到企业生产和管理的各个方面。目前，发达国家企业的信息化已经达到了一个相当高的水平。无论是宏观经济、企业内部，还是企业大链条上的各方，信息化已经成为取得竞争优势的必要手段。企业规模越大，人数越多，产品越复杂，对信息化的需求就越迫切。换句话说，没有信息化的企业，其管理、运营、生产、销售都会大打折扣，建设信息化是企业业务发展的内在需求。企业信息化建设对企业的作用主要体现在效率、效能、效益三个方面。企业通过信息技术，把企业内部的核心资源、生产流程、管理流程进行数字化、信息化，统一管理，实现企业内部从设计、开发、生产、销售各环节的有机协同，提高生产效率、管理水平、市场、服务质量等。其中，效率包括核心生产流程的生产率等；效能包括生产能力、设计能力、销售能力等；效益包括如增加销售收入、降低成本，客户满意度等。从目前各类企业实践来看，通过实施信息化企业在效率、效能、效益方面均有不同程度的提升。

2.3.2　适应政策环境的需要

在全球信息化进程中，我国正处于从被动应对向自主发展转变的关键时期，跨越的可能与落后的风险并存。如何适应国内外经济环境的变化、全球一体化、企业并购等需要，化压力为动力，变挑战为机遇，遵循国际标准和国家标准大幅度提高信息化水平已成为必然选择。

国务院在《关于促进云计算创新发展培育信息产业新业态的意见》中提到，云计算是推动信息技术能力实现按需供给、促进信息技术和数据资源充分利用的全新业态，是信息化发展的重大变革和必然趋势。企业应充分应用云计算技术优化升级 IT 架构，应用云计算思维转变 IT 运营模式。国务院在《促进大数据发展行动纲要》中指出，数据已成为国家基础性战略资源。加快大数据部署、深化大数据应用已成为稳增长、促改革、调结构、惠民生和推动政府治理能力现代化的内在需要和必然选择。该《纲要》启发企业积极探索大数据与企业协同发展的新业态、新模式，通过提升数据资源获取和利用能力，对生产运营进行更为准确的监测、分析、预测、预警，提高决策的针对性、科学性和时效性。2015 年，国务院、工业和信息化部先后出台了《中国制造 2025》《国务院关于积极推进"互联网＋"行动的指导意见》《工业和信息化部关于贯彻落实〈国务院关于积极推进"互联网＋"行动的指导意见〉的行动计划（2015～2018 年）》等政策性文件。2016 年《政府工作报告》中进一步提出，要深入推进"中国制造＋互联网"。国家层面已经将网络安全、大数据、互联网＋列为国家战略大力推动。

随着一系列指导文件的出台，我们可以清晰地知道未来企业必须要借助信息技术获取企业竞争力。伴随着信息化的进程，我国政府制定的一系列国家信息化、企业信息化相关的政策和法律、法规。这对于做好企业信息化工作具有重要的意义。国家提出了国民经济信息化的发展战略，企业信息化作为国民经济信息化的重要组成部分，必须以其为基础和指导，必须遵循国家信息化的总的发展方向。对企业信息化发展战略进行系统的研究，提出适合我国国情的企业信息化发展策略和技术路线实施路径，是指导我国企业迅速步入国际市场高地、取得核心竞争优势的关键战略举措。

2.3.3 适应经济发展的需要

近年来，我国经济发展进入新常态，新技术、新产业、新业态、新模式的出现，推动着新旧动能的转换。在这场转换之战中，企业也面临着诸多的挑战，比如是否进行数字化转型、是否上云等。新动能覆盖第一、二、三产业，重点是以技术创新为引领，以新技术、新产业、新业态、新模式为核心，以知识、技术、信息、数据等新生产要素为支撑，体现了新生产力发展趋势，是实体经济发展升级的强大动力。在新旧动能转换中，需要坚持"增量崛起"与"存量变革"并举，推动有效投资和消费升级互促共进，主动参与国际竞争，着力推进供给侧结构性改革，不断提高发展的质量和效益。

企业经营模式转变对信息化提出了更高要求，这就要求通过信息化加强资产精益化管理和资源集约化管理，实现降本增效，优化升级传统产业，促进全产业链整体跃升，助力构建企业生态圈，实现多元化拓展；通过引入互联网等新技术、新管理、新模式，使之焕发强大生机和活力，推动与实体经济深度融合，支持企业加快数字化、网络化、智能化改造。对于制造业企业来说，要深化制造业与互联网融合发展，积极培育网络化协同、个性化定制、在线增值服务、分享制造等"互联网＋制造业"新模式。

2013年，国家提出建设"丝绸之路经济带"和"21世纪海上丝绸之路"（即"一带一路"）倡议。中央企业大力推展国际业务，利用两个市场、两种资源，与"一带一路"沿线重点国家广泛开展各类合作，带动国内施工、技术、服务、装备等进入国际市场。企业国际化发展对信息化提出更高要求，要求加强国际情报分析，助力企业推进境外项目建设及存量资产运营管控，支撑项目并购、绿地投资、资产建设运营等业务开展，形成新的利润增长点。

2018年《政府工作报告》提出，通过发挥信息化的驱动引领作用，推动互联网与实体经济深度融合，带动产业结构优化升级，依托信息技术发展新产业新业态新模式，带动创新驱动发展。近年来，通过信息化发展，催生了许多新兴行业，在这些领域中，只有顺应潮流、把准大势、主动作为，才能抢占未来发展制高点、拓展经济新空间。

2.3.4 顺应社会文化发展的需要

"十三五"时期作为全面建成小康社会的决定性阶段，对企业发展提出新要求。这要求充分发挥国有企业，特别是特大型中央企业所肩负的发展责任，有力支撑提高发展的平衡性、包容性、可持续性，有力支持实现国内生产总值和城乡居民人均收入翻一番，有力支持城镇化和社会主义新农村建设，有力支持低碳循环经济发展。

我国将"互联网＋"行动计划提升到国家战略层面，推动互联网的创新成果与经济社会各领域深度融合，形成更广泛的以互联网为基础设施和创新要素的经济社会发展新形态，数据成为新生产要素。为此，企业需积极推动"互联网＋"行动，建立消费者和生产制造企业之间全连接，以提升客户体验为目标，重塑可以数据驱动的价值环节，减少各连接的信息不对称。一方面提升用户的信任度和忠诚度；另一方面创新商业模式，实现业务拓展及战略转型，推动企业转型升级，推动从IT到数据技术（Data Technology，DT）的转变。

"智慧城市"成为城市化的新形态。借助物联网、云计算、地理空间等基础设施以及社交网络等新技术，在智慧能源、路网监控、智能交通、数字生活等诸多领域构建城市发展的智慧环境，将推动城市各类要素资源的优化配置以及城市建设和运行管理的不断完善。随着电子商务的飞速发展，市场上出现许多"互联网＋"的新型产品和服务，各大企业纷纷透过 B2B、B2C、O2O 等模式，通过线上线下融合，借助移动支付手段，形成新的商业形态，如智慧物流、在线购物，提高用户体验，改变用户习惯。"十三五"期间，企业需要大力发展信息化，深度融入智慧城市建设，通过车联网服务、智能家居等方式服务人们的日常生活，形成以绿色、和谐为特征的生活、产业发展、社会管理的新模式和新的城市形态。

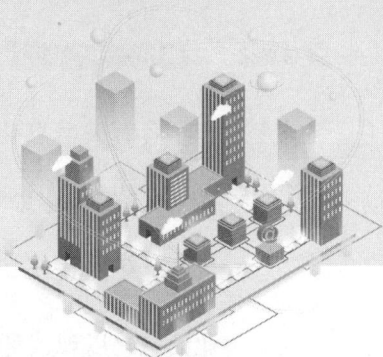

第3章　信息化企业定义、模型与特征

从近几年的实践来看，我国两化融合对于促进工业发展转型、经济发展方式转变具有重大作用，两化融合促进企业生产经营管理发生明显的甚至是根本性的变化，企业的经济、社会效益，整体素质，特别是适应市场环境变化的反应能力有了大幅度提升，形成了新的竞争优势。

站在新时代的历史起点，在加强企业信息化建设的基础上有必要进一步梳理信息化企业概念、原理与方法，统一认识，从根本上提高信息化水平和核心竞争力。本章以梳理信息化企业定义、模型为基础，概述信息化企业的定义，提出信息化企业是企业信息化发展的高级阶段，是企业信息化不断深化与持续发展的必然结果。同时阐述信息化企业特征，提出企业信息化是信息化企业的过程，信息化企业是企业信息化阶段成果的观点。

3.1　信息化企业概念与内涵

随着时代的发展，信息的作用正在变得越来越重要。与此相应的，则是在企业界出现了从企业信息化到信息化企业的演变趋势。需要注意的是，虽然"信息化企业"这个概念或名词被提出来了，但是对于"什么是信息化企业"以及"怎样建设信息化企业"这两个核心问题，无论是在学术界还是在企业界，都还没有形成统一的认识，无论是在研究上还是在实践中，都还处于探索阶段。

因此，要构建信息化企业，研究信息化企业建设的相关内容，首先和首要对"信息化企业"进行定性、定位和定向。只有在信息化企业内涵清晰、外延明确的前提下，才有利于对信息化企业的基本原理和基本方法进行深入研究，才可能以正确的方式建设信息化企业，避免因概念不清、方法不明、技术无序而带来的信息化企业建设偏差。因此，本章从目前能够收集到的资料中，对相关专家和学者有关信息化企业的论述进行梳理，并结合国家电网有限公司（简称国家电网公司）对信息化企业的实践探索，提出信息化企业的内涵和特征。

3.1.1 对信息化企业的认识

企业信息化以现代计算机及网络等信息技术（IT）为手段，充分运用信息技术来运作、经营、管理企业，它涉及企业从服务/产品市场定位、设计、制造、销售、维修、服务、管理等各个环节，以信息技术对企业进行全方位、多角度的改造。然而，伴随着现代企业的发展进程，传统的企业信息化概念从业务融入度、资源整合度、智能化和自动化等方面难以界定清楚目前企业的信息化发展需求和发展目标，有必要在总结业界研究的基础上，结合国内外企业开展信息化工作的实践经验，提出对信息化企业的认识。

国内较早提出信息化企业概念的是吉林大学的张海涛老师，其和靖继鹏在2004 年 6 月的《情报科学》杂志上发表了《信息化企业内涵及其结构研究》一文，提出将信息化企业视为"企业信息化这一过程的结果"，并给出了关于信息化企业的定义：信息化企业是指通过在生产和经营的各个环节推广信息技术，充分开发和利用内、外部信息资源和人力资源建设与此相适应的组织模式，从而提高企业生产、管理、决策等过程的效率、水平与经营效益，进而获得其核心竞争力的独立经济单位。

信息化企业较之传统企业，主要有四个方面的优势，即推动业务流程重组，促进组织结构优化；有效降低成本，扩大企业竞争合作范围；加快产品和技术创新，提高差别化；提高企业的整体管理水平。

时隔四年之后的 2008 年 7 月，张海涛和靖继鹏在《情报科学》杂志又发表了《信息化企业内涵特征及结构的再认识》一文。文中首先将企业信息化从总体上分为四个层面：信息技术普及与应用；企业信息系统在广度和深度上的应用；以业务流程优化为核心的系统集成；以信息价值链构建为核心的企业经营、管理的全面信息化，并对信息化企业重新进行了定义：信息化企业是指通过应用信息资源和技术，以构造信息价值链、培育企业信息能力为核心，提高企业生产、经营、管理、决策等过程的水平与效率，提高企业竞争力，实现企业经济效益的独立经济单位。简言之，信息化企业就是成功信息化了的企业。信息化企业首先是全面信息化的企业，就是企业所有的数据信息集中在一个数据中心，所有经营流程全部在线完成，所有业务数据经由系统处理，快速形成管理层需要的商业智能，并以指标、图表及可追溯的报表形式呈现。信息化企业的网络化包括企业运营和组织结构的网络化。其中，内部组织的网络化是一个由若干独立的、彼此有纵横联系的经营单元组成的网络，整个组织通过自我管理、自我约束来协同发展；外部组织的网络化是通过互联网（信息流）、产业供应链（物流）和资金市场（资金流），在企业之间建立了多种形式的合作关系，使企业自身成为外部网络上的一个组成部分。

信息化企业的集成化是指企业作为一个有机系统，需要企业内部的产品研发、采购、生产、营销、管理与客户服务的有机整合与集成。信息化企业的集成化包括企业内部的信息集成、功能集成和过程集成，企业间的集成和网络集成。

信息化企业的智能化表现为通过商务智能和知识管理实现企业生产、经营、管理的智能化。其中，商务智能系统能从不同数据源搜集到的数据中提取有用的数据，并对这些数据进行筛选、转换、重构后，将其存入数据仓库；然后运用适合的管理分析工具对信息进行处理，使信息变为辅助决策的知识，并通过适当的方式呈现给决策者。

信息化企业的自动化包括生产过程自动化、管理自动化和数据处理自动化等三部分。其中，生产过程自动化是指信息技术应用在企业生产各个环节，提高企业的数字化和信息化程度，通过生产信息使生产、测量、显示、控制等工作环节实现生产的自动化和数字化；管理自动化是指通过建立企业管理信息系统、办公自动化系统、网络系统、企业资源计划、决策支持系统、专家系统等来辅助企业的管理和决策；数据处理自动化是指应用信息技术对生产、销售、财务等海量的业务大数据进行处理。

2010年，我国国务院国资委对信息化企业也进行了较为系统的论述，其主要观点有7个。

第一，信息化企业的核心词是企业，而不是信息化；从企业信息化到信息化企业是一个质的飞跃。企业信息化是个过程，信息化企业则是这个过程从量变到质变的结果。

第二，信息化企业是借助信息技术对传统组织结构的创新组织形式。这种创新的组织形式使组织作为一个整体的功能远远超过了原有各个组织部分的功能，提高了整个组织信息的传递、扩散和渗透能力，实现了信息、经验与技能的对称分布和共享，达到了激励创新和提高工作效率，大幅降低交易费用的目的。

第三，对信息化企业而言，夺取信息优势成为经营管理的核心内容，竞争的焦点变为"制信息权"。信息技术成为组织获取竞争优势，提高竞争力的有力工具。

第四，信息化企业是信息化融入企业本质，既具有先进发展方式，又具有基业长青能力的企业。信息化企业是适合 21 世纪经济环境的企业模式，代表了社会经济主体和企业发展的下一代方向。信息化企业完全不同于企业信息化。信息化企业的本质是做先进企业、未来的企业、下一代经济中的企业、长青企业。

第五，在本质和目标方面，企业信息化和信息化企业一为过程，一为结果，两者的目标既有联系，更有重大区别。企业信息化以信息化项目完成为目标，只需达成项目设计要求、实现项目功能、取得项目效果即可。信息化企业则以企业的基业长青为基本目标，以企业的先进性为保障，通过信息化固化基业长青因子、制度化价值创新、激励企业围绕核心理念不断进步。

第六，在主导者方面，企业信息化和信息化企业一为自下而上，一为自上而下，两者的主导者往往不同。在企业信息化建设中，信息化的主导者往往是服务商、信息化部门、业务执行部门，难以从企业整体去把握信息化建设，容易陷入信息化的技术层面，关注信息化过程，而偏离企业根本。在信息化企业中，信息化的主导者则是企业的最高领导者。在他们的主导下，信息化不再是局部性事务，而是从企业整体出发制定企业战略、调配企业资源、指导企业运行的基本活动。

第七，在着眼点方面，企业信息化和信息化企业的着眼点一为短期，一为长期，两者的着眼之处有所不同。企业信息化注重短期效果，一般要求信息化满足未来 2～3 年的需求增长。信息化企业则关注企业根本价值，目光设定在价值网络整体利益最大、破坏性创新、企业社会责任的新价值观上，追求基业长青。

国家电网公司对信息化企业的探索性研究始于 2007 年，信息化工作部李向荣等同志在《电力系统自动化》杂志上发表了《构筑数字化电网　建设信息化企业》❶的论文，明确提出："信息化企业是在先进管理理念指导下，以信息技术为依托，建立覆盖整个企业的信息网络和一体化企业级信息系统；构建企业生产经营管理的数字化模型，推进企业资产的全寿命周期管理及企业内部人、财、物三大基本要素和业务处理的全过程信息化管理；促进企业生产、管理、经营的规范化，达到电能流、业务流和数据流的高度整合、共享，实现企业生产自动化、管理现代化、决策科学化。"这一早期关于信息化企业的定义及其思想体现在"十一五"期间国家电网公司信息化的主要任务——"SG186"信息化工程中。

2009 年，国家电网公司进一步提出：信息化企业是现代企业的前提，建设信息化企业的过程，就是推进建立健全现代企业制度的过程。信息化企业不能仅停留在建设信息系统层面，其内涵是信息高度集成共享、运营与管理业务高度协同，固化于信息平台的各项业务流程规范，体现国际最佳管理实践，现代化管理理念深入人心，信息化贯穿企业日常生产、经营、管理和决策的全过程，对企业的战略和发展起到重要支撑作用。国家电网公司还认为信息化企业是落实"两化融合"的具体体现，是"一强三优"❷现代公司建设的基础；建设国际一流现代公司的显著标志，就是建设信息化企业。基于这种认识，国家电网公司提出了"十一五"末初步建成信息化企业的目标，要求摒除为了信息化而信息化的短见意识，走出仅仅停留在信息系统狭隘建设的认识误区，知行合一，把握规律，坚定信息化企业的建设目标，采取有力措施加快推进。在具体表述中，"在先进管理理念指导下"被明确为"在国际先进管理理念指导下"，"促进企业生产、管理、经营的规范化"则被修改为"促进公司各项业务流程的规范化、标准化"。

在国家电网公司对于信息化企业的认识中，有这样两个要点是必须注意的：

第一，信息化企业与现代企业及一流现代公司的关系。这一点学术界没有提及，政府部门间接地涉及了这个命题。国家电网公司明确提出"信息化企业

❶ 李向荣，郝悍勇，樊涛，唐跃中. 构筑数字化电网　建设信息化企业〔J〕. 电力系统自动化，2007（17）：1-5＋44。

❷ "一强三优"的现代公司是"十二五"期间国家电网公司科学发展的战略目标，即建设电网坚强、资产优良、服务优质、业绩优秀（简称"一强三优"）的现代公司。

是现代企业的前提""建设国际一流现代公司的显著标志，就是建设信息化企业"，就是说企业只有先成为信息化企业，才可能成为"现代企业"和"一流现代公司"，这就把信息化对公司发展方式的影响提到了一个全新的高度，也符合习近平主席提出的没有信息化就没有现代化的要求。

第二，信息化企业应非常接近于国际一流企业。无论是"在国际先进管理理念指导下"，还是"体现国际最佳管理实践"，都是将企业的发展方向定位于国际一流企业。因此，信息化企业即使还不能完全说成是国际一流企业，其与国际一流企业的差距也应该是非常小的。换一个角度来理解，一个企业可以分为很多个方面，真正的一流企业必然在大多数方面达到了一流。一流企业很可能就是信息化企业，反之则不然。信息化企业只能说，在信息化方面企业已经达到了一流，但信息化企业与一流企业可能还有一定差距，一流企业毕竟是更高更全面的要求。

综合各方观点，我们发现对信息化企业，已经形成共识的内容包括以下四个部分：

第一，均强调信息技术和信息化的重要性。既然是信息化企业，信息化的重要性不言而喻。学术界所谓的"在生产和经营的各个环节推广信息技术"及"应用信息资源和技术"，政府部门提到的"借助信息技术"或"信息化融入企业本质"，以及国家电网公司的"以信息技术为依托"等，在本质上并无太大差异，均在强调信息技术和信息化的重要性。没有信息技术的开发，没有信息系统的建设和应用，信息化企业就无从说起。

第二，均强调信息应用的全覆盖。学术界从 2004 年的"在生产和经营的各个环节"到 2008 年的"生产、经营、管理、决策等过程"，政府部门的"整个组织信息的传递、扩散和渗透"或"融入"，以及国家电网公司的"覆盖整个企业""信息化贯穿企业日常生产、经营、管理和决策的全过程"，这些不同的表述都在准确地表达着相同的意思，即在信息化企业中，信息化的应用范围是全覆盖的。通俗一点讲，不管是生产、经营、管理、决策等过程，还是作业、经营、战略等层面，只要有人和事的地方，就都应该有信息化的影子。

第三，均认为信息化企业是一种新的组织形式。学术界的"建设与此相适应的组织模式"，政府部门的"对传统组织结构的创新组织形式"或"信息化企业是适合 21 世纪经济环境的企业模式"，都明白无误地告诉我们，信息化企业是一种新的组织形式。国家电网公司虽然没有这样明确地表述，但从"信息化企业是现代企业的前提，建设信息化企业的过程，就是推进建立健全现代企业制度的过程"也可以间接推导出来，毕竟"现代企业"及"现代企业制度"与传统的"企业"及"企业制度"是不可能等同的。

第四，均突出了信息化对企业绩效的贡献。学术界的"提高企业生产、管理、决策等过程的效率、水平与经营效益"，政府部门的"激励创新和提高工作效率，大幅降低交易费用""为组织获取竞争优势、提高竞争力"或"信息化企业则关注企业根本价值""反对不符合信息化企业理念的投资""高质量信息化效益"等，均在说明信息化企业应该比一般企业有更好的绩效。国家电网公司作为一家保障国民经济能源供应的公用事业企业，提出信息化企业是"一强三优"现代公司建设的基础，而"一强三优"中的重要一点就是"业绩优秀"。

3.1.2 信息化企业的概念

基于对以上各方观点的研究，结合国家电网公司近年来在信息化企业建设方面的实践探索，我们将初步确定信息化企业的含义。基于以上这些梳理和分析，可以将信息化企业的含义阐述如下。

信息化企业是指紧密围绕企业发展战略，以持续开发和深入应用信息技术为基础，将信息化全面融入企业本质和贯穿全部生产经营管理活动，并能够显著提升企业效率、效能、效益的一种创新型组织形式。理想的信息化企业既具有先进发展方式，又具有基业长青能力，能够充分适应内外部环境的变化，始终保持高超的运作效率，获得行业领先的综合绩效，最终体现出全数据管理、全信息应用、全业务贯通以及全方位管控的"四全"特点。

其中在定义中需要重点说明的有以下三点：

第一，信息化企业是一个静态概念还是一个动态概念。这一问题的核心是，能否设立一个静态的标准，只要企业达到这个标准就可以称为信息化企业，并且此后只要保持这个标准，就可以一直称为信息化企业。在这个问题上，国家电网公司将信息化企业视为实现"一流现代公司"的必备条件，由于"一流现代公司"必然是一个动态概念，大致可以推出信息化企业是一个动态概念，要随着战略目标、管理思想、信息技术的发展不断调整和完善。

第二，信息化企业是否应该结合具体行业进行定义。应该说，信息化企业这个概念与行业是无关的，国家电网公司的信息化企业实践在某种程度上结合了电力行业的特点。对此，可以初步认为，信息化企业这个概念应该是超越行业边界的、带有普遍意义的一个名词，这些概念对于政府、机关、学校、医疗及金融等各类机构也有普适性的意义，而我们讨论的信息化企业评价标准则完全可以结合不同行业的自身特点而加以定制。

第三，信息化企业是在高度数字化的基础上完成的，即企业的各类设备状态均通过传感及网络采集传输，再借助企业数据中心进行统一管理，实现全业务的互联互通。

关于信息化企业的"四全"特点（见图 3-1），笔者结合国家电网公司信息化企业建设实践经验，初步做出以下界定。

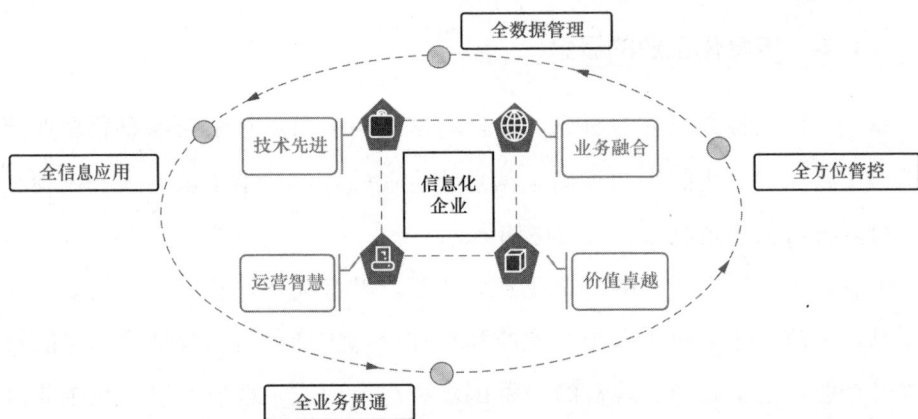

图 3-1　信息化企业的"四全"特点

全数据管理，即通过信息化技术，对于企业运营全部流程产生的内部管理数据，控制系统产生的生产自动化数据，采集系统获取的传感和设备状态数据，以及外部采购等方式获取的外部数据，通过统一数据中心将全部数据进行集中统一存储和处理，在此过程中，需要基于企业统一的数据模型和管理方式，确保数据标准一致。

全信息应用，即企业生产运营及管理的各个环节全部应用均已经从手工向信息化转型，全部业务环节、所有人员和各层级单位均涵盖在企业信息应用中，对全口径流程以及流程全过程进行"无死角"覆盖，最终基于数据中心，通过信息应用支撑企业所有价值生产及流通环节的自动化、智能化实现。

全业务贯通，即企业所有业务流程均已通过信息化手段打通，不存在横向的职能部门壁垒或者纵向的层级壁垒，管理上实现条块结合，技术上实现信息化的横向及纵向集成，不存在信息系统"烟囱林立"的状况。

全方位管控，即科学合理地进行信息化项目管理，有完整的管理方法论和管控流程，对信息化规划计划、可研、年度计划、立项、概要设计、详细设计、研发、实施、上线运行、下线等过程进行全方位管控，确保信息化管控流程全规范、信息化管控队伍全可靠、信息化管控技术全先进等目标。

3.1.3　信息化企业的内涵

结合 3.1.2 中信息化企业的定义，可推导出信息化企业在技术、业务、运行、绩效方面都包含了很丰富的内容。在此笔者结合国家电网公司信息化企业建设实践经验，界定了信息化企业的内涵，即包含技术先进、业务融合、运营智慧、价值卓越四要素的信息化企业内涵（见图 3-2）。

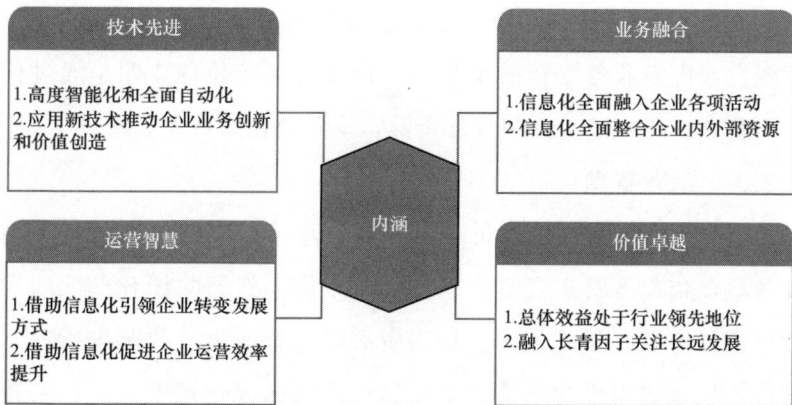

技术先进
1.高度智能化和全面自动化
2.应用新技术推动企业业务创新和价值创造

业务融合
1.信息化全面融入企业各项活动
2.信息化全面整合企业内外部资源

内涵

运营智慧
1.借助信息化引领企业转变发展方式
2.借助信息化促进企业运营效率提升

价值卓越
1.总体效益处于行业领先地位
2.融入长青因子关注长远发展

图 3-2　信息化企业四大内涵

3.1.3.1　技术先进

技术先进是信息化企业的基础内涵，是信息化企业的必备条件，做不到技术先进则信息化企业无从谈起。技术先进是指配置与选择的信息技术及硬件装备先进，在主要技术性能、自动化程度、结构优化、环境保护、操作条件、现代新技术的应用等方面具有技术上的先进性，并在时效性方面能满足技术发展要求。技术先进是支撑企业价值创造、引领系统业务创新的基础要素，只有技术先进才能实现企业的生产自动化、业务自动化、数据处理自动化，以及企业整体的智能化。此外，技术先进是指在一定条件下、一定时期的先进。信息技术装备与信息技术理念的先进是实现信息化企业所具备的技术基础。但先进是以企业管理实际适用为前提，绝不是不顾现实条件和脱离企业实际需要而片面地追求技术上的先进。通过先进技术及其理念的广泛应用，推动企业的业务创新和价值创造。

3.1.3.2 业务融合

业务融合是信息技术应用到企业研发设计、生产制造、经营管理、市场营销等各个环节，推动企业业务创新和管理升级。一是信息化全面融入企业各项活动，树立"业务驱动"的 IT 治理和管理思想，以可行性高和持续改善为目标，设计统一的或可扩展、可集成的信息系统，真正解决业务上的需求，实现在生产、经营等方面紧密结合、融为一体。二是业务之间通过信息化实现流程贯通和协同，打破管理壁垒和业务壁垒。信息系统建设之前必须建立一体化数据平台，防止跨专业业务协同与信息共享不足，数据多头录入，数据反复抽取、冗余存储、质量不高等现象出现。三是信息技术是实现业务价值的核心手段，通过业务融合，提高业务运行效率最大限度发挥业务价值。四是通过信息化的推进，全面整合企业内部资源和外部资源，提升企业的整体效能。

3.1.3.3 运营智慧

就目前的企业而言，要管理的业务量逐年增多，同时这些业务在地理位置上分布在各地，企业需要实现对所辖的业务及资源进行集团化的实时远程运营管理。如果仅仅依靠有限的人力、物力资源，对企业生产状况进行动态的和全方位的监控，是非常困难的事情。下面从三个方面阐述运营智慧，一是通过信息化手段促进企业运营效率的提升，而提升企业运营效率的具体表征就是充分利用大数据分析应用，对日常运营状况做到及时监控。二是通过对企业资源的综合应用分析，能够对企业运行中的流程、问题和实施进度，进行动态监控和基于大数据分析的优化，克服不足，引领企业转变发展方式。三是规则引擎，快速反应企业动态变化。信息化企业规则设定的灵活性和个性化定制，快速实施能够有效适应企业动态变化的需求，保证企业管理效能。随着"互联网＋"、大数据、云计算等新一代信息技术和理念冲击传统企业运营管理模式，运营智慧成为当今企业追求的目标。运营智慧也将引领企业从以往的粗放式管理模式逐步向精细化管理模式靠拢，降低生产资源分配的不合理性，转变企业的发展方式，实现企业管理质的飞跃。

3.1.3.4 价值卓越

信息化企业的内涵是以技术先进为基础，以业务融合和运营智慧为两大抓手，最终实现价值卓越。经过多年的信息化建设，企业可以创造卓越的价值，主要体现在：一是信息化企业总体效益处于行业领先地位，企业信息化业务的分析、梳理、优化、自动化成为提升核心竞争力，使得企业处于行业领先地位的重要保障；二是信息化企业融合长青因子，关注企业的长远发展，最终实现基业长青的企业目标；三是实现高效集成，创造企业高效能。信息化企业管理的可视化呈现，将多系统信息有效归集，实现自动化和智能化。在大大简化企业流程的同时，降低人为错误发生，大大提高企业的效能，实现卓越价值。

3.2 信息化企业基本特征

关于信息化企业的特征，专家和学者已有论述，即信息化企业是一个集成系统，是一个运转良好的系统，体现为全面信息化基础上的生产过程的自动化、管理方式的网络化、决策支持的智能化、业务流程的集成化、商务运营的电子化。在提炼信息化企业含义和分析信息化企业与企业信息化差异的基础上，可以进行归纳总结，进一步明确信息化企业的特征。总体而言，高度成熟的信息化企业应具备六个方面的基本特征。

3.2.1 信息化全面融入企业各项活动

信息化全面融入企业各项活动是信息化企业首要的和基本的特征，缺少了这一点就难以称为信息化企业。这一特征从表面上看就是信息化对企业管理的全覆盖和在企业管理中的全应用，与专家定义信息化企业时提出的"生产、经营、管理、决策等过程"以及"整个组织信息的传递、扩散和渗透"等论述相一致。

对正在推进信息化的企业而言，实现信息技术的全覆盖也许并不难，实现全应用的难度也可以克服。例如，很多企业要求实行无纸化办公，尽管不少人习惯于传统的工作方式，但是如果公司高层强力推行的话，还是可以做到的。2002

年，中国提出"以信息化带动工业化、以工业化促进信息化"论断；到 2007
年，进一步上升为"推进信息化与工业化融合，走新型工业化道路"，核心就是
信息化支撑，追求可持续发展；2017 年党的十九大报告中明确提出了"加快建
设制造强国，加快发展先进制造业，推动互联网、大数据、人工智能和实体经
济深度融合。"实际上，政府通过两化融合，大数据与实体经济的融合对企业有
明确的要求。国家电网公司在做评价信息化企业时，也将"两化融合"评价作
为信息化企业的前置条件，促进企业提高信息化环境下的核心竞争能力。

信息化全面融入企业各项活动的实质在于信息化与企业各项经营管理活动
真正融为一体，也就是说，并非实现了信息化的全覆盖、全应用就是建成了信
息化企业，前者只是后者的必要条件，而非充分条件。信息化与企业各项经营
管理活动真正融为一体，往往要求企业率先解决阻碍企业发展的深层次问题，
如企业文化塑造、工作作风转变、员工绩效评估等等。这些问题解决了，信息
化才能真正全面融入企业，才能在提升企业核心竞争力和持续发展能力方面发
挥重要作用，这样的企业才能称为信息化企业。正因为如此，许多专家和学者
才把信息化企业看作是一种"创新组织形式"或"21 世纪的企业模式"。

3.2.2　信息化全面整合企业内外部资源

这里所说的"资源"是指人、财、物、信息等各种资源，所谓"外部"除
一般意义上的客户、供应商、竞争对手之外，还包括政府、社团、媒体等利益
相关方。理想的信息化企业能够在应用集成和数据共享的基础上，全面整合企
业内外部人、财、物、信息等各种资源，并在生产、经营、管理、决策等过程
实现完全的流程化管理。这里的流程化管理是以价值流或价值链为基础的，流
程中的每个环节从创造价值的角度来看均是不可缺少的，而不仅仅是业务活动
的细分。

全面整合企业内外部资源，客观上要求所有利益相关方均能够树立"一盘
棋"思想，整体利益至上，即时沟通，高效协同。从这个意义上说，信息化企
业担负着提高整个价值链的运作效率和综合效益的责任，并发挥标杆示范作用，
有效引导价值链上各利益相关方的信息化发展方向，避免所谓的"独木难
成林"。

3.2.3 信息化助力企业全面自动化和高度智能化

信息化企业应该能够充分应用信息技术，实现生产经营核心业务领域的高度智能化和全面自动化（生产过程自动化、管理自动化、数据处理自动化），从而提高企业的运作效率，降低整体运营成本。综合专家、学者的论述，信息化企业应该能够围绕信息的收集、处理和呈现三个方面，提取真正有价值的信息，即能够从不同数据源收集到的数据中提取有用的数据，对这些数据进行筛选、转换、重构后，将其存入数据仓库；然后运用适当的分析方法和管理工具对数据进行处理，使其转化为辅助决策的有用信息，并通过适当的方式呈现给决策者。简而言之，信息化企业能够充分运用信息化手段，不仅在核心业务、核心资源领域，而且在管理决策方面均实现高度智能化和全面自动化。

从当前相关企业信息化实际状况看，信息的收集相对容易，但是从海量的原始信息中提取决策层和经营层真正需要的有用信息还存在一定的难度。此外，如何保证相关信息的及时性和准确性也是智能化和自动化面临的难点。

3.2.4 信息化引领企业转变发展方式

信息技术的兴起和发展，对人类的工作、学习和生活方式产生了深远的影响，这是不以任何人的意志为转移的。其中电子商务和网络经济的形成，更是为企业借助信息化转变发展方式提供了契机，企业不仅可以利用 IT 提高传统业务的效率、提高管理水平；更重要的是，还要根据市场的风云变幻，利用信息化手段不断催生新业务，带动企业管理和经营战略的变革，为企业发展赋予新动能。这当然还是从企业借助信息化转变发展方式的角度来假设的。

笔者在此处更想强调是"引领"一词。对信息化企业而言，它应该密切关注信息化的最新发展趋势，并随时准备调整自我，乘势而上，实现最有利于企业的发展方式。例如，国家电网公司近年来密切关注欧美国家对智能电网的研究和相关技术的研发，果断提出建设"坚强智能电网"的战略，就是一个较好的例子。与转变企业发展方式相关联的则是转变个人成长方式。信息化企业应当借助信息化手段创造一种"人人爱学习、终生均学习"的良好氛围，通过知识管理等系统为员工学习提升创造良好的条件。

3.2.5　总体效益处于行业领先地位

一般而言，信息化企业的经济效益在行业中应处于领先地位。信息化企业需要明确并定期回顾一些在同行业或不同行业之间可以进行对比的指标，如全员劳动生产率、成本费用利润率、流动资产周转率、存货周转率、客户满意度、总资产报酬率等，确定本企业与同行或其他优秀企业相比处于何种位置，并分析差距持续改进。可以这么说，对大多数处于完全市场竞争环境下的企业而言，经济效益应该是需要首先高度关注的重点。

需要注意的是，国家电网公司作为全球最大的公用事业企业，不能仅仅关注经济效益，它需要关注的是总体效益或综合效益，即在经济效益之外，还要关注社会效益及文化效益。因此，公用事业企业同样需要对企业的社会效益进行测评，如企业是否倡导节能减排、履行社会责任等。

基于以上考虑，笔者认为信息化企业的总体效益应在行业中处于领先地位。2015 年 9 月德勤和中国机械工业联合会共同发布的《中国制造业企业信息化调查》中显示，尽管各行业表现有所差异，但是信息化领先者的收入创造效率和盈利能力均超越其他类型企业（见图 3-3）。

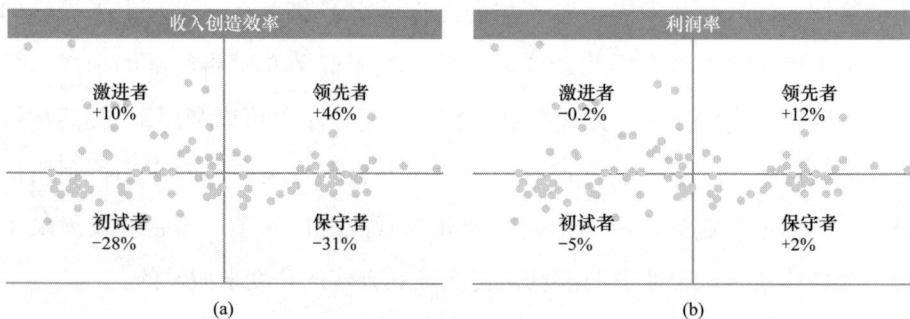

收入创造效率	利润率
激进者 +10%　　领先者 +46% 初试者 −28%　　保守者 −31%	激进者 −0.2%　　领先者 +12% 初试者 −5%　　保守者 +2%
(a)	(b)

图 3-3　信息化领先者表现高于行业平均水平

（a）收入创造效率；（b）利润率

同时，借鉴 MIT Initiative on the Digital Economy 和 George Westerman 等学者的理论，按照信息技术应用能力和企业管理执行力两个维度进行划分，可以将企业水平分为领先者、保守者、激进者和初试者四类，他们的价值创造能力和财务业绩在不同行业也存在非常大的差异（见图 3-4）。

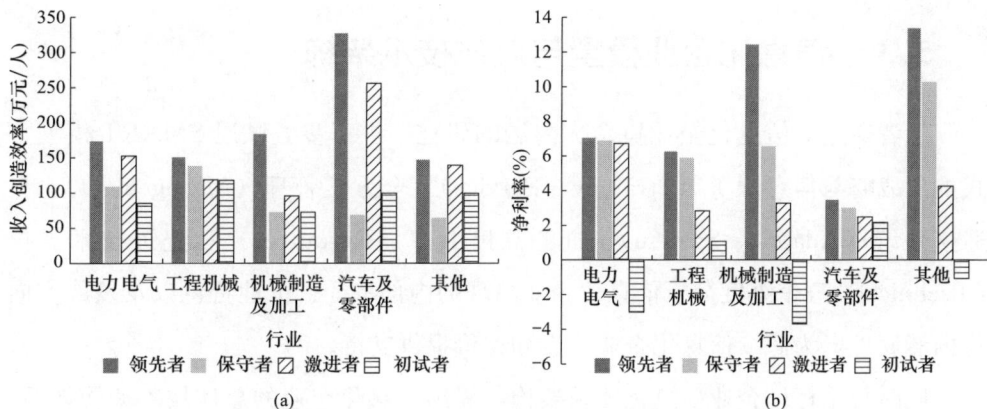

图 3-4　四类信息化企业在主要行业的表现情况

（a）员工收入创造效率；（b）净利率

3.2.6　融入长青因子关注长远发展

无论在世界范围还是在中国，均有不少企业一时间红红火火，转眼却烟消云散，企业的基业长青是一个亘古弥新的话题。对信息化企业而言，关注的不仅是企业能否做大做强的问题，更是能否做久的问题。因此，《基业长青》一书中描述的长青因子，保持核心与刺激进步的思想，以及核心价值观传承、社会责任履行、核心竞争力保持、创新进步机制营造等重要事项，必然要融入企业，并通过信息化的手段加以固化。企业中的每一位员工，其核心理念和行为方式均能够在信息系统的固化下与企业保持高度一致。

正因为如此，信息化企业将能够抛弃急功近利的思想，选择最有利于企业长期发展的方式。总而言之，信息化企业在管理运营过程中融入了基业长青因子，具备可持续发展的核心竞争力。从 20 世纪 60 年代末开始，IT 技术一直在影响企业的流程、组织、战略、文化，是企业变革管理的主角。早期的计算机服务系统、ERP 等技术在制造业领域的应用，带来了制造业的数字化和自动化，提升了企业运行的效率，但是资源的优化范围是局部的。现在移动技术、云计算、宽带网络、大数据等一系列技术，实现物理设备的信息感知、网络通信、精确控制和远程协作，通过物联网这个层面，通过接入不同的传感器进行实时的感知。这些传感器具有精确计算的功能，能达到效率提升的目的。通过宽带网络，这些数据对整个过程进行精确控制，确保企业的长期稳定发展。

3.3 信息化企业模型与总体技术架构

笔者通过对信息化企业概念、内涵的研究，进一步尝试以 SMART 模型方式抽象战略与信息服务（Strategy Service）、全方位管理（Management）、自适应系统（Adaptive System）、资源高度共享（Resources）和先进技术支撑（Technical）五个维度分析信息化企业呈现的内部特征、个性特色以及发展方向等内涵属性，为后续信息化企业建设和评价提供支持。

同时总结标杆企业信息化体系架构，提出信息化企业的总体技术架构体系，供读者在实施信息化企业时参考。

3.3.1 信息化企业 SMART 模型提出

笔者通过对信息化企业概念和内涵的分析以及在信息化企业建设方面的实践，基于"全数据管理、全信息应用、全业务贯通、全方位管控"的特点，结合"技术先进、业务融合、运营智慧、价值卓越"的内涵，在充分体现信息化企业"生产过程的自动化、管理方式的网络化、决策支持的智能化、业务流程的集成化、商务运营的电子化"特征的基础上，用企业价值模型的思维，分析支撑信息化企业运营的核心要素，得出战略组织、全方位管理、运营智慧、资源组织和网络系统支撑这五个要素是信息化企业建设和运营的核心，提出包含"一个核心战略、五大要素和十六大功能"的信息化企业 SMART 模型。

其中，一个核心战略是指信息化企业发展战略；五大要素包括战略与信息服务（Strategy Service）、全方位管理（Management）、自适应系统（Adaptive System）、资源高度共享（Resources）和先进技术支撑（Technical）；十六大功能包括战略引领、管理创新、价值卓越、服务社会、IT 管控、深度融合、深化应用、安全管理、智慧运营、动态感知、人才服务、协同生态、数据共享、互联互通、先进技术应用、基础设施。

信息化企业 SMART 模型用科学的手段解析信息化企业内部特性，梳理出信息化支撑企业服务/产品的市场定位、设计、制造、销售、维修、服务、管理等各个环节关系，为信息化企业建设提供可参照的依据。

图 3-5 描述了信息化企业 SMART 模型的要素关系和核心内容。

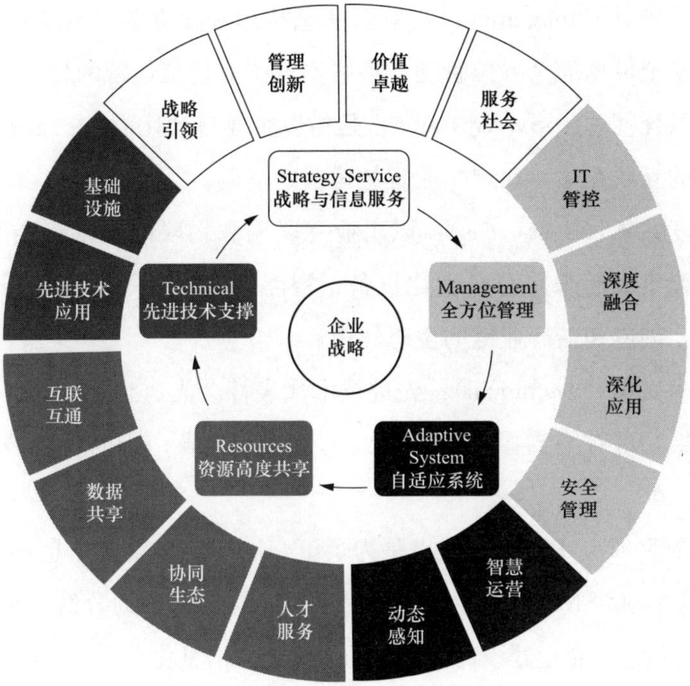

图 3-5　信息化企业 SMART 模型

　　信息化企业发展战略应与企业的发展战略深度融合，信息化支撑是信息化企业战略实施和落地的重要手段。传统的企业信息化战略规划仅仅是围绕企业战略，为企业战略提供支持，而信息化企业的信息化战略规划不仅需要支撑企业战略，更重要的是融入企业战略，利用信息通信技术、自动化技术的优势，影响或直接改变企业的战略，从以往的从属性质，变为主动创新模式。

　　信息化企业发展战略：是指企业为适应激烈的环境变化，满足经营发展需要，基于企业发展战略，通过集成聚合现代信息技术，开发应用信息资源，并能够聚合组织制度以期获取未来竞争优势的长远运作机制和体系。信息化企业发展战略包含战略与信息服务、全方位管理、自适应系统、资源高度共享、先进技术支撑五大要素。

　　战略与信息服务（Strategy Service）：是围绕企业的发展战略从战略引领、管理创新、价值卓越和服务社会的能力展开的。信息化企业将通过信息化固化基业长青因子、制度化价值创新、激励企业围绕核心理念不断进步，使企业始终处于行业的领先地位。

全方位管理（Management）：是以信息技术和企业生产经营深度融合、深化应用实现安全可靠的全方位管理，最终实现企业智慧运营的目标。

自适应系统（Adaptive System）：是指以企业自动化设备、智能感知实现企业物理层面的互联互通，奠定企业智慧运营的基础。

资源高度共享（Resources）：以工业互联网和物联网技术将企业的人、财、物等各类资源集成起来并与自动化设备、智能感知设备等，实现互联互通和资源数据共享，创造和谐产业链的生态环境。

先进技术支撑（Technical）：先进技术代表社会先进生产力，是最新科技发展成果的凝聚，可有力支撑信息化企业的发展和运营；同时，新技术将引领企业的发展。

信息化企业 SMART 模型提出是为了更好地评价和建设信息化企业。因此，我们对信息化企业 SMART 模型的五个要素进行进一步的分解，期望通过分解的单元，引导信息化企业建设需要，并为后续建立信息化企业评价体系提供支撑。

3.3.1.1　战略与信息服务（Strategy Service）

战略与信息服务包括战略引领、管理创新、价值卓越、服务社会四个功能。

战略引领：以企业发展战略为引领，根据环境变化，制定适合企业自身特点的经营和管理策略，为企业发展提供指导。

管理创新：在特定的条件下，通过信息技术等手段，对企业内部资源要素进行再优化配置，推动企业实现管理创新与变革。

价值卓越：践行正确的企业价值观，以客户为导向，以服务创造价值，实现企业自身发展和社会进步的融合。

服务社会：依靠信息技术应用，支撑企业综合效益提升，通过企业为整个社会正常运行与协调发展提供特定或者综合服务。

信息化企业是紧密围绕企业发展战略，以"业务价值"作为核心，变被动支持、服务于业务为主动关注如何实现业务价值。同时具有先进发展方式和基业长青能力，能够充分适应内外部环境的变化，始终保持高超的运作效率。通过提供迅捷反应的内外部服务，为员工提供便利的工作手段，为客户提供全方位的优质服务，达到利益相关方最大化满意。信息化企业战略将引领企业向更高的目标前进，并且不断优化和创新持续改善企业的素质和业态，确保企业成为价值卓越的企业。

首先信息化企业战略是指导和引领企业发展的方向，并指导企业的信息化战略、业务战略等的规划和建设。其次，信息化企业是不断优化和创新的企业，管理创新将改善企业的素质和业态。再次，随着网络技术的高速发展，企业的边界不断变化，客户、市场、企业、政府等，对于信息的沟通和服务提出更高的要求。最后，信息化企业必将是运营卓越创造价值的企业。

3.3.1.2　全方位管理（Management）

全方位管理包括 IT 管控、深度融合、深化应用、安全管理四个功能。

IT 管控：通过规范运维管理制度，深化 IT 管理工具的应用，引导和辅助信息管理人员对信息资源进行有效的监控和管理，实现 IT 系统的稳定和可靠运行，为业务部门提供优质的信息技术服务。

深度融合：信息技术与工业化在更大的范围、更细的专业、更广的领域、更高的层次、更深的应用、更多的智能方面实现彼此交融。

深化应用：信息技术在更大的范围、更细的专业、更广的领域、更高的层次、更多的智能等方面实现进一步的应用。

安全管理：通过信息技术应用，使信息技术在企业经营管理中融合的同时，实现对企业生产经营和管理的安全管控。

信息化企业将信息化与企业各项经营管理活动真正融为一体，强调信息化与业务的深度融合，而这个过程离不开 IT 管控、深化应用和安全管理，特别是对于电力、军工等领域，对安全管理有着更为迫切的需要。同时信息化企业聚焦企业核心数据资源，促进企业智能分析与决策；强化数据融合，提升企业内外部的服务和管理能力；并具有敏锐洞察市场需求，快速响应的能力；能够优化企业产业链组织，提升产品的持续交付能力。

3.3.1.3　自适应系统（Adaptive System）

自适应系统包括智慧运营、动态感知两个功能。

智慧运营：在实现业务量化的基础上，强化物联网建设，深化大数据挖掘，将先进的信息技术、工业技术和管理技术深度融合，实现管理的数字化感知、网络化传输、大数据处理和智能化应用，使企业运营具备风险识别自动化、决策管理智能化、纠偏升级自主化能力。

动态感知：基于传感器网络等设计和技术手段实现实时敏捷的物体识别、信息采集，推动"物物相连"，并可对安全威胁进行识别、理解分析、响应处置，指导决策与行动。

信息化企业具备企业自适应系统和快速成长因子，遵循优架构、重协同原则，具有自我发展和自我约束机制。

信息化企业的网络化包括企业运营和组织结构的网络化。其中，内部组织的网络化是一个由若干独立的、彼此有纵横联系的经营单元组成的网络，整个组织通过自我管理、自我约束来协同发展。外部组织的网络化是通过互联网（信息流）、产业供应链（物流）和资金市场（资金流），在企业之间建立多种形式的合作关系，使企业自身成为外部网络上的一个组成部分。

整个系统还反映在企业对内外环境变化的敏感性方面，即具备对市场、社会服务和发展环境变化的高度适应性。信息化企业在系统建设方面，强调高度感知的自适应系统来支撑并驱动业务发展，实现企业智慧运营。

3.3.1.4 资源高度共享（Resources）

资源高度共享包括人才服务、协同生态、数据共享、互联互通四个功能。

人才服务：资源的共享可为人力资源管理提供更好的服务模式，促进信息技术、业务应用、网络安全等方面人才的有效开发与优化配置。

协同生态：以资源的高度共享为基础，实现同一生态系统内不同资源或者个体的协调与合作。

数据共享：通过统一数据标准，健全数据管理体系，打破专业、部门等方面壁垒，实现数据资源的充分开放和共享，降低企业内部成本，充分实现数据的价值创造。

互联互通：通过资源高度共享，实现不同个体（包括不同个人、部门、企业）间的快速沟通和信息传递。

信息化企业能够集成和整合企业的信息流、资金流、物流、工作流，实现企业内外部资源的最优配置，并在行业、社会层面进行共享。业务运营与信息系统的关系日趋紧密，要求信息化支持业务的不断创新和成长，并不断优化业务流程，降低经营风险。

信息化企业建设是企业发展的必由之路。然而当企业向信息化企业迈出第一步时，所面临的关键障碍不是来自技术或市场的变化，而是没有足够的信息技术人才可以支撑公司未来战略发展的需要。为此，加快人才引进和培养，是信息化企业建设的首要任务。企业的生产运营是一个流动的生态系统，在信息技术的支持下实现网络的互联互通、数据标准化、数据协同共享以及人才的支持能力等是建立信息化企业的产业链生态和发展的基础。互联互通、数据共享、协同生态和人才服务构成资源高度共享的核心单元。

3.3.1.5　先进技术支撑（Technical）

先进技术支撑包括先进技术应用、基础设施两个功能。

先进技术应用：依托信息技术基础设施，充分引进和应用成熟、适用、先进的管理技术、信息通信技术、企业运营技术等，推动企业生产力提升。

基础设施：通常由物理组件（包括电脑和网络硬件设施）、软件和网络组成，它是 IT 服务的基础。

构建信息化企业的基础设施（如云计算、大数据、物联网、移动应用、人工智能等），可在主要技术性能、自动化程度、结构优化、环境保护、操作条件、现代新技术的应用等方面具有技术上的先进性，并在时效性方面能满足技术发展要求。新技术的应用和发展是信息化企业的创新动力，信息技术、先进制造技术和管理技术为信息化企业提供坚强的技术支撑，围绕这些新技术的应用和创新，极大地促进信息化企业的建设。

信息化企业的发展离不开先进技术的支持，可以说信息化企业是构架在信息网络上的企业。信息技术设施和服务的质量影响着业务战略的方向和部署，企业基础设施的建设，网络、系统的不断改善提升，都离不开先进技术的创新与应用，从而进一步满足信息化企业运行的需要。

3.3.2　信息化企业总体技术架构

总结信息化企业先进经验，并结合我国特大型集团、集团企业以及中小企业如中国石油、中国石化、中国联通、中广核、华为公司、华润集团、美的集团等；以及国外信息化领先的代表企业如沃尔玛、亚马逊等；并以国家电网公司开展信息化企业建设实践为例，抽取精华归纳出信息化企业总体技术架构。同时在设计信息化企业总体技术架构时，考虑未来智慧企业、智能制造的要素和当今先进的信息技术等，构建适用于大型、特大型企业的信息化企业总体技术架构（见图 3-6），旨在为其他企业实施信息化企业提供可资学习借鉴的资料。

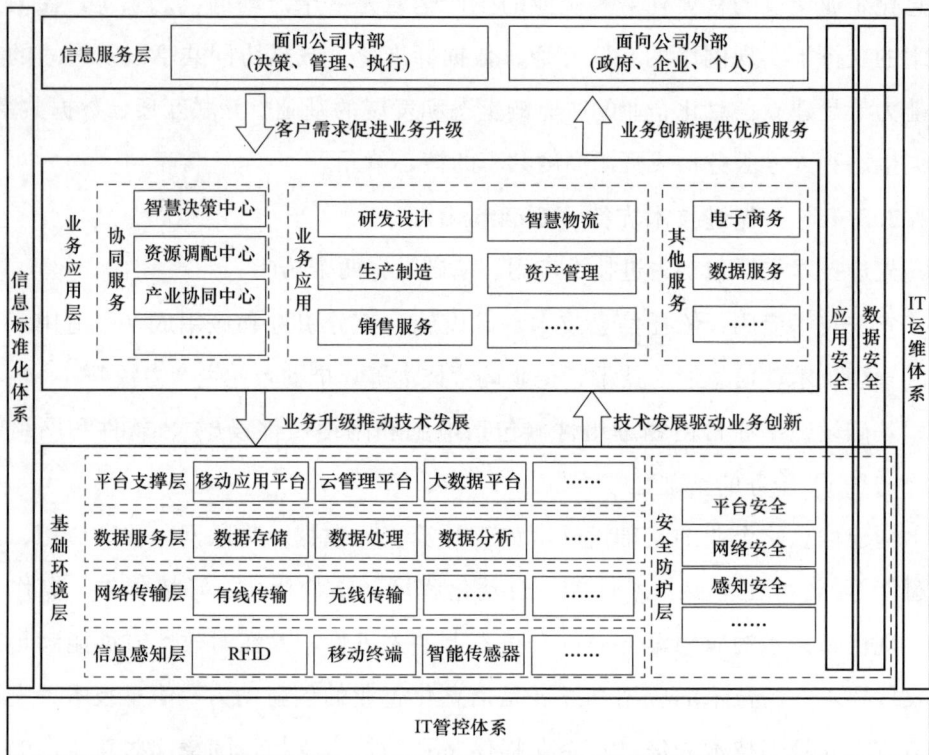

图 3-6　信息化企业总体技术架构

信息化企业总体技术架构应具备覆盖面广、通用性强、先进科学、层级明晰等特点，应涵盖企业数据和信息从产生、获取、存储、处理、应用到展现的全过程，并体现出新一代信息通信技术促成的架构演进方向，例如云计算服务模式、大数据服务模式、微服务模式等。

由图 3-6 可知，信息化企业总体技术架构由四部分组成：一是信息化基础环境层。信息化基础环境是信息化企业从物理层次的运用和部署，从平台支撑、数据服务、网络传输、信息感知、安全防护等方面支撑信息化企业的建设。安全防护层实质上是贯穿信息系统的各环节的，包括了平台安全、网络安全、终端安全以及各类业务应用的安全。本架构将之归于基础环境层，主要是考虑了安全防护基础设施的重要性。应用安全、数据安全在不同系统中均应同步考虑。平台支撑应满足公司业务应用需求，并适应业务发展需要，如移动应用平台、云管理平台、大数据平台等。数据服务指的是提供统一的数据存储、处理和分析等服务。网络传输是企业互联网络，采用有线、无线等传输方式。信息感知是物联网的关键技术，包括应用广泛的 RFID 标签、移动终端、智能传感器等技术。二是业务应用层。包括协同服务、业务应用和其他服务，是信息化企业运营的核心，围绕企业的各项运营业务提供支撑和推动。三是信息服务层。面向公司内部提供决策、管理和执行辅助，面向公司外部为政府、其他企业和个人提供服务。公司以客户需求为导向，促进业务应用系统升级，推动新技术创新发展。以"大云物移智"为代表的新技术在公司生产、经营和管理中发挥引领作用，驱动公司业务创新发展，优化服务体验。四是信息化企业保障体系。包括信息化标准、运维和管控体系，围绕信息化企业建立的运行、管理等的系列标准和运维管控体系是支撑信息化企业建设的基础保障，工厂管控体系确保了信息化建设过程中的规范、高效和合理。

3.4　信息化企业的能力

信息化企业能力是企业信息化建设中最为关键的，很大程度上影响企业信息化建设的成败。企业通过以战略、规划、计划、实施、维护、资源保障为路径，以企业领导力、运行能力、安全保障能力以及应用能力为主要内容，以构造信息价值链、培育企业信息能力为核心，抓住信息化建设关键点，掌握企业信息化核心脉络，提高企业生产、经营、管理、决策等过程的水平与效率和企业竞争力，成为信息化企业最显著的标志。

3.4.1　信息化领导力

信息化领导力就是对信息化全方位发展把握的一种能力，它作用的是一个全局，而不是个体。信息化领导力具体包括对信息化的战略方向把控，以及对信息化的规划、计划、立项等信息化管控力。企业要具备这些能力，需要从企业领导层对信息化的领导、企业信息化规划部门以及企业信息化全方位管控三个方面着手。

3.4.1.1　企业领导层对信息化的领导

企业领导层对信息化的领导，首先是企业主要领导人充分认识到信息化建设的主要目标是应对企业发展的可预见性趋势，面向挑战和竞争，为管理决策提供趋势预测，支撑企业发展战略并为企业的发展提供更多的机会和选择。其次，为积极推进企业信息化建设，企业需要设置必要的组织和岗位，比如首席信息官（CIO）或称总信息师职位，由企业主要领导牵头成立信息化工作领导小组，以及信息化职能管理部门等。信息化领导小组成员可以包括企业主要领导、CIO、各业务部门主要负责人。最后，形成常态沟通机制，企业信息化工作领导小组定期举行信息化工作会议或信息化领导小组会，协调或部署信息化建设、运行、网络安全等方面的工作，并有详细会议记录，企业主要领导经常参加信息化工作会议，听取信息化重点工作的汇报，解决信息化推动中的问题，对重大信息化建设决策有明确指示。CIO 的能力成熟度模型见表 3-1。

表 3-1 CIO 的能力成熟度模型

级别	名称	定义	能力要求
L0	初始级	设立岗位，不承担具体职责	无
L1	执行级	主要负责企业的信息系统建设运维，类似信息中心的角色	技术能力和管理能力
L2	规划级	主要按照公司发展战略，负责企业的信息化规划管理	技术能力、管理能力和业务能力
L3	战略级	主要从信息化视角制定企业发展战略	技术能力、管理能力、业务能力的融合
L4	变革级	主动从信息化视角推动公司业务模式创新	技术能力、管理能力、业务能力的融合，以及卓越创造力

企业必须首先有一个信息化的领导者与推动者，这个领导者就是企业一把手以及被赋予 CIO 职责的管理者，他们对企业的网络安全和信息化管理负有全面职责。面对未来复杂的内外部环境，对 CIO 的要求越来越高。经过多年信息化实践经验，笔者总结出未来的 CIO 不仅仅是 Chief Information Officer，而且还会是 Chief Integration Officer、Chief Innovation Officer、Chief Imagination Officer。其中 Integration 的内涵为"融合、整合、纳入、一体化"，不仅做企业内外部的信息融合创新，也可将企业从单一生态企业引入社会性企业，进行相关资源的融合；Innovation 的内涵为"革新、变革、创新"，要对原有信息资源进行整合和利用；Imagination 的内涵为"想象、想象力"，应具有一定商业战略的未来感觉和想象空间。

3.4.1.2 企业信息化规划制订

企业信息化首先需要秉持"统一性"原则，原则上以五年为单位编制中长期信息化规划，并以年度滚动修编，制订企业网络安全与信息化发展总体战略的规划。一是在信息化职能部门的统一组织下业务部门深入全程参加规划的制订工作，有主要业务管理部门的负责人或骨干人员长期加入制订规划的工作组，并在规划任务需求界定方面起到主要或主导的作用。二是企业制订详细信息化建设年度评估方案，评估过程公平、公正、公开，评估结果成为信息化建设相关人员绩效考核的重要依据。三是对评估中发现的问题，企业能够提出积极、合理的整改方案，并通过建立长期跟踪和设立问责机制监督问题的纠正。四是通过第三方权威机构进行 IT 审核，并定期编制和发布《IT 年度报告》，全面总结和展示信息化能力、业绩和商业价值，内容应包括年度 IT 能力的评估与分析，年度 IT 商业价值的评估与分析，对下一年度企业信息化发展机会的分析等。五是一定规模以上信息化项目原则上均应进行后评估。

3.4.1.3 企业信息化全方位管控

为提升企业信息化实施及管控的有效性，需要有规范的信息化岗位设置，信息化工作统一归口管理，有独立的部门，负责信息化规划计划、负责信息化预算的执行、信息化项目的实施管理、组织和流程创新的推动、承担对高层决策的支持、负责 IT 应用水平评估、负责信息化持续改进的推动、协调和管理、负责 IT 系统的管理和维护，负责企业网络安全的总体防护。

3.4.2 信息系统运行能力

在信息化企业建设中，不论是其内部的管理，还是对外提供的各类服务都越来越多地依赖于信息系统，可以说信息系统运行维护工作的好坏，直接关系着企业的形象以及效益。信息系统运行维护工作作为信息系统生命周期中的重要阶段，在系统投入运行之后，系统运行维护工作具有长期性和艰巨性的特征，构建一个完善、高效的运行维护体系，保障信息系统可靠、安全、低成本运行，是提升企业经济效益的重要途径之一。在建设信息化企业的过程中，信息化运行能力的打造主要有三个方面：一是信息化运维体系的构建；二是信息运维系统、工具的建设与应用；三是信息运维队伍的支撑。

（1）信息化运维体系是信息化运行能力的基础。目前国内外企业采用的运维标准有 ITIL，即 IT 基础架构库（Information Technology Infrastructure Library），由英国政府部门中央计算和电信局（Central Computing and Telecommunications Agency，CCTA）在 20 世纪 80 年代末制定，现由英国商务部（Office of Government Commerce，OGC）负责管理，主要适用于 IT 服务管理（ITSM），ITIL 已经在全球 IT 服务管理领域得到了广泛的认同和支持。ITIL 包括了一系列适用于所有 IT 组织的最佳实践，无论这些组织的规模如何，以及使用的是什么技术，借助基于 ITIL 构建适合自身企业特征的信息运维体系，从而大大改进了企业 IT 服务的质量，促进了 IT 与业务的融合。

此外，国内外企业还采用增强的电信运营图（eTOM）商务过程框架（Business Process Framework），这是 TOM 的计算机化、企业战略化的提升的模型，主要包含对电信运营企业业务流程的规范描述，该标准适用于电信运营行业。互联网企业采用开发运维一体化体系（DevOps，Development 和 Operations 的组合词），促进开发、运维、质保部门之间的沟通、协作与整合，实现产品快速开发、测试和上线。

（2）信息化运维工具是信息化能力打造的重要手段。在信息化企业建设过程中，随着企业的发展，信息系统设备数量增加，使用人数增多，系统规模日益庞大，要保障具有一定规模的集团企业信息系统正常稳定运行，在构建完善运行监控体系的基础上，要有信息系统来实现运维管理，如综合网管、安全管理、信息服务管理、桌面标准化管理、呼叫中心管理、三线技术支持等均需要信息系统来实现统一管理。目前，市场上也拥有较为成熟的自动化运维工具，企业可结合实际运维需求选择适用的自动运维工具，来提升自动化运维水平。

（3）信息化运维队伍是信息化能力打造的基石。IT 运维涉及的专业较多，如网络、数据库、操作系统、服务器（包括小型机）、存储、桌面运维、业务管理系统等。这些设备与系统的专业性很强，需要专业化人才进行运维管理。各专业知识面不一样，能从事运维工作的业务面也不一样。如从事网络、操作系统专业的运维人员可以从事桌面运维工作，但从事桌面的运维人员不一定能从事网络、数据库、存储维护工作。对涉及信息安全的专业必须分开运维，如网络权限、数据库权限、操作系统权限、存储权限、业务管理系统权限管理这几个专业必须独立，不得互相兼用。因此以上提到的每个专业的人员都必须有，但总的工作可以统一协调安排。IT运维管理人员较少，工作量大，因此对人员专业面、专业素质要求高。可根据运维体系标准，将运维人员按专业分组管理，从而体现运维团队综合能力。

3.4.3　信息化安全保障能力

建立适应现代企业信息化发展需求的信息化安全保障体系，着力提升网络与信息安全保护能力是信息化良性发展的前提和首要条件。信息部门应基于先进的网络与信息安全理念，信息安全总体规划和顶层设计，通过建立网络安全管理平台，加强网络安全统一归口管理，健全信息安全保障体系，提升关键信息基础设施和数据安全防护能力，加快网络安全态势感知和攻防体系，制定网络与信息安全保护制度和进行网络设施的动态监控，全面推进网络与信息安全保护规范化、制度化和流程化，提升内部信息化保障能力，实施战略转型，保障信息化成效的实现。一是企业需要形成信息安全规划和顶层设计，有三个关键节点：①做好信息安全的等级保护制度的落实。在信息系统可能面临的风险和信息系统的投入之间寻找到一个平衡点。②建立健全的信息安全保障体系。在建立信息安全保障体系方面，既不能单纯搞技术，也不能单纯搞管理。两者必须紧密结合，技术和管理并重，共同构建完善的保障体系。③及时应对网络突发事件和灾难，做好系统应急和灾备工作。二是管理保障体系建立。企业制定了信息安全管理制度并有标准的执行程序，并且建立管理机制，包括考核、通报、督查等内容；特别是建立了信息系统安全应急处理机制，对重特大风险的识别、防范和控制机制，以及信息系统的灾难恢复机制。三是技术保障体系建立。企业统一建设了各下属单位的网管系统（安全监视系统）和网络信任体系，对互联网出口和对外服务系统实行统一管理和监测；建立覆盖企业的全面网络安全预警监测系统，对互联网出口和对外服务系统实行统一管理和监测。并且部署防病毒软件、防火墙、数字加密、身份认证/识别、防入侵检测等多种安全保障措施，并定期对核心业务备份数据进行有效性测试。四是提高全员的信息化安全意识，制定符合企业安全运行的规章制度，在一定程度上限制员工违规操作，加强信息安全法律法规建设，建立健全对企业信息系统的安全测试和评估检查工作，并建立有效的信息安全防护机制。经常向员工宣传灌输应合理使用公司网络，禁止擅自添加和业务不相关软件，违规者给予一定程度惩罚，严重者甚至开除，故意泄露者移交司法处置。

3.4.4　信息化应用能力

企业信息化应用能力可以达到提高管理水平的目的，如何深化应用、在哪种条件下才可以深化应用是企业应当首先关注的问题。首先，深化应用的基础是网络及硬件建设已经形成规模，可以满足大量数据的交换、存储、运算；其次，业务信息系统已经覆盖企业的日常工作、业务数据准确无误、人员素质能够适应现代化管理手段、企业标准比较完备、各单位管理标准基本统一。通过信息系统深化应用，不断拓展业务应用的深度和广度，强化系统的数据质量，常态化提升信息系统性能和业务应用水平。

企业信息系统应用工作应由业务部门和信息部门分工负责，协同推动，坚持以应用规范化管理为主线，持续深化应用，重点促进各部门或子公司应用，加快全业务、全单位和全员的信息系统覆盖，企业必须从最基础的作业层业务入手，由里而外，逐步深化信息化应用水平。企业可重点关注以下四个方面：一是全员信息化意识普遍较高，热爱信息系统，愿意主动使用信息系统，并且具备较高的信息化素养，了解现代信息技术和网络基本知识，并能结合各自业务熟练应用，在工作中以信息化系统设置的流程工作。二是信息系统对业务的支撑能力，自身保证安全可靠运行，提供良好服务，做到"可用、在用、好用、易用、实用、会用"。可用是指系统提供良好稳定服务；在用是指系统随时都能使用；好用是指系统功能全面满足要求、员工都愿意使用；易用就是不用培训，界面友好，很容易上手，有更多人性化的设计；实用是指系统是以需求为导向，贴近业务流程；会用是指员工熟悉系统操纵，提供工作效率。三是信息化应用水平很高，应用效率高，熟悉度高，自觉利用信息系统管理工作，实现了网络化、集约化、共享化配置资源，个性化、即时化处理事务，节约企业资源，规范制度流程，提高工作效率，取得较好的经济和社会效益。四是企业应具备完善的信息网络和学习应用环境，帮助全体员工掌握信息技术并逐步适应应用，在此基础上提出新的应用需求，有效参与蓝图设计，主动投身建设应用，从而使企业信息化建设一开始就奠基在坚实的需求和应用之上，并且应用人员在日常使用过程中对信息系统能提出明确需求，反馈至开发人员进行开发设计持续改善信息系统，保证信息系统使用的有效性和实用性。

3.5　信息化企业与企业信息化的区别与联系

信息化企业和企业信息化既有区别又有联系，清晰地阐述二者之间的辩证关系，有助于加深对于信息化企业概念和内涵的理解，为建设信息化企业打下坚实的理念基础。从企业信息化到信息化企业，不是简单的字序变化，而是信息化应用水平质的跨越。

3.5.1　信息化企业与企业信息化的区别

为了更加准确地理解信息化企业的内涵，更加有效地指导企业的信息化建设，有必要在相关研究的基础上，对信息化企业和企业信息化的差异进行深入分析。

笔者以前文所述专家、学者意见为基础，重新进行了梳理分析，认为企业信息化与信息化企业既有区别又有所联系，总的来说：企业信息化是信息化企业的过程，而信息化企业是企业信息化的结果。企业信息化支撑信息化企业的实现路径，而信息化企业引领企业信息化的建设方向。具体来说，信息化企业与企业信息化的差异见图 3-7，主要体现在以下五个方面。

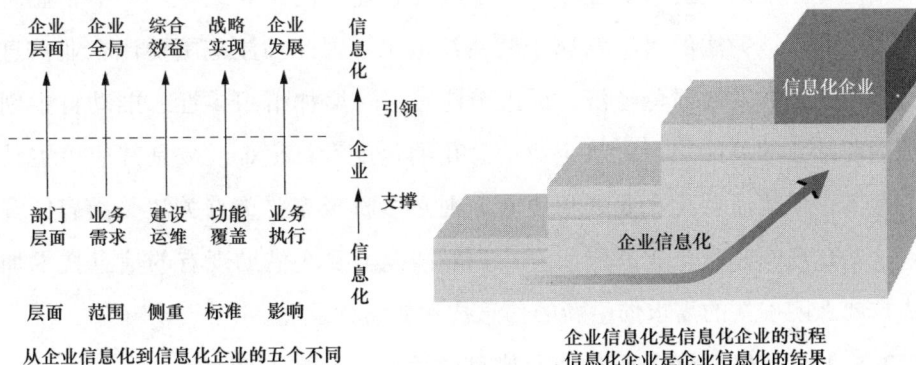

图 3-7　信息化企业与企业信息化的差异

3.5.1.1　信息化企业和企业信息化属于企业不同的层面

企业信息化一般由企业的信息化部门或某个业务部门牵头建设，具有部门层面的属性，这一点与人力资源管理、财务管理、物资管理等专业管理类似。以前讲到企业资源时，强调的是人、财、物，进入信息时代后企业资源变为了人、财、物、信息，就是说从一个企业来说，人、财、物、信息完全是同一个层面的范畴。尽管在企业高层，通常有人分管这些部门的工作，但这并没有改变"部门属性"。

信息化企业事关企业未来的发展方向，显然具有企业层面的属性。企业未来的定位是什么，发展方向是什么，实现途径是什么，这类核心问题只有置于企业的战略层面才可能找到答案。如此，无论是通过信息化支撑企业战略，还是借助信息化引领企业转变发展方式，必然具有企业属性。信息化企业能否实现，在很大程度上取决于企业的最高决策层是否对信息化高度重视并亲力亲为。

3.5.1.2　信息化企业和企业信息化关注的范围不同

企业信息化的"部门属性"决定了其在企业中的从属地位，通常它只能根据公司高层制定的战略或其他部门的业务需求，来决定是否需要开发相应的信息系统。它扮演的角色实际上只能是"支持"和"配合"的角色，尽管信息部门在具体工作中也可以发挥较大的主动性，比如加强与相关业务部门的沟通，或在较多的业务需求中确定优先顺序，甚至制订专门的中长期信息化规划。"支持"和"配合"的角色决定了企业信息化关注的范围必然是有限的。

信息化企业的"公司属性"决定了其在企业中的主导地位，一个企业所有必须关注和应该关注的事项均属于其关注范围，因此关注范围要比企业信息化大得多。比如，发展绿色经济、促进节能减排、增加组织柔性、推动自主创新等等当前社会的关注热点，从企业信息化的角度看，很难说成是其应该主动关注的范围；但从信息化企业的角度看，则必然属于需要重点关注的内容。实际上，这些热点问题对企业高层而言，一般情况下要么借助现有的信息技术加以解决，要么明确新的需求催生新的信息技术或信息系统。

3.5.1.3　信息化企业和企业信息化关注的侧重不同

企业信息化的侧重点是相关信息系统的建设与运行维护。尽管信息化部门通常还要考虑信息化规划、设计等信息系统建设的前期工作，以及信息系统投入运行后产生的效益，但其侧重点毫无疑问应该是"建设"和"运维"，实际上这也是上文提及的"支持"和"配合"的角色决定的。对于来自公司高层或其他业务部门的信息化需求，信息部门理所当然地要及时建设信息系统，并保证这些信息系统在建成后正常运行。

信息化企业是从企业的高度和视角来看信息化的，因此，它关注的侧重点就不仅是信息系统的建设和运维，而是信息系统是否按计划投入运行，投入运行后是否取得了预期效益。这就要求信息化企业在开展信息化建设时，应先设定好绩效目标，以能否取得预期效益为衡量标准，与当前不少企业在信息化工作中"重建设、轻运行"或"重运行、轻效益"有了根本的差异。对公司而言，开发一个系统自然不会是为了开发而开发，它在本质上是一种投资决策行为，相应的关注侧重点就是投资成效。这种关注与信息部门有时也关注信息系统投入运行后产生的效益通常并不能理解为一回事，公司层面的关注需要更加科学的效益测算方法，确保测算结果的准确性，以此来验证公司决策的正确性。

3.5.1.4　信息化企业和企业信息化的评价标准不同

与关注范围和侧重点相关的则是信息化企业和企业信息化的评价标准不同。企业信息化的评价标准在企业层面主要聚焦在相关信息系统的建设情况、投入运行情况以及信息化的基础保障能力等方面，在部委层面则主要关注信息化领导力、信息化基础建设、信息化应用效果、人员培训、企业 IT 治理等方面。有些企业围绕相关系统的功能点是否投入运用设置了详尽的考察点，实际评价的工作量较大，这与企业信息化对微观层面的关注是紧密联系的。

对信息化企业的评价客观上要求不能掉进细节的大海中，而应该站在企业的高度，考察是不是所有重要的事项均已经覆盖在评价标准中，指标体系是不是具有科学性等。比如，发展绿色经济、促进节能减排、增加组织柔性、推动自主创新、履行社会责任等，均应该是信息化企业评价标准的组成部分。因此，与企业信息化相比，信息化企业的评价标准更广泛、更全面，更强调抓住关键的少数，而不是对众多的细节逐个甄别。如何构建信息化企业的评价体系是一个全新的探索性课题，本书将在第 4 章中详加介绍。信息化企业评价是在企业信息化评价基础之上进行的。

3.5.1.5　信息化企业和企业信息化的影响不同

信息化企业和企业信息化对企业的影响有很大不同。企业信息化侧重于信息系统的建设和运维，其进度和质量往往会影响到企业某些具体的业务工作能否提高工作效率，或某个层面能否转变工作方式，但通常情况下不会影响到企业总体层面的战略执行和发展方式转变。因此，企业信息化的进程快慢，对企业不至于产生本质的无可挽回的影响。

信息化企业则不然，它本身就是企业战略的重要组成部分，而且通常情况下还会引领企业转变发展方式。信息化企业是适合 21 世纪经济环境的企业模式，代表了社会经济主体和企业发展的下一代方向，对企业而言，能不能有组织有计划地推进信息化企业建设，就是能不能适应未来经济发展模式和企业发展方向的大问题。与时俱进，顺势而为，可收事半功倍之效；固步自封，贻误战机，难免举步维艰之日。因此，信息化企业的建设进程，对企业将产生直接的、根本的、长期的影响。

3.5.2　信息化企业与企业信息化的联系

信息化企业与企业信息化之间区别非常明显，但是也存在很多联系。企业信息化是企业在电子信息技术驱动下由传统工业向高度集约化、高度自动化、高度知识化工业转变的过程。它将企业的生产过程、事务处理流程、生产要素等数字化，通过信息工具加工成信息资源，利用现代信息技术对信息资源进行深入开发和广泛利用，提升企业发展战略、设计、生产、经营、管理、决策的效率和水平，提高企业经济效益和企业竞争力。

而信息化企业则是在先进管理理念指导下，将信息技术应用有效融入企业发展战略、管理体系和日常经营活动之中，建立覆盖整个企业的信息网络和一体化企业级信息系统，实现企业生产、经营、管理和决策全部业务的数字化覆盖、流程化管理，促进企业内部运营的规范化、高效化，实现企业生产经营管理由分散向集中转变、由粗放向精细转变、由孤立向协同转变，实现企业的生产过程自动化、业务处理流程化、经营管理信息化、战略决策科学化，最终达到核心资源配置的最优化，业务流与信息流的高度融合，信息化成为企业的一项发展能力，在企业生产经营管理中发挥核心支撑作用，具有十分明显的商业价值。

企业信息化与信息化企业的联系是信息技术在企业的广泛应用。目前，我国企业信息化在基础建设和应用方面已经取得了显著的成绩，部分信息化企业雏形初现。应该说，信息化企业的内涵和外延也在随着历史和时代的演进而动态发展。信息技术的进步使得信息化的内涵在扩大，物联网、云计算、移动应用、社交网络、商业智能等信息技术的出现，拓宽了信息化的领域，丰富了信息化的内容。企业自身业务的拓展和发展方式的转变，使得企业的外延也有了新的变化。同时，信息化内涵和企业外延相互影响，相互促进，全新的商务模式促使企业以全新的高效率的运营来驱动商业价值、优化劳动力价值。信息化企业和企业信息化都是动态的，但相对来说，企业信息化更侧重于不断建设的动态过程，信息化企业更像动态发展过程中的静态节点，随着企业需求的不断变化，企业通过动静交替不断地延伸下去，构成了企业蓬勃地发展。

在迈向信息化企业的过程中，企业信息化建设还应注意围绕企业核心价值，积极借鉴信息化企业理念的现行最佳实践，同时从信息化企业的基本要素出发考评信息化工作。

第4章　信息化企业评价体系

信息化企业评价体系是在研究了信息化企业的概念、内涵、定义、模型的基础上，对其基本特征进行总结提炼而形成的。本章在第3章的基础上，重点分析研究信息化企业要素与评价方法，建立信息化企业量化评价模型体系，真正做到"以评促建、以评促改、以评促管、评建结合"；结合信息化建设及评价考核的实际情况，建立信息系统综合绩效评估指标体系，将企业信息化引导到有效益、有竞争力和可持续发展的方向上来。

4.1　信息化企业评价方法

企业信息化能力离不开评价，评价工作做得好，有利于企业信息化建设的实施，有利于信息化企业建设对企业竞争力和生产效率的促进，也有利于企业挖掘现有系统的潜力和节约企业信息化投入。因此，对信息化企业评价体系的研究，为广大中国企业提供一套系统全面、可操作性强的信息化企业评价指标和评价方法，具有重要的现实意义。

4.1.1　企业信息化评价综述

企业信息化是国民经济信息化的基础，是企业现代化的重要标志和推动力量，也是提高企业经济效益与竞争力的主要保证。信息技术的发展与应用对于经济的影响不言而喻，也改变了人们生活的方方面面。信息技术的投入对于国家、地区、行业、企业产生的绩效的贡献需要准确的衡量，而衡量信息化的贡献首先就需要解决信息化评价的问题。在国际上，国家之间的竞争是综合实力的竞争，而国家综合实力和竞争力的重要内容就是国家信息化水平，我国国家统计局早在 1996 年就开始对国家、地区信息化水平进行了探索和研究，形成了与世界信息化指数对应的中国信息化指数，并以此进行国际比较和地区划分和排名。国家、地区的信息化的评价已成为国家共识，相关学者［如 Crepon 等（2002），姜涛、任荣明等（2010）］也基于此研究了国家、地区信息化对于经济发展的贡献，发现在我国信息化与经济增长存在双向因果关系。信息化的发展促进了社会经济的繁荣，而经济的增长又推动了信息技术的研发与应用，推动信息化水平提升到新的高度。

在企业信息化水平评价方面，国内外一些学者主要利用国家与地区基本指标体系中的部分指标进行评价。例如 Rouvinen（2004）指出企业中网络的建设完善情况和员工对于信息技术的掌握程度两方面对于衡量企业信息化的程度至关重要，并针对相应的问题提出了建议；Maliranta（2007）从公司员工的年龄、教育程度和人力成本几个要素出发对企业运用信息技术进行了衡量；Fu Kao 等（2008）认为对于信息化指标的衡量存在不足，指出信息化衡量体系未能在其中纳入无形资产的价值；Ray 等（2009）认为可以从企业对信息技术的硬件、软件和服务的总投资三方面衡量企业信息化程度。Celine Shen、Wei ying Zhang 和 Kevin Zhu（2005）通过用企业信息化的物质基础、应用系统和物质投入三方面衡量企业信息化资源，汪淼军、张维迎、周黎安（2006，2007）参照美国经济分析局和美国国际数据集团（International Data Group，IDG）的研究进行指标构建，并对构建的指标进行有效性检验，在此基础上让企业信息化主管估计企业信息化资本的每年价值以及对应的投资，从硬件方面、软件方面和通信设备三方面来加以度量企业信息化程度；何浪沙（2012）基于国家信息化测评中心给出的指标体系中的局部指标来衡量企业信息化水平。同时，Tambeand Hitt（2012）指出国际上企业信息化投资数据有 3 个来源：IDC、Information Week 和 Computer Intelligence 数据库。这些数据库均是美国企业关于信息化投资的数据，但在我国这样的数据非常难以获得。

另外，有一些学者直接利用唯一公开的部分企业信息化投资数据研究企业信息化与企业规模、创新成果、利润之间的关系［董祺（2013）］；也有学者通过世界银行进行的部分年度企业投资环境调查的数据对信息技术运用进行研究［宁光杰、林子亮（2014）］。而多数研究者主要通过设计指标体系进行问卷调查来评价我国企业的信息化程度。倪明（2008，2009）基于信息化应用水平、信息化基础设施、员工信息化水平和信息化安全4个领域的评价模型，给出了包含4个二级指标、14个三级指标在内的三级信息化水平评价指标体系，将企业分为保守派、理智派等4种类型，并对东部地区的企业信息化水平进行了实证分析；肖静华（2010）将能力成熟度模型集成（CMMI）模型引入企业信息化水平评价当中，通过对企业IT应用水平的评价来对企业信息化水平进行衡量；戴欣（2010）在CMMI模型的基础上提出了企业信息化水平的系统动力理论，阐述了影响企业IT应用水平提升的关键因素，包括高层感知、管理水平等在内的9个内生变量和高层期望等在内的两个外生变量；杨一平、马慧（2011）基于CMM理论的企业信息化能力成熟度模型（EICMM）对企业信息化程度进行衡量，研究中同时提出了企业信息化成熟度模型的有效应用必须建立在对企业进行等级分类的基础上。后续关于企业信息化程度评价的研究主要基于这种三级指标体系的改进和应用［唐家华等（2011）；姜延书等（2012）；李弘等（2012）；王洪梁（2012）；何计荣等（2015）］。

4.1.2　企业信息化评价的工具与方法

本节首先阐述指数评价理论，从指数化评价基本概念出发，重点介绍常用指数编制方法，然后叙述评价指标权重设计方法，并以国际较为先进的信息化评价指标体系为例，全面介绍企业信息化评价的工具与方法。

4.1.2.1　指数化评价概念及编制方法

1. 指数化评价基本概念

企业通过对系统特征的提取与衡量，并按照特定的评价模式，对系统发展状况做出总的评定，评价结果可以是类别（分类）、等级（排序）或某种综合值（定分）。指数是用来表示一个变量相对于另一个特定变量取值大小的相对数。将指数与评价结合在一起所得到的指数化评价，则是特指那些具有持续性、重复性特点的较大规模的系统性评价活动，其本质属于评价领域的一个子集。将评价结果用指数形式加以表达，可以利用单一指数对系统总体发展状态进行简单、直观的描述，便于对同一系统不同时点的发展状况进行对比，或对若干同类系统进行横向比较。目前，指数化评价的运用已经由最初的物价物量指数，推广到社会经济各个领域，如金融股票指数、房地产指数、满意度指数、竞争力指数、服务质量指数等，甚至出现了心情指数、健康指数、气象指数等日常生活中的指数应用。

2. 常用指数编制方法

尽管目前已经开发出众多的指数编制方法，但从指数的生成过程来看，大体可以分为两类：统计型指数和多指标评价型指数。其指数生成特点见表4-1。

表 4-1　　　　　　　主要经济领域内常用评价指数生成特点

指数类型	指数	样本数据来源	指标	权重	指数生成方法
统计型指数	物价物量指数	代表性消费品	不同期产品价格	销售量比重	线性加权
	证券指数	代表性公司	股票价格	流通市值比重	线性加权
	过程能力指数	加工过程质量数据的随机抽样	样本标准差及其有效转换值		将规定公差与实际误差分布相对比
多指标评价型指数	房地产扩张与合成指数	多个指标的时间序列取值	建立预警指标体系	主客观赋权	对多个指标进行综合，再将所得结果指数化
	顾客满意度指数	典型顾客抽样	满意度评价指标体系	主客观赋权	结构方程组，神经网络，线性加权等
	竞争力指数	各主要国家统计资料	竞争力评价指标体系	主客观加权	线性或非线性评价模型

其中，统计型指数的特点是所针对的待评价系统总体容量很大，有时候甚至是无限总体，一般通过代表性抽样来体现总体，同时，对系统特征的衡量指标比较少，一般仅 1～2 个。这方面代表性指数有 CPI 指数、股票价格指数等。

多指标评价型指数则面对较少的评价样本，但需要建立综合评价的指标体系，从多角度衡量系统特征。这一领域的代表指数有满意度指数、竞争力指数、房地产景气指数等，一般需要建立较为复杂的指标体系，并通过对选定评价指标体系进行综合评价而得到。

4.1.2.2　指标权重设计方法

信息化评价体系中一般采用两种方法相结合的方式设计指标权重，一是层次分析法，二是德尔菲法。本章只初步介绍这两种方法，详细内容和具体权重请参考第 6 章。

1. 层次分析法

层次分析法（The Analytic Hierarchy Process，AHP）是一种定性分析与定量分析相结合的系统分析方法，是将人的主观判断用数量形式表达和处理的方法。层次分析法是把复杂问题分解成各个组成因素，通过两两比较的方式确定各个因素相对重要性，然后综合决策者的判断，确定决策方案相对重要性的总排序。运用层次分析法进行系统分析、设计、决策时，可分为以下 4 个步骤进行。

第一步，分析系统中各因素之间的关系。

第二步，对同一层次的各元素关于上一层中某一准则的重要性进行两两比较。

第三步，计算被比较元素对于该准则的相对权重。

第四步，计算各层元素对系统目标的合成权重，并进行排序。

2. 德尔菲法

德尔菲法以预先选定的专家作为征询意见的对象，预测小组以匿名的方式给各位专家发放调查问卷，函询征求专家的意见，然后将收集到的专家意见汇总整理，在参考反馈意见的基础上，预测小组重新设计出新的调查问卷，再对每个专家进行调查，专家可以根据多次反馈的信息作出判断。如此多次反复，专家的意见逐步趋于一致，即得出预测结果。德尔菲法可分为筹划工作、专家预测、统计反馈、描述结果四个步骤进行。

4.1.2.3　国际信息化评价指标体系

为学习借鉴国外当前国际信息化评估指标体系，本节重点研究以下相对成熟的评价模型，分别是全球 IT 市场咨询机构的信息化评价指标体系 Gartner 关键 IT 指标体系和 Alinean 关键 IT 指标体系、埃森哲企业信息化成效评价体系、埃森哲 IT CMM 能力评价思路的评价体系。

Gartner 关键 IT 指标体系由关键信息支出、建设项目、基础设施分布、IT 建设和运维分布、人员劳动成本共计 5 个一级指标、32 个二级指标组成，见图 4-1。

Alinean 关键 IT 指标体系由 IT 整体评价、信息化变革、信息化支出控制、前台和后台支出、信息化结构性需求、信息化总体拥有成本共计 6 个一级指标、26 个二级指标组成，见图 4-2。

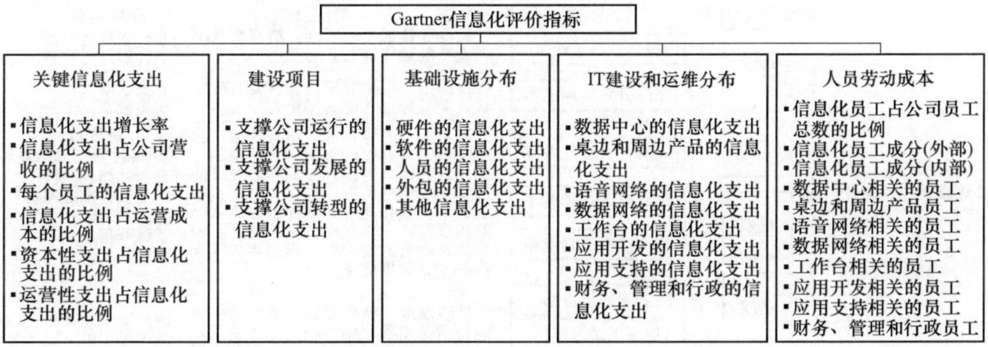

```
┌─────────────────────────────────────┐
│      Gartner信息化评价指标            │
└─────────────────────────────────────┘
```

关键信息化支出	建设项目	基础设施分布	IT建设和运维分布	人员劳动成本
▪信息化支出增长率 ▪信息化支出占公司营收的比例 ▪每个员工的信息化支出 ▪信息化支出占运营成本的比例 ▪资本性支出占信息化支出的比例 ▪运营性支出占信息化支出的比例	▪支撑公司运行的信息化支出 ▪支撑公司发展的信息化支出 ▪支撑公司转型的信息化支出	▪硬件的信息化支出 ▪软件的信息化支出 ▪人员的信息化支出 ▪外包的信息化支出 ▪其他信息化支出	▪数据中心的信息化支出 ▪桌边和周边产品的信息化支出 ▪语音网络的信息化支出 ▪数据网络的信息化支出 ▪工作台的信息化支出 ▪应用开发的信息化支出 ▪应用支持的信息化支出 ▪财务、管理和行政的信息化支出	▪信息化员工占公司员工总数的比例 ▪信息化员工成分(外部) ▪信息化员工成分(内部) ▪数据中心相关的员工 ▪桌边和周边产品相关的员工 ▪语音网络相关的员工 ▪数据网络相关的员工 ▪工作台相关的员工 ▪应用开发相关的员工 ▪应用支持相关的员工 ▪财务、管理和行政员工

图 4-1　Gartner 关键 IT 指标体系

```
┌─────────────────────────────────────┐
│      Alinean信息化投资指标            │
└─────────────────────────────────────┘
```

IT整体评价	信息化变革	信息化支出控制	前台和后台支出	信息化结构性需求	信息化总体拥有成本
▪IT投资回报 ▪IT总支出 ▪IT支出的增长率 ▪IT支出占公司运营成本的比例 ▪IT支出占公司总支出的比例 ▪IT行政人员数量 ▪研发人员数量 ▪每个员工的IT支出	▪信息化转型和变革的支出 ▪信息系统升级和切换的支出 ▪持续的运行支出	▪正式信息化支出 ▪业务部门的信息化支出 ▪隐性信息化支出	▪前台信息化支出 ▪后台信息化支出	▪商务智能的基础投资 ▪企业生产效率提升的基础投资 ▪应用软件全生命的基础投资 ▪信息化服务的基础投资	▪硬件支出 ▪软件支出 ▪运行、管理人员和服务支出 ▪应用软件开发的人员和服务支出 ▪数据和语音通信支出 ▪设施和管理支出

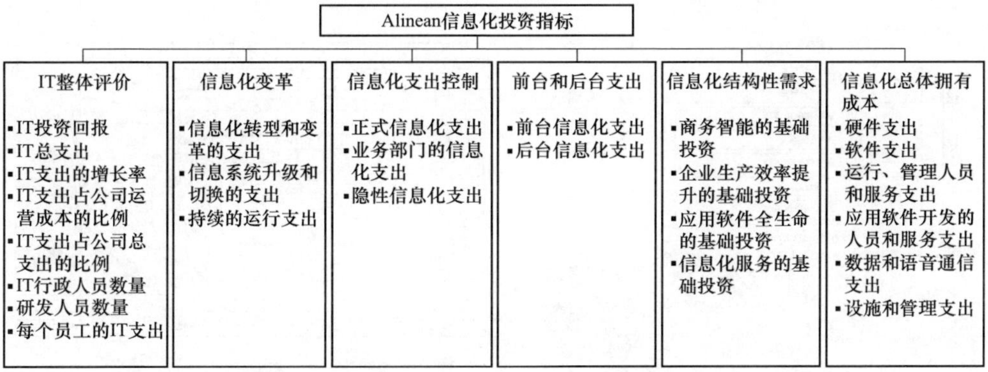

图 4-2　Alinean 关键 IT 指标体系

Gartner 关键 IT 指标体系、Alinean 关键 IT 指标体系主要聚焦经济价值的评价框架体系，将信息化投入作为企业价值的关键创造过程，将信息化投资与公司的战略性、战术性、操作性的工作挂钩，通过定量评估企业驱动成长、运行、转型三个方面工作的投入和产出，综合评价信息化整体效益。

埃森哲企业信息化成效评价体系聚焦 IT 成效的评价框架体系，将企业核心价值杠杆（增收、降本）作为信息化成效目标，并将效率和风险作为两大平衡成效目标，通过成效目标确定相关的评估领域，由评估领域确定相应的评价指标，相应地平衡战略性和运营性指标、过程性和结果性指标。见图 4-3。

埃森哲 IT CMM 能力评价思路的评价体系（见图 4-4）聚焦 IT 能力成熟度发展的评价框架体系按照企业信息化关键能力，确定能力成熟度等级及其评价定义，按照国际通行的 GQM（目标、问题、指标）原则，确定每个能力或子能力相对应的指标。

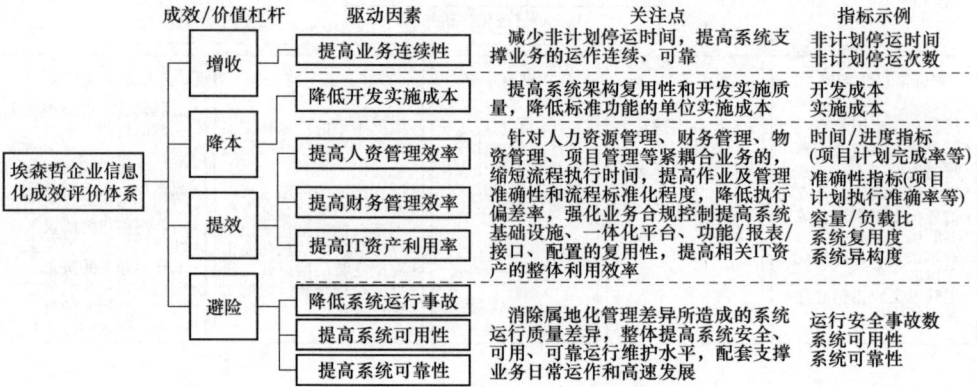

图 4-3　埃森哲企业信息化成效评价体系

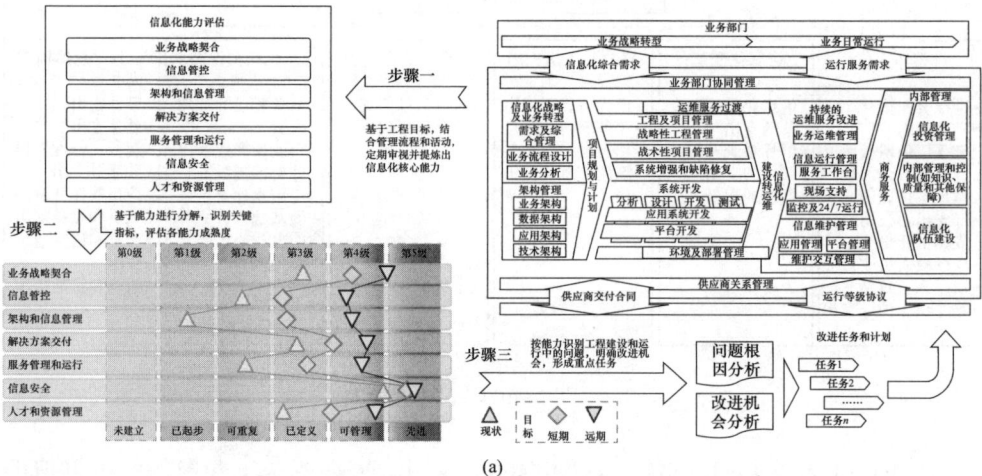

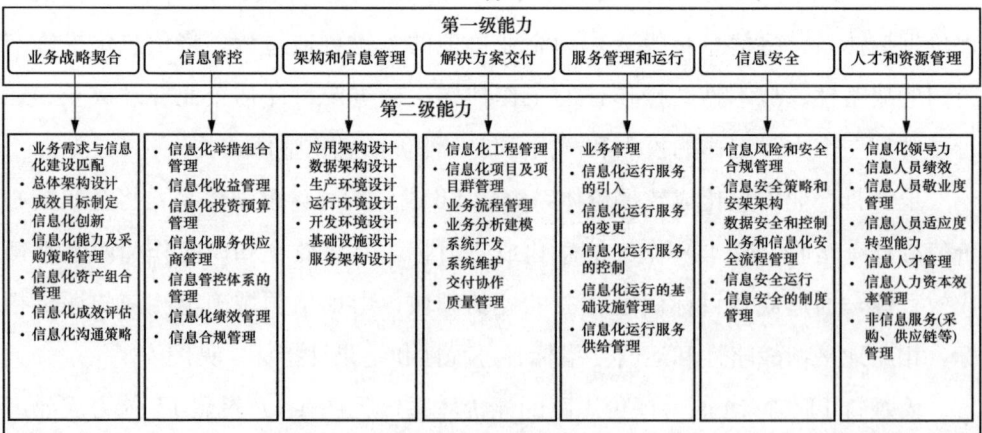

图 4-4　埃森哲 IT CMM 能力评价思路的评价体系

（a）步骤；（b）能力

4.1.3　信息化企业评价与企业信息化评价的区别

信息化企业评价与企业信息化评价有显著区别，重点体现在对信息化企业和企业信息化的区分上，以及由此而衍生开的评价思想、评价原则、评价方法和评价结果应用层面。与关注范围和侧重点相关的则是信息化企业和企业信息化的评价标准不同。基于专业的文献和实践验证，企业信息化的评价标准在企业层面主要聚焦在相关信息系统的建设情况、投入运行情况以及信息化的基础保障能力等方面，在部门层面则主要关注信息化领导力、信息化基础建设、信息化应用效果、人员培训、企业 IT 治理等方面。有些企业围绕相关系统的功能点是否投入运用设置了数千个考察点，考察内容非常详尽，实际评价的工作量较大，这与企业信息化对微观层面的关注是紧密联系的。

对信息化企业的评价客观上要求不能掉进细节的大海中，而应该站在企业的高度，考察是不是所有重要的事项均已经覆盖在评价标准中，指标体系是不是具有科学性等。比如，发展绿色经济、促进节能减排、增加组织柔性、推动自主创新、履行社会责任等，均应该是信息化企业评价标准的组成部分。因此，与企业信息化相比，信息化企业的评价标准更广泛、更全面、站位更高，更强调抓住关键的少数，而不是对众多的细节逐个甄别。

4.2　信息化企业评价体系

信息化建设过程实际上是一个不断评价和完善的过程。4.1.3 中已经为读者介绍了企业信息化评价与信息化企业评价的区别，企业信息化评价从字面上看是一个检验的体系，而事实上是一个建设指导的体系。有了这样一个体系可以帮助企业有针对性地解决问题，一方面对其全过程进行全面的评价，彻底检查企业信息化的现状、所处阶段，并与企业的既定目标对比，发现实施过程中存在的问题，找出差距；另一方面，总结经验和教训，并结合新的现实，根据企业所面临的新环境和新业务而调整。为此笔者通过多方面研究，介绍当前国际信息化评价指标体系，并结合国家电网公司信息化实践，构建出普适性信息化企业评价指标，重点论述系统的信息化企业评价体系构建过程。

4.2.1　评价体系的指导思想

构建一个科学合理的信息化企业评价指标体系，首先必须明确评价体系设计的指导思想或指导原则。我们在设计信息化企业指标体系时，始终将以下几个方面作为总的指导思想。

1. 评价体系的着眼点是企业而非信息化

对"信息化"的评价，无论是国家层面还是企业层面，已有一些成熟的标准。例如4.1中阐述的 Gartner 关键 IT 指标体系、Alinean 关键 IT 指标体系、埃森哲企业信息化成效评价体系、埃森哲 ITCMM 能力评价思路的评价体系。

对"企业"的评价，尽管没有一套公认的标准，但实际上业界有一定的共识，如企业规模（员工总数、资产总额等）、盈利能力（营业收入、利润总额、资产收益率、人均劳动生产率等）、成长性（营业收入增长率、利润增长率等）、可持续发展能力（基于同业对标进行分析）、自主创新能力、社会责任履行情况（二氧化碳减排、送温暖活动）等。

企业在设计"信息化企业"的评价体系时，首先要注意的就是评价的着眼点是"企业"而不是"信息化"，即注重强调通过信息化为企业运营带来的变化而不是信息化本身；其次，评价"企业"时必须紧密联系"信息化"，否则这个企业就可以被称为其他什么企业而不是"信息化企业"了。为此，就需要在强调"企业"这个评价主体和紧密联系信息化之间找到平衡点，既要防止评价体系掉进以往信息化评价的老圈子，也要防止评价体系与信息化的关联度太弱。在这一点上，有专家提出的信息化企业在要素层面九个方面的内容，即核心价值观保持力、激励机制支持度、组织柔性化水平、竞争力支持度、基于价值网络的资源整合水平和协同能力、管理信息化先进性、创新与学习能力、信息化基础保障能力、高质量信息化效益等，有必要进行深入研究与解读。

2. 落实国家和有关部委的相关要求

为推动国家的信息化建设，国家和相关部委发布了一系列文件和要求。例如，2006 年中共中央办公厅、国务院办公厅印发发布了《2006—2020 年国家信息化发展战略》；2011 年 4 月，工业和信息化部、科技部、财政部、商务部和国资委五部委联合印发了《关于联合加快推进信息化与工业化深度融合的若干意见》等。从以上系列文件要求可以看出，国家信息化发展战略提出了"信息社会"的概念，而信息化企业当然是信息社会的重要组成部分，建设"信息社会"，首先必须建设"信息化企业"。因此，我们进行信息化企业标准研究与建设，以此来引领和促进信息化建设，是完全符合国家信息化战略发展方向的。国家和有关部委提出的建设信息化的指导思想和基本原则，也同样能够指导我们的信息化评价体系建设。

3. 借鉴融合最新国内外标准

信息化企业标准，作为信息化企业建设的引领性的标准，要为企业未来几年的信息化企业建设指明方向，因此，还必须融合国际标准和最佳实践，如 ISO/IEC 38500：2008、COBIT 等。

（1）ISO/IEC 38500：2008（IT 治理国际标准）。ISO/IEC 38500：2008 标准发布的目标是确保利益相关者对于组织 IT 治理的信心；指导管理者治理组织的 IT 使用；为 IT 治理的目标评估提供了基础。这一标准提供了一个 IT 治理的框架，以协助组织高层管理者理解并履行他们对于其组织 IT 使用的既定职责，实现 IT 治理的有效性、可用性及效率。

（2）COBIT 标准。COBIT（Control Objectives for Information and related Technology），即信息系统和技术控制目标。COBIT 目前已成为国际上公认的 IT 管理与控制标准。已在世界一百多个国家的重要组织与企业中运用，指导这些组织有效地利用信息资源，有效地管理与信息相关的风险。

COBIT 覆盖整个信息系统的全部生命周期，强调的是 IT 的战略要符合业务的战略，任何信息系统的规划均应该与业务战略保持精确的校准。同时实现对 IT 应用持续不断的深化和改进。首先，COBIT 对业务环境和企业总的业务战略进行分析定位，并将战略规划所产生的目标、政策、行动计划作为信息技术的关键环境，并由此确定 IT 准则。在 IT 准则的指导下，利用控制目标模型，分别从规划与组织、获取与实施、交付与支持、监控等过程进行控制、管理信息资源。在 IT 管理的同时，引入审计指南，从而保证 IT 资源管理的安全性、可靠性和有效性。

4. 重视信息化绩效评价

信息化企业标准必须反映信息化绩效评价的要求。管理大师德鲁克曾经说过"无法度量就无法管理"，强调了评价对企业管理的意义。这句话同样也适用于对信息化绩效的管理。不论是信息化建设的战略投资、运营与控制，还是项目管理，均离不开评价。评价不仅是结果的显示，也是 IT 战略实施的导航系统，系统控制的仪表盘，项目过程管理的指示器。

第一，评价是信息系统实用化的需要。IT 是个工具，必须通过有效的应用才能体现价值。而要想让 IT 得到有效的应用，并让信息系统绩效最优，最根本的不是取决于信息技术和设备的先进性，而是要向管理要效益，必须要有完善的信息化绩效评价体系。通过一系列的制度安排，通过 IT 绩效评价，能有效地提高 IT 实用化水平，提高 IT 的投资回报率，降低 IT 的风险。

第二，评价是构建良好的公司治理和 IT 治理的需要。公司治理和 IT 治理的一个关键性问题是：公司的 IT 投资是否与业务战略目标相一致，从而构筑必要的核心竞争力。对 IT 治理而言，要能体现未来信息技术与未来企业组织的战略集成。既要尽可能地保持开放性和长远性，以确保系统的稳定性和延续性；同时又因为规划赶不上变化，再长远的规划也难以保证能跟上企业环境的变化。而这其中必不可少的有效的做法就是建立信息化管控体系与绩效评价体系。

第三，评价为企业信息化建设"导航"。信息化建设也需要有一套科学的"导航"系统。企业信息化评价从企业引进 IT 的目的和战略出发，考察 IT 应用给企业经营和管理带来的影响，从而为信息化建设"导航"。该导航系统可以帮助企业对信息化建设全过程进行全面的评价，彻底检查企业信息化的现状，确定信息化建设的阶段。然后企业可以根据项目建设前期所建立的可量化的项目建设的目标和成功标准，与项目建设后所取得的成效进行对比，并分析结果产生的原因，以便在持续改进的过程中逐渐消除"IT 投资黑洞""IT 项目泥潭"等现象。

综上所述，信息化企业标准必须重视信息化绩效评价，这既是推动信息系统实用化的需要，也是建立良好 IT 治理并为信息化建设"导航"的需要。通过建立信息化企业评价体系，客观评价信息化对企业效益的提升、效率的改善和效能的提高的贡献，反映信息化建设现状，反映信息化与企业战略一致性水平，反映信息化应用水平，找到差距，明确改进方向，引领信息化企业建设方向，促进信息系统实用化水平不断提高，推动信息系统与业务的深度融合。

4.2.2 评价体系的原则及依据

为确保评价体系能够有效指导公司整体信息化建设工作，推动公司各单位深化信息化建设应用，遵循以下原则开展指标体系设计工作：

（1）指标的前瞻性。充分结合国内外最新行业企业研究成果和最佳实践，充分分析企业内外部形势，设计信息化企业建设的引领性评价体系标准，为企业未来几年的信息化企业建设指明方向。

（2）指标的融合性。充分关注信息化和企业发展规划，充分借鉴国际通用信息化评价标准，尽量融合、继承、发展现有指标。

（3）指标的全面性。在指标体系上体现完整性，深度考虑与企业运营的业务结合，体现信息化对企业运营的支撑。同时分阶段对企业进行考核，有效区分不同信息化水平的单位，并以全面反映公司的经营管理活动为前提，尽可能加以精炼，保证体系的科学性和可操作性。

同时，构建信息化企业指标体系，应以成熟的信息化企业评价标准为重要参考依据（见表 4-2），开展指标体系设计工作。

表 4-2　　　　　　　　　　成熟的信息化评价标准

名称	维度	等级
埃森哲 IT CMM 体系（IT 能力成熟度模型）	业务战略契合、信息管控、架构和信息管理、解决方案交付、服务管理和运行、信息安全、人才和资源管理	L0、L1、L2、L3、L4、L5
Gartner：企业信息管理成熟度模型	信息化基础建设、信息化应用成效	无认知型、有认知型、被动回应型、积极主动型、管理型、高效型
Alinean 关键 IT 评价体系	IT 整体评价、信息化变革、信息化支出控制、前台和后台支出、信息化结构性需求、信息化总体拥有成本	—
埃森哲企业信息化成效评价体系	增收、降本、提效、避险	—

4.2.3　信息化企业评价指标体系

目前，国内外均没有信息化企业的评价体系，所以本书是在国家电网信息化企业实践的基础上，提炼出一套适用于大中企业的信息化企业评价指标体系。本节简要概述评价体系的构建思路和总体框架，以信息化企业评价指标体系为依托，重点叙述指标分解过程，再引入指数化评价理论，以实际案例为基础，以编制步骤为主线，重点阐述清楚构建信息化企业指数评价模型的全过程，再对信息化企业建设成熟度水平进行量化评价，通过借助指数形式特点，简明、直观地反映信息化企业建设和发展的现状、水平和成熟度，让读者详细了解信息化企业评价的全过程。

4.2.3.1 构建思路和总体框架

信息化企业评价指标体系的构建思路是，遵循前述的构建指导思想和原则，参考国内外典型的评价指标标准体系，采用层次指标分析法进行构建，一般情况延展到四级指标的具体采集项，某些采集项内容较多时可以通过采集项附表的形式来展示。评价指标体系的框架设计，坚持前瞻性与全面性相结合的原则，强调一、二级指标体现普遍适用性，三、四级指标适度体现行业特色，采集项充分体现企业特征。

为了对信息化企业进行全面综合的评价，根据前文提出的指标体系构建原则、指标体系的设计思想，笔者提出了信息化企业评价标准体系。信息化企业评价体系标准充分考虑了信息化基础保障能力、信息化应用水平、信息化应用绩效和信息化引领企业战略及创新发展方式等方面的内容，从"三融三化"的维度构建信息化企业评价体系标准框架，"三融三化"评价模型指从企业战略融合度、业务运营融合度、创新进步融合度，集成平台服务化、基础平台资源化、IT治理精益化六个维度，对信息化企业成熟度进行评价。信息化企业评价指标体系一级指标由这六项组成，见图4-5。

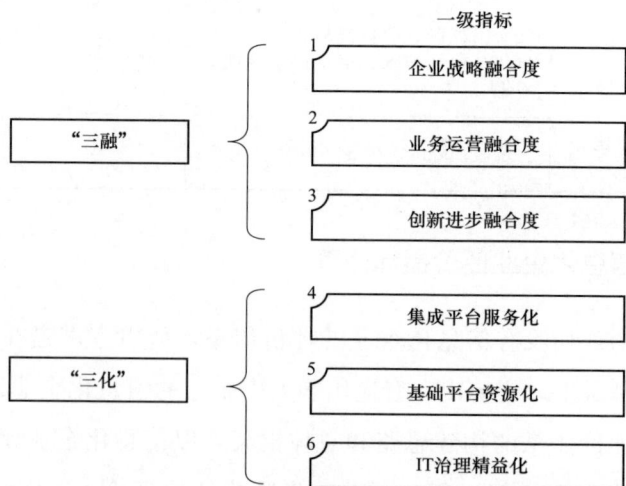

图 4-5　信息化企业评价指标体系一级指标

4.2.3.2　评价指标分解

评价指标体系中一、二级指标体现普遍适用性，三、四级指标适度体现行业特色，采集项充分体现企业特征的特点。本节重点介绍具有普遍适用性的一级指标及二级指标。

（1）企业战略融合度聚焦在信息化与企业文化、企业战略及战略决策的融合，在企业文化软实力中侧重于定性指标描述，在企业战略及战略决策中采用定性与定量指标结合方式。企业战略融合度指标分解见图4-6。

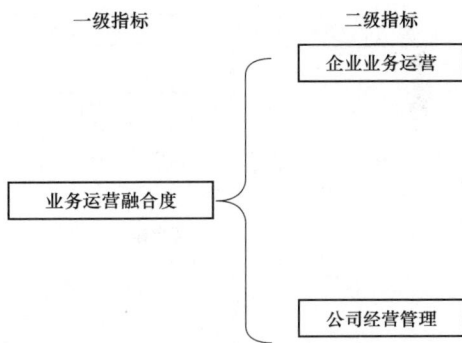

（2）业务运营融合度立足于企业的业务规划，从企业业务运营以及公司经营管理两个维度进行评价。业务运营融合度指标分解见图4-7。

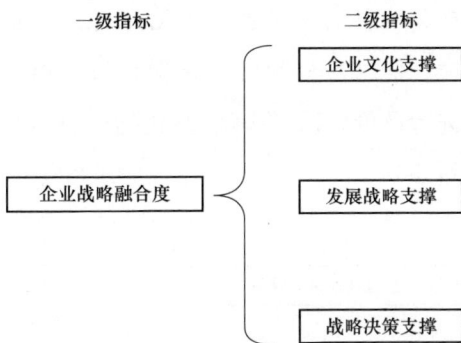

一级指标	二级指标	一级指标	二级指标
	企业文化支撑		企业业务运营
企业战略融合度	发展战略支撑	业务运营融合度	
	战略决策支撑		公司经营管理

图4-6　企业战略融合度指标分解　　　　图4-7　业务运营融合度指标分解

（3）创新进步融合度用于评价信息化与企业创新方面的融合程度，以公司创新领域划分作为切入点，主要从信息化对企业运行创新支撑、信息化对企业管理创新支撑、信息化对客户服务创新支撑三个维度进行评价。创新进步融合度指标分解见图4-8。

（4）集成平台服务化是指利用一体化信息平台，推进业务应用的服务化，构建公司级的公共服务体系，通过业务应用服务的高效重组实现新的应用，实现"软件即服务"。主要从渠道访问、信息集成、数据资源三个维度进行评价。集成平台服务化指标分解见图4-9。

（5）基础平台资源化是指全面建设数据和信息集成平台，结合通信网络、数据中心的建设，引入云计算技术，大力推进基础硬件设施的虚拟化，实现"设施即服务"。主要从系统软件、基础设施、信息网络三个维度进行评价。基础平台资源化指标分解见图4-10。

一级指标　　　　　　　　二级指标

创新进步融合度
- 信息化对企业运行创新支撑
- 信息化对管理创新支撑
- 信息化对客户服务创新支撑

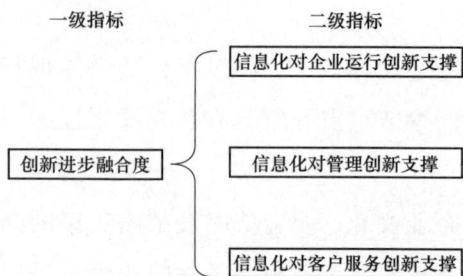

图 4-8　创新进步融合度指标分解

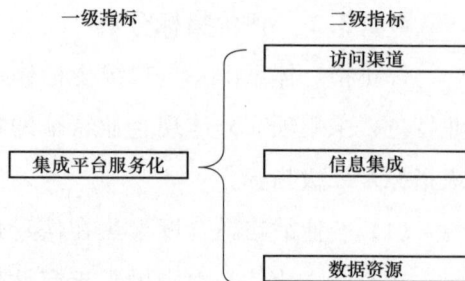

一级指标　　　　　　　　二级指标

集成平台服务化
- 访问渠道
- 信息集成
- 数据资源

图 4-9　集成平台服务化指标分解

一级指标　　　　　　　　二级指标

基础平台资源化
- 系统软件
- 基础设施
- 信息网络

图 4-10　基础平台资源化指标分解

（6）IT治理精益化用于评价企业信息化程度，主要从信息化投资与效益、信息化项目管理、信息化运行能力、信息安全和信息化保障五个维度进行评价。IT治理精益化指标分解见图 4-11。

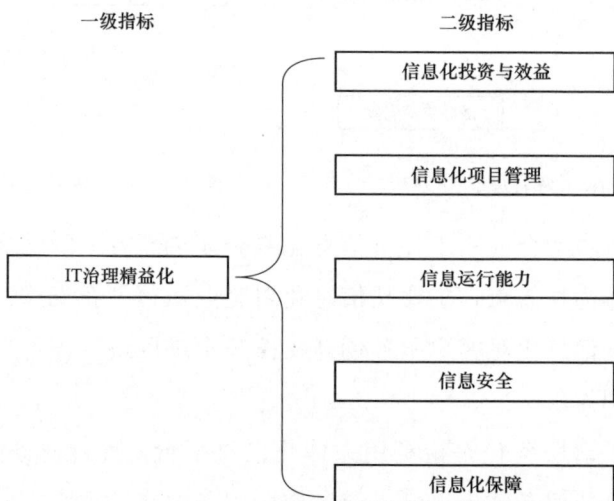

一级指标　　　　　　　　二级指标

IT治理精益化
- 信息化投资与效益
- 信息化项目管理
- 信息运行能力
- 信息安全
- 信息化保障

图 4-11　IT治理精益化指标分解

4.2.3.3　信息化企业指数的编制步骤

信息化企业指数是一种通过对信息化企业进行多指标综合评价后形成的量化指数，其实质是对信息化企业建设和管理的成熟度水平进行多指标综合评价，并将评价结果与标杆水平或理想状态进行比较，从而得到信息化企业的成熟度指数。信息化企业指数测评主要过程见图 4-12。

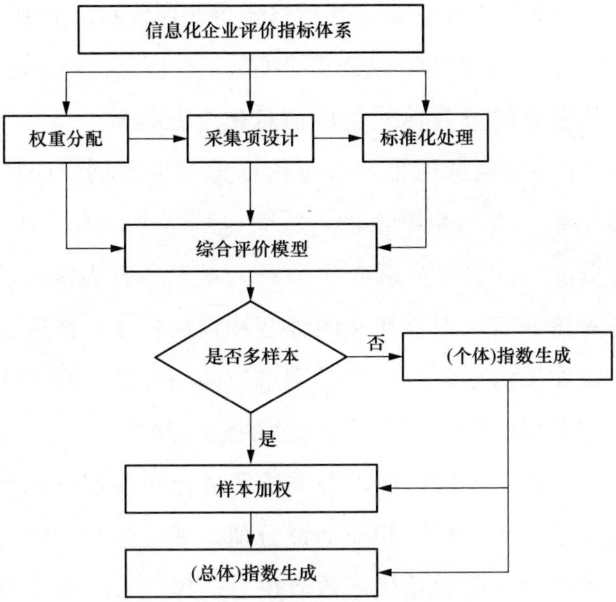

图 4-12　信息化企业指数测评主要过程

在进行信息化企业指数编制时，通过总结各类多指标评价指数的编制原理与过程，可以将信息化企业指数的评价和编制过程划分为五个步骤。

第一步，确定信息化企业评价指标体系，这是指数评价的基础和依据。

第二步，确定指标数据采集方式方法，并进行数据收集和预处理，包括对不同计量单位的指标数据进行同度量处理，确定标准值等。

第三步，确定指标权重，以保证评价的科学性。

第四步，针对参与评价样本的特征，选用合适的指数评价模型，并根据前面确定的指标、权重等信息，进行汇总计算。

第五步，确定基期和报告期，输出指数。

4.2.4　信息化企业指数评价方法

在信息化企业指数编制模型选择方面，针对不同环境下信息化企业指数的生成过程，分别引用卓越绩效模式、复合矩阵法和价量合成法等不同的指数编制方法，构建信息化企业指数模型，并通过案例分析形式进行详细阐述。其中，卓越绩效模式适用于某一区域内不同类型的信息化企业指数评价；复合矩阵法则适用于集团性、行业性企业信息化指数评价；价量合成法则进一步融合了多指标评价结果和统计指数评价特征，在信息化企业评价基础上引入了销售额、资产总额等"量"的因素作为权重，从而更全面地反映信息化企业建设总体状况。

4.2.4.1 借鉴卓越绩效模式生成信息化企业指数

将满分1000分按照信息化企业各级指标重要度不同，层层分解到各级指标，并根据实测结果，直接简单累加，从而得到各个样本企业指数评价结果。在进行指标权重分配时，层次分析法（AHP）虽然是较为常用的一种方法，但对于信息化企业评价而言，因为涉及的维度和指标较多，在进行指标重要度两两比较时，特别是如果需要多位专家分别进行两两比较，则工作量较大，效果却不一定很好。故本书推荐以下基于优序法的赋权方法。

优序法是通过对各项评价指标，按重要度进行两两相对比较和排序，并分别对各序号（重要度等级）赋以相应的评分值，即优序数，然后综合各个评价指标，分别计算各指标对应的总优序数，按总优序数大小确定权重。这种方法操作简单，只需对各个指标进行重要度排序即可，不用进行两两比较，而且可以适用于多个专家分别排序，然后再综合。

优序法是一种简单排序方法，但无法量化衡量指标之间的相对重要度，只能区分彼此重要优先次序，故有研究者又进一步提出了量化优序法，简称GI法，其基本步骤是如下。

第一步，请专家对指标重要度进行排序。

第二步，量化相邻指标的重要度。量化规则见表4-3。

表 4-3   量 化 规 则

重要度	说明
1.0	A与B具有同样重要性
1.2	A与B相比稍微重要
1.4	A与B相比明显重要
1.6	A与B相比非常重要
1.8	A与B相比绝对重要

第三步，按重要度计算公式量化测算各个指标的权重。

借鉴卓越绩效评价方法，采用量化优序法，可以通过组织信息化企业建设的专家学者和主管领导，组成专家组，将满分1000分按照信息化企业评价各级指标重要度不同，层层分解到底层观测指标。信息化企业评价指标权重分配见表4-4。

表 4-4   信息化企业评价指标权重分配

6 个一级指标	分值	16 个二级指标	分值
企业文化融合度	200	核心价值观贯彻力	120
		社会责任履行力	80
竞争力融合度	200	客户服务支持度	60
		价值链支持度	60
		组织柔性支持度	80
创新与进步融合度	180	激励进步机制支持度	80
		创新与学习支持度	100
信息化应用水平	160	资源整合与协同	50
		业务管理信息化水平	30
		经营管理信息化水平	30
		战略决策信息化水平	50
信息化基础能力	110	信息化领导力	40
		信息化基础建设	30
		IT 治理能力	40
信息化绩效	150	效率提升	60
		效益改善	90
合计	1000	合计	1000

在上述赋值基础上，通过对各项观测指标进行实测打分，得到其实测评价结果，将各项指标得分累加，并与理想满分 1000 分相比，从而得到参评样本企业的信息化指数。

借鉴卓越绩效模式测算某地区 A、B、C、D 四家信息化企业指数示例见表 4-5。

表 4-5   借鉴卓越绩效模式测算信息化企业指数示例

指标	A 企业	B 企业	C 企业	D 企业
企业文化融合度	39.4	58.2	75.5	50.4
竞争力融合度	95.1	66.3	90.6	75.6
创新与进步融合度	70.6	54.0	85.0	77.0
信息化应用水平	153.0	152.8	119.0	55.7
信息化基础能力	106.1	68.8	101.4	66.7
信息化绩效	147.2	148.4	126.8	96.4
综合得分	611.4	548.5	598.3	421.8
指数结果	**0.61**	**0.55**	**0.60**	**0.42**

4.2.4.2　运用复合矩阵法编制信息化企业指数

利用复合矩阵法，不仅可以测算出各个指标维度的指数得分，也可以测算出各个参评企业指数得分，还可以测算出整个企业群（如集团公司或全行业）

总体信息化指数。同时，该矩阵中还可以进一步挖掘出各个指标、各个企业的当前效率及改进空间，从而确定出最为薄弱的环节，以便进行针对性改进。下面以某电力集团公司为例，具体讲解复合矩阵方法的应用过程。

假设某集团公司现有 6 家子公司。从公司管理层和专业研究机构选择 5 位对整个集团公司信息化建设具有全局了解和整体把握的专家组成信息化企业指数测评专家组，分别对子公司重要度及信息化评价指标重要度进行评估和赋权。同时，针对各个子公司在各项指标方面的表现，采取子公司自报和专家组现场测评相结合方法，确定各子公司在各项指标上的实测值（各指标满分均为 10 分）。利用复合矩阵法测算信息化企业指数示例见表 4-6。

表 4-6　　　　　　　　利用复合矩阵法测算信息化企业指数示例

部门及其权重 因素及其权重		BC01 0.18	BC02 0.15	BC03 0.17	BC04 0.17	BC05 0.19	BC06 0.14	单项指标绩效	指标潜在绩效	单项指标指数
文化融合度	0.19	9.50	7.90	8.80	9.07	9.40	8.67	1.65	1.85	89.33
竞争力融合度	0.17	8.50	8.47	8.33	8.67	9.20	8.13	1.48	1.73	85.78
创新进步融合度	0.16	8.80	7.73	8.40	8.20	8.80	7.87	1.33	1.60	83.39
信息化应用能力	0.16	8.20	8.07	8.07	8.07	8.40	7.93	1.29	1.58	81.36
信息化保障能力	0.17	9.07	8.47	8.47	8.73	9.00	8.27	1.43	1.65	86.94
信息化绩效	0.16	8.67	8.33	8.47	8.67	8.67	7.93	1.35	1.59	84.82
子公司建设绩效		1.56	1.22	1.44	1.49	1.70	1.13			
子公司潜在绩效		1.77	1.49	1.71	1.74	1.90	1.39			
子公司指数		88.07	81.61	84.32	85.84	89.29	81.48			85.39

根据表 4-6 中测评数据，可计算得出该集团公司总体信息化企业指数为 85.39 分。

4.2.4.3　采用价量合成法进行信息化企业指数的合成

上述两种信息化企业指数编制方案，均主要基于信息化企业评价指标体系，对参评样本信息化建设状况进行综合评价后，再将评价结果与理想值相比较得到指数结果。下面再结合价量合成法原理，介绍一种将信息化水平评价和企业发展规模综合考虑的信息化企业指数合成方法。

设 P_i^0 和 P_i^1 分别代表基期和报告期第 i 个样本企业的信息化水平多指标综合评价结果；设 Q_i^0 和 Q_i^1 分别代表基期和报告期第 i 个样本企业在量的方面的发展规模，例如资产总额、销售总额、人员总数、信息化建设投入等，则对于总

体指数而言，其指数生成模型为

$$ICI = \frac{\sum\limits_i P_i^1 \times Q_i^1}{\sum\limits_i P_i^0 \times Q_i^0}$$
(4-1)

这种指数生成方式与股票指数编制原理类似，只不过把个体企业信息化水平评价结果作为其"价格"因素，将其发展规模变量作为其"数量"因素，然后将报告期与基期测评结果相对比，从而得到总体指数。

某集团公司下属三家分公司 2009～2010 年期间信息化水平评价结果和销售额统计示例见表 4-7。

表 4-7   某集团公司 2009～2010 年期间信息化水平评价结果和销售额统计示例

项目	上海分公司		天津分公司		重庆分公司	
基期和报告期	2009 年	2010 年	2009 年	2010 年	2009 年	2010 年
信息化水平评价得分	79.77	91.38	89.63	91.94	89.03	90.85
销售额（亿元）	508	611	353	402	271	389

以 2009 年为基期，按照价量合成法指数生成模型，可计算得出集团公司报告期（2010 年）信息化指数为 107.49。

4.3   信息化综合绩效评估模型

4.2 中提到的信息化企业评价体系是成熟度评价，指衡量信息化企业的标准，满足各项标准则称该企业为信息化企业。此时，信息化企业则是静态的节点，在后续建设过程中，根据客户需求变化，需要继续进行信息化企业建设，同时还需要对建设水平的绩效性成果进行评价。而在企业进行信息化建设过程中，均投入了大量的人、财、物等诸多资源，对于实施效果及为企业带来的绩效如果没有得到准确的评估反馈，企业就无法制订相应的动态的持续改善计划。因此需要通过建立科学、合理的信息系统综合绩效评估模型、量化评估指标，对信息系统建设、运行、使用等各环节的成效以及所带来的经济效益进行评估，分析总结信息系统建设工作的经验和教训，指导未来新项目编制规划、项目投资决策，最终达到提高投资效益的目的。所谓信息化绩效评估，是指借助于信息化绩效评价指标体系，对组织实施信息化战略而产生的效益进行客观、公正和准确的综合评判，且信息系统综合绩效评估是项目全过程评估的一个重要阶段，是项目预期效果检验的重要手段之一。本节将以综合评价方法为切入点，并结合笔者《电网信息系统综合绩效评估模型》论文中的 i-CORE 模型，向读者详细介绍综合绩效评估的全过程。

4.3.1 信息化综合绩效评估常见方法概述

目前，普遍应用的评估研究大多基于层次分析法和专家经验法进行，笔者通过国内外研究分析发现不同的评估方法（例如前后对比法、成功度法、逻辑框架法、费用-效益分析法、数据包络分析法、投入产出理论）之间存在着较大差异。目前多属性综合评价适合于对存在多方面因素或多指标影响下的对象评价，能够将多属性（多指标）的相关信息进行汇总，得到一个综合性的指标，以此来反映被评价事物的整体情况。国内外有很多学者应用多属性综合评估方法。以上六种方法经过分析，总结得出各自得优点、缺点、适用范围、典型案例，详见表 4-8。

表 4-8   **后评估常用方法比较**

方法名称	优点	缺点	适用范围	典型案例
前后对比法	简单、方便、明了、直观	不够明确，无法将执行效果和其他因素明确区分	政策评价，工程建设，系统建设，信息化建设后评估	湖北电信农村信息化乡镇建设的应用评估
成功度法	简单易行，操作性强，结论明确，能使决策者较快较容易地掌握项目的整体评论结论	不能单独使用，受目标合理性的影响，准确性差，具有较强的主观性	适用于预测性评价结果准确性较高的项目评价	吉林有天新立采油厂《成功度法在产能建设项目后评价中的应用》
逻辑框架法	可实现明确项目该达到的具体目标，和宏观目标，对项目的成功计划和实施有很大帮助	编制逻辑框架是一件比较困难的费时的工作，没有充足的时间和大量的专业经验无法完成	适用于项目决策设计、风险分析、评估、实施检查、简则评价和可持续性分析	天津市北运河综合治理工程项目后评价中的应用
费用-效益分析法	分析结果比较直观，易于理解和接受，操作起来相对容易	偏重对信息化只从成本角度考察，对更多的间接收益（人员素质、外部效益）缺乏考察	适用于评价企业内部的信息系统的经济效益	企业效率与效益评价

方法名称	优点	缺点	适用范围	典型案例
数据包络分析法（DEA）	可直接从各个决策单元（Decision Making Unit, DMU）的实际观察资料中找出最合适的效率值，在评价复杂系统的有效性方面具有绝对优势	在变量如何使用以及 DMU 个数控制上有所限制；会低估效率值	适用于复杂系统，如多输入多输出系统的有效性综合评价	企业效率与效益评价
投入产出理论	年值分析法当项目或方案间的收入相同，并且项目或方案内各年度支出成本相等时，应用该方法，大大化简对比分析计算的工作量	投资回收期法没有考虑投资的使用年限，不能全面反映项目或方案的经济性，只能配合使用	通过各种收益的计算方法搭配使用广泛适用于信息化系统的直接经济效益的评价	企业效率与效益评价

4.3.2　信息化综合绩效评估模型

通过前面对常见评估方法的分析，当信息化综合评估方法在不同类型的组织单位里应用的时候，由于其不同的基础条件、实现过程乃至绩效评估目标的差异，造成其所采用的信息化综合评估方法也当然要有所差异，所以构建基于企业需求的信息系统综合绩效模型，需要因地制宜，合理使用评估的常见方法，取长补短，很多时候还需要组合使用。在笔者多年信息化实践工作中总结出综合绩效 i-CORE 模型，为方便读者理解，下面就以电网信息系统综合绩效评估模型构建过程为例，将如何设计信息系统综合绩效评估模型阐述清楚。

首先通过分析国内外评估模型，参考《中央企业固定资产投资项目后评价工作指南》（国资发规划〔2005〕92 号）、《中央政府投资项目后评价管理办法》（发改投资〔2008〕2959 号）项目后评价的相关制度及国家电网公司通信、智能电网、科技项目等后评估管理办法，确定从建设质量、运行水平、应用成效、经济效益共四个评估维度来评估信息系统综合绩效。

其次综合采用逻辑框架法、成功度法、效益效能贡献度等多种方法建立指标体系，其中每个维度指标体系的建立，充分借鉴了国内外相关评估方案及评估方法，结合了电网信息化实际情况，设计完成国家电网公司信息系统综合绩效评估模型。信息系统综合绩效评估的开展有利于信息系统建设过程中的问题总结和经验积累，有利于后续信息化系统的大建设、大发展。信息系统综合绩效包括建设质量（Construction Quality，CQ）、运行水平（Operating Level，OL）、应用成效（Application Result，AR）和经济效益（Economic Benefit，EB）四大评估主题，即形成了公司信息系统综合绩效评估模型，见图 4-13。

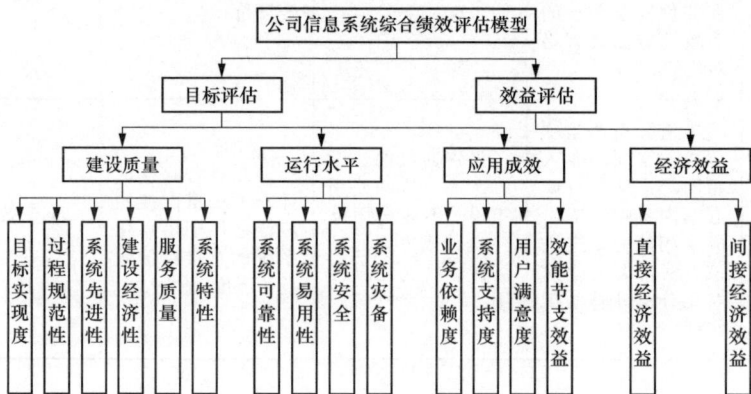

```
                    公司信息系统综合绩效评估模型
                    ┌──────────┴──────────┐
                  目标评估              效益评估
          ┌─────────┴─────────┐    ┌──────┴──────┐
       建设质量            运行水平   应用成效      经济效益
```

图 4-13　信息化综合绩效评估模型

建设质量：目标实现度、过程规范性、系统先进性、建设经济性、服务质量、系统特性

运行水平：系统可靠性、系统易用性、系统安全、系统灾备

应用成效：业务依赖度、系统支持度、用户满意度、效能节支效益

经济效益：直接经济效益、间接经济效益

最后利用计算公式得出最终值。

计算公式为

$$S_{\text{i-CORE}} = S_{\text{CQ}}k_1 + S_{\text{OL}}k_2 + S_{\text{AR}}k_3 + S_{\text{EB}}k_4 \qquad (4\text{-}2)$$

式中　$S_{\text{i-CORE}}$、S_{CQ}、S_{OL}、S_{AR}、S_{EB}——分别为综合指数、建设质量、运行水平、应用成效、经济效益的分值；

k_1、k_2、k_3、k_4——分别为建设质量、运行水平、应用成效、经济效益对应的权重值。

4.3.3　评估模型分析

信息系统综合绩效评估主要从目标和效益两个方面出发，全面评估系统综合绩效水平。其中目标评估主要包括建设质量、运行水平、应用成效；效益评估主要涉及经济效益。

4.3.3.1　建设质量

建设质量评估主要从 IT 产品本身的角度出发，从目标实现度、过程规范性、系统先进性、建设经济性、服务质量、系统特性六个指标方面对信息系统各阶段进行评估。

（1）目标实现度。信息系统开发完成后，与项目前期规划目标进行比较，直接反映目标的一致性、偏离性。

（2）过程规范性。"回头看"系统建设全过程中可研、计划、采购、合同、验收等规范性问题。

（3）系统先进性。系统建设过程中使用的新方法、新技术情况。

（4）建设经济性。系统建设中使用软件、平台、资源利用的经济性。

（5）服务质量。系统建设中客户对系统建设全过程的服务质量满意情况。

（6）系统特性。系统开发完成后实施前，存在的功能、性能、易用度、可维护、可扩展、安全漏洞等问题。

建设质量的分值计算公式为

$$S_{CQ} = \sum_{i=1}^{n} S_{CQ_i} K_{CQ_i} \tag{4-3}$$

式中　$n=6$。

4.3.3.2　运行水平

运行水平评估是从系统可靠性、系统易用性、系统安全和系统灾备四个指标方面对系统投入运行后在一定周期内呈现出的状态角度和运行过程中的平稳安全情况进行评估的。

（1）系统可靠性。直接反映信息系统的运行平稳程度。

（2）系统易用性。直接反映信息系统的内在质量及业务支撑能力。

（3）系统安全。直接反映系统重大风险隐患严重程度。

（4）系统灾备。直接反映信息系统风险控制能力。

运行水平的分值计算公式为

$$S_{OL} = \sum_{i=1}^{n} S_{OL_i} K_{OL_i} \tag{4-4}$$

式中　$n=4$。

4.3.3.3　应用成效

应用成效评估从业务依赖度、系统支持度、用户满意度三个指标方面，从系统的使用者和业务部门角度出发，对系统在真实使用过程中的效果进行评估。

（1）业务依赖度。分析现有业务和管理尤其是核心业务对信息系统的依赖程度。

（2）系统支持度。分析信息系统对现有业务和管理及其预期发展方面的技术支持作用。

（3）用户满意度。分析信息系统使用人员对系统界面友好、功能便捷、业务支撑等方面的评价。

（4）新增效率效能指数。分析信息系统应用对提升业务和管理的运行效率和效能，促进业务和管理的组织方式实现，促进信息化环境下履职能力的提高，从而促进职能对象状况的改变。

应用成效的分值计算公式为

$$S_{AR} = \sum_{i=1}^{n} S_{AR_i} K_{AR_i} \tag{4-5}$$

式中　$n=4$。

4.3.3.4　经济效益

经济效益是业务系统信息化之后产生的收益。主要由直接经济效益（Direct Economic Benefit，DEB）和间接经济效益（Indirect Economic Benefit，IEB）两个指标方面进行评估。

（1）直接经济效益。是指信息化工程形成的产品和成果的销售收入，以及应用自主研发的成果及产品替代外购所节省的费用支出两部分之和。

（2）间接经济效益。通过对信息化间接经济效益的产生机理进行分析得出间接经济效益。由业务占比效益、效能节支效益、效率节支效益构成。同时考虑到效能节支效益、效率节支效益计算时不可避免地产生工时计算部分的重复，本研究同时考虑了重复计算的效益值。

经济效益的分值计算公式为

$$S_{EB} = \sum_{i=1}^{n} S_{EB_i} K_{EB_i} \tag{4-6}$$

式中　$n=2$。

4.3.3.5　举例分析

依据模型建立的综合指标体系共 2 个 1 级指标、4 个 2 级指标、16 个 3 级指标，31 个 4 级指标，179 个数据项。通过最下层主观调查和客观抽取的数据，逐级向上进行测算，最终统计分析出信息系统综合效益评估指数。以运行水平为例，其中系统可靠性（S_{OL1}）主要由系统可用率（S_{O1}）和非计划停运次数（S_{O2}）两方面体现。计算公式分别如下

$$S_{O1} = \begin{cases} 0, & \left[\left(1 - \dfrac{I_1}{I_2}\right) \times 100\% < 97\%\right] \\[2ex] \dfrac{\left(1 - \dfrac{I_1}{I_2}\right) \times 100\% - 97\%}{99.5\% - 97\%} \times 100, & \left[97\% \leqslant \left(1 - \dfrac{I_1}{I_2}\right) \times 100\% < 99.5\%\right] \\[2ex] 100, & \left[99.5\% \leqslant \left(1 - \dfrac{I_1}{I_2}\right) \times 100\%\right] \end{cases} \tag{4-7}$$

$$S_{O2} = 100 - 10 I_3$$

式中　$\left(1 - \dfrac{I_1}{I_2}\right) \times 100\%$——系统可用率计算公式；

I_1——全年系统不可用时长，单位 h；

I_2——全年应该运行总时长，单位 h；

I_3——非计划停运次数，满分 100，系统每停运 1 次减 10 分，直至减为 0 分。

通过客观抽取某单位某信息系统数据采集项 $I_1 = 0$、$I_2 = 8760$、$I_3 = 1$，通过式（4-7）计算 $S_{O1} = 100$、$S_{O2} = 90$，权重分别取 $k_1 = 0.5$、$k_2 = 0.5$，则 $S_{OL_1} = 95$，其他指标采用相同计算方式，通过数据项逐级计算，最终运行水平指数如下

$$S_{OL} \sum_{i=1}^{n} S_{OL_i} k_{OL_i} = 98.5 \tag{4-8}$$

式中　$S_{OL_1} = 95$、$k_{OL_1} = 0.3$、$S_{OL_2} = 100$、$k_{OL_2} = 0.2$、$S_{OL_3} = 100$、$k_{OL_3} = 0.4$、$S_{OL_4} = 100$、$k_{OL_4} = 0.1$。依次计算建设水平（$k_1 = 0.2$）、应用成效（$k_3 = 0.2$）、经济效益（$k_4 = 0.4$）指数，计算得出信息系统综合绩效评估指数为 93。

4.3.4　信息化的效益

信息技术在企业的深入应用改变了其生存的内外环境，使得企业的组织结

构、生产管理方法、管理内容等都发生了深刻变化，提高了企业核心竞争力并实现了企业效益的提升。信息化对企业效益的影响是全方位的，影响企业效益的因素也是多种多样的。从信息化的效益着眼，间接效益包括了员工对现代精益化管理意识的提高，企业服务水平的提高，企业社会形象的提高、社会公认度的提高等；直接效益可以很直观看到其主要影响成本降低、效率提高、管理效能提升三个方面。

首先，企业运作过程会产生许多成本，包括制造成本、销售成本、库存成本、管理成本、研发成本等，而通过业务处理流程自动化、办公自动化、虚拟制造、虚拟设计等信息化手段降低业务处理成本、办公成本、人力成本、产品研发成本等，从而直接增加企业利润。其次，信息化技术使企业效率提高，效率提高直接体现在完成同一工作的单位时间缩短。例如，企业从接到项目中标通知书开始到项目竣工结束交给客户，通过信息化使整个周期缩短，相关资金周转加快，资金时间价值就会为企业产生经济效益；单位时间内产量提升，也将给企业带来更多的收入与竞争优势，对企业社会形象也会产生较好的影响。最后，信息化有助于企业管理效能提升。通过信息化建设增强项目实施的透明度和管理部门的协同性，改进规划计划和项目管理水平，使组织管理与信息系统协调运行，将企业信息系统所蕴藏的潜在效能释放出来，进而达到释放企业潜能、完成过去不可能完成的工作的目的。例如，企业通过集中的招标平台进行采购招标，过去一次只能招 10 个标包，现在通过平台一次能招上千个标包，过去几个月能完成的工作量，现在几天就完成了，大大提高了企业的招标效能；企业通过开发信息技术平台，实现跨地域营销，跨地域集团管理，拓宽了企业管理渠道的深度，加强母子公司的经营管理联系，以一体化信息系统为载体，实现横向和纵向的管理协同，可以实时联动处理某项业务，大大促进了企业整体效能的提升。

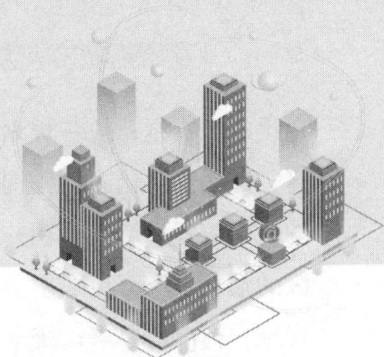

第 5 章　信息化企业建设

随着信息技术的发展和应用的深化，信息化企业建设成为当前企业发展的新焦点。信息化企业建设是先进的管理思想与现代信息技术相结合的应用过程，并以业务流程的优化和重构为基础，其价值在于推动企业变革和管理创新，进而提高企业经济效益和企业面对瞬息万变市场环境的核心竞争力。在第 3 章中已经介绍了信息化企业的定义和模型，明确了信息化企业的内涵，在第 4 章用了大量的笔墨概述了信息化企业特征、能力和评价体系，为信息化企业建设确立了方向和前提。

本章将在前两章基础上系统阐述信息化企业建设的原则、基本策略、方法、侧重点和关键技术，确立了"统一性"的原则，以关键技术为建设基础，以信息化实施应用为核心，从战略、文化、资源、组织等方面进行研究，力求找到行之有效且具有普适性的建设路线和方法，为企业在信息化建设中提供借鉴和参考。

5.1　信息化企业建设原则

信息化企业是高度数字化、高度自动化的企业，因此信息化企业的建设至少应遵守六项原则，即战略导向原则、统一性原则、标准化原则、有效覆盖原则、网络安全"三同步"原则和突出应用原则。

一是信息化建设必须以公司发展战略为导向，以服务公司战略为总目标，结合自身发展战略和信息化现状，编制本单位信息化规划，以规划指导计划，以计划确定项目，以项目确定技术路线去实施。

二是从信息化建设实践来看，信息化建设首先应当以统一性为原则统领建设运行全过程，具体包括统一领导，建立公司信息化建设责任制，完善信息化建设组织机制；统一规划，自上而下，逐级规划，规划引导计划，计划确定项目，加强信息化建设咨询、项目和资金管理，统筹安排信息化建设，促进资源的优化配置和综合利用；统一标准，坚持标准先行，开展典型设计，新建、升级的信息系统必须采用公司统一标准，原有的系统需要逐步适时改造以满足公司统一标准的要求；统一组织实施，强化控制力，坚持试点先行，开展集中招标，对全局性的、重大的、基础性的信息化建设项目统一投资，避免重复投入导致的浪费，争取资源效益最大化；以及统一运行等。无论是"四统一"或"五统一"，不同企业可以根据自身情况，因地制宜地组合选用。

三是在项目实施过程中应坚持标准化原则，按照统一功能规范、统一技术标准、统一开发平台、统一产品选型等要求，组织开展典型设计、试点先行、分步推广等工作。

四是在项目实施过程中必须要坚持有效覆盖原则，确保信息化及其系统覆盖各项业务、各环节、各单位以及各类人员，通过以点带面，分步实施，分层推进，统一建设，分级负责，明确责任，加强任务落实确保公司信息化建设顺利推进。

五是坚持网络与信息安全与信息化工作同步规划、同步建设、同步投入运行的"三同步"原则。在规划阶段同步考虑网络与信息安全，在建设过程中落实网络与信息安全，在运行过程中，保障网络与信息安全。

六是坚持突出应用原则，在信息系统开发过程中，按照需求导向，应用驱动，业务部门在深化应用中发挥主导作用，加强实用评价，确保信息系统可用、在用、能用、会用、实用，推进数据集成共享和业务集成融合，营造"我要信息化"的浓厚信息化氛围。

5.2　信息化企业建设策略

信息化企业建设策略主要从信息化建设战略、文化、资源与组织、投资四个维度出发，包括整个建设过程中所投入的信息化管理及管控能力。只有对各个层面的关键理念和技术进行通盘把握，才能真正打赢这场信息化企业建设的攻坚战。

5.2.1　信息化企业建设战略融入

信息化企业建设战略融入是指企业将信息技术的先进科技与管理手段融入

到企业战略发展工作当中，以支撑和推动企业战略目标的实现为价值核心，为企业的管理赋予新的动能，给企业带来经济效益的同时，为企业的可持续发展提供必要的保障。

信息化不仅是技术变革，也是管理变革，企业无论采用怎样的技术与管理手段，其最终目标都是实现企业战略。企业信息化必然导致以计算机技术为主的现代信息技术进入企业的生产和管理领域，结果促使了大量新的管理思想的涌现，如"虚拟企业""学习型企业""业务流程重组"等。为此，我们不得不改变战略的规划和实施方式，企业战略评估应明确经营宗旨、估定外部环境、内部环境、分析战略选择等。评估科学与否、质量高低，影响和决定企业新的发展战略制定、实施和管理，而企业信息化通过信息的收集、传输、加工、存储、更新和维护，实现企业全部生产经营活动的运营自动化、管理网络化、决策智能化，能够帮助企业高层进一步明确企业的发展目标和战略。分析企业发展战略运行的质量和成效，分析企业所处的国内外宏观环境、行业环境，把脉企业具有的优势与劣势、面临的发展机遇与威胁，揭示现状与企业远景之间的差距，由此进一步明确企业发展战略在产业结构、核心竞争力、产品结构、组织结构、市场、企业文化等方面的定位，甚至能以信息化战略来引领整个公司未来的发展方向。

现阶段许多企业利用信息化手段收集、分析高效准确的数据资源使企业能够及时地掌握政策变化、行业动态、市场变化，从而引领企业战略变化，完成企业战略的重新定位及目标设定；再通过设计关键指标体系，采用定性与定量指标结合评价方式，并将评价结果传输给相应的决策者，完成信息化与战略决策、实施、评估的深度融合。例如，国家电网公司提出建设"一强三优"现代公司的战略目标，所以信息化必须为"一强三优"的建设目标提供支撑。"电网坚强"要求以信息化带动生产自动化，实现电网数字化、智能化，全面提高电网的安全性、可靠性和灵活性；"资产优良"要求借助信息系统强化资产和资金管理，实现资源的优化配置和高效利用，降低经营成本，提高盈利能力；"服务优质"要求以信息系统推动业务流程的进一步规范，提高服务的质量和效率，充分展示公司良好的品牌形象；"业绩优秀"要求以信息化提升企业的核心竞争能力，创造良好的经营绩效，促进公司可持续发展。

5.2.2 信息化企业建设文化植入

信息化需要所有人的参与，信息化部门在完成初步的系统开发建设后，面临在企业内部推广应用的问题。没有用户应用，没有数据支撑，或在任何一个环节断档，信息化系统就可能无法运转。信息系统的推广，需要参与的人员范围很广，深刻地改变了工作习惯，有可能需要重新明确相关方关系；企业在进行信息化建设时，应梳理并植入相应相伴相生的信息化企业文化，但需要注意的是，不同类型的企业的信息化建设要与企业文化匹配，企业必须紧密结合信息化企业文化，注重信息化企业理念的培养，确保在此过程中做到凝心聚力、万众一心。对于构建优秀的企业文化还需要结合企业具体的实际情况，落实在企业经营管理的制度、行为、物质和企业形象当中，以提高信息化的集体共识和完善信息化管理的制度体系为抓手，植入信息化企业建设文化基因。

5.2.2.1 提升信息化的集体共识

企业必须推动信息化的核心价值深入人心，形成上下一心、协同推动的局面，做到全员养成主动信息化的意识，从"要我信息化"到"我要信息化"。对于如何提升信息化的集体共识，应做好以下四个方面工作。

一是及时反馈。企业文化教育是企业核心价值观存在的基础和依托，定期开展企业文化教育对提升核心价值观具有重要意义。通常，在信息化深度拓展过程中，企业均已经开展过企业文化教育和核心价值观推广，在一定层面上建立了共识和普及。因此，企业需要针对这种共识和普及程度，在公司网站定期开展企业文化教育相关调查，了解企业核心价值观在员工中的普及度，准确把握企业文化和核心价值观现状，并将调查结果通过信息系统及时反馈到相关部门或领导，使部门或领导能及时了解企业文化渗透情况，成为企业决策的依据之一。

二是全面贯彻。在定期调研基础上，企业领导还可以通过信息系统随机抽查员工对企业文化、核心价值观的理解程度，了解文化教育工作开展情况、需要改进的方向，并提出调整、修正措施和意见，要求并督促有关职能部门进行全面整改，以不断增强企业文化的凝聚力和影响力，不断增强企业核心价值观的植根性和包容性，打造信息化企业基业长青的坚实基础。

三是系统监督。监督是一种外部辅助机制，可以在一定程度上弥补激励机制的不足。因此，为了全过程了解企业文化宣传教育状况，企业可以发挥信息系统的优势，通过信息系统连续监控宣传教育的效果，记录、整理、归纳、分析宣传教育中存在的问题，提出合理的整改方案，并有效执行。

四是细化落实。发现问题的目的是要解决问题。因此，企业应遵循"问题导向"原则，针对存在的问题、障碍和不足，合理制订、细化各项改进措施，包括制订企业级的企业文化、核心价值观教育计划，定期通过信息系统向企业员工发布企业文化学习材料、领导最新指示与讲话、优秀文化典型代表与示例等，鼓励和支持在企业文化方面表现突出的个人和部门主动通过信息系统分享自身经验与体会，并切实有效地推进这些措施。

5.2.2.2　完善信息化管理的制度体系

在信息化的建设中，信息化管理制度建设是保障。信息化发展到一定阶段，建设重点就会从系统实施转向以应用提升为主，运维保障、安全机制变得更加重要。为此，企业可以通过规章化和内部法律化形式，建立信息系统稳定、有效运行的运行机制。信息化管理制度是使信息系统正常运行和推广应用的必备条件，主要包含计算机系统的使用、计算机机房的管理、计算机网络管理、信息系统的使用和推广等。企业要从两方面进行加强。一方面，企业应结合自身情况，坚持全面客观的原则，以覆盖各项信息管理工作为基础，通过制定切实可行的信息化管理制度和规范，保障信息系统正常运行和推广，借助严格的制度去约束和引导人的行为和意识，杜绝随意性，建立设备和资源的保管、维护、使用制度，建立经费投入和保障机制，建立科学评价与反馈机制来确保信息系统的应用，这是信息化建设和推广的关键一环。另一方面，信息化管理制度必须以目标、职责、奖惩为核心，通过将实际工作紧密结合起来，将其管理制度及规范转换为员工的工作习惯，利用制度及规范来引导、约束员工工作行为，成为一种固定的、稳态结构，实现整个制度的完整性和合理性，全面保障信息化制度建设的科学规范以及信息系统能够正常运转与有效应用和推广。

5.2.3　信息化企业建设资源与组织保障

信息化企业建设势必要涉及企业管理的方方面面，资源整合是一个关乎企业长期发展核心竞争能力的重要因素，尤其随着现有商业模式的技术革新，整合工作迅速发展成为信息化管理者的核心使命。在技术革命的大潮中，需要从根本上对现有远景和组织形态进行改变。同时，还必须基于企业自身实际情况以及信息化建设需求，合理地安排相应资源，在系统集成以及功能、性能不断完善的基础上逐渐加强企业信息化资源整合及高效运营能力，最终构建信息化企业。

一是厘清信息化企业建设中的资源。信息化企业建设中的资源主要包括开发资源（开发环境和团队）、设备资源（软硬件资源、环境资源）、数据资源、运行维护资源、组织保障（人、财、物资源）。

二是安排统筹资源的组织架构。企业通过设立信息化组织项目团队，设置必要的组织架构包括固定的管理部门以及明确的运行维护人员，统筹安排好信息化投入资源的状况，对企业信息化投入资源进行分类，合理整合配置企业信息化建设资源，充分发挥各种资源的作用，降低企业成本，提升企业经济效益。

三是把相对独立的系统的不同功能有效地组织起来，整合企业的各项内部外部资源，使企业获取信息化整体效益最优，可以从提高资源的整合度、提高内部协同、提高外部协同三方面着手。其一，企业必须利用信息化促进产业链各环节的协同水平，鼓励创新商业模式，实现价值网络共赢。必须支撑企业全面实施人力资源、财务、物资集约化管理，支撑企业不断加大资源重组整合和集约调控力度，提高人、财、物核心资源的集中度和调控力，实现企业的重要资源在全集团的集中管理和充分共享，最大限度发挥规模效益。其二，企业必须要通过信息化支撑，推进内部协同。通过建立统一、集成的业务协同系统、协同办公平台、集成的设备地理信息系统等，实时解决运行各种问题，实现全集团的纵向协同（指人力资源管理、财务等条线纵向协同）和横向协同（指各职能条线之间的横向协同）；总部、下属公司之间的上下沟通、信息交互、管理调控。其三，企业必须通过信息化建设，实现与外界的交互。通过信息系统平台之间的高度协同，并在价值链基础上向上、下游和金融资产经营等多方面延伸，促进利益相关体的信息化建设，提高整个产业链的信息化水平，使经济效益得到显著增加，而且业务的管控能力也大幅度提升，实现与合作伙伴的优势互补和互利共赢。

5.2.4　信息化企业建设投资管理

信息化企业建设是一项系统而复杂的工程，需要企业长期的投入，成本问题是许多企业不得不面对的挑战。信息化作为公司战略发展以及日常经营的重要平台和手段，为合理评估建设成效，不断对建设方向进行引导。一方面通过科学搭建信息化企业评价体系和综合绩效评价体系，对信息化企业工程进行合理管控和评估；另一方面要以投资的视角去看待信息化建设，通过增加科学决策的过程，让其不会成为企业的一个负担，而是最终带来效益，形成企业效率和利润的新的增长点。

一是企业要重视对信息化企业建设的投入。应改变观念，立足于企业未来的长远发展，而不是仅仅从当前企业盈利能力或利润本身去考虑。为了使信息化企业建设早日成为公司的一项核心能力，应将信息化建设当成一项事业，是一个不断发展、不断进步的过程，需要持续的投入，长久的支持。同样，其效益也不是立竿见影的，一般需要几年甚至更长的建设运行才能初显成效。在企业经营实践中，工作人员应加强对信息化企业建设投资的必要性、持续性、收益性等方面的认识，从而积极主动参与到信息化企业建设中。

二是要对信息化企业建设资金统一管理。增加科学决策的过程，防止资金分散，要做到集中、持续有效地投入。信息化企业基础设施建设和完善需要大量的资金投入，为保证其发展，应设立专门账户，做到专款专用、专人负责，保证信息化企业的每年持续投入，并且能以一定的形式固定下来，做到专有资金运用到专用处，通过集中招标采购以及自主开发等方式，降低建设费用、规范和增大使用效果，确保资金能够被合理、科学地利用，使信息化企业能够真正实施落地。

三是信息化投资要考虑投资回报。随着各领域信息化企业的稳步推进，企业均意识到信息化企业建设实际上是一项回报率很高的投资，并且它是一项应用工程，是未来企业发展的必然趋势。

5.3　信息化企业建设方法

信息化企业需要把握实施的关键点包括规划、设计、研发、实施、运维等环节，全面系统地描绘出信息化企业的实施路径，并合理协调控制其内部各项要素。值得注意的是，各阶段各环节的标准化、统一化实施在各阶段又要讲究一下方法，否则系统尚未建成，需求便发生了变化，容易导致失败。概括而言，信息化企业建设方法的核心在于"三管两抓一确保"，其中"三管"包括管队伍、管规范、管变更；"两抓"是抓进度和抓质量；"一确保"为确保信息系统建设各环节的安全。

笔者经过理论研究并结合工作经验，推演出以大型企业为主的信息化企业实施路径以及方法论（如图 5-1 所示），中小型企业可根据自身企业情况选用，供读者参考。

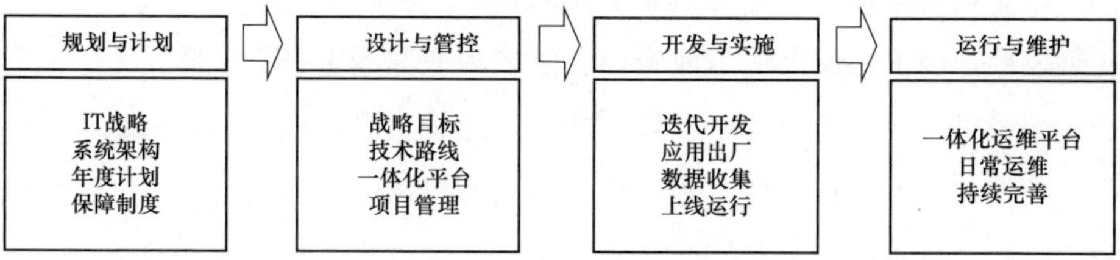

规划与计划	设计与管控	开发与实施	运行与维护
IT战略 系统架构 年度计划 保障制度	战略目标 技术路线 一体化平台 项目管理	迭代开发 应用出厂 数据收集 上线运行	一体化运维平台 日常运维 持续完善

图 5-1　信息化企业实施路径及方法论

5.3.1　确定中长期规划和年度计划

信息化是实现企业发展战略的重要支撑，是提高生产效率和管理水平的重要手段，是实现公司发展战略的核心工作之一。为保障信息化工作顺利进行，首先需要厘清思路方向，制订合适的信息化规划，做好规划和投资管理，充分发挥统筹指导作用。

在具体的工作中，一是确定中长期规划。信息化企业中长期规划在时间上的跨度一般是 5～10 年，首先需要在企业发展战略目标的指导下，在理解企业发展战略目标与业务规划的基础上，诊断、分析、评估企业管理和 IT 现状，优化企业业务流程，并结合所属行业信息化方面的实践经验和对最新信息技术发展趋势的掌握，提出企业信息化建设的远景、目标和战略。其次制订出企业信息化的系统架构、确定信息系统各部分的逻辑关系，并且明确技术路线和总体架构、相应的技术标准和技术规范，全面系统地指导信息化企业建设的进程，协调发展地进行企业信息技术的应用，及时满足企业发展的需要，有效充分利用企业资源，以促进企业战略目标的实现，满足企业可持续发展的需要。最后每年还要根据周围新的环境，企业新的发展和技术上新的趋势等因素对其年度计划做出调整和完善，以明确未来几年信息化发展目标和重点，积极地、有计划地稳步推进公司信息化建设。二是确定年度计划。在公司信息化总体规划下，根据业务部门实际需求，编制年度行动计划，在年初将推进项目设立起来，再以各项行动方案为依托，搭建起配套制度和保障机制，确保各项任务的有序进行。三是建立健全信息化项目全生命周期管理各项制度，建立信息化专项资金，树立质量第一理念，强化信息化项目建设过程管理，加强信息化项目投资管理。推行信息化集团化运作、集约化发展，最大程度节约投资，实现在建信息系统前期论证充分、过程管控得力、投资合理有效，确保信息化企业建设的资金资源支持。

5.3.2 明确技术路线和管控措施

在明确中长期规划和年度计划后，便需要厘清技术实现的路线及明确相应的项目管控措施。根据信息化理论研究和借鉴国内外企业信息化建设的成功经验，从企业的实际出发，为实现中长期信息化建设战略目标，从平台、应用、保障体系三方面出发，设计相应的信息化企业建设技术路线。一是以信息工程方法论为指导，基于信息资源规划的总体设计，建立一体化平台，通过统一的数据化管理平台，定义出数据中心、数据资源、数据模型以及主数据，全面支持信息化应用综合集成。二是业务应用集成。建立以实现各系统用户和授权的集中管理与集成为基础，以实现主数据管理和纵向业务数据交换为核心的企业应用系统集成平台框架。三是科学的保障体系，包括运维和安全两方面内容。一方面，建立自动化运维保障体系，通过数据采集及用户需求的综合分析与应用，提高 IT 运维的前瞻性、主动性，实现预测故障；另一方面，建立信息化网络与信息安全保障体系，通过搭建安全防范队伍和规章制度，分析安全体系的基本框架，保持监察、响应、维护和脆弱性测试处于正常状态，形成完整的人、制度、技术相结合的信息安全防范体系。

在明确技术路线后，必须配套相应的项目管控措施来推行信息化企业建设。按照国家的相关要求，参照基建工程项目的建管模式，统一标准，规范流程。

因此，有必要研究分析在信息化项目中引入设计、监理单位的可行性和实现方式，规范、简化统一信息工程建设管理模式。一般对公司统一组织的信息化项目采用集中管控的工作模式，构建"归口部门组织协调，分、子公司具体负责"的信息工程一体化建设管理体系，以项目管理中心为依托、以项目组织架构为主线、以项目管理团队为支撑，通过项目管理管控（如建立里程碑、设立项目PMO、会议机制、每日进度管理等举措），塑造核心管理能力，全面协调资源与过程控制，实现项目管控目标。其中项目管理中心由管理层和管控团队组成。管理层设首席总监、首席副总监，下设项目总监、管理总监、技术总监及副总监，对横纵矩阵型管控团队进行管理。

5.3.3 开发与实施

在明确技术路线和管控措施后，企业将选择合适的开发模型以及科学的设计与实施方法来推进信息化企业建设。企业 CIO 领导层在带领 IT 团队进行独立软件开发时应制定合理的软件开发模型。对于软件开发模型，一般主要有瀑布式和迭代式两种，虽然都是对软件生命周期管理的方法，相互之间也存在一定关系，但两种模型的应用环境和特点却相差很多。例如瀑布式模型强调开发的阶段性，强调早期计划及需求调查，强调产品测试，但其带来的结果往往是系统交付客户之后才发现原先对于需求的理解是错误的，系统设计中的问题要到测试阶段才能被发现；需求和设计中的问题是无法在项目开发的前期被检测出来的，只有当第一次系统集成时，这些设计缺陷才会在测试中暴露出来，从而导致一系列的返工重新设计、编码、测试，进而导致项目的延期和开发成本的上升。所以，笔者建议对于大型应用软件的开发，可以优先采用迭代式开发模型。迭代式模型与瀑布式模型相比有很多优势，比如允许变更、优化系统需求。通过向业务部门演示迭代所开发的部分系统功能，研发人员可以尽早地收集业务部门对于系统的反馈，利用开发平台，进行敏捷开发，不断迭代，及时改正对业务部门需求的理解偏差，从而保证开发出来的系统真正解决他们的问题。

在大型信息化项目实施过程中，一般采用"典型设计、试点先行、优化设计、全面推广"的实施路径，确保公司信息化建设顺利推进。典型设计主要是规范工程建设的内容、建设标准、技术标准、业务接入规范等纲领性、统一性的框架；试点先行主要是将典型设计应用于试点单位，验证其可行性、可用性、实用性并结合试点单位的实际业务需求进行校核和完善，便于指导推广实施阶段工作。各试点单位统一运用典型设计形成的框架平台、技术方案等成果，结合各单位的实际情况，从基础框架平台功能、基本应用、专业应用三大部分进行建设与完善。优化设计主要是在典型设计的基础上进行进一步完善提升，并且持续向典型设计组反馈系统建设经验、技术特点、业务特色，并积极探索各系统建设的共同推进途径，对典型设计不断完善。全面推广主要是各级单位按照典型设计要求并结合试点工作经验，开展系统建设、框架平台功能、基本应用和扩展应用的建设工作。在推广过程中，在遇到各单位本身业务流程与典型设计不一致的情况时，开展差异原因分析，对于需要优化的作业流程，各单位在项目组的辅助下，重新梳理并调整业务流程，达到节约资源，高效运作的目的。

5.3.4 运行与维护

以先进的国际 ITIL（Information Technology Infrastructure Library）的设计理念为出发点，以先进的各种软硬件技术为基础，以系统多层化管理为主要设计思想，以严格的规章制度为保障，设计企业自动化系统综合运维平台，确保企业信息化实施与运行维护的一致性。

建立运行维护体系。目前国内外企业采用的运维标准主要有 ITIL（即 IT 基础架构库）、eTOM 商务过程框架（Business Process Framework）、开发运维一体化体系（DevOps，Development 和 Operations 的组合词）三类标准，并且 ITIL 已经在全球 IT 服务管理领域得到了广泛的认同和支持。作为一套通用框架体系，该框架体系用于指导企业进行流程规划、关键职位的角色定义、角色与流程间的关系，以及如何使用专业术语进行沟通，通常企业会将这些流程及理念以软件工具的形式加以固化与实践。ITIL 没有一个实践的标准答案，需要企业根据 ITIL 的原则及企业的实际情况进行规划设计，并探索适合本企业的服务流程。ITIL 的主要特点有：具有普适性，它与技术、行业都无关；注重量化性管理与持续性服务改进；非抽象理论，ITIL 是有关 IT 服务管理流程的最佳实践，用于指导企业进行从计划、开发、实施到运维的标准方法。

建立技术支持系统。利用信息系统固化管理流程，实现系统运维的信息化支撑。其中，比较重要的建设方向包括以下几点：其一，自动监控管理平台可以实现全面监控与性能评估，尽早发现信息系统的故障，最大限度地排除安全隐患。通过监控管理平台中的数据信息展示层，可以准确地分析相关警告信息数据和多种多样的监控视图，实现故障以及故障告警的准确定位。其二，运维自动化通过任务自动化、应急处置自动化、服务自动化三大部分的建设，在操作系统安装配置、主机和应用系统服务监控及应急处置、用户服务请求等方面，建立起全面、高效的自动化运维体系，依赖于数据采集及用户需求的综合分析与应用，进一步提高 IT 运维的前瞻性、主动性，通过预测故障、在故障发生前能够报警，以实现故障的提前消除，最大限度地降低损失，实现效益的最大化。其三，搭建运维管理知识库。通过明确角色定义和责任分工，搭建一个完善的运维知识库。运维知识库在一定程度上相当于一个信息发布的规范化平台，运维管理人员可以定期发布与运维管理有关的数据文档，构建完整的由点到面的运维知识管理体系。利用知识库不断完善的事件规范化处理和跟踪指南，减少运维过程中操作的随意性，强化运维的执行力度，大幅降低故障发生的概率，从而提高运维工作效率。

5.3.5 信息系统应用

信息化企业建设中应特别关注信息系统的应用。信息系统的价值在于应用，系统用得越好，价值越大，并且可以获得倍增的效果。对于如何做好信息系统的应用，笔者认为企业可以围绕着系统的可用、在用、好用、易用、实用、会用六方面。

一是从系统的研发设计开始就要思考系统的应用程度，并结合企业实际情况，以各部门业务流程为导向，实现企业系统的可用、好用、易用。可用是指系统能够提供良好稳定的服务；好用是指员工都愿意使用；易用就是学习门槛不高，界面友好，很容易上手，功能模块更符合人性化的设计。

二是从员工培训入手，让全体员工会用信息系统。员工的信息化知识水平和信息化意识是信息系统应用的核心因素。仅仅投资硬件设施和软件，没有相应的专业技术人员的支持，实现信息化企业建设是不可能的。对于企业信息系统操作人员，必须进行系统培训，在应用软件之前，必须使员工充分了解为什么这样操作，数据为什么这样处理，应该怎样规范自己的操作等。通过培训使员工了解业务处理流程在系统上运行的基本规范和基本原理，使公司员工在原理上认识统一，标准统一，形成步调一致、方法合理、操作规范的员工队伍，全面提高员工信息化操作的水平，发挥信息化资源的作用，为企业创造更多效益。

三是营造深化应用氛围并实行实用化考核机制。信息系统在提高员工工作效率的基础上，构建更加高效的业务流程运转机制，提高系统的覆盖率，并通过建立健全实用化考核长效机制，以评价考核促应用，以应用促发展，保障信息系统稳定运行，提高数据质量，持续提升系统应用与实用化水平，发挥信息系统效率、效能和效益。

5.3.6　网络安全保障

保障信息安全需要建立信息化网络与信息安全保障体系，对信息安全进行风险评估，选择一种合适的安全策略和安全解决方案，构建安全防范队伍和规章制度，搭建安全体系的基本框架，保持监察、响应、维护和脆弱性测试处于正常状态，形成完整的人、制度、技术相结合的网络与信息安全防范体系。由于信息安全的实施是一个持续的改进过程，所以对于其长期性应有足够的认识。

一是明确以"三同步""三个纳入""四全""四防"为网络与信息安全防护总体思路。坚持信息安全与信息化工作同步规划、同步建设、同步投入运行的"三同步"原则。坚持"三个纳入"，即将等级保护纳入信息安全工作中，将信息安全纳入信息化工作中，将信息安全纳入企业安全生产管理体系中。按照人员、时间、精力三个百分之百的原则，实现"四全"（全面、全员、全过程、全方位）的安全管理。全面加强"四防"（人防、制防、技防、物防）工作，落实安全责任，严肃安全运行纪律，确保企业网络与信息系统安全。

二是完善信息安全管理体系。建立企业自己的等级保护管理制度，企业各级单位成立网络安全与信息化工作领导小组，落实信息安全各级责任；建立完善的信息安全管理、信息系统运行、信息内容保密等规章制度和操作规程；建立与企业信息化发展相适应的信息安全运行管理机制、技术督查机制、事件通报机制、责任追究机制、应急响应机制和风险管理机制。同时，运用技术手段加强日常管理，将网络与信息系统等级保护融入日常安全运行与管理中。建设一体化信息安全运行监管平台，实现对网络设备、安全设备、网络边界、应用系统、桌面终端的日常实时安全监测，提高重要信息系统日常安全监测、预警、应急响应与防御能力。建设信息安全综合工作平台，利用现代化、信息化手段，以信息安全等级保护工作为核心，涵盖信息安全管理、风险评估、事件应急处置、资源管理、实时监测、统计分析、政策标准库等信息安全工作主要内容。

三是建立信息安全保护工作机制。按照"谁主管谁负责、谁运行谁负责、谁使用谁负责"和属地化管理原则，企业各层级单位成立信息化工作领导小组，统一部署信息安全工作，逐级落实信息安全防护责任。企业应成立以主管领导、网络安全管理部门、网络管理员、安全操作员、安全专家等人员组成的多级安全管理体系，各个岗位要明确相应的职责，例如主管领导负责安全管理体系的建立以及部门间协调工作，网络安全管理部门负责安全工作的归口管理、网络管理员负责指定安全策略和组织技术实施，安全操作员负责安全措施的具体实施，安全专家参与重大安全问题决策和紧急情况下安全问题处理。

总之，企业在信息化建设中的信息安全问题有着广泛的内容，信息安全系统的建设、监控和维护是一项系统工程，牵涉面比较大，本书仅仅列举了其中的几个方面。信息安全问题要以防范为主，信息安全建设从管理开始，制订一系列有效的安全措施使信息安全的风险控制到一定程度。

5.4 信息化企业建设的侧重点

第 2 章已经具体介绍了不同规模企业信息化的现状，企业信息化建设是结合企业当前现状，根据不同类型企业特点进行因地制宜实施，这里再从不同类型的企业实施信息化建设的侧重点进行一些必要的总结。从企业规模角度来看，中小企业核心是节约成本，注重设计与生产控制，在实施过程中尽可能使用成熟套装软件，特大型集团及集团企业的信息化企业建设注重管理和决策，在实施过程中强调自主可控，不能太多外包。这是由企业在不同规模时影响企业生存与发展的不同问题决定的，也是由不同规模企业的生产力发展水平及所处阶段决定的。本书介绍的仅仅是一些共性与普遍性，企业要根据其具体情况做具体分析。

5.4.1 中小企业信息化企业建设的侧重点

目前在国内，信息化企业建设似乎只是大企业的事，占市场份额 70% 左右的中小企业普遍认为：自己规模小、信息化没有必要。但其实中小企业比大企业更加需要信息化建设，并且其实施信息化的方法、技术路线也是不完全一致的，要因地制宜。对信息化企业建设的正确理解和认识直接关系到信息化建设的成败。目前，中小企业普遍对信息化企业建设概念认识不清，对信息化建设认识过于简单化，有不少中小企业认为信息化建设就是建立一个网络平台和软件平台，以提高信息的处理速度和动态查询能力。有些企业对企业信息化建设的认识存在局限，认为仅限于 ERP、SCM（Supply Chain Management）、BPR（Business Process Reengineering）、CRM（Customer Relationship Management）和 EC（Electronic Commerce）等方面，而成功的企业信息化建设则必须把重点集中于合理使用成熟软件及云服务平台和寻求专业外包公司上。

中小企业实施信息化是一个长期渐进、不断优化、逐步完善的过程，并没有统一、固定的模式，需要从企业实际情况出发，根据企业业务发展的实际需要，选择建设的侧重点，使有限的资源发挥出更大的效益。一般来说，中小企业信息化的实施以实用性为原则，以节约成本为核心，并从避免低水平自主研发、积极使用成熟共享产品和服务、寻求专业外包三个方面着手，为企业提供最大的效益效率提升。

1. 避免低水平自主研发。

众所周知，中小企业资金实力有限，虽然机制的灵活可以帮助企业实现及时的转型，但无论从事何种行业，资金永远是遏制其发展的最大瓶颈。中小企业融资渠道少，融资难度大，而一套信息化系统需要大量资金，主要依赖内部有限的融资取得发展，往往缺乏所必需的信息化投入资金。即使一些中小企业在前期能够购置基本硬件设备与必要的软件系统，但实际上，随着企业的发展以及暴露出来的新问题而需要调整，后续资金要求会越来越多。同时，信息化系统的管理和维护也是一项长期工程，需要人力、物力和资金的不断投入与支持。

2. 积极使用成熟共享产品和服务。

为减轻企业负担，中小企业在信息化建设过程中应尽可能使用成熟套装软件、避免低水平自主开发，优先使用协作沟通、财务管理等企业运作急需的成熟产品，比如在协同办公方面，可以使用成熟的即时通信、电子邮箱、协同办公软件，快速解决管理效率问题。也应合理使用公共云服务，因为企业信息化建设是一个系统工程，企业需要采购的不仅仅是数台服务器，还需要交换机、KVM（Kernel-based Virtual Machine）、存储系统等设备，所有的这些设备加起来需要一笔不小的开支；再从管理层面上来看，首先服务器、网络设备、存储设备、KVM 的安装以及调试就是一个非常烦琐的过程，安装调试成功后，服务器、交换机、存储设备均有各自的管理软件，各个设备的管理都是独立的，这样执行起来效率就会非常低下，并且也要求管理员具备较高的技术水平，这也是中小企业所缺乏的，通过采用公共云服务能够节省企业在设备和人员管理的开支，满足最基本的信息化管理需求。

3. 寻求专业外包。

确定了企业信息化建设的长远规划，找准了关键需求，选择好软件产品，下一步就是要将信息化落地。企业信息化建设成功与否"30％靠软件，70％靠实施"，只有落地之后信息化才真正能够为企业服务创造价值。而中小企业由于基本没有信息化建设的经验，在信息化落地过程中表现得力不从心，在这种情况下企业应该果断选择寻求专业外包公司的帮助。企业通过与具有丰富行业实施经验的外包公司进行合作，共同完成前期的规划和调研工作，可以梳理出企业的业务流程以及未来可能的发展方向，从而确定长远的企业信息化建设规划和实施步骤，继而有条不紊地推进企业信息化建设。

5.4.2 大型集团企业信息化企业建设的侧重点

集团企业是以一个或多个实力强大、具有投资中心功能的大型企业为核心，以若干个在资产、资本、技术上有密切联系的企业、单位为外围层，通过产权安排、人事控制、商务协作等纽带所形成的一个稳定的多层次经济组织。集团企业的突出特点表现为规模大型化、产业金融一体化、经营多样化、成员多元化、布局分散化、结构层次化等，各成员内部之间存在着紧密的经济关系和严格的行政关系。集团企业的特点，决定了集团信息化建设的重要性。在中小企业的基础上，特大型集团及集团企业的信息化企业建设具备要求高、难度大、实施周期长等特点，应从遵循统一性原则、自主可控的业务应用、建设一体化平台、建立一体化安全防护体系、建立一体化信息运行维护体系五个方面建设集团企业信息化。

1. 遵循统一性原则

在具体实践中，中国大型企业遵循"统一领导、统一规划、统一标准、统一建设"等原则是将信息化建设逐步推向深入的必要前提。事实上，对大型集团企业而言，这些原则是非常必要的。因为大型企业在地域上遍及全国各地甚至世界各地，组织层级多，管理链条长，如果不能实施对信息化的统一管理，很容易导致低效的重复投资。同时，遵循统一性原则可以避免低效开发和重复建设。

2. 自主可控的业务应用系统

大型企业在进行信息化建设的过程中必须要坚持"自主可控"的原则。自主是指企业自身具备研发能力去独立研发也可以请其他专业的公司完成系统的开发。可控是指系统的安全性的可控的，系统的源代码和知识产权应掌握在自己手中。开发的系统必须以我为主、我来主导、满足我的需求。笔者在信息化实践当中深切感受到信息化建设必须打造一支自己的开发队伍，拥有自主研发实力。所以有条件的企业应尽可能加大自主研发力度，尽可能实现对核心资源的管理以及各企业核心业务的全面覆盖。在拥有核心的开发团队的基础上，还要配置合理的人员结构，要有精通管理、善于沟通与协调的人做负责人，又要有技术过硬的人做系统架构。拥有自主团队可以避免开发过程和后期应用中处处受制于人的局面。当然，成功的关键还在于如何把握好"主"与"辅"的辩证关系。"主"是主导、主控，关键资源掌握在自己手中，并非所有的事都以自己为主。"辅"是"辅助"和"借力"，将他人的长处为我所用。"主"与"辅"不是任务的多少，而是控制权的"主动"与"被动"，知识产权的"自有"还是"他有"，是开发商为我所用，还是处处受制于人。所以特大型企业的信息化必须要坚持加大自主研发能力，不能太多外包，导致受制于外部。

3. 建设一体化信息平台

根据集团企业的特征，在企业信息化过程中首先势必会建成覆盖大部分业务管理的部门级信息系统。为避免由强大的部门级"信息孤岛"造成的业务流程不畅、信息与数据共享程度差、难以实现统一的安全管理，不能形成企业级的技术支撑和资源优化等现象出现，集团信息化企业建设需要信息建设一体化平台，消除"数据孤岛"、实现信息系统纵向贯通、应用信息横向交换。在一体化平台建设中，需要从以下三个方面加强建设一体化平台。一是完善一体化基础设施。以升级或改造好一体化平台的软硬平台环境为基础，通过全面深化云计算技术等技术应用，对基础设施进行云化建设和升级改造以及软硬件资源的自主化替代，通过建立企业自己的私有云或混合云，形成基于云的基础设施IaaS或PaaS的能力，形成健全一体化平台基础设施的优化、监控和维护，以适应业务的不断变化。二是加强统一数据中心建设。统一数据中心是企业全业务、全类型、全时间维度数据的统一汇聚，以保障数据安全为关键，通过采集营销、财务、生产等核心业务数据，按照"数据接入是基础、清洗转换是重点、应用是抓手"的思路，全面开展全业务统一数据中心建设工作，实现数据采集、抽取、处理、存储、挖掘、分析等功能，为公司各部门、各单位、各业务层次提供丰富的数据资源和灵活智能的分析服务。三是统一信息展现能力。以桌面终端、移动终端、可视化大屏等为主要信息展现渠道，并在此基础上优化提升可视化平台组件的多设备、多展现、多渠道的展现交互能力。通过信息通信数据通过接口程序的推送进入大屏可视化平台，实现对设备、网络、系统、信息安全和信息运维流程的实时监控，为保障信息系统运行提供强有力的技术支撑。在提高信息系统可用性和用户满意度的同时，大大降低了公司的管理成本，能够直接带来可观的经营效益和经济效益。

4. 建立一体化安全防护体系

为保障重要信息不泄露以及信息系统安全，集团企业必须建立一体化安全防护机制。通过以"信息保障"为中心，以"深度防御"和"综合防范"为指导，以"信息安全风险分析"为手段，以"信息安全管理"为重点，从人员、技术、管理等方面提供安全保障能力，从数据本身、数据存储、数据传输、数据处理等方面出发，构建一体化的安全防护机制，确保信息安全工作的可控、能控、在控，从根本上满足企业对数据的实用性、保密性、完整性等安全需求。

5. 建立一体化的信息系统运行维护体系

大型集团在信息化建设中，必须确保信息系统的安全、可靠、稳定运行。主要从以下三方面开展信息系统运行维护体系建设。

一是建设完善的运维服务制度、流程。为保障运行维护工作的质量和效率，应制定相对完善、切实可行的运行维护管理制度和规范，确定各项运维活动的标准流程和相关岗位设置等，使运维人员在制度和流程的规范和约束下协同操作。

二是采用成熟的运维管理平台。通过建立统一、集成、开放并可扩展的运维管理平台，实现对各类运维事件的全面采集、及时处理与合理分析，实现运行维护工作的智能化和高效率。

三是拥有高素质的运维服务队伍。运维服务的顺利实施离不开高素质的运维服务人员，因此必须不断提高运维服务队伍的专业化水平，才能有效利用技术手段和工具，做好各项运维工作。

总之，集团企业信息化建设的侧重点是要坚持统一性原则，从加大自主研发力度和建设一体化平台两方面出发，信息化企业建设才能运行在快车道上。

5.5　信息化企业建设的关键技术与应用

Gartner 公司❶作为全球最具权威的 IT 研究与顾问咨询公司，将战略科技发展趋势定义为具有颠覆性潜力、脱离初级阶段且影响范围和用途不断扩大的战略科技发展趋势，并认为这些趋势在未来五年内迅速增长、高度波动、预计达到临界点。基于这一认识，Gartner 公司梳理了 2008～2019 年上百项具备战略意义的重大科技发展趋势（见图 5-2），它们将对信息化企业建设与管理带来不可忽视的影响。

图 5-2 中直观地展现了各类新技术涌现和演进的过程：虚拟化技术在 2009 年占据首位；尔后，云计算技术成为后续两年备受关注的翘楚；同时，大数据技术也开始不断出现在排名中，并赢得越来越重要的位置；2011～2014 年是移动互联网技术高速发展并成为热点的时期；2012 年起，物联网技术的影响不断深化并最终在 2016 年登上榜单首位；2017 年，人工智能技术在排名中一跃成为焦点，并且在 2018 年持续保持统治力，标志着人工智能时代的来临。2019 年除了智能、数字、网格三大领域之外，数字道德隐私和量子计算首次纳入 Gartner 十大战略技术趋势的名单中。此外，区块链、量子计算、增强分析和人工智能将很有可能创造全新的商业模式。

---

❶　Gartner 公司成立于 1979 年（原名 Gartner Group，2000 年改名为 Gartner），它是第一家开展信息技术研究和分析的公司。它为有需要的技术用户提供专门的服务。Gartner 公司已经成为一家独立的咨询公司，Gartner 公司的服务主要是迎合中型公司的需要，它希望使自己的业务覆盖到 IT 行业的所有领域，从而让自己成为每一位用户的一站式信息技术服务公司。

年份	2008	2009	2010	2011	2012	2013	2014	2015	2016	2017	2018	2019
1	绿色IT	虚拟化	云计算	云计算	平板电脑的媒介及其延伸	移动设备和应用	移动设备的多样性管理	无处不在的计算	设备间互相通信	AI和高级机器学习	人工智能基础	自动化的一切
2	统一通信	云计算	高级分析	移动应用程序和媒体平板电脑	以移动为中心的应用和接口	私人云端	移动APP和应用程序	物联网	积累现实	智能应用	智能应用分析	增强分析
3	业务流程管理	计算架构	客户端计算	社交通信与协作	上下文感知和大众用户体验	物联网	万物互联	3D打印	3D打印新材料	智能对象	智能物件	AI驱动的开发
4	元数据管理	面向互联网架构	绿色IT	视频	物联网	战略性大数据	混合云和混合IT作为服务代理	无所不在却又隐于无形的先进分析计算	数据变得有序	虚拟现实和增强现实	数字孪胎	数字双胞胎
5	虚拟化	企业级聚合	新式数据中心	下一代分析能力	应用程序商店和市场	混合IT	云端/客户端架构	充分掌握情境的系统	机器学习和深度学习	数据双胞胎	从云到边缘	赋权边缘
6	复合型应用	专业化系统	社交计算	社交分析	下一代分析方法	云计算	个人云时代	智能机器	应用程序对话	区块链	会话式平台	沉浸式技术
7	Web平台	社交软件和社交网络	安全+行为监控	情境感知计算	大数据	行动化分析	软件定义一切	云/用户端计算	自适应安全系统	对话系统	沉浸式体验	区块链
8	计算架构	统一通信	闪存	存储级内存计算	内存计算	内存计算	网络规模IT	软件定义应用程序和基础架构	先进架构系统	网络应用和服务体系架构	区块链	智能空间
9	现实世界网络	商业智能	虚拟化	无处不在的计算	极低耗能的服务器	集成生态系统	智能机器的兴起	网状设备IT	灵活架构：微服务架构和容器	数字技术平台	事件驱动	数字道德与隐私
10	社交软件	绿色IT	移动应用	基于结构的计算	云计算	企业应用商店	3D打印技术	基于风险的自我防卫与自适应信任	物联网平台：物联网核心	自适应安全架构	持续自适应风险和信任	量子计算

图5-2 重大科技发展趋势

大数据、云计算、物联网、移动互联网、人工智能等新技术发展突飞猛进，将为企业的发展带来颠覆性创新。对于新技术引入，需要提前做好思维准备、管理准备、技术准备、人才准备，系统地、体系化地分析与思考，全面分析每项技术带来的挑战。强调以"价值"为导向，以"应用"为核心，及时、合理、科学应用这些技术，敏捷反应业务需求，推动企业管理创新、战略转型。新技术特征及影响见表5-1。

表 5-1 新 技 术 特 征 及 影 响

序号	新技术	特征	对企业带来的影响
1	大数据技术	Gartner定义大数据为"需要新处理模式才能具有更强的决策力、洞察发现力和流程优化能力的海量、高增长率和多样化的信息资产"；大数据具有容量大、种类多、存取速度快、应用价值高等特征；其价值在于对未来发展作预判，其本质是通过大数据与传统应用行业的深度交叉和融合创新商业模式，产生新商业价值	大数据是海量数据集合，是一种新兴的数据处理技术，是一种新思维方式。在大数据时代，数据就是资产、财富、竞争力。企业需提升数据资源获取和利用能力，对生产运营进行更为准确的监测、分析、预测、预警，提高企业洞察力；需深刻洞察客户需求，不断满足客户日益增长的个性化、多样化需求；需合理适度开放公共数据资源，开展大数据增值性创新应用，激发管理创新、技术创新和科技创新
2	云计算	云计算，就是一种模式，该模式允许用户通过无所不在的、便捷的、按需获得的网络接入到一个可动态配置的共享计算资源池，并且以最小的管理代价或者业务提供者交互复杂度即可实现这些可配置计算资源的快速发放与发布；具有弹性调度、高敏捷、高性能、高可靠、高安全、低TCO等特征	将促进IT架构升级，改变公司目前被动式IT建设、运维模式，提升快速响应、灵活扩展，按需供给能力
3	物联网	物联网是物物相连的互联网，是实现工业4.0和工业互联网的关键技术；主要具有全面感知、可靠传输、互联互通、智能处理等特征	物联网技术的应用将实现万物互联，提升感知能力；为公司各业务领域业务优化、智能化处理和业务变革带来发展机遇
4	移动互联网	移动互联网，特别是基于BYOD模式的移动互联网应用，触发了各行各业管理变革，实现了与客户之间零距离互动	突破时间、空间局限，加强员工碎片时间利用，促进业务操作模式创新、流程效率提升、信息高效传递，实现企业内外社交化，实现"随时随地"办公
5	人工智能	人工智能能够代替人脑执行任务，正在日益成为分析工作的重要组成部分，它进化速度极快，已经发展出无数独特但往往又会被误解的功能，如机器学习、深度学习、认知分析、机器人流程自动化和自动机器人程序等	实现流程任务自动化，提高工作效率。在机器智能领域，有很多机遇可供信息化企业考虑：认知洞察，即机器智能可以提供深层次、可执行的可视性，让我们了解不仅仅是过去，还包括现在和未来发生的事件。这可以帮助企业领导提前制定行动计划，改善员工绩效

序号	新技术	特征	对企业带来的影响
6	混合现实	混合现实指的是虚拟现实或增强现实和物联网技术的巧妙结合；有了混合现实技术，虚拟世界和真实世界能够融为一体，创造全新的环境，因此虚拟设备和物理设备及其数据均能够在这样的环境里共存和互动；混合现实技术可以改变互动模式，创造更加自然、更具行为性的交互界面	企业能够利用增强现实和虚拟现实技术创建高度仿真的虚拟工作环境，让员工在虚拟环境中学习，发展他们解决问题的能力，从而达到培训新员工和发掘现有人才的目的
7	区块链	区块链是一种分布式账簿，它能为某个团体提供信息记录和共享的方式；在这个团体中，每个成员管理自己的那份信息，而且所有成员必须一起验证和更新信息；这些信息涉及交易、合同、资产、身份，或者其他任何能够以数字形式呈现的内容。账簿里的条目具有永久性、透明性和可搜索性的特点，因此团体成员可以查看交易历史；每次更新均相当于在"链条"末端增加一个"区块"；区块链协议规定了条目编辑和录入的实施、验证、记录和发布方式	区块链可能会成为新的数字资产、交易、合同甚至更重要的身份和信任的载体，带来更具颠覆性的影响；为了在区块链技术的所有方面建立新的堆栈，从而吸引投资，企业现在就应该探索区块链技术，想想它可以有哪些新应用，而不只是把它应用于节省自身的成本和提高效率；企业应该仔细思考自己的核心业务、周围的生态系统，甚至是长期建立的运营模式，然后找准方向，走上真正的创新之路

5.5.1　大数据

自 2012 年以来，大数据在世界范围内掀起持续的热潮，受到广泛的关注，应用范围越来越广。大家从不同的视角去理解和看待大数据，但并没有形成统一的定义。总体来看，大数据的定义可分为三个层次。狭义来讲，大数据指量大、复杂、增长迅速，无法在可容忍的时间内用常规的方法处理的数据集合。广义来看，大数据是以这个数据集为研究对象的一项综合性技术，是传感测量技术、信息与通信技术、计算机技术、数据分析技术与专业领域技术的结合。从更为广阔的视角看，大数据是一种新的方法论，它认为世界上的一切事物，包括人的心理和行为均可由数据表征或体现，透过数据可以更好地认识世界和人类自身，指导人们的生产和生活；它直接从数据出发，采用数据驱动的方式去分析和解决问题，着眼点不仅限于事物本身或有限范围，而是从更宽的视野、更广的范围、更深的层次去寻找关联和规律，认识事物、预测未来。

21 世纪以来，对于广大企业而言，随着业务和信息系统的不断发展，存储数据规模越来越大。人类最近五年生成的数据大约占了整个人类数据库的 90%。

数字宇宙由我们每年生成和复制的数据构成，其规模每 12 个月均会翻倍。到 2020 年，保守估计整个数据世界的规模有望达到 44ZB（即 44 万亿 GB）（见图 5-3），其中包含的字节数就像宇宙中的星星那么多。Gartner 公司预计，随着物联网的爆炸式发展，到 2020 年，地球上将会有 208 亿部互联设备。而且随着物联网的发展，这项科技也会产生越来越多的数据。据估计，2019 年物联网设备在全球生成的数据（大部分是暗数据）会是如今终端用户设备的 269 倍，整个数据中心容量的 49 倍。

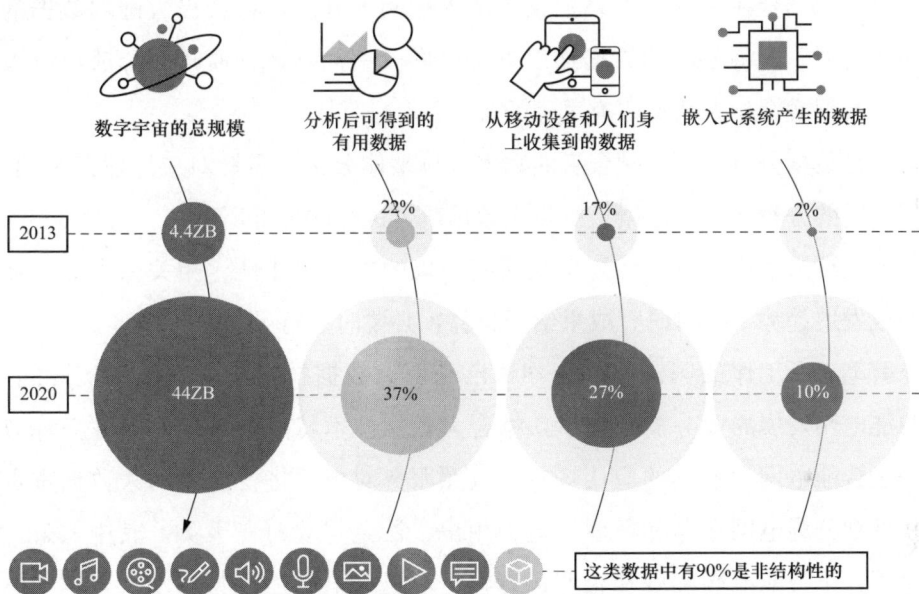

数字宇宙的总规模　　分析后可得到的有用数据　　从移动设备和人们身上收集到的数据　　嵌入式系统产生的数据

2013	4.4ZB	22%	17%	2%
2020	44ZB	37%	27%	10%

这类数据中有90%是非结构性的

图 5-3　日渐庞大的数字宇宙（2013～2020 年）

基于以上分析结果，大数据可能叫"巨大的数据"会更加合适，其对企业而言无疑是重中之重。时至今日，人们能分析的数据只占了整个数字化宇宙的很小一部分。据国际数据公司预测，到 2020 年，如果把数字化宇宙的数据加以分析，大约 37％会包含有价值的信息。这些数据究竟价值几何？国际数据公司（IDC）预测，到 2020 年，比起那些不怎么分析数据的公司，如果一家公司可以对相关数据进行分析，并得出可执行的信息，那么其产能会比前者高出 4300 亿美元❶。

因此，大数据的研究方法，以多源数据融合为基础，采取数据驱动的研究

---

❶　资料来源：EMC 数字化宇宙（IDC 提供研究分析），《充满机会的数字化宇宙：丰富数据与物联网的价值》，2014 年 4 月，国际数据公司，《国际数据观察：从混沌中提取价值》，2016 年 12 月 29 日。

方法，包含以下四个步骤。

一是构建场景、提取用例。数据驱动方法通常将研究对象看作一个黑匣子，只需要了解输入数据和输出数据，便可通过一定的数据分析方法开展研究。依据一定的经验知识，对需要研究的对象或问题进行分析，建立应用场景，分解成用例，明确所需数据。

二是收集数据并实现多源数据融合。大数据分析方法强调数据的整体性。大数据是由大量的个体数据组成的一个整体，其中的各个数据不是孤立存在的，而是有机地结合在一起。如果把整体的数据割裂开来，将会极大削弱数据的实际应用价值，而将零散的数据加以整理、形成一个整体，通常会释放出巨大的价值。数据融合是大数据研究过程的难点。

三是数据分析。基于融合后的数据进行整体分析，需针对应用场景和用例，选择合适的分析方法。数据分析是大数据研究过程的关键环节。

四是结果解释。研究结果反映研究对象的内在规律性、相关因素的相互关联性或发展趋势，应对研究成果给予解释，必要时进行灵敏性分析。

就笔者所工作的国家电网公司，已利用大数据技术来解决电网实际问题。从智能电网发展的业务需求出发，结合大数据技术特点梳理电网各业务环节中适用于智能电网大数据的应用场景。按照服务对象，将智能电网大数据重点应用领域划分为电网运营和发展、电力用户、社会与政府三大类。其中，第一类应用服务于智能电网发展和企业运营，力求提升电网运行管理水平，推动电网公司运营模式和管理模式创新；后两类应用服务于人民生活、社会经济与政府决策，力求提升客户服务质量，更好支撑和服务于社会。具体情况如表5-2所示。

表 5-2　　　　　　　　智能电网大数据应用场景示例

应用对象	应用领域	场景说明
电网运营和发展	电网发展规划	• 负荷预测 • 负荷建模 • 电动汽车需求分析 • 电网可靠性影响因素分析
	电网优化运行	• 基于WAMS的电网运行态势评估 • 电力调度控制智能告警 • 电网运行风险评估 • 非技术性线损监测 • 技术性线损精细化管理

续表

应用对象	应用领域	场景说明
电网运营和发展	电网资产管理	• 输变电设备状态监测与评估 • 电力设备可靠性评估 • 大规模储能系统综合管理与分析
电力用户	用户行为分析	• 非侵入式用户负荷分解 • 用户需求响应潜力分析 • 用户能效评估 • 客户缴费行为分析 • 供电服务舆情监测分析
	用户服务优化与提升	• 业扩报装辅助分析 • 故障停电管理与用户互动 • 电动汽车充电设施运营 • 缴费渠道优化
社会与政府	政府辅助决策支持	• 社会经济状况分析预测 • 政策及其执行效果评估

5.5.2　云计算

云计算是将广义的计算资源（硬件设备、软件平台、应用系统）进行物理集中或逻辑集中，采用灵活柔性的 IT 架构，形成统一的软硬件资源池，使得使用者在无须关心资源具体形态的情况下，按需高效使用，使资源利用率最大化。云计算是虚拟化、并行计算、分布式等成熟技术的创新组合，其基本理念是将信息技术服务化。云计算作为一种新型的服务模式，自下而上分为基础设施即服务（Infrastructure as a Service，IaaS）、平台即服务（Platform as a Service，PaaS）、软件即服务（Software as a Service，SaaS）三层服务，技术上实现其中的一层或几层均是云计算的具体体现。云计算为物联网感知数据提供计算、存储基础设施资源及服务，为大数据提供集约化的数据管理及可控成本的数据处理方式，移动计算可视为云计算的一种服务模式。

云计算按照部署方式可以分为公用云、私有云和混合云。公用云的建设一般就在互联网上，由第三方运行，来自不同客户的应用程序可能会在云的服务器、存储系统和网络上混合在一起。而私有云则是由使用者在专用网络上建设的由自己专用的云计算系统，安全保密性更强一些，通常使用者自己负责信息基础设施的搭建，以及云上应用的开发与使用。企业可以就选用哪种云计算模式考虑多种因素，而且有可能选用不止一种模式来解决多种不同问题。如果是临时需要的应用程序，可能最适合在公用云上部署，因为这样可以避免为了临时的需要而购买额外设备的情况。相对地，有些企业出于安全或保密要求，必须自己构建网络架构，永久使用或对服务质量或数据位置有具体要求的应用程序，最好在私有云或混合云上部署。国家电网公司也积极使用云计算技术，通过自主研发国网云平台，实现云基础设施、数据、服务、应用等 IT 资源的一体化管理，提升信息储存、传输、集成、共享等服务水平。其中，国网云包括企业管理云、公共服务云和生产控制云三部分，由一体化国网云平台及其支撑的各类业务应用组成：①公共服务云。覆盖外网区域的资源及服务，为电力营销、客户服务、电子商务及直属单位等业务应用提供支撑。②企业管理云。覆盖管理信息大区的资源及服务，为企业管理、分析决策、综合管理类业务应用提供支撑。③生产控制云：覆盖生产控制大区的资源及服务，为电网非实时、生产管理类业务提供支撑。

5.5.3　物联网

物联网是新一代信息技术的重要组成部分，其英文名称是 The Internet of Things。顾名思义，物联网就是物物相连的互联网。这有两层意思：①物联网的核心和基础仍然是互联网，是在互联网基础上的延伸和扩展的网络；②其用户端延伸和扩展到了任何物品与物品之间，进行信息交换和通信。物联网通过智能感知、识别技术与普适计算等通信感知技术广泛应用于网络的融合中，也因此被称为继计算机、互联网之后世界信息产业发展的第三次浪潮。物联网是互联网的应用拓展，与其说物联网是网络，不如说物联网是业务和应用。因此，应用创新是物联网发展的核心，以用户体验为核心的创新 2.0 是物联网发展的灵魂。

归根结底，物联网就是利用局部网络或互联网等通信技术把传感器、控制器、机器、人员和物等通过新的方式联系在一起，形成人与物、物与物、人与人相连，实现信息化、远程管理控制和智能化的网络。物联网是互联网的延伸，它包括互联网及互联网上所有的资源，兼容互联网所有的应用，但物联网中所有的元素（所有的设备、资源及通信等）均是个性化和私有化的。

在物联网应用中有以下三项关键技术：

（1）传感器技术。这也是计算机应用中的关键技术。众所周知，到目前为止绝大部分计算机处理的均是数字信号。自从有计算机以来，就需要传感器把模拟信号转换成数字信号，计算机才能处理。

（2）RFID标签。这也是一种传感器技术，RFID技术是融合了无线射频技术和嵌入式技术为一体的综合技术，RFID在自动识别、物品物流管理领域有着广阔的应用前景。

（3）嵌入式系统。这是综合了计算机软硬件、传感器技术、集成电路技术、电子应用技术为一体的复杂技术。经过几十年的演变，以嵌入式系统为特征的智能终端产品随处可见，小到人们身边的数码产品，大到航天航空的卫星系统。嵌入式系统正在改变着人们的生活，推动着工业生产以及国防工业的发展。如果把物联网用人体做一个简单比喻，传感器相当于人的眼睛、鼻子、皮肤等，网络就是神经系统用来传递信息，嵌入式系统则是人的大脑，在接收到信息后要进行分类处理。这个例子很形象地描述了传感器、嵌入式系统在物联网中的位置与作用。在很多情况下，嵌入式系统由后台强大的云计算数据中心来代替，实现大数据的统一分析与处理。从而形成云—网—端的三层物联网典型架构。

物联网用途广泛，遍及智能交通、环境保护、政府工作、公共安全、平安家居、智能消防、工业监测、环境监测、路灯照明管控、景观照明管控、楼宇照明管控、广场照明管控、老人护理、个人健康、花卉栽培、水系监测、食品溯源、敌情侦查和情报搜集等多个领域。

物联网把新一代IT技术充分运用在各行各业之中，具体地说，就是把感应器嵌入和装备到电网、铁路、桥梁、隧道、公路、建筑、供水系统、大坝、油气管道等各种物体中，然后将"物联网"与现有的互联网整合起来，实现人类社会与物理系统的整合，在这个整合的网络当中，存在能力超级强大的中心计算机群，能够对整合网络内的人员、机器、设备和基础设施进行实时的管理和控制，在此基础上，人类可以以更加精细和动态的方式管理生产和生活，达到"智慧"状态，提高资源利用率和生产力水平，改善人与自然间的关系。

作为物联网技术的一大表征，快速增长的嵌入式传感器和连接设备的快速增长在家庭、企业以及在世界的各个角落中存在无限的可能性。将这些可能性转化为业务影响则需要关注这一点，即：将一些细微的事物通过数据收集、安全验证、数据分析和集成平台将其整合，使一些互不关联的部分无缝集成、良好工作。联动计算即是传感器、设备、智能以及其他物联网的代理的背景。联动计算拥有传感和进行预行动的能力,可以真实体现实际的业务情况。实现该功能必须具备以下几个条件:

(1)能够根据优先级来整合来自全球不同供应商多种类型设备的数据流和技术。

(2)对一些物理对象和低级别的事件进行分析和管理,从而能检测信号和预测可能的影响。

(3)编译上述信号和对象用以满足复杂事件或者端到端的业务流程。

(4)保护和检测整个系统的设备、连接性和信息交换。当联动计算的收集能力达到一定程度时,利用设备和信号的功能超越启用和收集数据来提升物联网,做一些有益于业务的事情,从而将关注点从对连接和智能的对象的好奇转到业务流程和模式改造。

物联网通过嵌入与世界进行物理和功能互动的装置中的传感器和执行器而存在。联动计算核心包含了这种通信功能和促进业务流程和洞察力的有效环境。从物联网到联动计算示意图见图 5-4。

ComED 公司为北伊利诺伊州的 380 万客户提供电力服务,耗资 26 亿美元对逐渐老化的基础设施进行改造,并将于 2018 年完成其所有客户智能电表安装。这项工作的主要目标是提高运作效率,并为客户提供相应的信息工具,使其能更好地管理能源消耗和成本。该公司拥有先进的计量基础设施(AMI),新电表将会减少电力盗窃和在故障电表上的电力消耗,减少预估电费的账单,并减少人工抄表所花费的时间和精力,众多的运营效率和效益不断涌现。例如,在芝加哥的南部,AMI 抄表将读表效率从 60% 提高到了 98%。因此,伊利诺伊州商务委员会特许 ComED 公司以加速其智能电表的安装,从而可以使该项目比原计划提前三年完成。

智能电网的作用也将提高 ComED 公司维持其整体基础设施的能力,实时可视性变压器、馈线、仪表将有助于公司检测、隔离,并更有效地解决维修故障。其他智能电网组件将提高现场服务的技术人员、操作人员,甚至客户之间的沟通。分析、顶层集成和事件处理层将会构成该公司联动计算的集成平台。安全和隐私功能使该公司避免关键基础设施受损,即通过提供该公司远程访问和可视性从而确定某一个住宅或商业位置。

传感器&连接性 基础组件允许将智能和通信嵌入对象中	**传感器**：温度、位置、声音、意向、光、振动、压力、扭转力、电流 **制动器**：阀门、开关、电源、嵌入式控制器、警报器、内置设备装置 **从远到近的通信**：RFID、NFC、ZigBee、蓝牙、Wi-Fi无线、WiMax、蜂窝、3G、LTE、卫星
装置生态系统 跨类别连接的智能装置能使原有对象更加灵活	**消费类产品**：智能手机、平板电脑、钟表、眼镜、洗碗机、洗衣机、自动调温器 **工业工程**：机械、制造和加工设备、采矿设备、发动机、传输系统、仓库、智能家居、微电网、汽车和运输系统，暖通空调系统
环境服务 联动计算的构建模块和由传感器和装置提供的服务	**整合**：信息、服务质量、可靠性 **编排**：复杂事件处理、规则引擎、流程管理和自动化 **分析**：基础和异常监控、信号检测、高级预测建模 **安全**：加密、权限管理、用户认证、不可抵赖性
业务应用案例 利用联动计算的行业代表案例	**基础**：效率、降低成本、监控和调整、风险和绩效管理 **高级**：创新、收入增长、业务洞察力、决策、客户互动、产品优化、从业务交易到客户关系的建立转变，从产品到成果

物流：库存和资产管理、车队监控、路线优化	**卫生&健康**：个性化的治远程病人护理	**机械**：工人的安全、远程故障排除、预防性维护	**制造业**：联动的机械、自动化

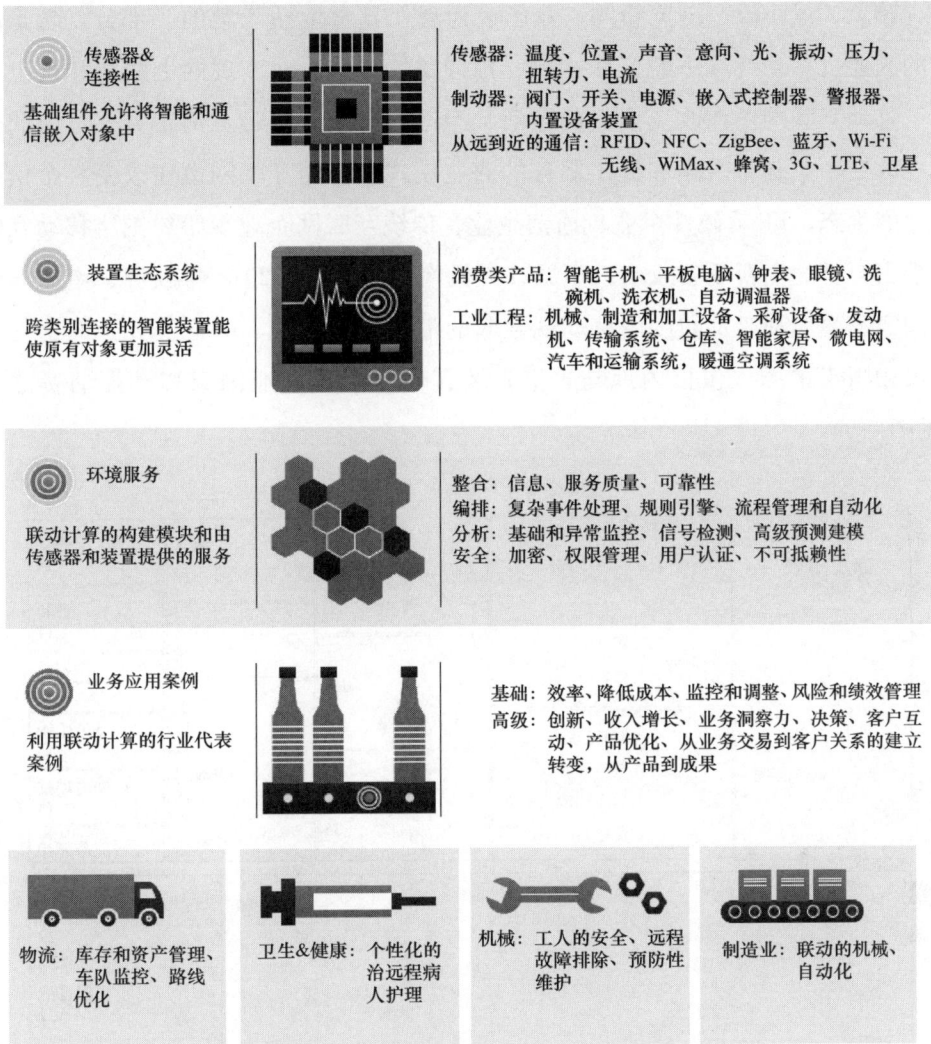

图 5-4　从物联网到联动计算示意图

ComED 公司正在开发一套服务应用系统，这将有可能使用户可以查看自己的能源使用情况（包括每台设备逐项能源费用）。这些服务的目的在于帮助个人主动规范自身的能耗和在高峰用电时段实现更高的效率。随着智能电网项目的进展，ComED 公司的领导者保持战略性和灵活性。随着技术进步涌现的发展机会，他们也相应地调整自己的策略。

5.5.4　移动互联网

在城市公交车、地铁、咖啡厅、候机大厅，人们用手机或 iPad 上网读写微博、聊天、读小说、浏览新闻，业已成为现代日常生活景象的一部分。越来越多的人通过移动终端下载音乐视频、预订餐饮机票，或实现网上购物和网上支付。移动互联网正在改变人们的生活、沟通、娱乐休闲乃至消费方式，由此也正在改变企业制造产品和提供服务的商业模式。移动互联网也在改变整个信息产业的生态，IT 软硬件企业、通信企业、传统互联网企业等纷纷围绕移动互联网推出自己的全新业务战略。而据有关机构预测分析，2018 年欧洲、南美洲部分国家、澳大利亚及印度由移动端发起的消费累计超过 550 亿美元，但这一数字仅相当于中国（包括内地与香港）及其他 6 个东南亚国家移动端消费之和（见图 5-5）。

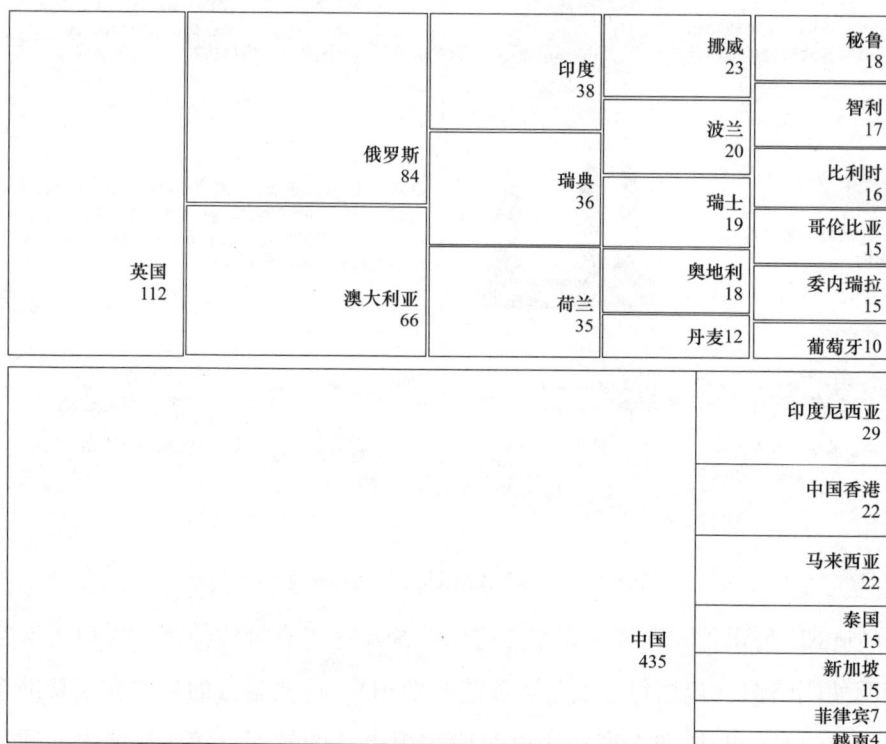

图 5-5　2018 年世界主要国家（地区）的移动端消费额（单位：亿美元）

对消费者来说，移动互联网最明确的标识在于手持终端。在英国，它叫 Mobile Phone（移动电话）；在美国，它叫 Cell Phone（蜂窝电话）；在中国，它叫手机——如今它名副其实了——手上的计算机。

移动互联网（Mobile Internet），狭义上是指用户使用手机通过移动网络浏览传统互联网站和专门手机网站；广义上是指通过智能手机、笔记本电脑、平板电脑、PDA 等移动终端，基于浏览器方式接入互联网，或者使用需要和互联网连接的应用程序，以获取多媒体内容、定制信息和数据服务。随着 3G 移动通信网络的成熟、智能终端的普及、以及基于移动互联网的内容和应用日益增多，移动互联网近年来呈现爆发式增长的局面。

移动互联网早在 20 世纪 90 年代末便已经出现，但直到最近几年才步入加速发展的轨道。根据国际电信联盟（ITU）的数据，2008 年全球移动终端接入互联网的用户数量首次超过使用桌面电脑接入互联网的用户数量。这其中一个重要的原因是 2007 年开始大量上市的智能手机对此所起的加速作用。2010 年，全球手机用户达到约 53 亿，其中包括 9.4 亿 3G 用户。智能手机和 3G 网络的普及有力地促进了移动互联网用户的增加。

除了智能手机，最近两三年来，平板电脑等移动性终端也发展迅猛，同时移动终端也出现手机和电脑功能的全面融合——手机成为掌上电脑、电脑成为移动终端。另外，随着更加智能化和微型化的传感技术的发展，嵌入自动控制芯片的智能化设备正在成为现实，越来越多的智能化设备也将接入移动互联网络。

据麻省理工学院教授大卫·克拉克（David Clark）的一项研究预测，到2025 年，全球的互联网将接入 10000 亿台设备，其中大多数是无线设备，这为移动互联网提供了无限的想象空间。中国移动通信行业的用户规模已超过11 亿户，中国已成为世界最大的移动用户市场。近几年，电信业增速维持在8％左右，与之形成鲜明对比的是，随着宽带业务的发展，桌面互联网用户规模以复合增长率 47％的高速增长；移动互联网更是呈现出爆发式增长的趋势，年复合增速达到 80％。据工信部统计，截至 2018 年 9 月末，我国移动互联网用户总数保持在 13.7 亿户，同比增长 11.3％。9 月当月户均移动互联网接入流量达到 5.15GB，同比增长 162.6％，并且基础电信企业发展的 IPTV 用户达 1.5 亿户。移动互联网用户总数保持在 13.7 亿户，其中手机上网的用户数达 12.5 亿户，对移动电话用户的渗透率为 81.1％。

就像互联网的普及革命性地改变了企业的管理和模式一样，移动互联网也将改变企业对员工、客户和市场的沟通及管理模式，进一步开创新的商业前景。移动互联网应用的影响和潜力，已经引起全球的企业以巨大的热情投入移动信息化建设。企业移动信息化，就是将企业的管理能力延伸到任何时候均能对任何地方的人员进行管理、任何时候均能对任何地点的资产设备实施管控。

就现状来说，移动互联网的影响已经从所谓沟通类的简单应用，如邮件、联系人管理、移动 OA 类等，往前端应用类推进，如销售队伍管理、现场作业管理，也已经走进了后台的很多系统。就投入来说，国外的企业对移动信息化的投入已经非常巨大，但是，中国的企业目前对移动信息化的投入相对来说还比较少。移动互联网给企业和企业信息化带来的影响，首先反映在移动互联网的应用上。有了移动性和互联网这两个强大要素的结合，企业的信息化系统不再局限于企业的四壁之内，企业信息化系统的范围必须扩张到各种移动终端。由于移动互联网的推动，企业提供技术服务、获取技术能力的方式也发生根本的变化。正在成为现实的基于云计算的互联网生态中，企业信息化的架构将会发生彻底的变化。

进一步分析移动互联网对信息化应用的影响，笔者发现，移动互联网在三个方面的作用是非常明显的。一是表现在企业跟客户（B2C）之间的移动客户界面上，可以通过移动互联网进行移动忠诚度管理、移动营销、移动优惠推广等，满足企业与客户之间通信需求和信息交流。二是企业跟自己的员工（B2E）之间，不仅仅是沟通，也包括在业务处理过程中企业的系统跟员工之间的通信联系，通过移动终端、通过无线网络所能实现的信息交换，实现了现有信息化系统的移动化拓展。三是目前所谓 M2M（Machine to Machine），机器对机器的移动信息通信联系，也就是物联网建设。在企业管理信息化系统中，M2M 应用有很大的发展前景，例如固定资产的管理，特别是重型资产的管理，通过智能芯片的嵌入和传感器技术，可以实现对高价值资产的实时跟踪和有效管理，这是基于移动终端设备的新型智能化无线应用。

通过移动信息化，企业将系统控制能力延伸至生产作业的所有环节，提升企业运营管理效率。这个系统控制能力不仅仅是指 IT 系统，也包括企业整个管理系统。随着移动信息化更新的步伐，移动互联网应用给企业的信息化建设和经营管理带来的价值主要体现在以下四个方面：

（1）改善信息质量。实时实地采集数据，更有效地将信息传至远程现场；将企业信息化系统中的数据安全地延展至现场设备，改善数据质量、提高信息利用效率。

（2）降低资源消费。系统自动监测远程设备，并基于数据分析实现远程管理；实施调度外勤人员，减少人员行程时间；实现前后端、场内外管理流程的连贯性。

（3）缩短决策周期。管理人员利用实时得到的现场信息，及时决策反应，提高场外指导能力，提高管理效率；在管理人员和作业人员之间，实现更实时的信息互动。

（4）改进客户满意度。为客户提供更多与企业互动的移动通道，提高企业对客户要求的快速反应能力，优化产品开发，提升客户满意度和忠诚度。

移动互联网在企业信息化体系中的普遍应用，将使企业获得前所未有的管控能力，这可以归纳为"5A"能力，就是在任何时间（Anytime）、任何地点（Anywhere）、对任何人（Anybody）、任何物件（Anyitem）均能实施有效的管理（Administration）的能力，这给企业信息化和企业管理带来了一个革命性飞跃。移动互联网突破了很多地域条件的限制和时空的局限性，是在传统互联网基础上的进一步革新。如电力行业，就可以借助移动信息化能力对遥远山区的电力线路和设备的进行有效的管理。我们看到，移动互联网应用一方面正在改变传统行业的经营和服务模式，成为企业商业模式创新的驱动力；另一方面，还会给企业带来很多新领域的业务创新机会。根据全球各地的移动信息化实践，笔者总结了五个方面的移动化应用，其中移动营销和移动支付方面在国内已经开始推广，其他的移动化应用，如企业远程信息处理、内部管理优化、远程设备监控等，预期在不久的将来也会在中国得到普及。

以国家电网公司为例，通过"掌上电力"手机 APP，面向广大用电客户打造"供电服务移动营业厅"；以全国统一电力市场技术支撑平台为支撑，基于"电力一点通"实现电力交易移动应用；分为内网和外网两部分实现生产移动作业应用，巡检移动作业覆盖现场作业终端超 10 万台等。一是通过"掌上电力"，为用电客户实现通过手机等移动设备完成支付购电、电量电费查询、购电记录查询、电费余额查询、故障报修、业扩报装申请、95598 客户服务、营业网点查询、停电公告查询等相关电力业务办理，提供方便、快捷的服务，节省客户时间，提升业务办理效率。二是通过电力交易移动应用为发电企业、电力用户等市场主体，提供"我的交易""行业资讯""政策法规"等功能；电力交易移动应用支撑开展各类交易 1200 余万次，为发电企业、电力用户等市场主体提供了更方便、快捷的方式参与电力交易、查询等相关业务。三是内网部分通过定制化移动作业终端实现线路的巡视、检修、检测等业务应用支撑，外网部分利用统一的移动互联平台实现外网配网故障抢修快速支撑。通过生产移动作业的试点应用和推广实施，简化了操作流程，节省了现场操作时间，提高了现场作业人员的操作水平，提升了现场智能化移动应用的水平。

5.5.5　人工智能

人工智能进化速度极快，已经发展出无数独特但往往又会被误解的功能，如机器学习、深度学习、认知分析、机器人流程自动化和自动机器人等。总的来说，除了以上功能，机器智能的构成要素还包括各种算法能力，它们能够改善员工绩效，让日益复杂的工作变得更加自动化，还能帮我们开发出模拟人类的思维和行动的"认知型智能体"，机器智能是高级分析技术的新篇章。

人工智能能够代替人脑执行任务，正在日益成为分析工作的重要组成部分。但人工智能只是认知计算领域发展过程中一个更大更引人注目的集合中的一部分。这个集合就是机器智能，它包括了人类认知领域的一系列进步，代表我们已经进入了认知研究的新时代。我们要讨论的是近年来发展迅速的各种认知工具：机器学习、深度学习、高级认知分析、机器人流程自动化和自动机器人程序等。

我们已经在各个行业看到机器智能的早期应用。例如，美国一家领先的医院正在开展全国最大型医学研究项目，他们正在对机器智能系统进行"培训"，来分析医院数据库中的 100 亿张表型和遗传图像。在金融服务业，认知销售代理根据潜在的销售线索初步建立联系，然后确认客户资格，跟进和维护线索。这种认知助手可以分析自然语言，理解客户提出的问题，使用数十种口语同时处理多达 27000 个对话。

在未来，随着越来越多公司开始探索机器智能的力量，我们将会读到更多相似的应用案例。公司在机器智能各个方面的投入不断增长，预计在 2019 年会达到将近 313 亿美元。机器智能也在成为首席信息官们优先关注的内容。

认知计算技术，实际首次在 20 世纪 50 年代被有远见地提出，用技术模拟人类智能。虽然在 20 世纪 90 年代就出现了原始的商业人工智能技术，但直到 21 世纪头十年，人工智能技术——构成新兴的机器智能趋势的认知计算能力——才开始飞速发展。

推动机器智能趋势的有三大主要力量，正是这些力量的转变推动着机器智能或者说认知计算技术的逐渐发展和成熟。

一是指数式数据增长。我们每年新建和复制大量数据，而随着物联网、暗分析和其他技术发展，数据增长的速度会更快。从商业角度来看，这种爆炸式的增长可以转化为各种数据源，具有比以往更高的潜在价值。这些结构化和非结构化的数据，还有隐藏在深层网络中的大量珍贵数据，不仅是传统技术分析和情报获取的原材料，还能在机器智能发展过程中起到至关重要的作用。机器智能系统获得的数据越多，它们就会变得更加"聪明"，可以发现各种关系、模式和潜在影响。

要对快速增长的数据量进行有效管理，我们需要掌握数据、存储、保留、访问、环境和管理等先进方法。从相连设备产生的数据信号，到所有业务和职能部门系统中保存的历史交易数据，管理数据资产均已经成为机器智能发展的重要组成部分。

二是更快的分布式系统。随着数据量不断增长，分析变得越来越复杂，面向个体用户访问的分布式网络的能力也成倍增强。今天我们可以快速处理、搜索和修改大量数据，这在几年前根本不可能实现。与 1971 年最早推出的单片机相比，目前这一代微处理器的运算速度是原来的 400 万倍。如此强大的运算能力让我们可以设计出各种高级系统，例如那些支持多核和并行处理的系统。同样，现在的微处理器也能让我们使用高级数据存储技术，对归档数据进行快速检索和分析。正如我们所见，MapReduce，内存计算和专门为机器智能技术而优化的硬件［如谷歌的张量处理单元（TPU）］等均说明技术在不断进步。这些技术增强了我们的能力，让我们可以更有效地管理指数式增长的数据。

除了运算能力和速度的增长，分布式网络的规模也在不断扩大。它们现在已经可以和基础设施、平台和各种云应用的界面无缝对接，存储和分析不断增加的数据。它们还可以对数据流进行精确分析，对接各种先进的应用，如物联网、传感器网络和嵌入式智能设备。

三是更智能的算法。近年来 MI 算法变得越来越强大，也越来越接近认知计算的最初目标：模拟人类的思维过程。在未来 18～24 个月里，随着机器智能应用不断推广，公共和私营部门很有可能应用下面的算法功能：

（1）优化、规划和调度。在更加成熟的认知算法中，优化可以使有限资源下的复杂决策和权衡实现自动化。类似地，计划和调度算法根据处理要求和约束设计活动排序。

（2）机器学习。计算机系统正在开发提升性能的能力，通过获取数据而不是遵循明确的编程指令。机器学习本质上是机器自动发现数据模式的过程。只要机器识别出一种模式，它就能根据这种模式进行预测。

（3）深度学习。开发者正在研究机器学习算法，包括由人脑的结构和功能启发的人工神经网络。互连的模块会调用各种数学模型，这些模型根据大量输入处理的结果不断调整。深度学习可以有人监督（需要人工干预来培训基本模型的演进），也可以无人监督（通过自我评估自动改进模型）。

（4）概率推理。新的人工智能算法会使用图表分析和贝叶斯网络识别随机变量的条件依赖性。

（5）语义计算。这类认知算法包括计算机视觉（分析图像的能力）、语音识别（分析和解释人类语言的能力），以及各种文本分析功能等，可以帮助计算机了解自然表达背后的意思，通过计算语料得到语义。然后计算机会用这些信息支持数据分类、映射和检索功能。

（6）自然语言引擎。自然语言引擎可以像人类一样理解书面文字，但它可以对文本进行各种复杂的操作，例如自动识别文件中提到的人名和地名，识别文档的主题，或者从人们阅读的合同中提取术语和条款并制成表格。常见的自然语言技术有两种：用于输入人类的语言的自然语言处理技术，以及用于输出自然语言的自然语言生成技术。

（7）机器人流程自动化（RPA）。软件机器人或称自动机器人程序，可以通过模仿人类和软件应用交互的方式自动完成日常业务流程。企业正在开始使用RPA和认知技术，如语音识别、自然语言处理和机器学习，自动完成本来只有人类才能做到的感知和判断工作。

对于信息化企业来说，如果要引进机器智能技术，他们需要用新的思维方式对待数据分析，不能只把数据看作生成静态报告的工具，而是要建造巨大复杂的数据库，实现流程任务自动化，提高工作效率。在机器智能领域，有很多机遇可供信息化企业考虑：认知洞察，即机器智能可以提供深层次、可执行的可视性，让我们了解不仅仅是过去，而且包括现在和未来发生的事件。这可以帮助企业领导提前制订行动计划，改善员工绩效。例如，在全球各地的呼叫中心，客服会使用多功能产品辅助软件回答有关产品的问题，接收订单，调查账单，以及解决其他的客户问题。在目前的系统里，工作人员必须在不同的屏幕之间来回切换，查询各种信息才能回答具体的问题。正是基于这样的需求，世界500强企业和风投公司已经看到机器智能与认知计算技术的潜力，正在通过战略投资建设新的能力，具体情况如图5-6所示。

5.5.6　混合现实

今天的企业不再停留于测试性的应用，而是寻找更多实用性的技术，因此增强现实和虚拟现实的潜力正在不断显现。而物联网技术也在兴起，它通过一系列相互连接的传感器和设备，不断整合和扩展数字及物理世界。但是在物联网技术热潮中，很多人忽视了增强现实和虚拟现实的力量。这两种技术极大地改变了设计模式，现在我们不再单纯使用2D屏幕，而是利用传感器、手势、语音、背景、数字内容和周围的智能电子世界轻松互动。虽然实现混合现实技术的终极目标还需要几年时间，但现在是时候探索这项新技术和相关的设备了。

混合现实指的是虚拟现实或增强现实和物联网技术的巧妙结合。有了混合现实技术，虚拟世界和真实世界能够融为一体，创造全新的环境，因此虚拟设备和物理设备及其数据均能够在这样的环境里共存和互动。混合现实技术可以改变互动模式，创造更加自然、更具行为性的交互界面。这些交互界面能让用户进入虚

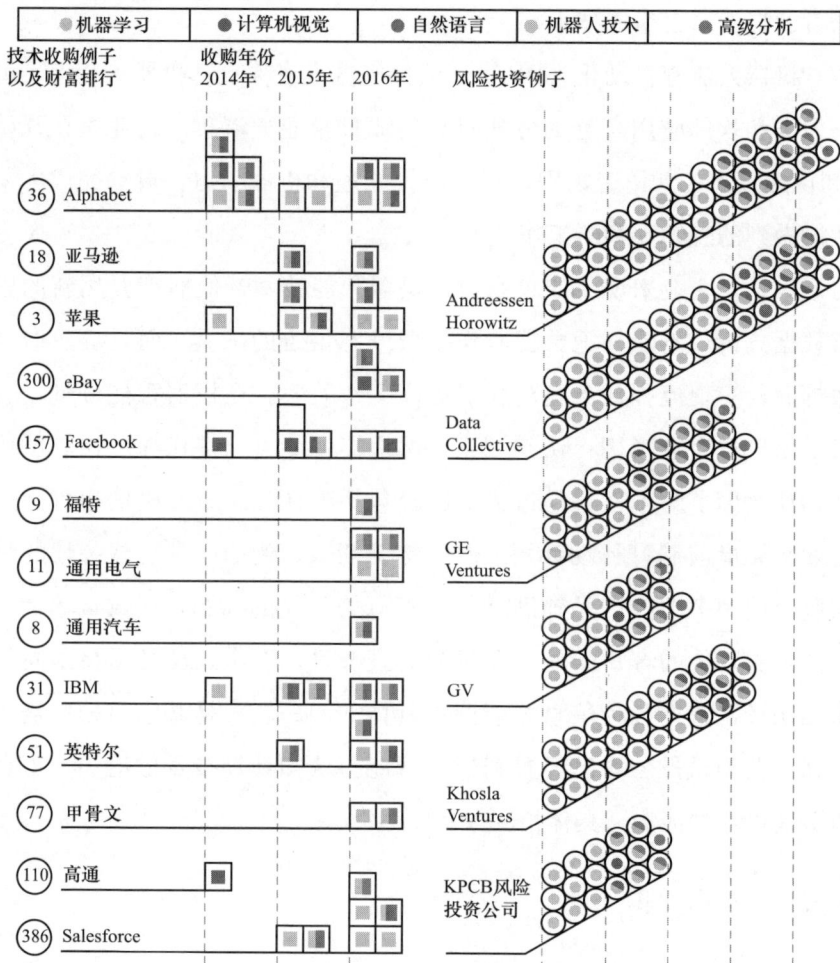

图 5-6　机器智能的影响：2014～2016 年技术收购与投资的例子

拟世界的"沙盒"，同时对传感器和互联设备产生的数据做出响应和进行分析。

例如，工人要在一个偏远地区检查系统故障，这时只要他戴着智能眼镜，就能通过眼镜看到智能诊断结果，知道系统出现了故障。如果他自己不能修复这个故障，就可以向附近的技术工程师求助。工程师可以通过智能眼镜向工人发送详细的电子说明书，一步步指引工人修理故障，整个过程相当快速高效。在不同的行业和运营模式里均能看到类似的例子。有了混合现实技术，我们就能把行动指引发送到任何工作地点，不管是现场、车间还是外地。现在越来越多人投资混合现实技术，开发有关的平台、设备，还有软件生态系统。最终目标是淘汰目前所有的键盘和平面显示器，转而使用全新的沟通协作工具。一旦成功实现这个目标，我们就能够利用混合现实技术彻底改变用户与系统互动的方式，在技术时代里实现重大创新。从功能键到输入法，到鼠标和触摸屏，再到语音输入，每一次对用户界面的改进，均是为了摆脱静态的显示器，转而使用手势、抓握和视觉等方式和系统互动。混合现实技术正在给我们的工作带来深刻的影响。有了这种技术，我们就能从身边的事物获取信息，然后以视觉和物理方式呈现出来，彻底改变计划和工作方式。通过消除认知识别、信息处理和内容理解的隔阂和障碍，企业能够提高工作效能，改善员工的互动体验。

对于混合现实技术的早期投资催生了各种应用案例和应用模式（见图5-7）。虽然不同行业的应用目标相同，但很多行业均在探索以下领域：

维护和运营

1. 智能眼镜能够向维修人员提供测量辅助、操作指导和远程支持。
2. 设备上的传感器能生成诊断数据，机器学习能够帮助我们预测故障，提高生产力。

生产

3. 智能机器人可以实现生产自动化。
4. 装有摄像头和动作传感器的智能眼镜可以在工人培训中发挥作用，例如向工人发送装配指导。
5. 智能的安全背心和安全帽能够检测周围的环境。

设计和开发

6. 虚拟原型机可以实现快速迭代、装配模拟、高级检测和远程协作功能。全身运动捕捉设备能够帮助我们改良办公场所和装配线上的人体工学设计。

报告和分析

7. 所有的设备都会连接到一个数据管理系统，系统会记录流程的每一步。高级分析能够预测客户需求模式，从而优化生产。

质量控制

8. 设备能够通过传感器、计算机视觉和摄像头评估产品是否达到质量标准。3D模型能在生产过程中向质检人员提供产品规格信息。

配送

9. 利用信标和智能眼镜帮助操作人员在仓库中寻找货物。自动化运输车能够管理库存。
10. 产品传感器能提供整条供应链上的信息。

图5-7 工厂车间的混合现实示例

（1）培训、教育和学习。企业能够利用增强现实和虚拟现实技术创建高度仿真的虚拟工作环境，让员工在虚拟环境中学习，发展他们解决问题的能力，从而达到培训新员工和发掘现有人才的目的。与传统的教学方法相比，沉浸式的环境能提供多种优势。例如，参加培训的员工可以在虚拟环境中学习使用复杂和较为危险的设备，无须担心员工的人身安全问题。通过观看培训录像，监督人员一方面可以监督培训过程，另一方面还能根据员工的实际需要选择合适的课程。

（2）运营。有了物联网应用程序和数字系统，企业就能为技术服务者、仓库管理员、装配线工人以及其他人员提供切合他们工作需要的信息，从而提高员工生产力，简化工作流程。例如在生产车间，工作助手能够指导工人在不同的货架上收集要用的零件。在外勤工作中，工程师可以读取任何智能设备的历史数据，获取诊断结果和修理指导，还有设备上产生的实时数据。工程师不需要拿出指导手册，低头阅读步骤，就能直接对设备进行维护，保证了工作的自主性和安全性。

（3）沟通和协作。随着企业逐渐打破职能隔阂，不同部门、不同领域的团队逐渐能够实现紧密合作，甚至和其他公司的团队协同工作。混合现实可以支持这种新一代的互动方式。利用混合现实技术，我们可以用沉浸式的环境替代过去的视频会议或其他协作工具，增强交流的真实感。身在不同地点的员工可以通过相同的数字设备进行互动，就好像他们均在一个会议室里控制同一个实体。这是一种可视化的协作方式，汽车生产商也在使用这种方法改进他们的零件设计流程，大大缩短了全球团队从设计到生产的时间。相似地，研发机构、工程和建筑公司，甚至是一些服务性组织，也在探索这种新的协作方式，消除地理位置对生产设计造成的限制。

（4）营销和客户服务。不管是高科技的体验式营销，还是虚拟产品，经由虚拟现实支持的混合现实技术均能够大显神通。它不仅能真实地复制现实世界，还能帮助我们建立充满吸引力的营销模式。例如，可以把虚拟的产品模型放在客户手上，让客户亲自体验这款产品。与此同时，你还可以监测客户的反应，然后根据客户的交易记录和偏好向他们提供个性化的内容。

（5）购物。虚拟现实能够改变我们的购物方式。例如，我们可以走进虚拟的游轮船舱或者酒店套房，亲身体验之后再进行预订。我们还能走进虚拟珠宝店，试试那些吸引眼球的项链。混合技术能够加强虚拟购物体验，让顾客随时查找商品或服务的具体描述和价格信息，还能自动推荐相似的产品和服务。

如同其他新技术一样，人们对增强现实和虚拟现实技术也有很多夸大宣传，其实这也可以理解。因为不管是系统架构、内容提供、使用体验和人机交互等方面，这些平台均提供了全新的方式。它们也带来了许多新的机遇，重新定义了原有的工具、模型和商业流程，还有可能在未来替代它们。但随着混合现实技术的相关设备、软件和标准的不断发展，企业要做的不仅仅是管理这些技术，还要面临越来越多的挑战。

增强现实、虚拟现实和物联网技术的兴起，代表我们需要管理和保护许多新型的设备。企业可以从智能手机和平板电脑开始管理混合现实技术，设计合适的控制措施，满足企业的需要。信息安全性和保密性是最重要的因素，不管是在设备层面、数据层面、内容层面还是应用层面均是如此。安全性和合规性也很重要，特别是在很多涉及关键基础设施和敏感操作的应用场合。

为了完成指定任务、渲染混合现实环境、捕捉用户的动作并对其做出响应，混合现实平台需要获得各种支持。它们必须马上了解用户的情况、工作背景，还有用户完成工作所需要的信息。混合现实必须同时跟踪环境以及用户和环境的关系，这是一个关键因素，它能保证虚拟环境中的物体和信息对用户做出真实反映。这就需要那些在电子游戏设计中出现的复杂信号处理和响应技术，所以首先推出混合现实体验的往往是一些热门的游戏开发公司，比如 Unreal。混合现实的用户界面能够同时整合语音、身体动作和物体的位置信息，这能够给每一个行业均带来全新的业务流程。如果要识别微妙的表情变化，我们需要非常精确的技术，比如通过跟踪眼球动作，正确判断一个人是在眨眼还是微笑。在混合现实应用的设计过程中，必须让数字内容直接回应用户发出的信号。因此我们需要新的设计模式和解决方案，以适应增强现实和虚拟现实系统，还有虚拟环境中的各种互联设备和传感器。混合现实技术应该要整合相关数据，为用户提供有价值的信息。也就是说，我们需要把混合现实技术和企业核心整合起来，让混合现实系统获取企业资源计划系统、客户关系管理系统、人力资源系统和市场营销系统的信息。混合现实系统能够成为数字化的重要工具，它能实现工作流程自动化、提供更多有关的数据和信息，或者帮助企业完成长期的业务流程。

更重要的可能是友好的用户界面，它能帮助用户同时处理信息内容的背景、意义、意图和影响，同时考虑现实世界和我们的行为。设计师会充分考虑虚拟物体的重量、大小、角度、位置，以及它与其他虚拟物体和现实物体的关系，为用户提供真实的体验。声音和触觉（或感官反馈）可以代替图形，成为工作提醒、警报，或者完成工作的信号。内置的配件或者面部识别功能可以帮助我们对空间进行测绘，准确地掌握人们的位置，然后渲染出虚拟环境或增强环境，再加入纯粹的数字化体验，一切均会显得自然而真实。

混合现实技术需要全新的数字内容和相应的背景。我们需要使用高清360°渲染设备，把真实世界转化为虚拟环境，创造增强现实和数字体验。我们需要传感器和内置的信标，它们可以跟踪设备、机器、货物和人的位置。同样地，我们还需要元数据，这些数据不仅说明了物体的基本信息，还能反映它们的构成、行为模式和使用方法，这些均是模拟交互环境的必要内容。

虽然我们认为混合现实技术超越了虚拟现实、增强现实和物联网的结合，但这三种技术本身也在不断发展。作为独立的技术，它们有各自的解决方案、适用范围和应用功能。但是，如果公司只是追求其中一项技术，可能永远无法发挥三者的巨大潜力。我们的目标应该是把这些技术结合起来，创造更直观、更投入、更自主的体验，给用户带来享受，改善公司与客户的关系。与此同时，我们也要创造全新的解决方案，改变员工对工作的看法和感觉。如果应用得当，混合现实技术能够为企业带来新的机遇，改变未来企业建设和运营的方式。

5.5.7　区块链

区块链正在超越加密货币这种初步应用，发展出分布式的共识账簿，并成为智能合同的载体。区块链不仅能消除法律与财务中介，从而提高合同签署的效率，它还是可靠的守护神，能够保证合同的透明度。在新兴的"信任经济"里，公司资产或个人网络身份和名誉变得越来越有价值，同时也越来越脆弱，因此分布式共识账簿是迄今为止区块链最有潜力的应用。

首先交代一些背景。全球经济数字化进程加快，维护现有的程序、组织和技术基础设施需要建立制度化的信任，但这项工作正在变得越来越艰难，需要耗费大量的时间，而且经常缺乏效率。

另外，新的信用指标出现，给银行系统、信用评价机构和法律机构带来了冲击，改变了人们缔结合同的方式。现在使用共享汽车软件需要考虑乘客给司机的公开评价，出租自己的房子也要考虑其他业主的推荐，看看同一位租客的信用如何。这些信用指标均能反映信誉和信用。我们渐渐养成了这样的习惯：看到一个人收到积极正面的评价，就会觉得这个人值得信赖。

与过去的经济模式相比，信任经济的发展更注重点对点（P2P）交易，它与信用评价、担保银行本票或其他传统的信任机制并不冲突。相反，信任经济依赖交易双方的信誉和数字身份，这些要素可能很快就能通过区块链进行储存和管理。对于个人而言，这些要素可能包括财务和工作历史、税务信息、医疗信息或者消费偏好等等。同样，公司可以维护与自己信誉有关的身份，建立它们作为商业伙伴或者供应商的信用。在信任经济里，个人或实体的"身份"能够证明其在一个国家或团体里的成员资格、拥有的资产、享有的福利或服务，更重要的是，能够证明这个人或实体真实存在。除了建立信用以外，区块链还能帮助人们选择性地与他人分享信息，安全地交易资产，更重要的是呈递数字合同。这就能把信誉转化为可管理的指标，为个人或组织之间的交流互动提供参考。在未来18~24个月里，全球的经济实体可能均会开始探索区块链带来的机遇，其中涉及一些数字信誉方面的内容。现在我们已经看到，很多大力发展信任经济的公司均看到了区块链的潜力。

区块链或信任经济得以发展，代表权力从大型集中化的信用机构转移到了个人。虽然我们无法估计它在未来几年带来的影响，但它并不会消灭银行、信用机构和其他交易中介。有了区块链这位身份和信誉的守护神，企业和政府必须使用新的方式与个人互动，在日新月异的信用经济里创造新的价值和功能。

虽然区块链在比特币热潮中扮演了重要角色，但仍然有人无法理解这项技术的本质和它能给公司带来的价值。简单来说，区块链是一种分布式账簿，它能为某个团体提供信息记录和共享的方式。在这个团体中，每个成员管理自己的那份信息，而且所有成员必须一起验证和更新信息。这些信息涉及交易、合同、资产、身份，或者其他任何能够以数字形式呈现的内容。账簿里的条目具有永久性、透明性和可搜索性的特点，因此团体成员可以查看交易历史。每次更新均相当于在"链条"末端增加一个"区块"。区块链协议规定了条目编辑和录入的实施、验证、记录和发布方式。更重要的是人们可以有选择地加强隐私性，对于没有权限的用户可以选择匿名处理，保护授权用户的敏感信息。区块链可以对数据进行加密，代替第三方中介守护信用，所有区块链的参与者均由运行复杂的算法保证数据整体的真实性。随着人们越来越需要移动和可管理的数字身份，个人和组织可以使用区块链实现三个功能，见图5-8。

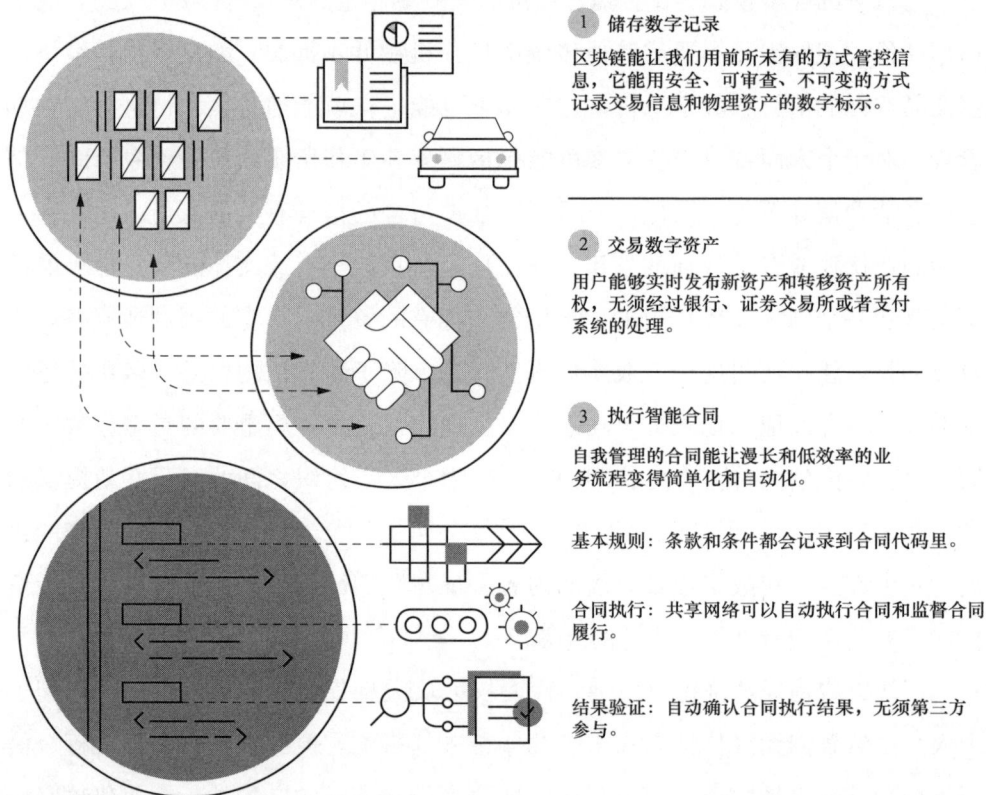

1 储存数字记录

区块链能让我们用前所未有的方式管控信息，它能用安全、可审查、不可变的方式记录交易信息和物理资产的数字标示。

2 交易数字资产

用户能够实时发布新资产和转移资产所有权，无须经过银行、证券交易所或者支付系统的处理。

3 执行智能合同

自我管理的合同能让漫长和低效率的业务流程变得简单化和自动化。

基本规则：条款和条件都会记录到合同代码里。

合同执行：共享网络可以自动执行合同和监督合同履行。

结果验证：自动确认合同执行结果，无须第三方参与。

图5-8 区块链的三个层面示例

一是储存数字记录。为了理解信任经济的背景下的区块链技术，我们可以把它想象成技术驱动的公共账簿，可以记录小镇上一切重要事件：商品的买卖、财产证书的转移、出生、结婚和死亡、贷款、选举结果、法律裁决，以及其他重要事件。区块链使用高级加密和分布式程序就能实现安全、透明、不可变、真实的数据库，能够积极应对停电、人为操纵和不必要的复杂问题。

在信任经济里，个人（而非第三方）可以决定在区块链里记录哪些数字信息，以及如何使用这些信息。用户不仅能创造一体多用的数字代理，在不同组织之间进行管理和分享，还能记录以下内容：

（1）数字化的传统身份证明文件。驾照、护照、出生证、社保卡或者医保卡、选民证和投票记录。

（2）所有权证明和交易记录。能够证明任何形式的物业、车辆和其他资产的所有权和交易情况。

（3）财务证明文件。投资、保险单、银行账户、信用记录、报税单和收入表。

（4）访问管理密码。能够访问网络账户、物理建筑、智能汽车等具有身份限制的地点，以及活动会场、飞机场等需要购票才能进入的地点。

（5）综合医疗记录。包括医疗和用药记录、医生提醒、健康养生方式，以及医疗设备使用情况数据作为重要数据的储存库，区块链可以向个人用户提供前所未有的数字身份管控方式。

二是交易数字资产。利用区块链，双方可以实时交易数字资产所有权，并且不需要银行、交易所或者支付工具，因为它们均需要建立可靠的数字信用。很多区块链的早期企业应用均有利于跨境支付和公司间转账。通过将基本的交易模型应用到P2P交易，区块链可以成为资产交易实时验证和清算工具。过去需要 $T+3$ 天完成的交易，现在只需要 $T+3$ 毫秒。虽然要人们广泛接受区块链P2P资产交易还需要几年时间，但有些公司目前已经开始探索，它们可以为我们展示未来区块链技术的部署方向。例如，微软和美国美林银行一起开发出云端"区块链即服务"，可以帮助公司和客户执行和精简资产交易流程。

三是执行智能合同。智能合同的出现，代表区块链发展的下一步是从金融交易协议转变为多功能应用。它们不是法律意义上的合同，而是模块化、可重复的脚本。这些脚本可以扩展区块链的功能，从简单记录金融交易条目扩展到自动执行多方协议中的条款。但由于它们不是具有法律效力的合同，所以信任就变得尤为重要。

智能合同的原理：利用共识协议，计算机网络会根据智能合同代码设计出一系列行动，自动执行合同双方同意的条款，从而降低执行出错或操纵合同的风险。在区块链出现以前，不可能存在这种智能合同，因为协议方会独立管理各自的数据库。而有了区块链协议下的共享数据库，智能合同就能自动执行，所有协议方均能实时验证执行结果，无须第三方中介参与。虽然智能合同可能不适用于某些法律协议，但如果各方网络交流频繁，或者对方还在使用手工重复的方式完成交易任务，那么智能合同也值得选择。例如，我们可以部署智能合同自动购买或销售金融工具、设置保险合同参数、自动开展特定的做市活动，还有实现数字支付和借贷。在每一种情况下，区块链均可以充当共享数据库，提供安全和单一来源的真实数据，而智能合同则可以自动完成审核、计算和其他容易出现延迟和错误的交易活动。

在广泛的信任经济背景下，区块链并不能解决建立和维护信用时出现的所有问题。作为一项技术，它仍然在成熟过程中，还没有建立标准和最佳实践。如果企业要避免区块链盗窃和诈骗行为，但是没有采取正确的措施，那将会提高间接成本。这也可能成为个人部署区块链技术的一大障碍。最后，法律对于智能合同和数字资产交易的认可仍然有限。好消息是，即使无法完全解决这些问题，各类组织还是在采取措施试图减少它们的影响。

一些学者把区块链技术的兴起比作万维网的早期发展，这么想也不无道理。1991 年，分布式、开放式通信技术已经具备了基础，包括网络基础设施、协议，还有 Java 脚本、搜索引擎和浏览器等强大的工具。新的企业软件套装出现，可以帮助企业在数字营销、商业活动、联系供应网络等方面占尽先机。因此，虽然还不知道万维网技术具体会如何改变世界，但是为了把握机遇，人们纷纷展开投资。

区块链可能会成为新的数字资产、交易、合同甚至更重要的身份和信任的载体，带来更具颠覆性的影响。为了在区块链技术的所有方面建立新的堆栈，从而吸引投资，企业现在就应该探索区块链技术，想想它可以有哪些新应用，而不只是把它用于节省自身的成本和提高效率。企业应该仔细思考自己的核心业务、周围的生态系统，甚至是长期建立的运营模式，然后找准方向，走上真正的创新之路。

第6章　信息化企业典型实践与成效

本章首先回顾不同类型企业信息化发展历程，对特大型集团企业、集团企业、中小型企业三类企业概况、信息化概况、信息化建设内容以及信息化建设成效等四方面进行阐述，其次结合国家电网公司信息化实践经验，从信息化建设思路、架构、项目管理、主要内容四方面阐述国家电网公司信息化企业建设全貌，以及在信息化企业建设方面的成效和信息化企业评价的指标体系设计方法。

6.1　信息化企业建设典型实践

全面回顾中国信息化建设的历程，可以清楚地看到，信息化在助力中国腾飞的过程中发挥了巨大作用。在对中国企业信息化进行总结时，必须正确地认识和判断中国企业信息化当前到了什么水平，处于什么阶段，这对于今后更好地推进信息化有着巨大的现实指导意义。本节将结合信息化企业建设方法，深入挖掘特大型集团企业、集团企业以及中小企业在信息化企业建设方面的实践经验，探寻技术应用、管理创新与业绩领先之间的有机促进关系，为读者在加深理解信息化企业、构建核心能力方面提供参考借鉴对象。所选择的部分企业在信息化建设中具有独到的特点，尽管其自身并没有进行类似于国家电网公司那样的信息化企业评价，但笔者认为某种程度上这些企业也具备了信息化企业的特征，故选择其作为案例加以描述，供读者借鉴。其中，将中国石化、中国石油、华为公司、沃尔玛公司、壳牌石油公司、亚马逊、华润集团7家企业列为特大型集团企业，将中国联通、美的集团、中广核、柳工集团4家企业列为集团企业，并没有一定的依据，仅仅是根据企业收入规模简单罗列，并不影响企业的其他信誉，也请读者见谅。

6.1.1　特大型集团企业的信息化企业建设

信息化企业建设是一个量身定制的系统工程，企业类型不同，企业信息化建设的重点也不同，信息化企业建设需要"因地制宜"。本节选择一些能够代表特定行业的企业，回顾它们近年来在信息化方面所做的工作、取得的成效，在此基础上通过专家点评的方式总结中国企业信息化建设的经验，以及在从企业信息化向信息化企业过渡的过程中，如何更好地把握信息化的发展方向。

6.1.1.1　中国石化

1. 企业概况

中国石油化工集团公司（简称中国石化）是 1998 年 7 月在原中国石油化工总公司基础上重组成立的特大型石油石化企业集团，注册资本 2749 亿元人民币。公司对其全资企业、控股企业、参股企业的有关国有资产行使资产受益、重大决策和选择管理者等出资人的权力，对国有资产依法进行经营、管理和监督，并承担保值增值责任。

中国石化主营业务范围包括：石油天然气的勘探开采、储运（含管道运输）、销售和综合利用以及成品油储存运输、批发零售，石油天然气化工、煤化工及其他化工产品的生产销售等业务。

目前，中国石化是中国最大的成品油和石化产品供应商、第二大油气生产商，是世界第一大炼油公司、第二大化工公司，加油站总数位居世界第二，在 2018 年《财富》世界 500 强企业中排名第 3 位，员工总数约 70 万人。

2. 信息化概况

"十一五"以来，中国石化紧紧围绕自身的发展战略和主营业务开展信息化工作，坚持"六统一"方针，积极推进以 ERP 为主线的信息化建设与深化应用工作，建成了经营管理、生产营运、信息基础设施与运维三大平台，信息系统已成为经营管理和生产运营的"中枢神经系统"。

"十二五"以来，中国石化以智能制造为主攻方向，推进智能石化建设，以客户为中心，构建石化商业新业态；以 ERP 大集中为核心，建立集约化、一体化的经营管控新方式；以云平台为基础，打造安全可靠、敏捷高效的 IT 服务新能力。充分利用云计算、物联网、大数据等新一代信息通信技术，改造提升传统产业，大力推动生产方式、管控模式、服务模式转变，为公司转型升级、实现可持续健康发展注入新的发展动力。

"十三五"以来，中国石化贯彻落实"中国制造 2025""互联网＋"行动纲领，紧密围绕公司改革发展、提质增效的战略，继续坚持"六统一"原则，按照"集成共享、高效敏捷、创新驱动、协同智能"的工作方针，推进信息化"421 工程"，聚焦发展智能制造、培育新业态两大主线，大力推进信息化和石化产业的全方位、全角度、全链条融合，提升全产业链的数字化、网络化、智能化水平，用信息化培育新动能、打造新业态、塑造新优势。

3. 信息化建设内容

中国石化建立了总部和骨干企业的数据中心，按照"三地四中心"模式规划了北京中国石化总部和昌平的两个同城灾备中心及在南京的异地灾备中心；建成了覆盖约 130 家企业及部分海外分支机构的主干网络；建成了覆盖总部和企业的高清视频会议系统，并得到了广泛使用；建立了中国石化身份认证（CA）系统和统一的防病毒和终端安全管理系统；初步建立了信息标准化体系框架，建立了信息标准化管理与维护系统，实现了主要信息标准代码与 ERP 等系统的集成分发。

中国石化"十三五"期间，全力打造四大平台，即集成共享的经营管理平台、互联智能的生产营运平台、协同高效的客户服务平台、敏捷安全的基础技术平台，推动商业模式、服务模式的转变，构建以客户为中心的石化商业新业态，促进建立集约化、一体化的经营管理新模式和数字化、自动化、智能化的生产运营新模式，全面支撑并驱动业务创新发展，为公司改革发展、提质增效注入强劲新动力，在保持央企信息化水平领先的同时，缩小与国际领先实践的差距并在部分领域实现超越，为打造智能石化保驾护航。中国石化信息化建设框架图见图 6-1。

四大平台：集成共享的经营管理平台、互联智能的生产营运平台、敏捷安全的基础技术平台、协同高效的客户服务平台；两大保障体系：信息安全体系和信息标准化体系；一套管控机制：包含技术管理、项目管理、运维管理、应用管理、综合管理的信息化管控机制。

4. 信息化建设成效

目前，中国石化已全面完成股份公司、分子公司 ERP 系统建设，110 家企

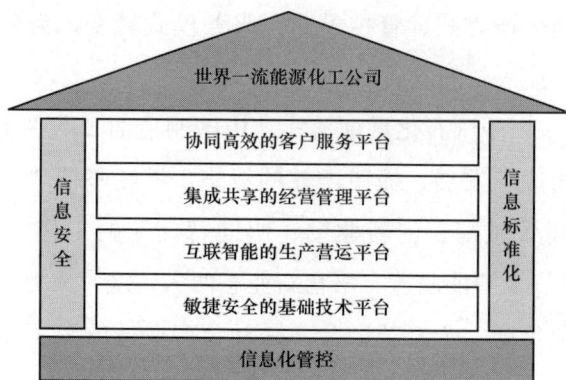

图 6-1 中国石化信息化建设框架图

业 ERP 系统成功上线运行，系统用户约 6 万名。主要实施了财务会计、管理会计、资金管理、投资管理、生产计划、销售分销、物料管理、物资供应、工厂维护、人力资源等模块，基本覆盖了分、子公司经营管理核心业务，规范了业务流程，实现了资金流、物流、信息流"三流合一"。资金集中管理系统建立了集团公司"资金池"和"总分账户"，形成了整体协调的资金管理体制及运行机制；物资采购电子商务系统覆盖了全部下属企业以及约 2 万家供应商，约 95% 的物资实现了网上采购，规范了采购业务，降低了采购成本；业务公开管理系统实现了主要对外经营业务的网上公开和在线监督检查；全面预算管理系统实现了股份公司、炼油板块、化工板块预算编制、汇总审批、执行监控、分析调整和评价考核的全过程管理，并与 ERP 及生产执行系统有效集成。

生产营运指挥系统整合了上、中、下游各板块生产调度系统，实现了总部和企业生产运行主要环节的动态跟踪、协调指挥；计划优化系统利用优化模型进行网络排产，提高了生产计划的准确率和管理效率；二次物流优化系统规范了物流配送管理流程，为在低库存情况下保证市场供应提供了有效支撑；化工销售物流运行管理系统实现了化工物流节点的全方位、多视角跟踪监控；加油卡系统实现了"一卡在手，各地加油"的目标，为客户提供了用油管理的增值服务；勘探开发源头数据采集实现了跨专业、跨系统的数据共享和高效应用，自主开发了钻井工程设计系统、开发部署管理系统、勘探决策支持系统、集输与注水生产优化系统；炼化企业 MES（制造执行系统）在 36 家企业推广应用，统一了企业生产运营平台，对统计、调度、操作等业务管理实现了表单化；炼化企业 APC（先进控制系统）应用数量已达到了234套，近五年累计增效超过32亿元，改善了过程动态控制性能，减少了过程变量的波动幅度，提高了目标产品收率。

中国石化智能工厂建设于2012年启动，在无经验可借鉴、无标准可参考的情况下，通过大量坚实的基础研究、分析论证、规划设计、技术攻关等工作，2015年实现燕山石化、镇海炼化、茂名石化、九江石化4家企业整体上线，打造了中国石化智能工厂1.0版。2017年，中国石化融入工业互联网建设理念，把工业大数据、物联网、新一代人工智能等技术与石化行业工业机理、管理模式、业务特点深度融合，自主研发了ProMACE 2.0石化智云，按照"平台＋数据＋服务"的建设模式，启动了智能工厂升级版（2.0）建设，覆盖镇海炼化、茂名石化、九江石化3家提升，上海石化等7家推广以及新建厂中科炼化。九江石化、镇海炼化、茂名石化、上海石化4家企业智能工厂分别被工业和信息化部列为2015年、2016年、2017年和2018年国家智能制造试点示范项目。试点企业的先进控制投用率、生产数据自动化采集率分别提升了10％、20％，均达到了90％以上，外排污染源自动监控率达到100％，生产优化从局部优化、离线优化逐步提升为全流程优化、在线优化，劳动生产率提高20％以上，万元产值能耗降低6％。

⭐ **专家点评**（胡建生）：

中国石化以价值创造为导向，推动全产业链、全过程、全方位融合，着力打造数字化、网络化、智能化生产运营新模式，着力打造产业竞争新优势。中国石化从信息技术投入中得到丰厚回报，仅炼化企业APC系统近五年累计增效即达32亿多元，而智能工厂建设更是将劳动生产率提高20％以上。

中国石化信息化能够以企业的基业长青为基本目标，以企业的先进性为保障，始终瞄准企业的根本价值，通过信息化固化基业长青因子、制度化价值创新，激励企业围绕核心理念不断进步。当前正在抓住新一轮科技革命和产业变革的历史性机遇，进一步统一思想、加快推进"两化"深度融合，着力打造产业竞争新优势，为打赢转方式调结构、提质增效升级攻坚战注入强劲动力。

6.1.1.2 中国石油

1. 企业概况

中国石油天然气集团有限公司（简称中国石油或公司）是 1998 年 7 月在原中国石油天然气总公司基础上组建的国有独资特大型石油石化企业集团。

中国石油是产炼运销储贸一体化的综合性国际能源公司，主要业务包括国内外石油天然气勘探开发、炼油化工、油气销售、管道运输、国际贸易、工程技术服务、工程建设、装备制造、金融服务、新能源开发等。2017 年，在世界 50 家大石油公司综合排名中位居第三，在 2018 年《财富》世界 500 强企业中排名第 4 位，员工总数约 145 万人。

中国石油围绕建设世界一流综合性国际能源公司目标，坚持稳健发展方针，以提高质量效益为中心，大力实施资源、市场、国际化和创新战略，着力加强党的建设、弘扬石油精神、重塑良好形象、推进稳健发展，规划到 2020 年规模实力保持世界一流水平，经营业绩、国际竞争力达到国际大公司先进水平，在建设具有全球竞争力的世界一流企业进程中走在中央企业前列，为保障国家能源安全做出新的更大贡献。

2. 信息化概况

1998 年，中国石油建成了第一期计算机网络工程，使公司内部的信息传递更加便捷、快速。同时期，在全公司开发推广了统一的中油财务管理信息系统，规范了会计核算，提高了财务管理水平，信息技术在油气上游生产业务领域的应用不断深化，勘探、开发等专业生产数据库，地震处理解释有油藏模拟等技术日臻完善，为提高勘探开发的成功率提供有力支撑。2000 年，中国石油率先编制了全局性的信息技术总体规划，将业务发展战略与信息化战略相融合，确定了信息化的发展路线和实现目标，并将信息化目标明确化和具体化，构建了软硬件系统，为各级用户的管理和操作提供了平台。目前公司正大力开展具有云计算能力的总部级数据中心标志性工程为重点的信息化建设，以提高企业资源利用效率为目的，注重质量和效益，着力提升企业资源优化配置水平和劳动生产率，为公司生产经营平稳较快增长和发展方式转变提供有力支撑。

3. 信息化建设内容

自"十五"以来，中国石油一直按照信息技术总体规划持续推进信息化建设，先后建成应用了涵盖生产管理、经营管理、办公管理和辅助决策的统一信息系统，搭建形成了五大集成平台，实现了信息化从分散建设向集中建设、从集中建设向集成应用的两次阶段性跨越。中国石油准确把握这一规律，结合企业发展实际和信息化状况，确定了集中统一的信息化方针、原则和工作思路，提出了"统一、成熟、实用、兼容、高效"的十字方针，明确了"六统一"（统一规划、统一标准、统一设计、统一投资、统一建设、统一管理）的原则，走出了一条集中统一的信息化发展道路，其核心特征就是：按照信息技术总体规划，建设集团公司级集中统一信息系统平台。在信息化建设过程中，中国石油加强组织领导，落实"一把手"工程；采用科学的项目管理方法，实现参与各方面的紧密合作，充分借鉴国际最佳实践，着力提高信息系统建设质量；通过持续推进系统深化应用，实现信息化价值最大化；在项目建设过程中培养队伍自主建设能力，提高自主创新水平，努力实现信息化快速、健康、可持续发展。中国石油信息化建设四大阶段见图 6-2。

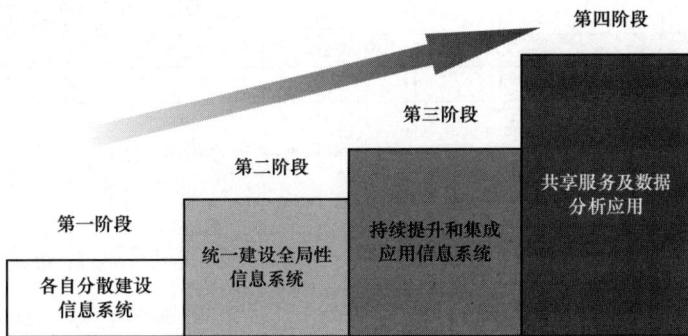

图 6-2　中国石油信息化建设四大阶段

中国石油将信息化纳入世界一流综合性国际能源公司建设的目标体系，作为提质增效转型升级的高效引擎，坚持"六统一"的原则，制订实施系统支持各项业务的信息技术总体规划，大力加强信息化建设，着力推进"两化融合"，实现了信息化从分散向集中、从集中向集成的两次阶段性跨越，正在迈向共享智能的新阶段。实现了五个方面的集成工作，为企业高质量发展提供有力支撑。

一是建成应用以 ERP 为核心的集成平台，实现信息系统应用集成。系统实施突出 9 条主线，包括投资项目一体化管理、物资供应链管理等 6 条自上而下纵向管控主线（见图 6-3），以及油气价值链管理、设备全生命周期管理及项目建设全过程管理三条横向业务主线，促进了总部、专业公司和成员企业之间"横向联动、纵向贯通"，形成了支持战略、计划、执行控制及考核的闭环管理，强化了集团管控能力，推进了跨专业、跨部门信息共享和业务协同，为公司一体化高效运作奠定了坚实基础。

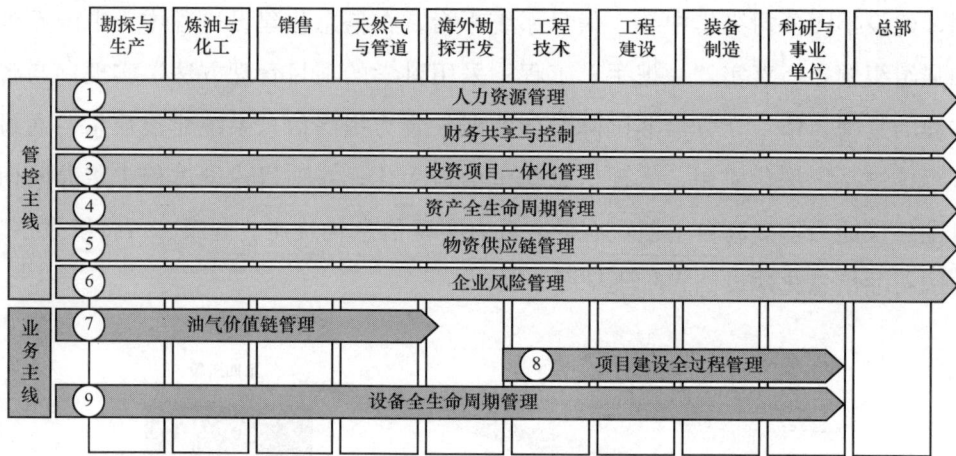

图 6-3 以 ERP 为核心的集成平台建设与应用

二是建成应用可扩展的物联网系统平台，实现信息化与自动化集成。油气生产物联网累计实现 10 多万口油气水井、1 万余座场站、180 万台套设备的数字化管理。工程技术物联网连接 2400 支作业队，累计监控 2600 个钻井作业现场。炼化物联网实现了人员定位、智能巡检、联动报警管理，提高了企业生产安全监管能力。车联网系统实现了 6 万台车辆运输的集中调度和实时监控。

三是建成应用具有云计算能力的数据中心，实现软硬件资源集成。采用互为备份架构，建成投用位于北京、吉林、克拉玛依的 4 个总部级数据中心。以"三地四中心"为依托，搭建统一的云计算平台，具备 3200 台服务器、11PB 存储、2.3 万个虚拟计算单元的云服务能力。将 ERP、加油站管理系统等 60 个信息系统迁移到云计算环境中运行，实现了资源共享、按需调度。云计算带来信息系统建设模式的转变，单个系统软硬件部署周期由平均 3 个月缩短至 1.5 天。

四是建成移动应用平台，实现无线与有线网络集成。移动应用平台从无线网络连通企业有线网络，支持员工随时随地使用信息系统处理日常业务。以 12 个国内区域网络中心、7 个海外区域网络中心为主体，形成广域网、局域网、卫星通信网、生产专网等构成的立体网络，有力支撑了公司全球业务运营。

五是建成应用信息安全体系，实现信息安全与信息系统集成。持续实施信息安全整体解决方案，统一互联网出口、身份认证和终端计算机管理，构建基于开源大数据技术的信息安全分析平台，贯通各信息系统，形成了全方位立体安全防护体系。

"十三五"以来，中国石油做出了建设"共享中国石油"的战略部署，明确了信息化从集中集成迈向共享智能新阶段的发展方向。通过信息化持续提升完善，创新形成以各类共享中心为主要特征的生产、经营、管理、服务新模式，实现数据、信息、知识、经验等无形资源的充分共享，推动人、财、物等有形资源的共享应用和整体优化。重点建设了五大共享中心。

一是生产运行共享中心。通过物联网、设备运行监控和工业安全视频系统等建设与应用，促进数据自动采集、远程传输和分析应用，形成各类生产运行监控、设备运营维护等中心，实时掌握生产、设备运行状态，准确调度指挥现场作业人员精准操作，大幅提高了生产运行管理水平。

二是专家共享中心。利用信息技术高效整合各领域、内外部专家资源，使业务专家通过信息系统集中分享知识经验，对生产经营疑难问题及时开展群诊群策，远程在线指挥现场作业。在石油工程技术领域已建设 40 多个远程作业支持中心，形成总部、地区公司、生产现场三级远程作业支持体系，提高了生产作业效率、质量和安全管理。

三是服务共享中心。通过搭建共享服务信息平台，集中专业队伍，实现服务共享，全面支持财务、人事、采购等共享服务中心建设和运营。财务共享服务业务已在试点单位分批上线运行，形成可复制的推广模板；人力资源领域即将启动共享服务业务。

四是信息技术共享中心。一方面，利用已建成的信息系统，将生产经营管理搬到网上运行，为业务流程规范、标准统一、转型升级提供了技术支撑平台。另一方面，依托信息化内部支持队伍构建形成 ERP、油气生产数据管理系统、炼化生产运行系统、加油站管理系统等信息技术共享中心，统一支持集团总部和成员企业的业务管理和现场作业。

五是云资源共享中心。通过云计算平台的持续完善和拓展应用，形成中国石油"三朵云"。完善业务应用云，将统建系统全部迁移到云平台运行，形成统一、标准化的应用开发环境、运行环境和数据环境；搭建符合互联网应用特点的电子商务云，支持 B2B 大规模采购，满足 B2C 高并发交易需要；搭建科学计算云，集中共享应用设计、处理等专业软件资源，为科研开发、工程设计等业务提供共享计算服务。

4. 信息化建设成效

信息化建设推动五大创新，助力企业从传统管理向现代化管理转变。

一是创新生产组织和运行方式。生产数据自动采集、远程传输催生了生产运行监控中心、远程专家技术支持中心等新型组织形态，将传统的现场值守、人工巡检转变为远程监控、电子巡检，推动了生产组织扁平化和机构优化，大幅提高了劳动生产率。长庆油田年产油气当量从 2000 万吨增加到 5000 万吨，用工总量保持 7 万人不变，人均管井数由 1.9 口提升至 3.1 口；1400 多套炼化生产装置纳入信息系统管理和实时监控；6 万公里油气长输管道实现了集中统一调控。

二是创新经营管理方式。业务处理由部门负责制向以流程为导向的多部门协同联动转变，产品价格调整由层层下达通知向在线统一调整转变，业务监管由事后检查向全过程在线监督转变。通过 ERP 系统，95% 以上的会计凭证由系统自动生成，实现"数出一源""财务、业务一套账"；投资项目从立项、计划下达、项目执行到后评价全生命周期管理在信息系统中运行，实现投资总量、效益标准、实施过程"三控制"；物资采购实现统一提报、集中审批、集中管控，节约物资成本 10% 以上。

三是创新商业模式。利用信息系统，推动将单纯销售油品转变为油品非油品和资金利用综合创效，将普惠营销转变为精准营销，形成第三方支付、"线上＋

线下"营销等新模式，有力支持了扩销增效。将单一工程技术服务转变为"工程技术＋信息技术高端服务"，将传统石油装备制造转变为服务型制造，有力推动了产业转型升级。

四是创新业务决策方式。推动传统的人工统计测算、经验分析向基于系统、数据和模型的精准分析转变，提高了业务决策的科学性、准确性。将油气生产、贸易、运输、炼化、仓储、物流等关键环节，全部纳入系统中进行管理，支持以销定产、以产促销、量效兼顾的生产经营策略，促进了产炼销一体化协同，实现了资源配置、市场预测及各业务环节的整体优化。

五是创新日常工作方式。将与信息传递相关的人、物的流动转变为电子流动，实现了公文电子流转、报销业务网上处理、合同签订全过程在线管理，组织机构、用工总量、薪酬总额的计划下达、实时监控和在线审批，以及会议研讨远程交互、在线交流，大幅提高了办公效率、降低了管理费用。形成"互联网＋党建"新模式，将组织建在网上、党员连在线上。

今后，中国石油将持续推动工业互联网、大数据、人工智能等新技术的广泛应用，加快推动信息化迈上共享智能新台阶。一是逐步构建工业互联网平台。启动设备运行实时监控管理系统建设，扩展油气生产物联网，推广炼化物联网，完善工程技术物联网，推进装备制造物联网建设，实现生产数据的全面感知、动态传输、实时分析。同时，推进 IPv6 生产网规模化应用，为工业互联网提供庞大的网络地址空间和安全的数据传输通道。二是全面推进大数据分析应用。在信息系统应用集成的基础上，搭建统一的数据共享应用平台，逐步实现生产经营分析的智能量化；搭建油气价值链优化系统，科学衔接产炼销运储贸各个环节，促进整体效益最大化。三是积极引入人工智能技术应用。建设认知计算分析系统，提升油藏关键参数推荐、开发方案设计、油田配产等业务应用的智能化水平；打造智慧加油站，实现客户身份在线识别和精准营销、经营数据多维智能分析和市场变化智能预测；以全数字化移交、全智能化运营、全生命周期管理为目标，推动管道业务向智能化发展；建设智能共享的帮助热线服务平台，提高运维响应速度和事件处理效率，提升服务质量和用户体验。

💡 **专家点评**（王聪生）：

中国石油把信息化作为实施资源、市场和国际三大战略，提高管理水平及核心竞争力的强有力支撑，明确了"统一、成熟、兼容、实用、高效"的十字方针，确定了"统一规划、统一标准、统一设计、统一投资、统一建设、统一管理"的"六统一"原则，全面、集中、统一、共享始终贯穿于信息化建设全过程。以 ERP 系统、专业应用系统和 IT 基础设施为重点，加快推进全局性的信息系统建设，ERP 系统覆盖销售、炼油与化工、天然气与管道等领域，应用范围涵盖财务、采购、销售、生产和库存等业务，在生产型企业推广实施了健康安全环保（HSE）系统，搭建起统一、集成的企业级数据仓库平台，电子商务平台"能源一号"，五年累计实现电子交易额近千亿元，节约采购资金数十亿元，取得了显著效益。

6.1.1.3　华为公司

1. 企业概况

华为技术有限公司（简称华为公司）成立于 1987 年，是一家由员工持有全部股份的民营企业，在 2018 年度《财富》世界 500 强企业中排名第 72 位，员工总数约 18 万人，业务遍及 170 多个国家和地区，是全球领先的 ICT（信息与通信）基础设施和智能终端提供商，致力于把数字世界带入每个人、每个家庭、每个组织，构建万物互联的智能世界。华为公司在通信网络、IT、智能终端和云服务等领域为客户提供有竞争力、安全可信赖的产品、解决方案与服务，与生态伙伴开放合作，持续为客户创造价值，释放个人潜能，丰富家庭生活，激发组织创新。华为公司坚持围绕客户需求持续创新，加大基础研究投入。

随着 ICT 技术的加速融合，以云计算、大数据为特征的技术正在成为引领和促进 ICT 行业创新和发展的核心技术。新的技术创新，不仅在全方位地重构 CT 产业，而且通过 IT 和 CT 产业融合带来巨大的商业发展机遇。为适应这一革命性变化，华为公司围绕客户需求和技术领先持续创新，与业界伙伴开放合作，聚焦构筑面向未来的信息管道，致力于共建更美好的全联接世界，持续为客户和全社会创造价值。华为公司力争成为运营商客户面向未来转型的战略合作伙伴，成为领先的企业 ICT 基础设施提供商，成为消费者喜爱和信赖的、全球领先的智能终端品牌。

2. 信息化概况

华为公司从成立以来的 30 多年的时间，一直保持高速发展，驱动华为公司高速成长的关键要素之一是其流程的信息化。在华为公司快速发展的过程中，流程信息化起了重要的作用，IT 不是简单的成本中心，而是企业战略落地的使能器，是华为公司的核心竞争要素，这是从 1998 年华为公司开始信息化历程时对信息化的定位。华为公司流程信息化示例见图 6-4。

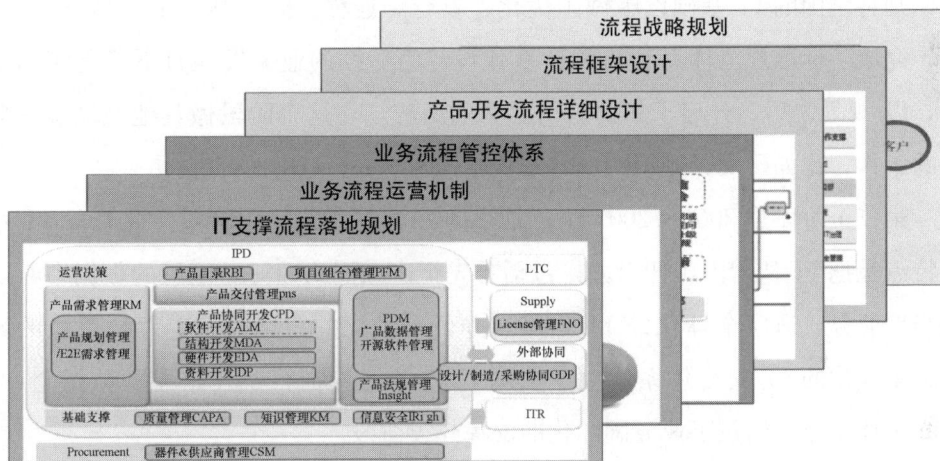

图 6-4　华为公司流程信息化示例

华为公司流程信息化的成功经验归结到一点就是流程变革与 IT 的紧密融合。在华为公司，从来不单纯地讲信息化，IT 的根本问题不在程序而在于业务流程，缺少流程，IT 是无法依附的。华为公司的信息化组织是流程变革与信息化部 BP&IT，在名称上就体现这种融合的特点，对上要能承接公司的战略目标，对下要支撑来自各业务领域的变革需求。为实现公司的这一要求，华为公司对信息化长期战略投入占每年销售收入的 2%～2.4%（2016 年的信息化投入接近 100 亿元人民币）。通过有效投入，一方面支撑了公司的战略目标落地，另一方面也很好地履行了公司赋予 BP&IT 的愿景与使命。所以从根本上来说，华为公司流程信息化的目标是追求卓越运营，而不是单纯追求 IT 的先进。

3. 信息化建设内容

华为公司的流程信息化变革起步于 1998 年，在此之前，公司的信息化处于分散的状态，各个业务部门，各个研发产品线可以有自己的 IT，可以提自己的需求，也没有架构与管控，这是华为公司信息化的第一个阶段。

第二阶段是集中化阶段，IT 部在这个阶段独立出来不再挂在总裁办下面。1998 年引入 IBM，合作完成信息化战略规划，正式确定 IT 在华为公司的定位和 IT 治理理念，华为公司 IT 的核心策略是"集中管控、分散资源"。正是借助这次咨询规划，使得 IT 和其他业务的集中化成为可能，按照统一规划、分步实施的原则将全国的 IT 基础设施做了优化、整合和迁移，同时制定了一系列 IT 标准，完成了标准规范体系和流程体系建设，为后续的业务发展打下了坚实的基础，IT 规划之后，开启了华为公司变革的历程，在这个阶段做其他领域统一变革的工作，比如研发领域 IPD、财务领域的四统一、HR 平台等。

第三个阶段是 2003～2007 年，是华为公司业务国际化阶段。此阶段 IT 系统特点是把 IT 从国内延伸出去，包括首先把广域网络建好、区域的数据中心承载当地业务、适应全球化的 IT 运维、办公自动化的广覆盖、单森林单域的域控、全球化的 IT 安全体系建立、全球 ERP 的海外推行，开始建立数据仓库，建立全球物流，构筑了业务国际化的支撑建设阶段。

第四个阶段是 2008～2013 年。华为公司由国际化逐步变成了一家全球化的公司，海外业务销售额占全公司销售额的 70% 以上，信息化也随着业务发展进入全球化阶段。在全球化阶段，业务上需要全球的协同，需要一线呼唤炮火，从一线往回拉服务和资源。通过 IT 实现和业务变革方面如 IFS，使得一线向后方要资源有可能，使得线索到回款能拉通。于是 IT 装备协同、统一文档管理、主数据治理等一系列平台应运而生。华为公司进一步规划和完善了整个企业的 EA 架构，把端到端数据管理体系、财务与业务的深入融合，前端销售业务快速地反馈到公司运营的体系里等涵盖了进来。当 IT 发展到这个阶段，数据管理成为 IT 最核心的问题，例如数据定义、数据的管家机制、主数据的管理、数据的安全、集成架构等。IT 以数据为中心，CT 以网络为中心，只有数据通过网络进行自由的传递和共享，才能够提供更好的业务体验。华为公司的云战略就是

IT 和 CT 走向融合。

2014 年以后，华为公司提出 IT 2.0。公司的目标是在 2020 年销售收入实现 10000 亿元，但人员不显著增长，这个增长从哪儿来？历经前面 4 个阶段，引入国际先进管理实践后，单纯从管理上提升来取得效益与高增长已不可行，只能让信息化从支撑走向驱动、引领业务变更，改变运营模式提升产能和效率，通过信息化来要生产力。华为信息化历程见图 6-5。

零散	集中化	国际化	全球化	IT 2.0
分散的组织 功能型流程 办公自动化OA MRPII系统上线 全国DDN ……	IT战略规划 组织和流程集中管控 IPD变革 财务"四统一" 采购管理变革 PDM平台 HR管理平台 IT基础设施统一整合 IT标准化 企业数据中心	ISC变革 ERP全球覆盖 APS 全球物流管理 PO贯通 业务智能 全球协同办公 AD和LDAP平台 企业Web平台 企业集成平台 安全架构与实施 全球网络 虚拟化 区域RDC IT全球运维	EA规划 集成财务服务IFS变革 CRM变革 LTC E2E打通 全球移动办公 统一文档管理 企业集成ESB推广 主数据管治 端管云IT安全体系 业务连续性和容灾 IT云战略 BSM	五个一战略 从经营组织的视角驱动流程集成 端到端数据治理 支撑公司全数字化运营 CRM-天免 客户服务-罗盘 IT服务 基于角色和场景的服务 IT交付 产品走向经营 云数据中心 分布式多活、IAAS云服务 信息安全 打造国际企业安全的第一梯队
1988~1997	1998~2002	2003~2007	2008~2013	2014~

图 6-5　华为信息化历程

4. 信息化建设成效

近几年，华为公司在研发、销售、制造、交付、物流等多个领域都进行了积极的数字化探索和实践，并取得了一系列成果。

（1）研发作业上云实现全球研发协同。研发是华为公司最大的业务，全公司 18 万名员工中有一半是研发人员。在研发方面，IT 部门将产品开发时所涉及的流程、工具、数据、编译环境等进行了服务化解耦，推出了包括测试云、编译云、开发者社区等在内的 7 种服务，服务于研发的整个流程，大大缩短了产品从研发到导入生产的时间。

例如，一款新手机的联调，原来从申请装备到找地方搭建 IT 环境起码要按月为单位计算时间；现在通过测试云服务，可以将环境的准备时间降低到以天为单位，帮助研发部门实现了资源的快速调动。再如手机操作系统的编译，原来每个型号手机的编译过程都是隔离的，由于型号较多需要占用大量时间；现在通过一个公共编译平台，可以将华为公司全球提供的所有手机版本代码的构建时间从小时级缩减到分钟级。

（2）数字化销售有效支撑销售团队作战。在销售方面，过去华为公司的销售主管往往不清楚一线具体的经营情况，即便出了问题也很难查清楚到底是哪方面的问题。近年来，华为公司通过数字化销售实现了线上线下的统一管理，有力支撑了销售团队作战。例如，公司的各级销售主管现在已经可以在手机上查看全球170多个国家和地区、200多个子公司的实时经营情况，销售团队的作战水平和效率因而得到了逐步、有效的提高。

（3）一站式服务交付平台提高服务交付效率。交付业务涉及的环节众多，以前要完成一项交付任务，交付人员有时需要前后打开20多个IT系统；现在，公司构建的一站式服务交付平台将交付涉及的资源管理、外包管理、站点验收、收货、技术支持以及人员管理等众多环节，通过服务化架构集成在一个入口上，大大提高了整个服务交付的效率；不仅如此，公司还在西安建设了一个交付指挥中心，可以在大屏运营中心查看全球交付的各个项目，甚至每一个站点执行的情况，实现了一线交付业务的在线、实时、可视和高效。

（4）全球制造运营与指挥中心支撑实时决策。通过建设全球制造运营与指挥中心，公司将全球供应商的供货情况以及全球市场的需求情况通过服务化方式进行集成，并围绕各个业务场景构建了实时决策系统，从而实现了质量预测。例如，如果产品在测试环节发现质量问题，可以及时在制造过程中提出质量预警，还可以通过大数据分析管控物料批次等。

（5）物流可视平台全面提升全球物流管理效率。华为公司的业务现在已遍及全球，发送的货物也在全球流转，如此庞大的物流网络想要知道货物的具体流转情况非常困难。但自从2014年公司建设了物流可视平台以来，到2016年底公司的总体账实一致率得到了大幅度提升，可对全球100多个仓库进行实时监控，对进出库货物进行可视化管理，全面提升了公司的全球物流过程可视水平和协同运作效率。

（6）全连接办公协同搭建企业高效的连接平台。每一个企业都需要建设一个通畅、高效的连接平台，能够将设备、知识、业务、团队进行更好的连接。华为公司IT团队针对上述需求开发了Welink APP，从2017年初发布到现在已有拥有 17 万用户。在 Welink 系统上，用户可以召开会议、使用相关的业务应用、查看共享的文件，从而能够让团队成员保持高效的连接。

💡 **专家点评**（王继业，中国电力科学院副院长，与作者同名同姓）：

华为公司作为 ICT（信息与通信）基础设施和智能终端提供商，从成立初期就十分重视信息化工作，在致力于构建万物互联的智能世界的同时，也在努力打造自身的数字化和智能化能力。1998 年华为公司引进了集成产品开发模式（IPD），以客户需求为前提，以产品研发为核心，重构企业流程和项目管理团队，搭建信息化平台，为建立信息化企业注入了强壮的基因。此后，他们持续技术创新和信息化投入，2016 年信息化投入近百亿，使公司在数字化和智能化方面始终保持领先地位，信息技术的有效应用形成了极具竞争优势的、涵盖云、管、端、芯的信息化能力矩阵。最终带来的是一系列卓有成效的信息化结果：华为云的快速崛起，华为智能手机出货量超越苹果，发布自主研发的 AI 芯片，使华为公司从通信设备服务商向新型智慧城市和数字经济引领者与使能者进化。华为公司带给我们的重要启示是，信息化企业的建设要以高质量的信息化效益为目标，要不断思考如何让信息化投资有效转化为信息技术应用，信息技术应用如何有效形成信息化能力，信息化能力如何理想地转化为商业价值效果，最终服务于企业创新发展的核心价值。华为公司的 IT 不仅优化了业务流程，而且实现了管理变革。例如，华为公司的云战略立足于 IT 数据管理和 CT 网络管理，实现了 ICT 领域的技术业务深度融合。华为公司信息化战略从未局限于技术本身，而是从企业架构 EA 的角度出发，聚焦于 IT 与业务流程变革的紧密融合，力图以信息化驱动、引领业务变革，通过改变运营模式提升产能和效率，释放出巨大的技术红利。华为公司的信息化建设给突破大企业内部部门壁垒提供了良好的经验借鉴。

6.1.1.4 沃尔玛公司

1. 企业概况

沃尔玛公司全称是美国沃尔玛零售有限公司（Wal-Mart Stores INC.）从

Sam Walton 于 1962 年在美国 Rogers，Arkansas（阿肯色州）开设第一家商店开始，至 2003 年 1 月已成为拥有雇员 100 万名，年销售额 2445 亿美元的世界上最大的超级零售集团。2002 年，在《财富》世界 500 强企业中沃尔玛公司以 2180 亿美元的销售额名列第一位，成为全球最大的公司。之后，连续多年蝉联世界 500 强第一位；在 2018 年《财富》世界 500 强企业中继续排名第一位，员工总数约 230 万名。

沃尔玛公司能够不断根据变化的外部环境制定和调整自己的发展战略，不断捕捉行业发展的机会。其成功之处与通过的信息化过程建立、保持并不断提高自己的竞争优势密切相关。因为行业提供的机会和运作模式的变化对于所有处于该行业的其他竞争对手来说机会都是相同的。

2. 信息化概况

随着 Internet 普及度进一步提高，消费者的网上购买习惯的形成以及电子商务所依赖的法律环境、物流体系和支付系统的不断完善，电子商务的信息化条件成熟度将不断得到提高，成为信息化工作的重点。沃尔玛公司信息化过程中的一些关键事件是：购买第一台计算机用于支持日常业务（1969 年）；存货管理系统（1969 年）；电子收款机（Point of Sells，POS）系统（1973 年）；商店与总部之间相连接的卫星网络（1979 年）；统一产品标识码（1980 年）；与供应商建立电子数据交换（1985 年）；通过 Retail Link 系统与供应商共享预测方法等（1991 年，1993 年）；启动 Wal-Mart.com 电子商务网（1996 年）；店内的广告采用沃尔玛的视频网络（2000 年）；第二次启动 Wal-Mart.com 电子商务网（1999 年）；在 Sam's Club 测试 RFID 系统（2001 年）；实施人力资源管理系统（2001 年）；实施高级销售规划系统部件和财务报告系统（2001 年）；与供应商之间的数据交换采用互联网数据标准（2002 年）。早在 1975 年，沃尔玛公司建立了信息基础设施 POS、UPC，并建立了属于自己的卫星系统，从而帮助企业在当时即可实时追踪 400 多家门店的每一笔交易。RFID 技术在 2004 年沃尔玛公司已经应用了。在沃尔玛全球，还有很多行业领先信息化应用，包括在配送中心使用无人机、在店内使用机器人扫描货架识别缺货情况、移动支付等。在信息科技创新的道路上，尤其是将前沿技术应用到零售业，沃尔玛公司从未止步。

沃尔玛公司作为世界上最大的商业连锁零售企业，通过其快速高效的物流信息化应用模式，使整个连锁物流环节实现了顺畅链接，提高了运作效率，并最终实现控制物流成本的目的。沃尔玛公司物流信息化应用堪称世界零售业物流运作的典范。

3. 信息化建设内容

沃尔玛的信息化发展历程主要分为四个阶段。

第一阶段（1969～1979 年），该阶段的信息化重点是建立内部的日常关键作业系统。在此期间，沃尔玛公司采取了以下主要举措：

（1）1969 年，购买第一台计算机用于支持日常业务，开发和开始使用存货管理系统。

（2）1973 年，引入使用电子收款机（Point of Sells，PoS）系统，1974 年最早引用计算机进行销售。

（3）1979 年，建立了各商店与总部之间相连接的卫星网络。

这是沃尔玛公司信息化发展中具有里程碑意义的一步，公司第一次通过信息化改变了孤岛式的零售经营业态，实现了公司范围内的信息连接和交互。商店与总部之间相连接的卫星网络被认为是沃尔玛公司信息化的两大工程之一。

第二阶段（1980～1993 年），该阶段的信息化重点是建立与供应商之间的业务数据共享，达到对存货和物流的高效、低成本的管理。在此期间，沃尔玛公司采取了以下主要举措：

（1）1980 年统一了产品标识码，1983 年第一家使用条形扫描，1984 年自行开发使用一套市场营销管理软件。

（2）1985 年，使用公司专用卫星通信系统与供应商建立电子数据交换。

（3）1991～1993 年，建成 Retail Link 系统，实现与供应商的数据交互。

Retail Link 是沃尔玛公司为供应商建立的一个基于互联网的零售数据交流平台，能够实现与数万个供应商进行及时有效地商品数据交流、共享和预测。Retail Link 是沃尔玛公司信息化发展里程中两大工程之一。

第三阶段（1994～2001 年），该阶段以电子商务（这里的电子商务是指沃尔玛公司提供最终消费者的在线购买方式的业务）作为信息化重点。在此期间，沃尔玛公司采取了以下主要举措：

（1）1996 年，启动 Wal-Mart.com 电子商务网。

（2）2000 年，店内的广告采用沃尔玛的视频网络。

（3）1999 年，第二次启动 Wal-Mart.com 电子商务网。

（4）2001 年，在 Sam's Club 测试 RFID 系统，实施人力资源管理系统，实施高级销售规划系统部件和财务报告系统。

第四阶段（2001～2018 年），该阶段以人力资源、财务管理等辅助性活动部门作为信息化重点，并且开始运用数字化手段加速发展。在这个阶段，沃尔玛公司建立并使用了 RFID 系统，与供应商之间的数据交换采用互联网数据标准。近年来，在全球范围内，沃尔玛公司大胆运用数字新技术，包括在配送中心使用无人机、在店内使用机器人扫描货架识别缺货情况、移动支付等。在科技创新的道路上，尤其是将前沿科技应用到零售业，沃尔玛公司从未止步。

4. 信息化建设成效

从沃尔玛公司实际的信息化工作来看，它首先通过卫星网络和 Retail Link 两大工程分别连接了商店和供应商，实现了整条价值链的高效联通。尔后，它的信息化重点首先放在物流管理、财务管理和人力资源管理。在夯实人财物管理的基础上，积极运用数字技术和数字思维，非常快速地用信息化创新推动在本地市场的零售变革。

在沃尔玛公司，信息化部门在企业里不仅是一个成本中心，更是为企业提供服务和价值的部门。沃尔玛公司把信息化部门组织架构进行去中心化，信息化部门的每一个团队都能清楚了解工程研发资源和资金，使得科技能够更好地支持公司的业务战略。

从 2016 年起，沃尔玛公司在中国市场开始发力开展电商和数字化，带来很多新的变化和成效。其在门店推行的"扫玛购"小程序目前拥有高达 2000 万活跃用户，是中国市场小程序用户最多的零售商，也因此荣获 2018 年数字化转型与创新评选"年度数字化服务典范"奖。以业绩指标来看，沃尔玛中国在沃尔玛全球过去十年的增长是最快的，是沃尔玛全球信息化成效的典范。中国沃尔玛业绩的增长主要来自电子商务板块以及线下实体店的数字化变革，并且，电子商务的增长几乎 100％是由数字化创新直接驱动的。

在 2018 年，沃尔玛公司在深圳和成都分别开了两种业态的新型全渠道零售店：一家是大约 1000 多平方米的小型惠选超市；另外一家则是在 12 月成都新开业的新一代大卖场门店，缩小一半面积，增加更多餐饮和线下体验。两种门店全部通过其投资的达达-京东到家，实现1小时达到家服务。这两家全新门店是沃尔玛中国适应市场新的消费需求，利用新的数字化技术武装实体店，增加即时配送服务，改善用户体验的探索，极大地提高了传统线下门店的运营效率。由于沃尔玛公司在中国的门店没有在美国市场那么多，所以，着眼于满足中国消费者对于配送速度和线下门店体验的需求，沃尔玛公司正在试图改变传统门店的功能，门店不仅能为顾客直接提供服务，同时还能为线上订单提供配送服务。例如，实体门店的数字化转型就是一个很好的案例。沃尔玛公司在京东平台上建立多家旗舰店，包括沃尔玛旗舰店和山姆旗舰店。在跨境电商领域方面，通过全球购旗舰店把沃尔玛美国、英国、日本、墨西哥等市场的畅销商品带给中国消费者。在这个过程中，门店不仅能为顾客直接提供服务，同时还能为线上订单提供配送服务。沃尔玛在北京一个店，每天可以处理的O2O订单高达数千单。实体门店在数字化转型过程中，还有一个新职能：为云仓补货，成为云仓的"母店"。在零售O2O模式里，其中一个发展"瓶颈"是覆盖范围。下一步，沃尔玛公司计划将门店无法覆盖的地区开设云仓，以扩大门店的服务范围，门店也变成了线上顾客的一个体验场所。

沃尔玛公司的成功证明了通过有效的信息化战略获取超额持久竞争优势和巨大业绩增长空间的可能性。同时也证明了信息化工作对于企业来说不仅仅是一项简单的帮助各部门完善业务作业的"可有可无"的工作，信息已经成为竞争中必须给予足够重视并充分开发利用的战略性资源和发展加速器。

专家点评（胡建生）：

沃尔玛公司的信息化管理是贯穿于整个价值链，以先进的信息化技术为手段，以信息流为中心，带动物流和资金流的运动，通过整合全球供应链资源和全球用户资源，实现零库存、零营运资本与用户零距离目标。信息化管理不应仅是一个系统，应被提高到战略的高度，而不是将其投入到大量低价值的维护与运作事宜中。正如沃尔顿公司所坚持的"信息技术始于战略，而不是系统。"将信息化提到战略高度正是沃尔玛公司迈向成功的重要原因之一。一方面，沃尔玛公司通过供应链信息化系统实现了全球统一采购及供货商自己管理上架商品，使得产品进价比竞争对手降低10％之多；另一方面，沃尔玛公司还通过卫星监控全国各地的销售网络，对商品进行及时的进货管理和库存分配。当竞争对手也意识到信息化的重要性并效仿其开始起步时，沃尔玛公司早已在全球 4000 个零售店配备了包括卫星监测系统、客户信息管理系统、配送中心管理系统、财务管理系统、人事管理系统等多种技术手段在内的信息化系统。

6.1.1.5　壳牌石油公司

1. 企业概况

壳牌石油公司是荷兰皇家壳牌设在美国的跨国石油公司，世界最大的石油公司之一。该公司总部设在美国得克萨斯州的休斯敦市，在 2018 年《财富》世界 500 强企业中排名第五位，员工总数约 9 万人。壳牌石油公司（包括其联合公司和控股公司）是美国最大的石油和天然气生产商、天然气销售商、汽油销售商和石油化工生产商。

壳牌石油公司的产品除了石油的勘探、开发和炼化外，还包括各种油、燃料以及信用卡服务。位于美国加利福尼亚州 Martinez 的壳牌石油公司炼油厂是在美国的第一家炼油厂。壳牌石油公司的汽油生产以前包括 RU2000 和 SU2000 两条产品线（后来还曾有一个 SU2000E 产品线），不过它们都已经被 V-Power 产品线所取代。

2. 信息化概况

壳牌石油公司在中国的成品油业务近年来虽然在快速发展，但是与之匹配的信息系统特别是成品油配送信息化系统的建设一直难见成效，国外使用的先进的信息系统一经引入就由于国内业务环境和配送环境复杂而导致水土不服，而在国内寻找过的相关信息化厂商也由于各种原因不能完全满足壳牌石油公司的需求。

壳牌石油公司在中国总部的零售业务部和供应与储运部计划进行现有库存与配送管理系统的改造，改造以后要达到以下几个目的：提高总公司对各地分公司库存与配送业务的垂直管理；提高各分公司自身进行库存与配送业务的绩效；提升各分公司的库存与配送业务水平；加强对供应商和承运商的绩效考核和管理；提高各分公司库存与配送部门的作业效率；降低配送过程中带来的成品油损益；保障油站零断供和零安全事故纪录。

3. 信息化建设内容

信息化建设要坚持"总体规划、阶段实施、不断完善、逐步升级"的原则，避免和消除信息孤岛。壳牌石油公司在亚太地区实施 SAP 的最初计划是在各个国家和地区使用同一个模板、同一个配置。然而随着项目的进展，由于各个国家和地区在业务管理上的不同要求及其他方面的不同，特别是由于各支实施和支持队伍分散在各个国家与地区，项目管理上没有对各支实施与支持队伍做到集中控制，最终就形成了不同国家不同版本不同配置的 SAP 系统的状况。这种分散的系统分布状况给壳牌在亚太地区的进一步合并带来了很大的障碍。这些年来，壳牌石油公司为了整合过去分散的系统和数据而花费的代价是集成信息系统的几倍。因此，壳牌石油公司在其后的信息化建设中，由总部对所有的开发、模板以及业务流程进行统一集中的设计，再根据各事业部有共同产品和管理模式的特点，对事业部进行流程标准化工作，实现 IT 应用集中化改造。

物流信息化解决方案一直是壳牌石油公司信息化之路上的亮点。基于多年来在物流行业信息化建设中积累的精细化管理思想，遵循"总体规划、分步实施"的系统建设战略，并通过系统对配送中原来难以管控的节点通通纳入系统进行收集、整理、分析、监控的方法来进行系统的建设与实施。

（1）系统结构。壳牌石油公司信息化物流系统结构分为四个层次，其示意图见图 6-6。

1）数据采集：在配送车辆上安装 GPS 设备，监控车辆在途过程，并且与现有的电子铅封和流量计进行设备对接，接入配送车辆油罐的阀门状态和卸油数据，保证运输过程中油品安全无泄漏，保障油品在途运输过程中的损益，再通过摄像头，油罐阀门出现开关情况及时拍照存档，以便举证。远程采集油站各油罐的实时库存。

2）通信层：为保证数据的不间断采集以及采集频率和稳定性，采用移动网络，通过 SIM 卡来上传数据。

3）数据中心：负责解析 GPS 和油站上传的数据并进行保存，为了保证系统的高可用性，服务器组配置负载均衡。

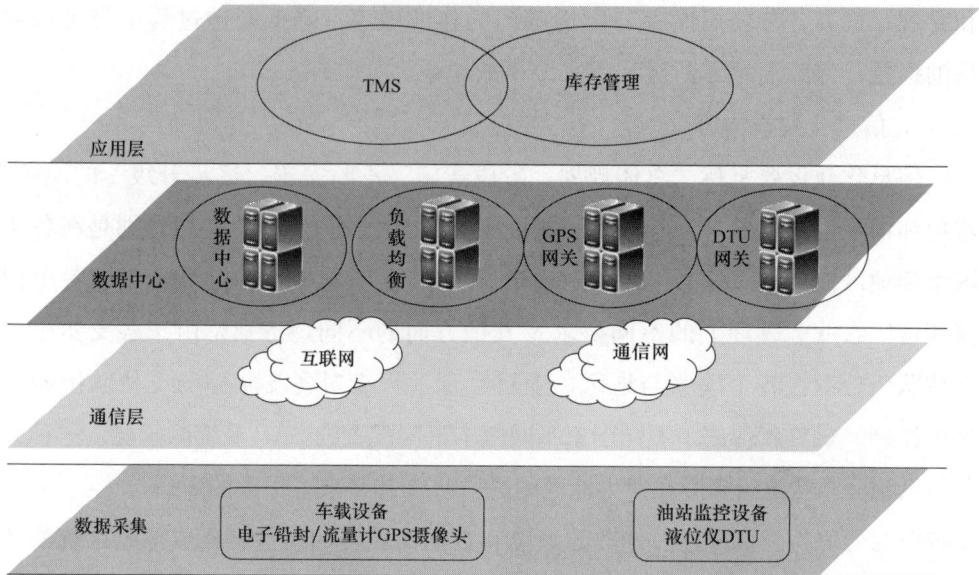

图 6-6　壳牌石油公司信息化物流系统结构示意图

4）应用层：将 GPS 和采集到的油站库存数据进行展现、统计、分析，并对库存数据进行预测，提供决策支持。TMS（配送过程在途监控系统）和库存管理系统高耦合低内聚，在车辆监控过程中进行计划执行情况展现，在计划制作过程中调用车辆数据。

（2）实现的应用预期。在组织架构层面，壳牌石油公司业务部门与安全部门可以通过同一个系统实现不同的监管需求；壳牌石油公司总部可以对分公司的业务情况进行垂直管理；壳牌公司与物流承运方对成品油配送的车辆在同一套系统中进行管理，统计结算数据一致，避免了在事故发生及运费计算上的扯皮现象；承运商与总公司在同一套系统中可以监管各分公司的车辆，承运商可以减少投入。

在业务层面，配送车辆运行数据及时准确统计；库存数据完全统计，系统自动进行库存预测，提供油品最佳需求量和最佳配送时间，提高对油品配送计划效率，降低沟通成本；配送计划直接由壳牌公司调度人员制订好，再发送给相关单位执行，调整便捷；配送计划在临执行前和执行过程中的调整能兼顾全局，并能及时通过系统发送到各个执行单位，保障油站不断油，并且能提高车辆利用率，从而提高车辆周转率；调度人员在制作计划过程中由于系统能帮助进行决策支持，并进行资源占用情况过滤，制作计划效率得到大幅提升；调度与配送部对车辆绩效考核和物流供应商的考核数据可以直接通过系统导出，大大节省了工作效率。

在系统层面，车辆在途过程监控和油站库存监控在系统中融为一体，车辆可用情况、订单可用情况在制作计划过程中系统主动筛选，在计划执行过程中系统对偏离计划的记录进行提醒。系统预留第三方接口，可以从订单系统中直接对接订单数据，避免导入或录入等重复工作。

4. 信息化建设成效

普遍采用了标准化流程和配置模块后，壳牌石油公司对全球的 IT 服务支持相对要容易很多。由于标准模板和流程覆盖了企业 70％～80％的业务流程和管理需要，剩下的 20％～30％就可以针对各个国家和地区的法律法规和管理要求进行少量的个性化修改，从而达到有效控制项目成本和实施风险的目的。以马来西亚、中国及中东模式为例，无论是马来西亚境内的企业，还是中国境内的或中东的企业，均共享同一套服务器，遵循系统中所设定的、标准的业务流程和规范，同时又充分考虑到不同国家和地区法律、法规的不同在系统中进行了必要的调整，以适应各国和地区对财务报表等方面的特殊需要，创建了较成功的集中式 IT 架构。目前在欧洲的 ERP 是一个统一的系统，全欧洲有大约一万名用户在应用该系统处理着壳牌欧洲公司的核心业务。以信息化供应链为例来说，壳牌系统实施后实现了以下效果：车辆周转率提升了 2 倍；成品油运输吨公里运费降低了 15％；配送计划执行准确率不低于 85％；成品油在配送环节中的损益率降低 45％以上；配送调度人员调度车辆的工作强度降低 50％以上；与第三方物流由于调度车辆产生的沟通成本大幅下降；与第三方物流由于配送过程中产生的异常情况和损益相互扯皮现象杜绝；保障配送安全零事故及油品零断供指标。

💡 **专家点评**（胡建生）：

壳牌石油公司进入中国后，关键在于能否为中国社会提供独特的价值，而独特价值的核心驱动要素就是企业核心价值观保持力。保持了自身的核心价值观，就能够成功本地化，并以此为初心，在为社会创造价值的同时，获得属于企业的回报，进而实现可持续发展；如果无法保持自身的核心价值观，则将注定要"泯然众人矣"。

壳牌石油公司通过信息化将企业核心价值观固化在企业行为中，保证核心价值观在企业内部、在中国区域与集团总部高度一致，推动企业社会责任实践，塑造优秀企业文化，驱动企业为社会做出贡献。同时，壳牌石油公司通过信息化形成了激励机制支持度，用信息化覆盖企业激励机制，使激励机制高度电子化、效用最大化，从而准确把握中国区的工作，能够有的放矢地进行激励，使本地化的变革和改进更加卓有成效。

6.1.1.6　亚马逊

1. 企业概况

亚马逊（Amazon）成立于1995年，开始只是经营图书的网络销售业务，现在销售范围极大扩展，为客户提供百万种全新及二手商品，市值在全美上市公司中名列前五，占据网上零售额的43%，是美国最早最大的网络电子商务公司，也是目前全球商品品种最多的网上零售商。亚马逊北美站2016年全年净销售额为798亿美元，超过排名其后的十家电商的销售额之和，是美国网上零售业的垄断者。2018年度世界《财富》全球500强排名第18位，员工总数约54万人。

亚马逊在创立之初给自己的定位是成为"地球上最大的书店"，但在1998年，亚马逊成功上线音乐商店之后，亚马逊将自己的定位调整为"最大的网络零售商"。在短短几年的时间内，亚马逊成功做到了从单一品种到多品种商品的销售，其秘诀之一，就在于给顾客提供的大额折扣及低廉甚至免费的送货服务。尽管后一项服务在增加销售的同时也产生了巨大的成本，但是亚马逊利用先进的订单处理系统降低订单的错误率，整合配送、降低库存，大大降低了物流成本。在整个过程中，管理的标准化极大地提高了亚马逊的管理效率。

在创业之初，创始人贝佐斯选择图书销售开始创业，就是认为图书是最常见的商品，且美国图书市场的规模大，标准化程度高。彼时，利用十位国际标准书号（ISBN），出版商可以与发行商之间通过电子数据互换得到图书的各项元数据。ISBN（国际标准书号）的使用让亚马逊顺利起步，获得了大量图书数据信息，即便在几年后，亚马逊拓展了业务范围，他们仍然使用了 ISBN 这种标识符模式作为管理的重要手段，并为此创建了他们自己的标识符 ASIN（亚马逊标准标识码）。ASIN 码在亚马逊平台上具有唯一性，相当于一个独特的产品 ID，在平台前端和卖家店铺后台都可以使用 ASIN 码来查询产品。它可以标识音像制品、服装鞋帽，甚至数字和流媒体产品。除此以外，亚马逊还利用 SKU（商品库存进出计量基本单位）、UPC（美国统一代码委员会制定的一种商品用条码）、GCID（全球目录编码）等编码来对产品进行管理。编码的使用大大提高了亚马逊的管理效率和准确性，但这些编码的标识对象并没有包括易腐烂商品，如食品。

亚马逊后来也尝试进入食品零售领域，如 Amazon Fresh，消费者可以在网上购买生鲜食品，快递到家；更为重要的是，尽管对设立实体店，亚马逊一直持谨慎态度，但最终在 2016 年 12 月，亚马逊推出了革命性的线下实体商店 Amazon Go，并且颠覆了传统便利店、超市的运营模式——它使用计算机视觉、深度学习以及传感器融合等技术，在顾客离开商店后，自动根据顾客的消费情况在亚马逊账户上结账收费，彻底跳过传统收银结账的过程。

2017 年 6 月，亚马逊宣布以每股 42 美元全现金收购以经营天然有机食品著称的美国高端连锁食品超市——全食超市（Whole Foods Market），总价近 137 亿美元。

在此之前，亚马逊在大都市买入的更多的是小规模的杂货店或是仓储地，以形成生鲜等当日送达业务的派送网络。另外，两家企业面对的消费群体也不大相同。全食是以中产为主要消费群体的超市，它的开店标准除了必须是居民聚居区之外，最重要的两个要素就是当地居民必须达到一定的收入，且拥有较高学历。而亚马逊是一个"百货店"，针对的是各类消费人群。

亚马逊在收购全食完成后立刻上架了大约 2000 款全食 365 Everyday Value 品牌的货品，最畅销的商品几乎全部售罄。全食自有品牌商品在亚马逊第一周总销售额为 50 万美元。如果是在传统实体店，双方的业务融合通常需要耗费几个月的时间。而在数字时代，由于双方一直实行标准信息化管理，标准化建设大大提高了信息化建设的推进速度，因此并购后业务能够迅速展开。而双方销量的增加，是双方客户数据信息的第一次精准完美的结合的成果。

2. 信息化概况

亚马逊成功的关键是标准化和自动化。亚马逊通过 API 和 Web 服务降低人为延迟，支持快速扩展以满足要求，同时严格控制成本。数字化转型不仅仅是对 IT 技术的升级，或将全部应用迁移至云，它还包括思维方面的转变，即从改进业务流程转变为提升业务价值。IT 公司如果要成为业务方面的战略合作伙伴，就必须从根本上改变其运作模式。

在过去的十年间，亚马逊云服务（Amazon Web Service，AWS）已添加了基础设施的关键构建模块，包括计算、存储和数据库。由于 IaaS 达到了稳定状态，AWS 于是调整重心，致力于提供充分利用底层构建模块服务的平台服务。2014 年，亚马逊收购了 2lemetry，这家物联网初创公司的业务主攻 M2M，后来成为 AWS 物联网服务。AWS 物联网平台充分利用现有的云服务来提供高级功能。从设备管理到虚拟化，AWS 拥有企业需要的一切服务。其服务包括 AWS Lambda、Amazon EMR、Amazon DynamoDB、Amazon Redshift、Amazon Kinesis 以及最近发布的 Amazon QuickSight，可以处理数据摄取、存储、处理和可视化。AWS 的现有客户很容易将物联网与其云解决方案整合起来。

3. 信息化建设内容

（1）飞轮效应的核心：亚马逊 Prime 会员服务。飞轮效应是指一个公司的各个业务模块之间会有机地相互推动，就像是咬合的齿轮一样。不过这个齿轮组从静止到转动起来需要花费比较大的力气，但是每一圈的努力都不会白费。一旦有一个齿轮转动起来，整个的齿轮组就会跟着飞速转动。

那么这个让整个齿轮组飞快运行的动力，便是亚马逊的 Prime 会员服务。亚马逊的会员服务只有 99 美元，单这个业务本身来说可能是亏本的。但是，放在亚马逊的整个飞轮效应齿轮组中，这是不可或缺的一部分，是让亚马逊所有齿轮转动的那个"力"。基于亚马逊 Prime 的飞轮效应带来的新商业模式变革，是亚马逊整个公司数字化的基础服务。

（2）亚马逊云服务（AWS）。2000 年亚马逊为了协助第三方供应商在其电子商务上架设购物网站，需要有运算、储存和资料库等系统来支撑这样的新服务，如此促成了 AWS 的诞生。AWS 起初只是为了满足内部需求，然而亚马逊利用"技术商品化"创造更多商机，如今已成为全球最大的云服务供应商，提供超过 70 种的计算、储存等云端服务，在全球支援超过 100 万用户。如飞利浦使用 AWS 建立了 Healthsuite Digital Platform 管理健康数据；Netflix 使用 AWS 提供线上影音串流服务；Yelp 使用 AWS 建立起线上最大的食记评论网 Yelp。对于新创公司而言，由于经费不足缺乏投资云端技术的研发，而亚马逊提供 AWS 的技术以时间计费，使新创公司得以省去自己建置并维护 IT 部门与网络基础建设的成本。AWS 云服务已成为亚马逊最大的利润来源。

（3）以消费者体验为出发点的卓越亚马逊物流。卓越亚马逊物流管理模式的最大特色就是从客户体验出发，是一套基于消费者需求又富有竞争力的物流体系。

1）预测式响应菜单。良性供应链管理的精髓是通过预测消费者的需求，主动反应订单。互联网在这方面极具优势，而亚马逊就是通过后台系统将这个优势最大化的。经过多年的累积，亚马逊已经建成了强大的数据库，系统根据这个数据库可以大概预测某个产品的某一型号在某一个地区一天能有多少订单。也就是说，在消费者还没有下订单的时候，商品就已经备在库房里了。卓越亚马逊还根据消费者以往的消费记录，定期给消费者发送电子邮件，推荐类似的商品和最新的商品。即使只在卓越亚马逊购买过一次商品的用户，它也会持续地给用户发送电子邮件。这种服务方式为消费者提供了极大的便利，同时也一定程度上起到了促销的作用。

2）高效的仓库管理。卓越亚马逊对企业内部流程进行了改革，产品摆放的标准由之前的档案化管理改为随机摆放，这完全是按照美国亚马逊的模式和流程设置的。所有的货物都是按照节省空间的原则随机摆放的，但这种杂乱无章的摆放，既能提高分拣工人的效率，也能提高订单配置工人的效率。在需要把图书和物品挑拣出来时，员工只需用手持扫描枪扫描订单后，手持设备会自动计算出最快的路径，告诉员工这些货在几号货架几号柜子取。仓库管理效率的提高就意味着对消费者需求的满足会更快。

（4）以消费者满意度为考评指标。如今，卓越亚马逊的配送能力已基本满足了北京、上海、广州、天津四个城市的要求，业务量大时它还会将部分配送外包。在其他城市，卓越亚马逊则采用与第三方配送公司合作的模式。对于散布在各地配送公司的筛选和考评，也成为卓越亚马逊工作的一个关键环节之一。

到达率、准时率、投诉率、损坏率等，都是卓越亚马逊考评合作伙伴的重要指标。卓越亚马逊在对第三方物流公司的管理方面，包括对物流供应商的选择、财务管理、质量管理等，以及实现订单分拆等新业务要求时，均采取了以消费者满意度为考评指标。这样做的意义在于，一方面企业实现了对消费者体验和需求的即时掌控和跟踪服务；另一方面也有利于最大限度地在满足消费者体验的同时有效地控制成本、提高运营管理效率。

（5）开放第三方（Marketplace）。亚马逊不仅允许第三方在其网站上贩卖商品，也提供它们外包配送的服务。通过开放公司的仓储中心，亚马逊让第三方能够享用它们无法于短期内建构的基础物流设施，也为其增加曝光率。这样的策略使亚马逊不需要投资大量金额即可成功扩充商品种类，在让第三方来填充品类空缺的同时，也使亚马逊能够免除仓储过久的风险。

亚马逊 2016 年交易量为 980 亿美元，其中 350 亿美元是由亚马逊自行售出所得，其余的 630 亿美元则是由通过亚马逊平台的第三方经销商售出所得。

（6）以客户为中心的数据化运营。亚马逊的宗旨是以客户为中心。亚马逊以愿景为基础，提出了在提高用户体验的同时开发的数据化运营系统。

1）获取用户数据。通过利用电商行业的优势，获取用户的消费行为习惯等信息用大数据分析及机器学习对其进行分析。

2）充分利用互联网平台。亚马逊通过自身电商平台的优势，每天进行几百次试验。例如，使用不同的算法来推荐商品，或者改变购物车在屏幕上出现的位置。当把购物车从屏幕的左边移到右边时，购物车被遗弃的情况就会有几分之一个百分点的好转。那看起来并不多，但是对于数亿网站访问者来说就是有意义的，而且进行试验的成本很低。这些试验结果得来的数据，可以帮助网站优化 UI 设计，给顾客提供更好的购物体验。

3）招募数据人才。亚马逊雇用了很多数学、工程方面的高端人才，开发软件获取有效数据并提供强大的分析工具。负责运营算法的 VP 为普林斯顿大学数学博士，另外一位是来自俄罗斯的数学家。

4）建立以数据为中心的企业文化。大家在做提案时，必须要有数据支持，否则很难通过。

4. 信息化建设成效

在福布斯发布的 2017 年最有价值品牌排行中，亚马逊一跃成为估值排名第五的公司。这也得益于亚马逊的 CEO 贝佐斯一直以来不变的商业理念。在亚马逊 Prime 会员、AWS 云端服务以及 Marketplace 第三方市场的支持下，亚马逊的市值一路走高，截至 2018 年 9 月亚马逊市值已经逼近 1 万亿美元。亚马逊 AWS 云端服务是众多企业数字化转型的首选，该服务已经成为亚马逊主要营业收入业务之一。亚马逊通过为供应商提供范围越来越广的服务（从托管服务到仓库管理），甚至把很多供应商变成了自己的顾客。

💡 **专家点评（胡建生）：**

> 信息化企业需要具有企业核心价值观保持力。亚马逊历经 23 年发展，完成了由零售商向最有价值的高科技公司的质变，背后正是将"以客户为中心"的企业价值观融入企业的一切经营决策活动中。
>
> "以客户为中心"为亚马逊带来了可传承的基业长青因子，以技术为核心驱动力又成为亚马逊核心价值观实现的科学方法，亚马逊通过不断地技术创新投入时刻洞察用户需求、优化用户体验、创新用户服务，最终形成电商、物流、AWS、新零售等协同发展的生态体系。"以客户为中心"最终为亚马逊带来了永无止境的企业进化，使亚马逊能够在复杂多变的环境中永远保持具有鲜活生命力的核心竞争优势。
>
> 寻找到并固化下可传承的企业价值观，是保证信息化企业朝着正确方向努力、进化的基础。这正是亚马逊对中国企业的信息化转型带来的最具价值的启示。

6.1.1.7　华润集团

1. 企业概况

华润集团的前身是于 1938 年在香港成立的联和行。1948 年联和行改组更名为华润集团公司。1983 年改组成立华润（集团）有限公司（简称华润集团）。2003 年归属国务院国资委直接监管，被列为国有重点骨干企业。1954 年华润集团公司成为中国各进出口公司在香港总代理，组织对港出口，为内地进口重要物资，保证香港市场供应，贸易额曾占全国外贸总额的 1/3。华润集团成立后，因应外贸体制改革的形势，企业逐渐从综合性贸易公司转型为以实业为核心的多元化控股企业集团。

2000 年以来，经过两次"再造华润集团"，华润集团奠定了目前的业务格局和经营规模。集团主营业务涉及大消费（零售、啤酒、食品、饮料）、电力、地产、水泥、燃气、大健康（医药、医疗）、金融等。集团下设 7 个战略业务单元、18 家一级利润中心，实体企业 1987 家，员工总数约 45 万人。直属企业中有 6 家在港上市，其中华润集团电力、华润集团置地位列香港恒生指数成分股。

华润集团以"引领商业进步，共创美好生活"为使命，通过不断创新，打造产品和服务品牌，有效地促进了产业发展，为提高大众的生活品质做出了应有的贡献。目前，华润集团零售、啤酒、燃气的经营规模为全国第一。电力、水泥业务的经营业绩、经营效率在行业中表现突出。华润集团置地是中国内地最具实力的综合地产开发商之一。医药销售规模在全国位居前列。雪花啤酒、怡宝水、华润万家、万象城、999、双鹤、东阿阿胶等是享誉全国的著名品牌。在 2018 年《财富》世界 500 强企业中排名第 86 位。

目前，华润集团正在实施"十三五"发展战略，按照"做实、做强、做大、做好、做长"的发展方式，依托实业发展、资本运营的"双擎"之力，借助国际化、互联网的"两翼"之势，通过提升资产质量、优化资本结构、调整产业结构、布局全球市场、开展研发创新、提升信息化水平六大举措，实现"跑赢大市、转型升级"的目标，为股东创造效益、为社会创造价值、为员工创造成长空间，成为受大众信赖和喜爱的全球化企业。

2. 信息化概况

2016 年，围绕中央深入实施创新驱动发展战略、四化（工业化、信息化、城镇化、现代化）同步发展的战略决策、国资委加快中央企业信息化水平提升等工作要求，华润集团结合外部新常态的经济环境和自身战略发展需求，提出了"双擎两翼"业务发展战略，互联网作为其中"一翼"上升到了新的战略高度，建设"数字化华润集团"，将信息化打造成多元化集团运作和发展的核心能力，成为华润集团"十三五"信息化战略的工作目标。为了解决多元化集团面临的问题，多元与集中难以平衡、服务与管控难以融合、共享与协同难以联动、标准和流程难以规范的问题，同时也为提升华润集团信息化建设的能力，华润集团围绕解决信息化服务中的组织体系、技术架构、数据管理、服务机制、人才队伍、安全管控等核心问题而设计出了一套解决方案,即"华润集团信息化服务体系"。华润集团领导坚定的信念和大力的推动、各级企业一把手的切实支持,使集团信息化服务体系建设各项工作进入顺利落地过程中,开始产生阶段性成效。一方面,信息化服务体系对信息化工作的重新定位以及信息化服务体制和机制的形成,极大提升了信息化团队的使命感、归属感,尤其是"一部两中心"的组织体系和"内部商业化"的运作机制,加速了IT能力的培育,团队的稳定性、战斗力、凝聚力得到大幅提升。另一方面,作为融入互联网经济的四大数字化平台实现质的突破:"数据中心"作为多元化集团数据价值化的数字化平台,于2016年7月26日正式启用,同时实现了全集团信息化设备集中、系统集中;"华润集团通"作为面向全社会生活场景化的数字化平台,于2016年12月28日上线;"润工作"作为多元化集团共享办公网络化的数字化平台,其移动版于2017年1月正式上线;"华润集团汇"作为面向全集团运营信息化的数字化平台,11个共享中心全面启动;同时多家下属企业提出并推动"数字化+行业"或"智慧+行业"建设,加速了"大智云物移"向华润集团各行业生产运营管理的融入。

华润集团的信息化工作经历了从分散到集中的过程,于2008年正式成立集团信息管理部。华润集团信息化之路见图6-7。

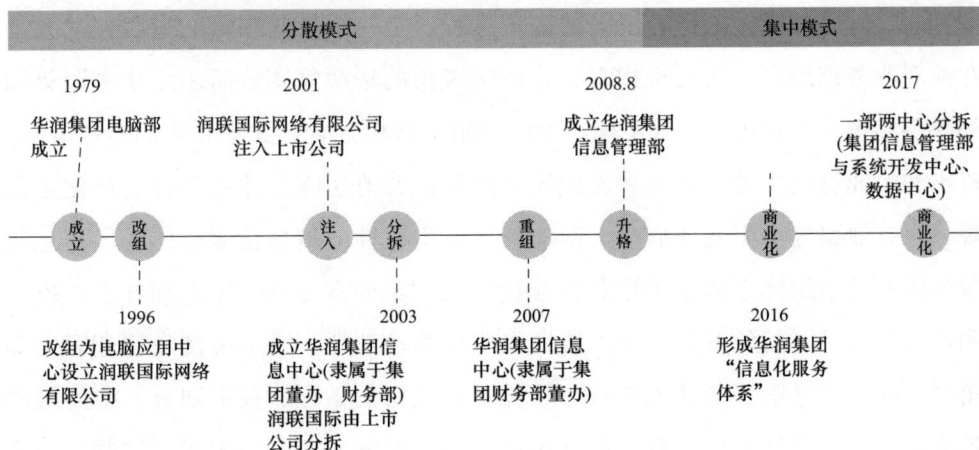

图 6-7　华润集团信息化之路

2012年以来,按照华润集团董事会通过的"十二五"信息化战略,以全面、系统、集中的模式在全集团范围内进行大规模的信息化建设。华润集团"多快好省"地实现了华润集团"十二五"信息化战略的高效、扎实落地；同时形成了未来数字化的两大基础。在组织层面上，华润集团培养了一支具有强大战斗力、富有专业能力的人才团队。在基础设施方面，华润集团建立了适应自身生产经营需要的专业化信息系统，企业全价值链（管理价值链和业务价值链）已基本实现基础平台全覆盖。

2016 年，华润集团结合国家宏观政策，外部新常态的环境和自身战略发展需求，提出了"双擎两翼"业务发展战略，信息化被赋予了更高的定位，"互联网"作为其中"一翼"上升到了新的战略高度，建设"数字化华润集团"，将信息化打造成多元化集团运作和发展的核心能力，成为华润集团"十三五"信息化战略的工作目标。

总体解决方案是以"一个华润集团，数字华润集团"作为口号，用信息化服务体系和 IT 技术解决方案分别解决多元化集团管理的问题以及各行业转型升级的问题。

3. 信息化建设内容

华润集团信息化工作之所以取得突破性进展，主要得益于华润集团信息化服务体系的提出和建设，极大地加强和加速了 IT 价值发挥。

（1）形成信息化服务体系，创新机制和体制。信息化的过程是引发企业管理理念、管理方式、工作方法等的变革过程，是一个极其艰难的过程，尤其是在面对业务范围广、法人机构多、管理层级长的华润集团。而多元化华润集团如果要实现多元和集中有效平衡、管控和服务有机融合、共享和协同有效联动、资本和实业有机互动、标准和流程统一规范，就迫切需要建立符合信息化运作规律、有效服务集团发展战略、调动各方面积极性的信息化服务体系。信息化服务体系的组织体系界定了信息化建设中的"集中和专业、需求和开发、投入和产出"三个方面的重要关系。技术架构从物理部署、系统链接和管理职责等角度明确了信息服务的技术架构。软件研发从研发重点、权责划分、统筹机制等方面规范了软件开发服务内容和范围。商业服务主要是完善了"四制"的商业化服务政策以及团队建设要求。数据生产则是从集团和利润中心职责分工、数据标准及加工等方面明确集团数据管理和服务的权责划分。信息安全明确了信息安全的标准、方法和职责。

信息化服务体系的形成，使得华润集团在任务重、时间紧、资源有限的情况下，通过横向和纵向的深度协同，大幅度降低了信息化成本，快速解决了业务和管理对信息化的需求，实现了信息化战略高质、快速和有效的落地。

（2）研发"华润集团通"，打造面向全社会生活场景化的数字化平台。"华润集团通"是以互联网为手段，以忠诚度计划为纽带，经营客户资源，深入挖掘客户价值的综合电商服务平台。通过客户通、积分通、电商通、跨境通的"四通"计划，华润集团打通线上线下各业务板块、外部合作伙伴与客户之间的联系，以产生聚合效应，形成共赢的生态圈，更好地推动华润集团商业模式转型升级。

（3）启动"华润集团汇"，打造面向全集团运营信息化的数字化平台。"华润集团汇"是华润集团共享管理信息、汇集管理资源、规范管理流程的管理服务平台。依托华润集团过去八年所搭建的信息化基础平台和架构，按照整体规划、问题导向、效益驱动、系统集成的原则，通过平台增补完善、功能优化、系统集成等，建立作业中心和共享中心，统筹管理人、财、物核心资源，促进内部管理的专业化、规范化、流程化，共享信息、提升效率和管控风险，最终实现"一个华润集团"的整合运作体系。

（4）研发办公平台，打造办公网络化的数字化平台。华润集团办公平台是为提升华润集团的整体办公效率和决策水平而建设的平台，通过打通华润集团人与组织、流程、服务之间的连接，让沟通更便捷，流程更高效，信息更通畅，服务更贴心。具体包括内网和外网两大部分：内网由公文处理系统（OA）、办公信息系统和专业处理系统组成；外网由集团官网、利润中心子网和华润集团官方微信公众号组成；其中集团内外网的办公信息系统支撑组织之间信息的透明和畅通，公文处理系统支撑政令的无障碍上传下达和流程的简捷畅顺，专业系统服务整合人力资源、财务会计、考核评价等信息资源为员工提供更完善和更贴心的人性化服务。"润工作"是移动办公平台实现的一种方式，是桌面方式的移动展现。

（5）建设数据中心，打造数据价值化的数字化平台。数据中心是信息化服务体系的物理平台，是实现华润集团信息化"三个集中"（设备集中、系统集中、数据集中）的技术运行中心。首先，在数据中心建立全集团统一的技术标准和技术架构，为集团和各单位提供统一的机房场地资源、统一的数据存储资源、统一的计算处理资源、统一的网络交换资源和统一的灾备测试资源，实现全集团的设备集中。其次，在数据中心搭建全集团统一的"两库"（数据库和信息库），通过统一的数据治理和数据集成，整合全集团的数据资源、实现在"两库"中的数据集中。同时，在数据中心实现全集团管理信息化和逐步实现各利润中心业务信息化的集中运营，并分阶段开展"华润集团通""华润集团汇"、办公平台等集团级运用平台的建设，实现全集团的系统集中。

（6）数据标准化管理，推动数据资产的价值转化。为了释放数据红利，华润集团加快了数据标准化工作的推进。第一，完成了数据标准管理办法的制定；第二，制订了数据管理平台的规划；第三，加快了华润集团数据标准目录的发布；第四，建成了集团级绿色数据中心，不仅实现了设备集中和系统集中，也为"两库"建设打下了坚实的基础，更通过大数据技术挖掘数据价值、释放数字红利；第五，开展集团数据管理规划，加强数据治理，对组织、银行账户、人员等主数据进行梳理，在保证数据质量前提下进行数据的集中和应用，有力地推动了数字跨界应用、数据价值挖掘。

（7）研发智能创新平台，推动资产智慧化。按照华润集团培育自主研发能力的要求，华润集团制定了集团的云基础设施、基础云服务蓝图、智能技术云平台系列及利润中心智慧行业云平台集群的自主研发技术能力总架构，纵深发展集团基于云计算、移动化、物联网、人工智能、区块链等前沿新技术的全栈智能化技术服务体系。为了更好地支撑利润中心智慧行业云平台建设，华润集团构建了软件研发服务体系，打造了数字化、智能化转型支持平台，包括搭建了通用移动开发框架、通用 Java 开发框架流程服务中心等多元化集团可共享的通用开发平台；运用敏捷开发，创建了适用多业态大型企业信息化运营和数字化创新的软件开发工作方法论，建立了 DevOps 技术平台、DevOps 实践方法论、持续交付卓越中心；自主研发了多元化集团的云计算原生 SaaS 云关，为所有出入华润集团内网的互联网流量提供了高安全、高性能的服务管理，并对所订阅的外部云服务跳转留痕；形成了多元化集团共享的"三精"（精敏开发、精密管理、精准交付）实施能力与信誉。

4. 信息化建设成效

（1）推出"华润集团通"，深度挖掘华润集团客户资源价值。"华润集团通"

于 2016 年 12 月 28 日上线运行。"华润集团通"的正式运行，打通了华润集团线上线下各业务板块、外部合作伙伴与客户之间的联系，形成店多、客多、货多、钱多、场景多的"五多"局面，并逐步形成线上线下一体化运营能力，逐步成为集团对外交易的主窗口、主渠道。

1）建立电商平台。开辟华润集团质造、万家精选等模块，为华润集团各业务单元新增销售渠道，同时打通了线下线上一体化垂直经营平台，实现线上展现、线下体验。

2）统一会员身份。将华润集团各业务单元相互独立的客户管理体系，整合成集团共享的一体化客户忠诚度计划，实现会员身份唯一、会员介质（实体/虚拟会员卡）的跨场景识别和权益共享。打通多家下属企业的会员系统，为全集团跨行业之间营销协同打下基础。

3）打造积分联盟。建立通用共享的积分体系，统一积分价值，明确积分通积、通兑、通汇和积分营销等业务规则，打通了全社会、跨行业的积分通兑。

4）整合外部资源。依托华润集团优质海外供应链资源，结合华润集团堂、华润集团五丰在香港多年的经营经验，通过跨境电商保税和海外直邮模式搭建了全球高品质产品跨境通平台，进一步满足国内广大消费者的消费需求。

（2）全面启动"华润集团汇"，提升企业内部管理效率。截至目前，"华润集团汇"已完成报账系统（财务共享中心的核心系统）的集团通用平台建设及试点建设，有效地规范了报账过程，降低了财务风险，提高了财务处理效率，更好地支撑共享中心运作；完成资金支付通道（资金管理中心的核心系统）试点建设及第一批推广，大大提高了结算效率，比如单笔支付效率提升 3 倍，批量支付效率提升 21 倍，查询效率提升 30 倍，同时加强了资金风险防控；完成人力资源与财务系统的薪资集成试点建设，实现了薪资闭环管理，提高了数据质量，降低了工作量。此外，人力资源管理系统在根据人力资源汇的规划下进行扩展模块的推广，法律管理系统上线试运行，采购管理系统、投资管理系统等也正在平台搭建中。

（3）启用"润工作"，优化员工办公效率。"润工作"作为集移动办公、工作协同、沟通分享、员工服务为一体的华润集团人一站式综合办公、服务、沟通交流中心，于 2016 年 12 月试运行，2017 年 1 月 13 日正式上线，截至目前，下属企业接入平台的超过 50%，累计用户数超过 100000 人，月活跃用户数达 72680 人，超过总用户数近 70%。移动办公方面，已接入单位流程移动化率超过 80%，移动审批人次快速增加，流程审批效率较原来提升 20% 以上，流程累计节约时间超过 10 万小时。

（4）集团数据中心基本完成设备和系统集中，有效保障业务持续性运行。集团数据中心自 2016 年 7 月启用以来，经过一年多的努力，采用云化资源池的弹性部署架构，为集团各单位统一提供场地、机电、计算、存储和网络等资源的服务，实现全集团各单位应用系统的统一部署、数据的统一管理。目前已经基本完成所有下属企业的应用系统搬迁工作，搬迁过程数据零丢失、应用零回退、业务无影响。为保障安全稳定运行，通过管理提升、架构优化和自动化工具等多项措施的有效落实，自投产后运行日趋稳定，各项指标均达到预期目标。例如，投产至今机房场地和机电保障能力高，可用率达 100%；通过 UPS 双电源改造将 UPS 可用率从 99.982% 提升至 99.995%；对存储架构进行优化，各应用系统的响应速度提升 57%；通过高可用环网的建设，保障通信链路的高可用性；通过自动化监控体系和监控工具的建设，为各单位提供统一的基础设施监控服务。

（5）智能创新逐步深入，生产智能化程度进一步提升。各行业智能创新探索逐步深入，成果初显。例如，华润集团微电子的智能机器人试点项目，利用 RFID、5G WIFI 等基础技术，在华润集团微电子 FAB2 工厂部署首台工业智能机器人，进行加工物料的自动搬运及自动上下料操作，并满足无尘车间的各类环境指标要求；华润集团万家智能补货项目，通过大数据和精准分析，智能预测门店需求，智能生成仓库的供货任务，保持门店的最小库存量，并保证供货的准确性。目前华润集团万家的智能补货准确率已经达到 70%；华润集团水泥智能巡检系统项目，采用智能巡检仪，对设备巡检线路、检查内容进行引导，实时上传检查结果信息，通过智能软件将巡检数据纳入设备运行档案，并进行智能分析。通过智能巡检系统指导设备管理的日常维护、保养、检修等管理工作，既能够保证巡检工作的完整性，又能有效使用巡检数据，为设备预先维护和预知维修提供现场基础资料。

（6）未来发展方向。依托已搭建的集中共享的信息化基础云平台，通过发展自身科技团队的力量，培养自主研发能力，全力推动四大数字化平台（"华润集团汇""华润集团通"、办公平台、数据平台）的建设，同时加快推动各下属单位 IT 技术解决方案的制订和落地，推动移动互联网、物联网、大数据、人工智能和各行业业务的深度融合，深入挖掘应用系统价值，提升企业管理和运营能力，提升企业核心竞争力；深入挖掘数据价值，打造一个"数字化华润集团"，推动华润集团的创新发展。

1）四大平台建设。华润集团将依托正在搭建的全集团共享的通用开发平台，继续推进四大数字化平台建设。"华润集团汇"继续推动财务、人力、采购投资、法务、审计、商旅、报表等 11 个共享服务中心的全面建设，促进内部管理专业化、规范化、流程化。"华润集团通"将持续丰富消费和服务场景，提升客户体验。办公平台将继续推动统一办公、统一网络的建设，打通人与组织、流程、服务之间的连接，让沟通更便捷、流程更高效、信息更通畅、服务更贴心。数据平台将在数据物理集中和逻辑集中基础上构建"两库"和数据服务引擎，打造多元化集团大数据的挖掘和分析能力，同时数据中心将以云服务的模式，为全集团及社会提供高可靠性、敏捷快速的 IT 基础设施共享服务。

2）数据治理。华润集团将着力完善数据标准化管理组织体系和运营体系，同时将系统性地推动主数据、元数据标准的全面制定和发布，提升系统数据质量。

3）智能创新。华润集团将以互联网、物联网、云计算、大数据、人工智能等新技术为主导，建设通用物联网平台，包含物联网应用云平台、物联网开发平台、物联网大数据分析平台、物联网应用建设方法论等功能模块，并结合各下属企业既能提升产能、优化组合，又能稳定产品品质；既能解决自身问题，又能推广复制；既能节省生产成本，又能产生产后边际联动效益的业务场景，形成行业物联网解决方案，配合华润集团国际化部署，发挥华润集团多元化业态的优势，最终形成具有全球化的创新产业。

4）网络安全。按照华润集团的信息安全建设规划，聚焦以下四个方面的工作：一是意识强化。融合线上线下渠道，多方式、多维度向全集团各级员工宣传信息安全标准和要求，将保密、安全意识深植人心。二是能力提升。持续建立全集团信息安全培训体系框架，针对不同层级、不同专业员工安全管理的特点进行安全专业知识和能力的培训。三是强化交流。加强内外部企业信息安全管理交流和分享，形成网络安全防护合力。四是体系完善。推动各单位建立全集团措施明确、路径清晰的信息安全管理体系，并从网络防护、身份认证、操作留痕、基础设施安全等方面落实信息安全管控措施，为华润集团通等系统、平台提供稳定、安全、高效的运行环境。

5）IT 技术解决方案：华润集团将结合信息化服务体系，形成各下属企业IT 技术解决方案建设指引，指引各单位围绕自身战略需要，通过对标分析，形成包含生产智能化、作业线上化、信息标准化、数据集中化、系统集成化等技术标准，设施、系统、数据、研发项目、通信保障、安全等技术架构，资源保障等内容的行业一体化解决方案，并按年进行推动落实。

💡 专家点评（胡建生）：

华润集团经营规模及业务跨度之大可能超出大多数人的认知：在消费、电力、地产、水泥、燃气、健康、金融7 大领域拥有实体企业超过1900 家。如何保障集团"跑赢大市、转型升级"的目标得以实现，华润集团通过信息化协助企业建立灵敏的环境洞察能力和完善的风险防御体系，使企业快速应对经营环境变化，及时调整资源以响应客户需求变化。同时，高度重视建设基于价值网络的资源整合水平和协同能力。华润集团逐步形成了强大的信息资源整合与开发利用能力，构建高质量的企业价值网络，实现集团内外部的高度协同，使集团整体呈现出较高的业务集约化水平。

作为业务多元化构成最复杂的央企集团之一，其思路、经验对特大型集团企业有很大参考价值。

6.1.2　集团企业的信息化企业建设

随着信息化、智能化技术逐渐发展，我们过去很多无法想象的事情正在或者已经发生，如通用电气（GE）成为软件企业、谷歌（Google）将要生产汽车、朋友家的新冰箱是上周网上定制的而且价格不贵等。

制造业正在经历一场前所未有的巨变，用户对成果的关注、对个性化定制的需求越发明显，传感器和互联互通的网络让产品更加"聪明"，企业销售的不再是产品，而是结合了产品和服务的"成果"。硬件企业和软件企业的界限日益模糊，作为集团型制造企业，必须通过构建信息化企业来加强与最终用户的联系，将每个人演变成每个产品的创造者。物理世界和虚拟世界的技术进步以及融合促使集团型制造企业必须勇于求变，构建信息化企业核心能力，在设计、工艺、质量以及精益生产方面进行持续改进。

6.1.2.1　中国联通

1. 企业概况

中国联合网络通信集团有限公司（简称中国联通）是国家新一轮电信体制改革中诞生的一家公司。2009 年 1 月，由原中国联通和原中国网通两个实力均等的特大型国有企业合并重组而成，在国内 31 个省（自治区、直辖市）和境外多个国家和地区设有分支机构，是中国唯一一家在纽约、香港、上海三地同时上市的电信运营企业，连续十年入选"世界 500 强企业"，在 2018 年《财富》世界 500 强企业中排名第 273 位，员工总数约 23 万人。

中国联通主要经营固定通信业务，移动通信业务，国内、国际通信设施服务业务，卫星国际专线业务、数据通信业务、网络接入业务和各类电信增值业务，与通信信息业务相关的系统集成业务等。中国联通于 2009 年 4 月推出全新的全业务品牌"沃"，承载了联通始终如一坚持创新的服务理念，为个人客户、家庭客户、集团客户提供全面支持。

2. 信息化概况

2012 年初，中国联通对 IT 管理体制和运行机制进行改革，成立集团三级纵向独立运作的信息化事业部。此次 IT 改革不仅实现专业化管理、一体化运营的垂直管控模式，更为重要的是建立统一数据中心，实现 IT 支撑中心由功能提供向数据服务转变。数据是企业经营的核心，要想让数据真实准确地反映企业的经营情况并最大程度发挥数据的价值，必须解决数据的提供方和考核主体相分离，实现数据的集中化、专业化和标准化管理，实现对所有数据生产全过程的质量管控，为公司提供多层级、多维度、全方位的数据服务。

3. 信息化建设内容

为适应公司战略发展要求，解决信息系统架构瓶颈，需要构建以数据为核心、依托云计算的模式和技术、一体化集中的 IT 柔性支撑架构。在云技术的架构下，应用不再以系统形式出现，而是平台上加应用模块来支撑各项功能实现。具体而言，便是要构建"云—管—端"的创新体系架构。

"云"集中提供平台化数据及应用服务、底层计算存储资源池化弹性承载、数据中心基地化装载及配套保障。构建面向中国联通统一 U-Cloud 的 2 地 3 中心集团级基地，计算处理能力达 42.7 亿 TPMC，存储总容量达 23PB 以上，提供 60＋应用，实现全网数据 100％一点提供，客户产品服务及管理分析流程高效标准化。"管"提供广泛的接入、信息传输能力，保障数据及应用服务流上下通达。网络容量提升至 620GB 以上，确保云计算服务能力畅通抵达用户，普适接入延伸至所有末梢，网络时延丢包率及带宽资源分配精细化管控，打破原有网络域划分，由纵向分类的访问和管控模式，逐步向分层共享模式演进。"端"为内外用户通过多种终端接入统一 U-Cloud 门户获取数据及应用服务，是标准化、一体化、安全化管理下的各种终端。覆盖固定/便携/移动终端约 50 万台，随时随地接入为外部用户提供丰富接入手段，遵循互联网化体验原则，页面响应时间控制在秒级。

4. 信息化建设成效

中国联通建立了以 CBSS、ECS、ESS 等为代表的集中系统，形成领先业内 2～3 年的竞争优势，有效支持了业务运营和内部管理，以信息化手段促进公司保增长增效益（见图 6-8）。

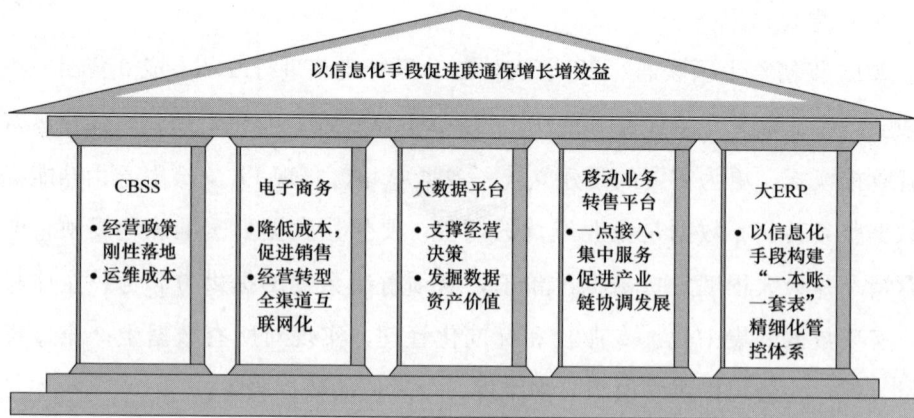

图 6-8　中国联通以信息化手段促进保增长增效益

CBSS 系统是经营政策的刚性落地，大大节约了运维成本；该系统支撑全部中国联通省分公司、营业厅和营业员，并全面承载沃 4G 移动用户。大力推进电子商务 B2C/B2B/O2O/B2b2c 平台建设和发展，积极探索全渠道互联化，各项经营指标高速增长。大数据平台支撑经营决策、发掘数据资产价值，通过使用移动互联网用户标签、交际圈信息、信用信息等数据资源，发掘并体现联通数据资产的巨大价值。统一大数据平台通过实现流量可视化、数据运营价值化、营销维系智慧化、资源投放精细化、客户体验个性化、优质内容共享化，从而进一步推动企业大营销、大服务的一体化建设，充分发挥大数据核心资产能力与价值能力。移动业务转售平台实现用户一点接入、集中服务，促进产业链协调发展。大 ERP 以信息化手段构建"一本账、一套表"精细化管控体系，实现了业务核算数据处理的流程化、系统化和自动化，有效提升了会计信息质量及对专业和本地网管理支撑的力度横向贯通、纵向穿透，以系统手段体现财务管理价值化。

专家点评（王继业，中国电力科学研究院副院长，与作者同名同姓）：

作为国内主流的网络服务运营商，中国联通是在信息化支撑管理业务基础上数据价值挖掘最有潜力的企业。中国联通将数据定位为企业经营的核心，依托云计算的技术模式，通过构建"云-管-端"的信息化架构支撑企业运营数据的高效计算、流畅传输和便捷获取，通过分离数据的提供方和考核主体等策略保证基础数据质量，为大数据平台支撑经营决策、发掘数据资产价值、提供数据服务发挥了重要的基础保障作用。

6.1.2.2　美的集团

1. 企业概况

美的集团股份有限公司（简称美的集团）是一家涉足消费电器、暖通空调、机器人及自动化系统、智能供应链（物流）领域的科技集团，提供多元化的产品种类，美的集团于 1968 年成立于中国广东，迄今已建立全球平台。美的集团在世界范围内拥有约 200 家子公司、60 多个海外分支机构及 12 个战略业务单位。

2015 年，美的集团成为首家获取标普、惠誉、穆迪三大国际信用评级的中国家电企业，评级结果在全球家电行业以及国内民营企业中均处于领先地位。2016 年，美的集团营收达 1598 亿元，净利润达 159 亿元，在全球有数亿的用户及各领域的重要客户与战略合作伙伴，员工总数约 12 万人。美的集团在 2018《财富》世界 500 强企业中排名第 481 位。

2. 信息化概况

美的集团从 1994 年开始进行信息化建设，投资引进 Oracle 的 MRP II 系统，于 1996 年在美的集团风扇厂进行试点成功。此后，美的集团又在其下属公司部署 ERP 系统，到 1999 年集团公司所属的主要公司均已全面应用 ERP 系统。随着业务增长，美的集团原有售后管理信息系统已不能满足顾客服务管理需要。美的集团提出了"双智"战略，力求实现互联网化、移动化、智能化。"双智"战略中一个"智"是创造智慧和有温度的产品，另一个"智"是智能制造，进行全价值链的精益化与数字化改造与经营。

3. 信息化建设内容

从 2012 年开始，美的集团开始做 IT 治理的集中制、全面重构系统，系统交付从外包转变自制为主。实施"632"战略，构建六大运营系统、三大管理平台、两大门户和集成技术平台。美的集团"观星台"见图 6-9。

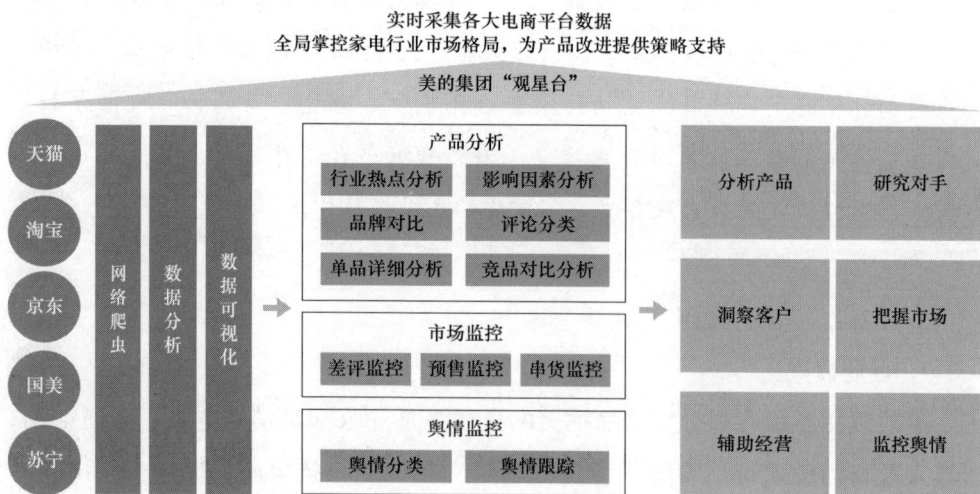

图 6-9　美的集团"观星台"

美的集团通过流程 IT 重构与整合，实施移动化战略、大数据，系统从 2B 转向 2C，设立新的用户体验设计部门 UED，实现企业管理透明化，也成为打通业务、企业内部进行协作的基础，最终实现了业务订单到收款、从采购到付款，以及内部关联交易、合作伙伴业务流程与系统的打通。通过这些项目，美的集团的流程 IT 形成了自己的五大专业方法：一是企业框架跟流程梳理与拉通方法。二是 IT 架构梳理、规划与管理办法。美的集团请了三星集团的首席顾问，用了一年的时间做 IT 架构方法，最终形成美的集团独有的方法。三是需求到交付闭环及项目群管理办法。从业务部门提出需求到 IT 部门交付项目，业务部门看不到 IT 做到什么程度，美的集团完全进行闭环管理。四是移动化规划与实施方法。五是企业大数据实施方法（主要收集电商数据、IOT 数据等）。四大 IT 举措帮助美的集团实现 $T+3$ 互联网化模式，进一步打通用户端到端、产品端到端、订单端到端的流程与系统。这四大 IT 举措是移动化、大数据、云和智能制造。首先是移动化的建设布局。美的集团的移动化分 ToB、ToC 和 ToE 几种，ToC 是面对消费者的 APP 平台、微信；ToB 主要面向合作伙伴如供应商或客户的 APP；ToE 则是面向内部员工的信息共享与协同的美信。美的集团上半年的移动报告显示，美信在美的集团内部有 77 万用户，活跃用户 23 万多，总启动次数达到 6000 多万次。风云榜评选出最具人气的应用是导购应用，最具情怀的应用是美的报，最省心的应用是美捷报。美的集团还专门给印度尼西亚、泰国所有的导购做了一个应用，效果也不错。以美捷报为例，员工因公使用××打车，就在应用里点××打车，公司直接支付；出差报销是和银行卡直接打通的，只要在需要公司报销的项目上打钩，相应的报销就会发到员工的银行卡上。

美的集团大数据平台叫开普勒（见图 6-10），是一个由五个产品组成的大数据产品群体，基本上覆盖 PC、移动设备还有大屏幕（大厅、生产车间以及领导办公室）等全渠道。

4. 信息化建设成效

大部分的制造业企业对数据不敏感，所以美的集团做了大数据的服务号，培养大家看数据的习惯。所有的移动应用都做得非常简单，员工在手机端一查就可以看到自己需要的数据情况。并且构建了美的集团 SaaS 十朵云，包括营销云、大数据云、制造云、智能云等。电商云用于帮美的集团管理淘宝上的店铺，美的集团依靠电商云，可以快速连接几千家的店铺，实现多平台的商品一键发布，库存的一键盘货。而供应链协作云则用于服务美的集团的供应商，在与供

MideaBigData

服务号	移动数据产品 不断提升业务快速响应能力
观星台	外部数据产品 不断融合外部数据知己知彼
水晶球	内部数据产品 不断梳理内部数据内在逻辑
地动仪	用户画像产品 不断加深用户认知精确制导
陀螺仪	开源基础平台 不断优化系统稳定运行基础

美的集团开普勒(Midea Kepler)是美的流程IT中心基于开源技术框架自主研发的大数据产品体系，该体系包括水晶球、观星台、地动仪、服务号、陀螺仪等在内的系列产品，全方位整合内部业务数据、外部互联网数据、智能设备数据等，为集团和事业部在精细化经营管理、用户营销和服务、产品优化和创新等领域提供完整的大数据支撑体系

图 6-10   美的集团开普勒

应商协作过程中引入交互式核价、定价过程阳光透明，最后形成采购订单，所有的流程都可以在手机端完成。美的集团智造最后一个布局则是智能制造。美的集团家用武汉工厂获得了国家智能制造的试点单位。在它的中控室里，大屏幕可以做全景演示，管理层的手机应用也可以全程观看。监控室里，任何问题都会得到反馈，比如设备是处于停用、正常、预警还是报警状态，来料状况又是怎样的，都可以看到。

开普勒的数据来源既有外部互联网数据、内部业务数据，也有空调、冰箱的运行数据及生产现场的设备数据。美的集团大数据应用产品都有很形象的名字。地动仪，是用来做美的集团的用户画像分析的。观星台，主要收集基于互联网的电商数据并进行分析，包括用户的评论消费热点、掌握各品牌的市场占有率等；同时，销量环比情况、销售额环比情况的分析也会体现出来。用这些数据分析出来哪些是美的集团产品的竞品，哪个竞品最近的市场表现最好，美的集团就要和最好的比。美的集团用户画像见图 6-11。

在美的集团"产品领先、效率驱动、全球经营"的三大转型策略之下，IT支持并推动了美的集团的整个数字化转型过程，并在业务创新过程中发挥了巨大的作用。根据美的集团 IT 部供应链系统部长周晓玲关于美的信息化实践之路演讲中提到的美的空调工厂案例，智能制造提升了制造综合效率 33％、减少生产损耗 68％、改善产品品质 10％、降低原材料/在制品库存 90％、缩短物料提前期 61％、减少物流损失工时 58％等。

全面融合内外部数据，构建用户全景视图
为产品设计出谋划策

美的集团用户画像

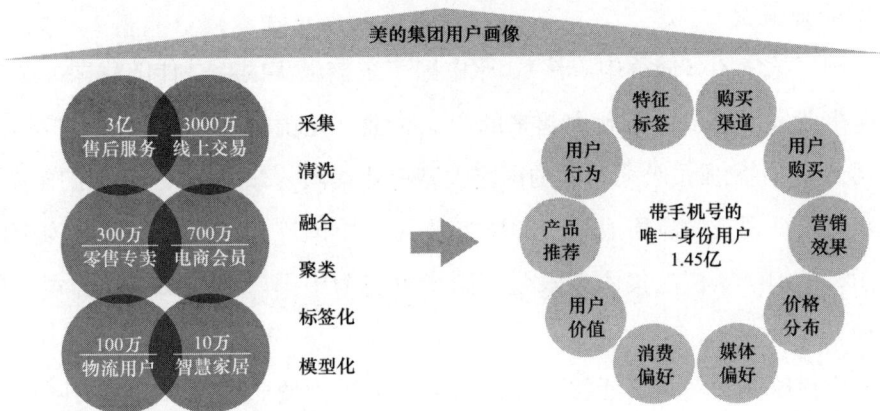

图 6-11　美的集团用户画像

💡 专家点评（王聪生）：

　　2015 年，美的集团提出智能制造＋智慧家居的"双智"战略，开启了建立数字化美的新征程。美的集团智能制造战略聚焦在交付精准、效率提升、品质改善和数字化，其中包括设备自动化、生产透明化、物流智能化、管理移动化、决策数据化五个链条。如今，美的集团已经为智能制造累计投入 50 亿元，机器人数量达到 1500 台，发明专利 435 项，实用新型专利 3910 项。通过全面实施智能制造战略，美的集团自动化率已达 61.3％，市场维修率下降到 30％，订单交期缩短 50％。美的集团也获得了国家智能制造专项奖和国家智能制造示范试点企业称号。不管是"两化融合"还是"中国制造 2025"，信息化都是最为核心的驱动力，也是制造业实现转型升级的根本动力。如今，中国制造业的信息化水平已经普遍提高，信息化工作已有一定基础，但传统 IT 基础架构依旧存在着复杂、冗重、僵化和信息孤岛的难题。所以，在转型升级的过程中，制造企业不仅需要保证生产制造系统的高可用，也需要利用物联网、云计算、大数据、人工智能等新的科技手段来改造传统 IT 架构，以支撑新的应用类型和商业模式。美的集团的数字化转型经验，为传统制造业转型提供了很好范例，为"中国制造"向"中国智造"的质变起到了积极的推动作用。

6.1.2.3 中广核

1. 企业概况

中国广核集团（简称中广核），原中国广东核电集团，是伴随我国改革开放和核电事业发展逐步成长壮大起来的中央企业，是由核心企业中国广核集团有限公司及 40 多家成员公司组成的国家大型企业集团。1994 年 9 月，中国广东核电集团有限公司正式注册成立。2013 年 4 月，中国广东核电集团更名为中国广核集团，中国广东核电集团有限公司同步更名为中国广核集团有限公司，员工总数约 3 万余人。

中广核以"发展清洁能源，造福人类社会"为使命，以"成为国际一流清洁能源企业"为愿景。截至 2018 年 8 月底，中广核拥有在运核电机组 21 台，装机容量为 2255 万 kW；在建核电机组 7 台，装机容量为 918 万 kW；拥有风电控股装机容量 1130 万 kW，太阳能光伏控股装机容量 231 万 kW，海外新能源控股装机容量 1160 万 kW。此外，在分布式能源、核技术应用、节能技术服务等领域也取得了良好发展。

2. 信息化概况

中广核信息化建设伴随着集团的发展而逐步发展和完善。自 20 世纪 80 年代大亚湾核电站建设开始，在全面引进国外核电技术、设备和管理体系的同时，也引进国外核电工程建设、生产运维等管理信息系统，走出了一条高起点起步、引进消化吸收再创新的信息化建设道路，信息化有力支撑了中广核由核电单项目建设、单基地运营向多项目建设、多基地运营的转变，从单一生产建设型向全面经营管理型的转变，使信息化与核电业务全面融合，形成了全面快速可持续发展的核心能力。同时将信息化建设和应用作为集团经营管理和核心业务的重要组成部分，是全面提升中广核核心竞争力的关键手段。通过多年信息化建设和应用实践，按照"统一领导、统一规划、统一标准、统一建设、统一投资、集中运维"（"五统一集"）的原则，逐步建立了具有自身特色较为完善的信息系统架构和信息化管理体系，推进了中广核信息化建设健康有序和快速发展，助力中广核成为国际一流清洁能源企业集团。

3. 信息化建设内容

中广核确定了"全面建设 U-e 工程，打造信息化核电"的信息化强企战略，其战略重点和内涵是核电业务信息化能力从国际先进迈向世界一流；应用信息技术增强核电核心技术自主研发和设计能力；以信息技术提升核电建设标准化复制和快速发展的能力；以信息化强化集团科学管理和机制控制能力；采取综合性措施全面提升集团信息化治理、管控和安全运维能力。

（1）做好信息化顶层规划设计，争创国际一流清洁能源企业。按照成为国际一流清洁能源集团的目标，从信息化战略、目标和规划上做好顶层设计，提出到2020年，信息化与集团各公司的业务、经营和决策深度融合，应用高度集成，数据集中共享，形成精益管理所需要的数据中心、搜索引擎、移动应用和分析工具，实现协同运作、核心业务、经营管理、知识利用和决策支持的全面信息化，提供基于事实（数据）的决策支持和内控监管手段，并以此为基础形成较强的大数据分析应用能力，支持创新，提质增效，为集团发展创造价值。归纳为"实现数字化、移动化中广核"一个目标。两个融合，即实现信息化与集团投资管控、资产经营和生产活动全面融合，积极推动信息化与产业创新融合。三个统一，即在集团统一的信息化建设标准下，建设一个集中统一的信息化技术平台，实现集团信息资源统一管理和利用。四大保障，即在保障信息安全和保障业务可持续发展的基础上，提供一个能保障业务和管理模式快速复制应用，可保障业务数据智能应用的信息化环境。五大支持：即支持数据共享共用，满足精益化管理核内控要求，实现数据横向到边纵向到底；支持集团、板块、业务单元业务互联，实现流程管理到端；支持国际化发展战略的实施；支持市场化运作和资本运作整合的要求；支持创新和板块化运作。中广核以信息化手段促进保增长增效益示例见图6-12。

（2）坚持安全至上，将网络与信息安全纳入核安全管理体系。以内部信息安全保障需求以及外部合规管理要求为推动力，以信息安全规划为指引，通过等级保护、商业秘密保护、电力安全防护等抓手，依托信息安全研发中心的平台，全面有序带动各项信息安全建设，持续优化完善集团信息安全保障体系，提升信息安全防御能力和水平，确保集团关键基础设施安全稳定运行。

根据集团信息化管理现状和业务发展要求，集团一直坚持网络安全的"统一领导、统一规划、统一标准和统一组织实施"。在信息安全政策、规划、架构和标准上，由集团公司统一制定，各单位遵照执行。目前整个集团（包括海外

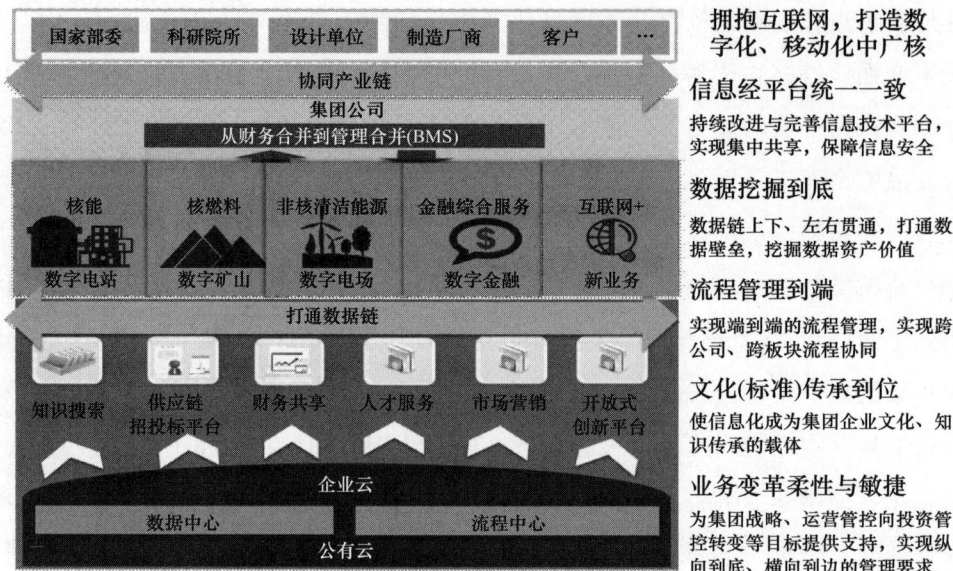

拥抱互联网，打造数字化、移动化中广核

信息经平台统一一致
持续改进与完善信息技术平台，实现集中共享，保障信息安全

数据挖掘到底
数据链上下、左右贯通，打通数据壁垒，挖掘数据资产价值

流程管理到端
实现端到端的流程管理，实现跨公司、跨板块流程协同

文化(标准)传承到位
使信息化成为集团企业文化、知识传承的载体

业务变革柔性与敏捷
为集团战略、运营管控向投资管控转变等目标提供支持，实现纵向到底、横向到边的管理要求

图 6-12　中广核以信息化手段促进保增长增效益

公司）都施行一套信息安全策略和标准，全集团施行统一的网络架构、统一的网络域控管理、统一的准入管理、统一的防病毒等终端管理，全集团采用唯一一个互联网出口并进行严格管理，所有内外部网站均采用集中式统一管理模式，有效抵御了外部攻击的风险。在信息安全项目的实施上，也由集团公司统筹开展，针对信息安全体系的特性，统一规划，试点先行，分步实施，全面推广，项目建设既满足了各单位的安全基本需求，又有效控制了安全成本。

自 2008 年开始，集团就非常重视信息安全体系的建设，按照信息安全国际标准 ISO 27001 结合电力监控系统安全防护规定（14 号令）以及信息系统等级保护指导意见，构建了信息安全管理、技术、监督三位一体的管理体系，并获得 2009 年国资委信息安全首批示范工程荣誉。完成了信息安全管理体系的升级，从 ISO 27001：2005 升级至 ISO 27001：2013；升版信息安全管理规定和信息安全标准手册，组织编制核电站工业计算机信息安全导则，开展核电站信息安全现状分析及应对措施研究项目。与中国核能行业协会联合策划和编制《核电站网络与信息安全专项评估准则和办法》等。

通过四部委组织开展的核电安全管理提升大检查，发现核电站在信息安全全生命周期管控机制、核电信息安全标准等方面存在不足，国外产品和技术覆盖率高，存在安全隐患，核电站电力监控系统安全防护体系还有待完善等问题。中广核重视存在的问题，积极配合国家部委完成对核电电力监控系统的安全检查整改工作。同时建立核电工控系统实验室和 DCS 模拟测试环境，进行攻防测试和新产品与新技术的研发与测试验证，确保核电工控系统安全运行。

（3）开展智能核电工程建设，推进核心业务与信息化的深度融合。智能核电工程的目标是赶超国际先进水平，实现核电全生命周期数字化、网络化、智能化，形成国际核电行业标杆，打造智能核电中广核品牌。总体建设思路是，从核电全生命周期角度出发，以系统工程（SE）、并行工程（CE）、产品全生命周期管理（PLM）三大理念为指导，结合信息化技术手段，以协同设计为核心，围绕研发设计、智能建造、智慧运营、共用集成四大模块建设，并通过业务流程（WF）、面向全生命周期的设计（DFX）、技术状态管理（CM）、设计参与（PD）和经验反馈（EF）五大关系，开展核电全生命周期过程并行、集成化处理的系统方法和综合技术研究，在发挥核电系统整体效应的基础上，通过流程、数据、知识的组织与分析，实现核电业务的数字化、标准化、自动化，逐步实现核电全生命周期智能化，打造具有中广核特色的"核电工业 4.0"。

（4）支撑集团集约化、精益化、国际化战略的实施，建立端对端流程、集采平台、财务共享、资金管理、人力资源服务等集团共享信息服务。为实现集团协同增效、管控到位、高层视角、客户视角的管理要求，在 ERP 系统应用的基础上，实施了端到端流程系统，通过全面梳理管理和业务流程，理顺和打通部门之间和公司流程接口，增强公司的运营和管控能力，目前已经实现 15 个端到端流程的贯通。

中广核电子商务平台建有采购计划、寻源、招投标、合同、交货跟踪、电子商城、财务结算等共 12 个大的模块和子系统，共 9000 多个功能点。主要模块和功能有以下几个：

（1）供应商管理。该模块主要覆盖供应商基本信息管理、供应商资格评审、供应商绩效评价等流程，支撑供应商的统一管理；

（2）招投标管理。该模块主要覆盖招标建档、发标、投标、开标、评标、定标等流程以及专家库管理，已实现了全流程电子化。

（3）非招标形式集采。该模块主要覆盖采购计划的管理和不同标准采购方式的电子采购流程，支撑 4＋X 板块集中采购和自行采购业务。

（4）采购报表。该模块主要覆盖用于统计和分析集团各板块最新采购业务状况，与国资委考核指标进行对比，指导采购管理提升。

根据国资委《关于加强中央企业财务信息化工作的通知》要求，中广核从2011 开始建设财务共享中心系统，包括会计处理中心、数据管理中心和人才培养中心三大功能，涵盖了全集团会计核算、资金支付、会计报表编制和财务决算管理；全集团财务数据工厂，规范数据标准和模型，统筹效益分析与绩效评价，开展数据挖掘，提供多维度分析与预警，为管理决策提供支持；财务人员统一招聘，统一培养，统一输出，担负着为集团快速发展培养优秀财务人才的使命。整个财务共享系统包括 UPM 流程系统、影像系统、SAP 系统、资金结算系统四个子系统，实现了中广核集团财务流程的共享标准化、财务业务流程统一化及流水化作业。

4. 信息化建设成效

（1）集团财务管理上下一本账，全面提升财务管控能力和水平。通过 ERP和财务共享的建设，全集团上下一本账，实时独立的会计监督，促进各公司的自我约束和会计科目的标准化。

1）实现了统一的财务管理信息平台，在平台应用、系统架构、主数据管理、客户化、语言、会计政策等方面实现了全集团的统一，形成了统一的财务共享标准化信息化解决方案。

2）形成了以 SAP 系统为核心的统一信息平台、统一的主数据管理、会计科目标准化、统一供应商使用规则、统一的业务审批流程、附件要求标准化、业务审核标准化、统一员工借款与备用金制度、统一差旅标准套餐等制度。

3）在凭证级往来差异展示与协调，月报机制、交易对账规则等方面统一了集团的财务决算制度。

4）发布《集团 ERP 财务标准化解决方案》、财务需求评审规则、新建和新并购企业财务信息系统覆盖/替换垂直管控规则等一系列制度，实现了全流程电子化，减少人因干扰，"财务授权""费用标准""预算""资金计划"实现系统自动控制，标准化、流程化、集中化的处理，真正实现了业务流和财务流的一体化管控。

（2）强化管控，深化应用电子商务 ECP，全面实现全流程电子招评标。实现供应商集约化管理，支持集团集中采购，不仅提高了采购的效率，降低了成本，还通过不能腐的机制从源头上预防腐败，取得了显著成效。自 2013 年起，中广核持续推进采购管理提升工作，创新性强化招标管理、供应商管理等工作，全面应用电子商务平台、实现全流程电子招评标，相关采购工作已完全符合《国资委采购管理专项提升对标自评表（2018 年版）》中的 41 项定性指标，主要定量指标较 2016 年度有较大提升，集团网上采购率由 52.7％提升至 97.69％、集团公开采购率由 50.10％提升至 98.35％、集团全流程电子招标率由 35.30％提升至 100％。

（3）深化应用 ERP 系统，两化融合效果显著。中广核 ERP 系统实现了核电研发与技术服务、核电工程、核电运营、核燃料、风电、太阳能、水电、人力资源管理、财务管理等集团主营业务的全覆盖，包含了十多个 SAP 标准模块，是至今为止国内企业业务覆盖范围最广、应用模块最多的 ERP 系统之一，全集团建成以 ERP 为核心架构的管理信息系统平台。

建立了集团统一的资金管理平台，提升整体资金管控水平及效率；建设财企、银企直连接口，加强内外部资金的实时监控能力；提升融资管理的精准度和便携性；为资金计划深入前端提供便携工具，提升资金预测与管理能力。

实现核电工程建设成本精细化管理，强化了项目成本控制，6 个核心业务系统，无缝集成 13 个其他专项系统，构建综合信息平台，覆盖近 90％的核电工程建设业务，打造了 6 个业务管理平台和 1 个决策支持中心。

实现核电生产标准化运营方案，实施上线了 6 个核电基地，21 台核电商运机组，75 个核电站运行和维修业务场景和 178 个标准化流程，日常运行、大修管理、备件管理、计划管理全部纳入统一平台，支持核电多基地设备、运行经验的共享。

与 SAP 公司联合推出针对核电领域的可快速部署的 SAP 行业最佳实践解决方案包，具备了核电工程 ERP（1 个月）、核电生产 ERP（3 个月）的快速标准化部署能力，项目实施费用降低 70％以上。

支持新能源快速发展，建成风电、太阳能、水电全生命周期解决方案，实现新能源板块工程建设、生产运行标准化 ERP 方案和移动检修平台。

纳米比的亚斯科公司 ERP 项目既是集团首个海外 ERP 项目，又是首个矿业 ERP 应用，自 2014 年 3 月实现工厂维护和生产计划模块上线，2014 年 11 月完成安健环模块上线以来，有力支撑了斯科公司生产达产业务的顺利开展，探索形成国际项目的 ERP 实施能力和经验。

（4）数字化、网络化、智能化的智能核电工程建设取得初步成果。以华龙一号示范项目为依托的数字华龙建设，实现全数字化工程业务协同，在防城港核电 Ⅱ 期项目上得到全面应用；协同装备企业、建安单位推动装备产业链协同平台上线，实现产业链数据协同，基于三维模型的智能化协同制造，出图时间减少 10％，生产准备时间减少 20％，加工周期缩短 5 天；工程建设安全性大大提高（人身事故降低 50％，人员安全率提高 30％），采购、建设周期缩短，工程造价明显降低（工程周期缩短 5％、供货周期提高 8％、单台机组节约 10 亿元、人力投入降低 10％）；实现了备件编码工程运营数据的贯通。

💡 专家点评（王聪生）：

中广核信息化建设伴随着集团的发展而逐步发展和完善。在全面引进国外核电技术、设备和管理体系的同时，也引进国外核电工程建设、生产运维等管理信息系统，走出了一条高起点起步，引进消化吸收再创新的信息化建设道路，信息化有力支撑了中广核由核电单项目建设、单基地运营向多项目建设、多基地运营的转变，从单一生产建设型向全面经营管理型的转变，使信息化与核电业务全面融合，形成了全面快速可持续发展的核心能力。

同时，将信息化建设和应用作为集团经营管理和核心业务的重要组成部分、全面提升中广核核心竞争力的关键手段。通过多年信息化建设和应用实践，按照"统一领导、统一规划、统一标准、统一建设、统一投资、集中运维"的原则，逐步建立了具有自身特色较为完善的信息系统架构和信息化管理体系，有力推进了中广核信息化建设健康有序和快速发展。截至 2018 年 6 月底，中广核已成为国际一流清洁能源企业集团。

6.1.2.4　柳工集团

1. 企业概况

广西柳工机械股份有限公司（简称柳工集团）的前身是隶属于机械工业部的柳州工程机械厂，创建于 1958 年，1993 年改制成为股份有限公司并在深交所上市。柳工集团是一家从事工程机械研发、制造、营销与服务的现代化大型装备制造企业，目前拥有 9 个国内、2 个国外制造基地，是一个总部/事业部制的集团形态企业。柳工集团致力于为客户提供卓越的产品与服务，奠定了工程机械行业的排头兵地位，至 2011 年，总资产 227.51 亿元，净资产 93.42 亿元，整机销量超过 6.17 万台，营业收入 178.78 亿元，位居世界工程机械行业第 17 位，员工总数约 2 万人。

2. 信息化概况

从 2006 年开始开展"数字化柳工创新工程"，在实施过程中，按照现代管理理念，先行梳理及再造整个公司的所有研发、采购、物流、制造、销售、服务活动的流程，并厘清各单位的对内、对外及关联业务活动关系，提炼出柳工集团经过管理变革的统一、规范、标准的管理模式体系。在此基础上，选用大型的集团级 ERP 管理套件 SAP 软件以及全生命周期管理（PLM）的商务套件软件系统，将具有柳工集团自主知识产权的管理模式和业务流程固化在统一的软件系统中，并经过模块配置和二次开发构建出各类型业务的统一规范平台。项目最先从地处柳江县拉堡镇的挖掘机事业部进行信息化实施推进，总结实施工作过程与经验后，推广实施至位于柳州的所有事业部与总部部门。2009 年开始推广至分布于全国各地的事业部，先后在江苏江阴、江苏镇江、上海、天津、安徽、常州等事业部完成实施推广。经过几年来的连续实施，柳工集团以集团级企业 ERP 和产品 PLM 为主线，集成后，将企业从产品设计，到原材料采购，到工艺设计管理，到生产制造，最终到产品销售，这样一个企业创造价值的主要过程贯穿于一线，配以设备管理、人力资源管理、财务管理、体系管理、物流管理等支持过程，形成企业的大集成，数据源于业务，信息来自管理，财务报表不是做出来的，而是由业务生成的；产品数据不是填报出来的，而是在产品设计制造过程中产生。信息化完全融于整个经营生产管理过程中，成为企业正常运营最离不开的基础支撑。2012 年，柳工集团 SAP 项目开始在印度柳工实施，随着项目实施完成，系统上线运行，柳工信息化国际战略迈出了重要一步。之后，柳工集团国际化运营管理平台全面铺开，包含各子公司内部 ERP 系统，实现进销存的一体化管理；全球产品销售及售后服务平台，实现国际产品在线销售及售后的在线服务支持、配件订单、故障和质量分析、供应商服务管理等；柳工集团通过建设全球人力资源管理系统，实现人力资源的系统管控。

3. 信息化建设内容

柳工集团在十余年的信息化建设中，信息化基础设施不断改进与完善，保障了柳工集团的快速发展。2008 年，柳工集团全球数据中心投入使用，中心占地 100 多平方米，建设有核心层网络和汇聚层接口、运行中心、数据中心、安全体系、异地备份系统等，配备有集中监控系统。12 条网络专线连接分布于国内、国外的柳工集团各事业部与生产基地，并且与国内、国外众多的经销网点和办事处相连接，承担起柳工集团国际化战略的信息化支撑任务，起着系统运行中心、网络交换中心、数据集成中心等作用。

（1）业务带动 数据集成。

柳工集团建立了一套全面、流畅的信息化系统，该系统链接起产品研发、经营管理、底层制造三大方面，消除业务系统之间、各部门和各事业部之间信息孤岛现象，形成流畅的数据信息流，信息数据由业务最前端直接产生，具有完整性、及时性、可靠性和准确性。

1）建立了覆盖整个企业组织所有业务活动的、财务业务一体化的集团级财务管控平台，通过精细化的成本管理、财务报表的自动生成以及 KPI 考核指标分析，实现了柳工集团的国际化发展战略中要对集团级企业众多的组织实体进行有效管控的需求，为在激烈的市场竞争中快速准确地确定产品的赢利空间提供了支持。

2）建立了覆盖计划、生产、采购、库存、财务管理活动的、完整的 ERP 制造业务支持平台，形成了基于 IT 的柳工制造企业的管理模式，在装载机、挖掘机、路面机械、小型工程机械、叉车、传动件、液压件、铸造等柳州本地的制造型事业部推广实施后，复制输出到了江苏镇江、江苏江阴、上海、天津、印度等柳工的所有异地事业部。

3）建立了覆盖市场、销售、采购、库存、服务、财务管理活动的、完整的销售业务支持平台，为网络化的营销管理提供支持。

4）建立了跨越价值链（概念、开发、采购、制造、销售、服务）的产品PLM平台，按照国际先进的集成产品研发流程进行具有柳工集团特色的自主创新产品研发管理。PLM与ERP系统集成，数据流畅、可靠并具有唯一性，实现集成管理。

5）基于海量业务数据的商务智能（BI）系统，建立了柳工集团战略管控驾驶舱，其面向全业务流程的多维度业务数据分析体系，主要含有财务分析、销售分析、制造生产、质量安全、采购分析、人事分析和技改分析等主题模型，实现分析报告功能，为管理者在市场竞争中运筹帷幄提供强力的决策支持；

（2）创新拓展　全面融合。

"十二五"期间，柳工集团信息化进入全面融合阶段：产品信息化结合物联网技术，进行产品售后的在线即时服务；产业链信息化引入上游采购配套、下游营销服务等两大区域，融合到供应商、经销商下游企业，将整个公司从上游到内部、再到下游建成整体网络化、数字化的企业，搭建起与国际化柳工业务发展相适应的数字化柳工系统。

柳工集团当前产品信息化业务重点在产品远程监控与服务：综合应用互联网、物联网、移动通信、GPS和GIS等技术，实现产品的智能化识别、定位、跟踪、监控、管理和服务。自主创新，重点开发装载机远程服务系统、故障诊断与健康监控系统。

2011年，启动实施的面向经销商主体业务和管理需求的柳工集团经销商数据管理系统，指导和帮助代理商在通过信息化促进其提高企业自身管理水平的基础上，从市场管理、客户管理、整机管理、服务管理、配件管理、财务管理、人力资源管理、维修管理、信用管理和办公自动化等十余个方面，提升其市场、销售和服务工作的水平，并在协同业务中实现与ERP系统的集成、达成主机厂的业务目标和管理需求。

目前，已经进行部署阶段、各地供应商正在陆续上线的供应商关系管理平台建设项目，是柳工集团信息化向上、下游延伸拓展的又一个项目。平台与柳工集团ERP系统集成，供应商从中获取采购预测、采购订单、供货指令，形成协同化的采购流程；通过结算通知单、网上付款，自动进行采购结算；通过采购寻源模块，完成供应商选择、采购合同签订及归档工作；通过供应商管理模块，建立供应商考核体系，实现供应商评估的全过程信息化、流程化。

经历数字化柳工创新工程及"十二五"信息化战略规划的实施，柳工集团正在迈向一个全面集成、信息化全面融合于企业业务的数字化企业。柳工集团信息化全面集成应用示意图见图 6-13。

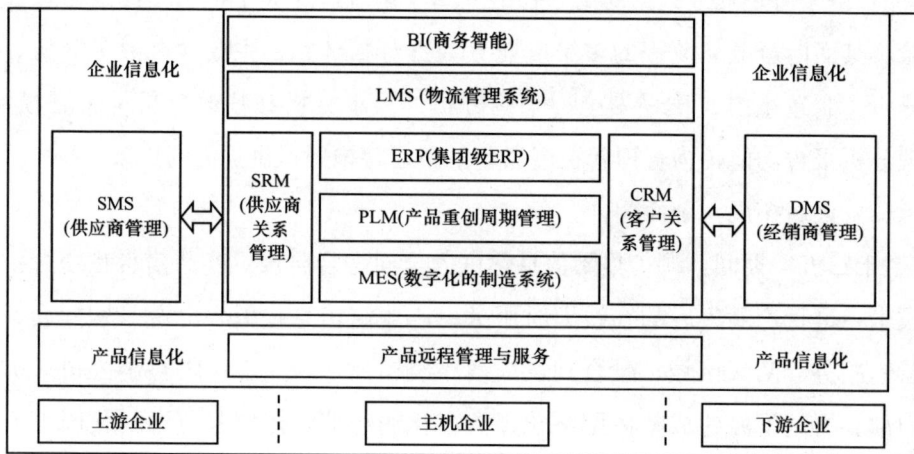

图 6-13　柳工集团信息化全面集成应用

4. 信息化建设成效

（1）主要的战略性收益。柳工集团信息化发展战略，有效地支撑了企业发展战略的落地，特别是在柳工集团进行战略转型及不断扩张的发展进程中，信息化对建立统一的管理服务平台、提升集团级财务管控能力、形成组织的管理复制输出能力等方面的作用和贡献尤显突出。

1）覆盖所有组织单元和远程地域的集团级 ERP 和 PLM 系统的实施，以及企业全球数据中心及网络基础设施的建设，形成了企业基于信息技术的广域管理能力和技术协同能力，为公司转型后能够快速实现战略期望、进入高效状态运转打下了信息化基础。

新战略实施后，柳工集团从原先的"航空母舰型"单体企业，变革为如今"舰队型"集团级复杂企业，要对这样一个集团级企业实施有效管理，必须解决对所有组织实体财务状况的及时有效监控、运作指导和资金资源统一调度问题。而由于历史沿革，柳工集团的组织结构非常复杂，十几个事业部中既有法人实体，又有非法人实体；在模拟法人实体运作的非法人事业部中，还可能包含有下级法人实体。财务部门原来使用企业级的财务管理系统，同时做五六个账套才能反映各法人单位的财务状况，虽然忙得不亦乐乎，但仍然难以方便获得模拟法人实体事业部的财务状况。柳工集团通过在整个企业组织实施 SAP 软件的集团财务模块，有效实现了公司对整个企业组织的财务核算、业务模拟、财务分析和资金统一管控。现在由于用上了高度集成化的 SAP 系统，实现了财务业务一体化，所有组织的所有业务活动过程和结果都自动转化为财务信息集成在系统中，因此不管是本地实体还是外地公司，总部财务部门都可以非常方便地监控和掌握其财务状况，指导其改善业务提高财务效果，统一调度其资金资源，从而实现了对集团组织的有效管控。柳工集团的财务月结时间也从原来的 10 多天缩短为 2 天时间。财务部门可在总部平台上对各事业部的财务/业务异常情况进行有效监控和分析，使公司具备了对各组织单元有效控制的能力。

2）通过商务智能应用，柳工集团结束了理论上计算各产品标准成本的粗犷式管理，可以方便地归结和分析各事业部上千款产品中任意产品/订单的实际成本和收益，从而可更好地实现精细化管理以及优化产品结构，赢得市场竞争。

3）企业在发展扩张的进程中，实现流程的统一和管理的一致性是个难题。柳工集团在信息化建设进程中提炼出标准制造管理模式固化于信息化系统中，只需经过 3 个月的快速实施就可实现对新建工厂/兼并企业的管理输出。这对于正处在高速成长阶段的企业，意义尤其重要。

（2）显著的增长性收益。在"两化"融合的进程中，柳工集团在产品开发能力、资源管理能力和企业盈利水平方面获得了较大的提升。

1）柳工集团在传统方式下以往每年仅能开发几种新产品，而 2009～2011 年仅三年时间，柳工集团开发新产品数量达 134 种之多。2011 年度新产品的销售收入为 111 亿元，是 2006 年度的 3.7 倍。

2）计划和资源协调管理能力的提高，使柳工集团进一步释放出巨大的制造潜能。在信息技术的支撑下，柳工集团的月度均衡生产能力已大幅提高的基础上，经过一个五年的信息化建设，产能提升幅度高达 133%。

3）产品的平均盈利能力，综合反映出企业的产品开发水平和经营管理水平。在实施"两化"融合的进程中，柳工集团售出的每千台产品平均盈利水平均在逐年稳步提升。

💡 **专家点评（王聪生）：**

柳工集团从 2006 年开始开展"数字化柳工创新工程"，在实施过程中，按照现代管理理念，先行梳理及再造整个公司的所有研发、采购、物流、制造、销售、服务活动的流程，并厘清各单位对内、对外及关联业务活动关系，提炼出柳工集团经过管理变革的统一、规范、标准的管理模式体系。柳工集团信息化发展战略，有效地支撑了企业发展战略的落地，特别是在柳工集团进行战略转型及不断扩张的发展进程中，信息化对建立统一的管理服务平台、提升集团级财务管控能力、形成组织的管理复制输出能力等方面的作用和贡献尤显突出。

信息化建设至今，柳工集团建立了一套全面、流畅的信息化系统，该系统连接起产品研发、经营管理、底层制造三大方面，消除业务系统之间、各部门之间和各事业部之间信息孤岛现象，形成流畅的数据信息流，信息数据由业务最前端直接产生，具有完整性、及时性、可靠性和准确性。如今，柳工集团信息化已进入全面融合阶段：产品信息化结合物联网技术，进行产品售后的在线即时服务；产业链信息化引入上游采购配套、下游营销服务两大区域，融合到供应商、经销商下游企业，将整个公司从上游到内部、再到下游建成整体网络化、数字化的企业，搭建起与国际化业务发展相适应的数字化柳工集团系统。

6.1.3　中小企业的信息化企业建设

根据广大中小企业开展信息建设的实践情况，各种信息均表明，中小企业信息化市场潜力巨大，但进入市场的厂商在市场拓展的时候，大多遇到了各种各样的问题，如支付能力低、对产品不理解等，甚至有的企业对正版和盗版、组装机和品牌机的差别还只停留在价格一个因素上。正因为中小企业信息化需求非常特殊，使得其在信息化实施中具有如图 6-14 所示的七个特点。

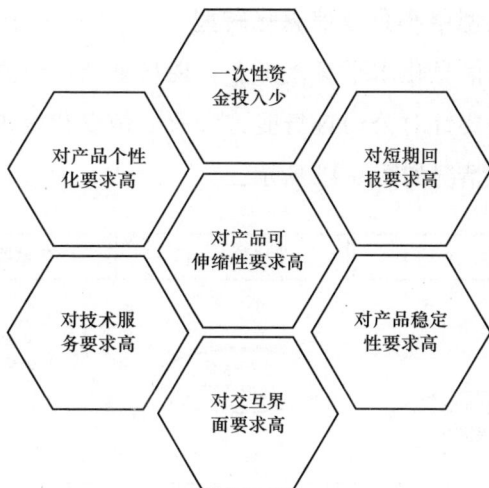

图 6-14　中小企业信息化实施中的特点

6.1.3.1　某纺织行业中小企业信息化建设

自 2009 年以来，随着公司经营不断扩大，员工人数不断增多，从原来 100 多人，增加到 200 多人，由于管理基础薄弱导致部门沟通效率低下，跨部门沟通更是难上加难，加上公司审核流程不清，管理层则疲于行政事务；销售的 30％是外销，外销的单据处理比较多，订单数量比较多，且各个环节的单据也翻倍增加使得业务处理效率慢慢降低，并且会出现很多人工错误。

基于面临的现状，公司开始引入并重视信息化建设，但公司规模小，没有开发团队，只能到外部聘请供应商。经过几轮比较，选择了业内的一家成熟的软件开发公司为企业提供服务。首先通过对公司业务流程的梳理，购买适合公司主营业务需求的软件，将其作为核心业务来使用。其次，针对企业的核心资源的管理，其解决方案主要是通过用友的财务管理软件，金蝶的人力资源管理软件直接使用。最后，对于电子邮箱、办公自动化，企业认为没有必要自己开发，直接采用网上云提供的公共邮箱系统和办公自动化软件流转，极大地提升了办公效率。由于公司规模较小，在信息化建设中并没有公司内部的一体化平台，主要是通过云存储一些数据，节省成本并且没有严格的安全管控措施，后期运行维护也交给外部供应商负责，将安全措施和运行维护均交给外部供应商解决，以合同的形式约束外部供应商的规范和标准化。这样，企业花费不多的经费，实现了信息化的管理，达到了事半功倍的作用。

6.1.3.2 制造型中小企业信息化转型

制造型中小企业信息化水平参差不齐、现状复杂，想要在信息化企业建设中获得最大价值，需要针对公司自身能力和所处信息化发展阶段量身定制转型发展路径。具体阶段情况如图 6-15 所示。

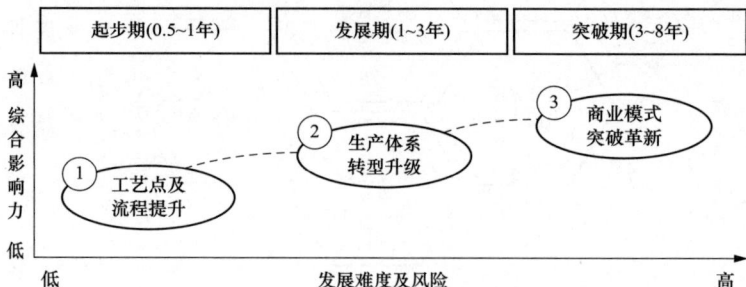

图 6-15　中小企业信息化转型阶段示意

制造型中小企业信息化转型大致可分为起步期、发展期和突破期三个阶段，每个阶段均必须同时关注目标、战略、流程、组织、人才五大方面：

一是起步期，关注以点带面的提升。在目标方面，要通过对关键设备、流程及工艺点的改进，实现"点"的提升；在战略方面，要注重关键设备和核心流程提升；在流程方面，要提高生产的自动化水平，并利用相关技术的应用，初步实现智能生产，通过 RFID 等技术实现物与物、物与人的信息交互与处理；在组织方面，建立专门的改进提升团队；在人才方面，对相关岗位员工提前培训，引领各部门快速适应新的生产方式。

二是发展期，促成体系转型和升级。在目标方面，通过信息化技术整合价值链各个环节，实现自组织管理的智能工厂；在战略方面，价值链网络化，核心环节信息化；在流程方面，基于物联网技术和信息系统，实现采购、制造、物流等环节的智能化和信息化，在价值链垂直网络上实现生产体系对需求和变化的定制和快速响应；在组织方面，建立价值链上高度协同的组织；在人才方面，培养价值链各环节的复合型人才来实现组织内部协同。

三是突破期，迎接商业模式的变革。在目标方面，基于生产系统的垂直网络和价值链的水平整合，实现商业模式的变革；在战略方面，完全基于客户需求的价值链运营；在流程方面，基于数据的联通，生产体系的柔性，提供高度定制化的产品和服务，通过与供应商、物流商、客户数据的联通，将传统制造型企业的商业模式转变为基于合作共赢的商业模式；在组织方面，建立智能化的整体组织以驱动整个供应链；在人才方面，加强供应链整合型人才的储备以指导整条供应链的运作。

6.2　国家电网公司信息化企业实践

国家电网公司是一家特大型集团企业，管理资产超过 4 万亿元（其中境外超 600 亿美元），管理员工 163 万人，服务人口 11 亿人，连续 3 年（2016～2018年）蝉联《财富》世界 500 强企业第二位、中国企业第一位。对于国家电网公司而言，建设信息化企业，就是要在国际先进管理理念指导下，以信息技术为依托，建立覆盖公司系统的信息网络和一体化企业级信息系统；构建企业生产经营管理的数字化模型，推进企业资产的全寿命周期管理，以及企业内部人、财、物三大基本要素和业务处理的全过程信息化管理；促进公司各项业务流程的规范化、标准化，达到电能流、业务流和数据流的高度整合与共享，实现企业生产自动化、管理现代化、决策科学化。

6.2.1　国家电网公司信息化企业建设思路及历程

2005 年以前，国家电网公司建设了内部广域网和各单位局域网，在总部、网省公司和地市公司均开发建设了门类繁多的应用系统，比如纵向各单位普遍应用的财务管理系统、综合统计系统等，各单位自行开发应用的营销管理系统、生产系统等等，少数单位如浙江公司、上海公司建立了 ERP 系统，对提高工作效率、降低管理成本起到了一定积极作用。

但是，由于国家电网公司企业层级多、管理链条长，信息化职能管理部门的设置也不统一，缺乏集团统一的信息化规划，信息资源分散、集成度不高，各单位自行低水平重复建设现象十分普遍，系统的实用性、适用性均很低，有的系统生命周期很短，投入运行 1 年左右就被弃用，信息孤岛严重，信息标准不一，当时的各类规模不同的信息系统超过 1 万个，开发厂家数千家，总体信息化投入并不少，但效果并不好，信息化的作用未能充分发挥出来，急需建设覆盖公司各层级、涵盖各业务领域的一体化企业级信息系统。

2006 年，国家电网公司制订了"十一五"发展规划，要求实现公司发展和电网发展的转变，大幅提高公司安全保障能力、资源配置能力、金融运作能力、资产盈利能力、科技创新能力和风险防范能力，初步建成电网坚强、资产优良、服务优质、业绩优秀的"一强三优"现代公司。依据国家电网公司"十一五"发展规划，按照建设数字化电网、信息化企业的目标，公司制订"十一五"信息化发展规划，将信息化提升到发展战略的高度，明确提出要建设企业级信息系统，在总部成立了信息化工作部，明确了各省级电力公司信息部门，确定了未来五年的总体发展目标和实现目标的途径，坚强支撑和服务于公司发展方式和电网发展方式的转变。在整个"十一五"期间，国家电网公司坚决贯彻"统一领导、统一规划、统一标准、统一组织实施"的原则，一步一个脚印，扎实推进集团企业级信息化建设，将企业信息化推向一个新高度。

6.2.1.1　国家电网公司信息化企业建设总体思路

国家电网公司依据电网企业生产经营特点，以集团化运作为核心，按照电网基建工程的理念抓信息化建设，按照电网安全生产的要求抓信息系统运行，坚持统一领导、统一规划、统一标准、统一组织实施的"四统一"原则。其中，"统一领导"是指建立公司信息化建设责任制，完善信息化建设组织机制；"统一规划"是指自上而下，逐级规划，规划引导计划，计划确定项目，加强信息化建设咨询、项目和资金管理，统筹安排信息化建设，促进资源的优化配置和综合利用；"统一标准"是指坚持标准先行，开展典型设计，新建、升级的信息系统必须采用公司统一标准，原有的系统需要逐步适时改造以满足公司统一标准的要求；"统一组织实施"是指强化控制力，坚持试点先行，开展集中招标，对全局性的、重大的、基础性的信息化建设项目，由公司统一设计、统一建设、统一组织试点并推广。遵循信息化发展基本规律，对信息化全过程进行管控，走出了具有国家电网公司特色的信息化建设之路。

1. 建立信息系统建设责任制，完善组织机制

各单位主要负责人作为本单位信息化建设第一责任人，对信息化领导小组总体负责。信息管理部门归口管理，各业务部门各司其职，总体信息规划、信息基础设施、企业级集成、安全防护、标准规范由信息部门牵头，有关业务部门配合。依据总体规划和技术体系，具体业务应用开发由业务部门牵头，信息部门配合并组织技术实现。国家电网公司总部负责信息化建设的整体推进和公

司总部的建设，各单位负责信息化建设在本单位的实施，分级负责，分层推进。各单位必须确定按照国家电网公司的统一要求进行推进。

国家电网公司建立信息化联络员会议制度，由信息化职能部门牵头、各业务部门有关人员参加，根据需要不定期召开会议，及时协调信息系统建设、运行中跨部门的重要工作。定期召开信息工作例会，加强国家电网公司总部与省（市）公司、信息化建设与科研单位的业务联系，统一公司信息化建设的步调。国家电网公司成立由信息部门和业务部门负责人组成的项目指导组，负责对重大信息化建设项目的技术方案、实施计划进行审批，协调相关工作，组织项目验收。同时，对于重大项目成立项目工作组，信息部门派人出任项目工程师，共同负责组织项目实施。

2. 统筹安排信息系统建设，整体协调推进

一体化平台是企业级信息系统的核心和基础，是实现信息系统纵向贯通、横向集成的桥梁，需要适度超前建设。各个业务应用是企业级信息系统的主体和价值所在，按照企业级信息系统建设思路，依据需求主导原则，基于一体化企业级平台，通过整合、完善、改建和新建的方式，按照数据共享和应用集成的要求进行构筑。业务应用软件根据业务的耦合程度和信息技术的发展趋势，分别采用成熟套装软件或自主统一开发的技术路线。已建业务应用功能模块适度整合完善，通过典型设计进行规范，逐步替代或推广；新增业务应用功能模块通过试点，开展典型设计统一开发后进行推广。保障体系作为企业级信息系统的外延和保障，与企业级信息系统的建设进度同步推进。

3. 加强信息化建设咨询、项目和资金管理

信息化建设瞄准国际水准，坚持咨询先行。公司总部统一组织不同层面、不同业务的咨询，实现成果在全公司的共享，有效指导各级信息化建设。建立信息部门归口立项审核机制，公司系统信息化建设项目实行重大项目报批、重要项目核准、一般项目核备，对重大和重要项目实行全过程管理。设立信息化专项资金，建立稳定的资金渠道，避免分散和重复投资，制订信息化建设和运维的标准费用定额，提高资金集约使用的效率，信息系统运行维护资金在预算中单列。对公司信息化建设所需的软、硬件产品及重大信息化建设项目，实施集中规模采购和统一招标。

4. 坚持标准先行，开展典型设计

在信息化项目中，统一技术路线，统一设计信息系统体系架构，统一设计业务应用的功能模块，并随着技术和业务需求发展动态调整。各单位的信息标准编制统一纳入公司的编制计划，由公司根据信息化建设的需要，统一进行安排。新建改建信息基础设施和业务应用，区分不同层面和业务类别，先行或同时开展典型设计，统一标准规范。加强标准的变更管理，各单位提出申请，由公司统一进行标准的变更。

5. 统筹新建系统和现有投资，力求资源利用最大化

经过"十一五"和"十二五"期间的信息化建设，公司在数据资源、软硬件设备、业务应用等方面都有了一定基础，而管理需求和技术的发展则要求信息系统升级更新。公司统筹考虑信息系统升级更新工作，立足当前、着眼长远，突出前瞻性和全局性，统一组织，超前研究，适时加快新建统一的信息系统，并做好新旧信息系统及工程的衔接，实现生命周期内整体效益最优，以确保资源利用效益最大化。

6.2.1.2　国家电网公司信息化企业建设理念

当前，新形势下"互联网＋"、能源互联网等不断发展创新，为公司信息化建设带来新的机遇和挑战，赋予了信息化企业新的内涵和特征。国家电网公司主要领导在 2016 年信息通信工作会议上提出"用大信息化理念建设信息化企业""力争 2020 年建成具备技术先进、业务融合、智慧运营、价值卓越特征的信息化企业，实现全数据管理、全信息应用、全业务监控"的"大信息化"要求。公司信息化企业建设必须与电网紧密结合，一要用数据与信息提升电网安全。提高设备状态实时管控能力，加强对自然灾害、外力破坏、设备缺陷、电网隐患的风险预判、预警和预防，推动电网智能化，助力"源网荷"的协调优化和互动运行控制，增强特大型电网的驾驭能力，保障大电网安全。二要用数据与信息提升运营效益。围绕支撑"三集五大"（人、财、物集约化管理，大规划、大建设、大检修、大运行、大营销）体系高效协同运转，抓住人财物核心资源、生产运营关键流程的在线监测监控这个重点，推进精益管理，促进降本增效，大力提升管理效率、运营效益。三要用数据与信息提升服务水平。适应智能电网发展新要求，坚持服务为本，构建双向多源互动服务生态体系，广泛应用现代信息网络技术，为广大用户带来更便捷、更优质、更智慧的服务。四

要用数据与信息拓展新业务。引领智能电网业务创新和价值创造，培养新的业务生态，依托电网固有的大范围覆盖优势，加快推进电动汽车综合服务、电子商城、互联网交易、数据资产开发利用等新业务。

"十三五"以来，国家电网公司信息化企业建设以"一平台、一系统、多场景、微应用"为核心理念。一平台是指由云基础设施、云平台组件、数据资源组件、公共应用支撑组件和访问渠道五部分构成的平台，具有接口标准化、组件服务化、集成一体化特征，支撑应用快速构建发布、在线版本迭代、资源弹性伸缩。一系统是指部署在云端、由统一数据模型支撑的一体化业务应用系统，具有数据模型统一、身份权限统一等特征，支持用户进行二次开发。多场景是指从应用角度，按照人员、资产、客户等业务域进行应用构建。同时满足发电、输电、变电、配电、用电和电力调度的智能电网的多个场景需求；从技术角度，按照事务处理、分析决策、采集量测、移动应用以及服务集成、业务监测和实时计算等典型应用场景进行设计开发，改变过去按部门进行系统设计开发的应用构建方式。在此基础上立足统一数据中心和业务处理结果，构造覆盖各个业务领域的智能分析决策系统。微应用是指基于"一平台、一系统"，通过少量编码即可快速开发、装配、测试和部署的轻型应用，具有功能少、体量轻、能够快速交付和敏捷响应需求变化的特征。国家电网公司信息化企业建设核心理念示意图如图6-16所示。

6.2.1.3 国家电网公司信息化企业建设历程回顾

回顾国家电网公司信息化发展历程，总体可分为四个阶段：

1. 起步阶段

我国电力信息化起步于电力生产过程自动化。20世纪60年代，随着计算机技术的快速发展，电力生产过程自动化逐步推广应用。自20世纪80年代开始，为满足单一业务应用需求，国内电力行业开展了以财务电算化、营销计费、电子化办公等为代表的管理信息化建设，主要以单机、单业务应用为特点，提高某些业务领域工作效率，代表着电力企业管理信息化的起步。"九五""十五"期间，随着信息技术的快速发展，国家电力公司所属企业结合本单位情况，为满足业务管理对信息化的迫切需求，自主开展了相关业务应用建设，初步进入了网络应用阶段，形成了大量垂直的单一业务信息系统，不同程度地提升了管理水平，但数量多、规模小、不集成、重复建设严重，资源浪费也较多。

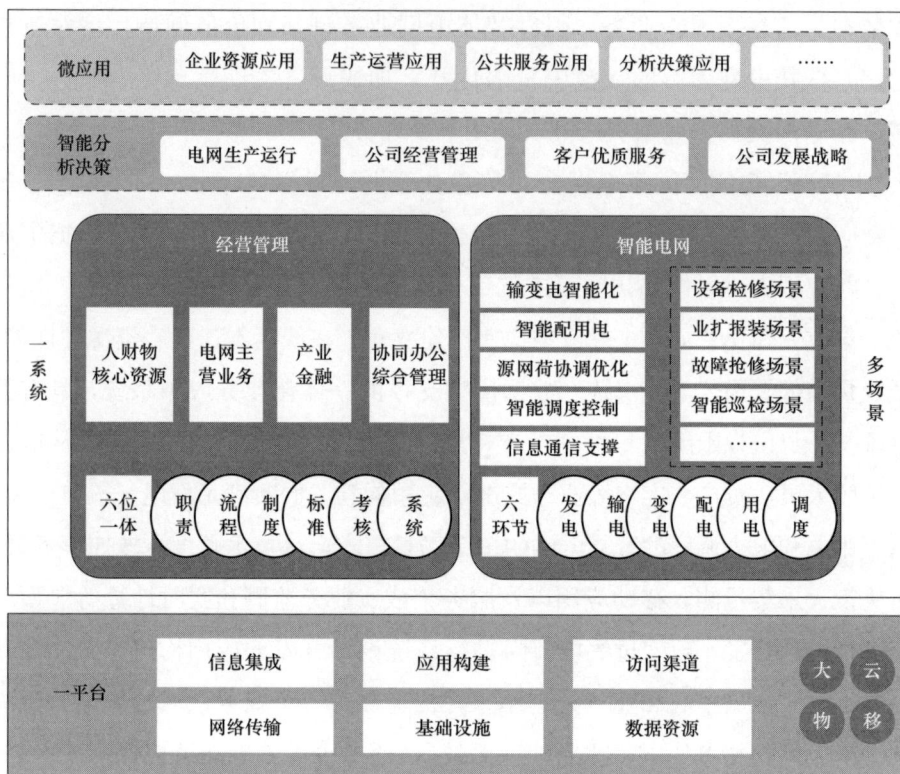

图 6-16　国家电网公司信息化企业建设核心理念示意图

2. 跨越式发展阶段

"十一五"期间，为满足集团化管理变革需求，国家电网公司实施了信息化"SG186"工程（国家电网公司一体化企业级信息集成平台，人、财、物等八大类业务应用，技术、标准、安全防护等六个保障体系），大力推进集团企业的信息化建设，推动信息化向集中统一和优化整合方向发展。2006 年，启动信息化"SG186"工程建设。2007 年，完成紧密耦合业务应用 ERP 典型设计和试点。2008 年，建成总部、省（市）公司两级的一体化信息集成平台，全面推广业务应用。2009 年，提前一年完成"SG186"工程，建成覆盖公司各级单位的企业级信息系统，满足各专业管理需求。2010 年，全面推进"SG186"工程信息系统深化应用，并在"SG186"工程成果基础上，完成国家电网资源计划系统（SG-ERP）工程总体设计。国家电网公司根本扭转了信息化滞后电网发展和企业管理的被动局面，完成了信息系统从条块分割的部门级向横向集成、纵向贯通的企业级的信息系统转变，实现了公司信息化跨越发展。国家电网公司"十一五"信息化发展历程示意图如图 6-17 所示。

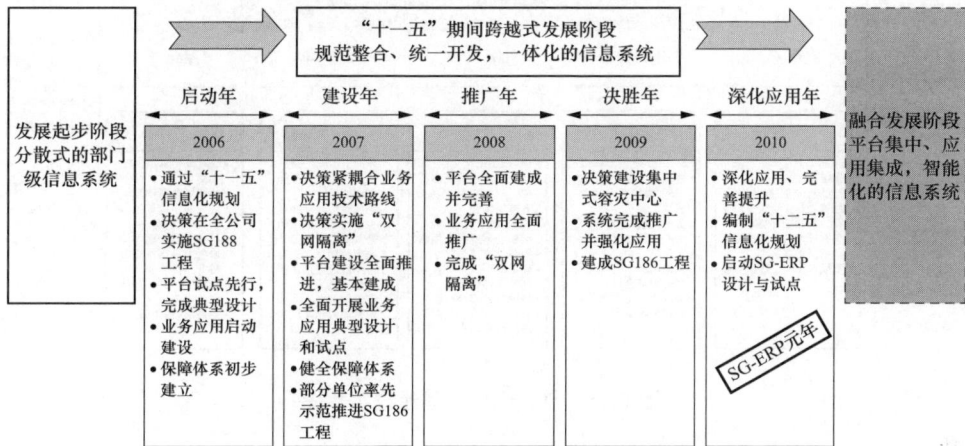

图 6-17　国家电网公司"十一五"信息化发展历程示意图

3. 融合发展阶段

进入"十二五"期间,国家电网公司确定了建设"世界一流电网、国际一流企业"("两个一流")的奋斗目标,做出了全面建设坚强智能电网、加快构建"三集五大"科学管理体系的决策部署,这对信息化工作提出了新的更高要求。围绕建设"一强三优"现代公司的战略目标,遵循覆盖面更广、集成度更深、智能化更高、安全性更强、互动性更好和可视化更优的发展思路,在继承和发展 SG-ERP1.0(即"SG186"工程)建设成果的基础上,全面建成 SG-ERP2.0,包括人资、财务、物资、规划、基建、运行、生产、营销、协同办公和综合管理十大业务应用,全面覆盖公司主营业务,并结合电力专用通信网络建设,推进信息通信融合发展,为电网发展和管理变革提供强有力的支撑和保障。"十二五"末,国家电网公司信息化企业初步建成,具备管理现代化集团企业和驾驭坚强智能电网的能力,信息化整体水平达到国内领先、国际先进。SG-ERP 工程建设示意图见图 6-18。

4. 深度融合发展阶段

"十三五"期间,以优化提升 SG-ERP 2.0 建设成果为载体,以支持并驱动电网发展和公司发展为目标,将信息技术与公司生产、经营和管理深度融合,广泛应用大数据、云计算、物联网和移动技术,全面提升信息平台承载能力和

图 6-18　SG-ERP 工程建设示意图

业务应用水平，消除业务壁垒，实现信息化融入公司全业务、全流程，实现数据资产集中管理，数据资源充分共享，信息服务按需获取，建成电网创新发展、公司高效运作、系统安全可靠、覆盖全部业务和全部用户的智慧化的国家电网公司一体化集团企业资源计划系统（SG-ERP 3.0）。以构建"五个一体化"（一体化通信网、一体化平台、一体化业务应用、一体化信息安全、一体化运行维护）为主要建设内容，提升整体管理水平，推进企业生产、运营、管理和决策的智能化，推动信息化企业向智慧企业的发展跨越；推动公司管理模式、业务模式变革，实现公司经营管理高效协同；推动坚强智能电网技术变革，支撑全球能源互联网发展，全面建成信息化企业，公司信息化水平达到国际领先。国家电网公司"五个一体化"建设内容示意图如图 6-19 所示。

　　2006 年以来，国家电网公司在"十一五"和"十二五"期间，分别开展信息化 SG-ERP1.0（即"SG186"工程）和 SG-ERP 2.0（即 SG-ERP 工程）建设，深化人财物集约化管理和"五大"体系精益化管理，推进行政办公一体化运作，实现"两中心"统一集中管理，不断推动公司管控模式由自转向公转、由壁垒向协同、由分散向集中、由自发向可控、由孤岛向共享的转变。国家电网公司 SG-ERP 1.0、SG-ERP 2.0、SG-ERP 3.0 工程建设历程示意图如图 6-20 所示。

6.2.2　国家电网公司信息化企业架构设计

　　经过多年的信息化建设，大型企业一般均会积累大量的相对独立的应用系

业务高度融合、数据高度共享、流程高度贯通

可管可控、精准防护
可视可信、智能防御

一体化
业务应用

一体化
信息安全

一体化
运行维护

管理集约、运行精益
作业智能、服务敏捷

一体化
平台

资源调配弹性灵活
应用交付快速便捷

数据利用集中智能
服务集成统一高效

优质坚强、技术先进
覆盖全面、管控高效

一体化通
信网

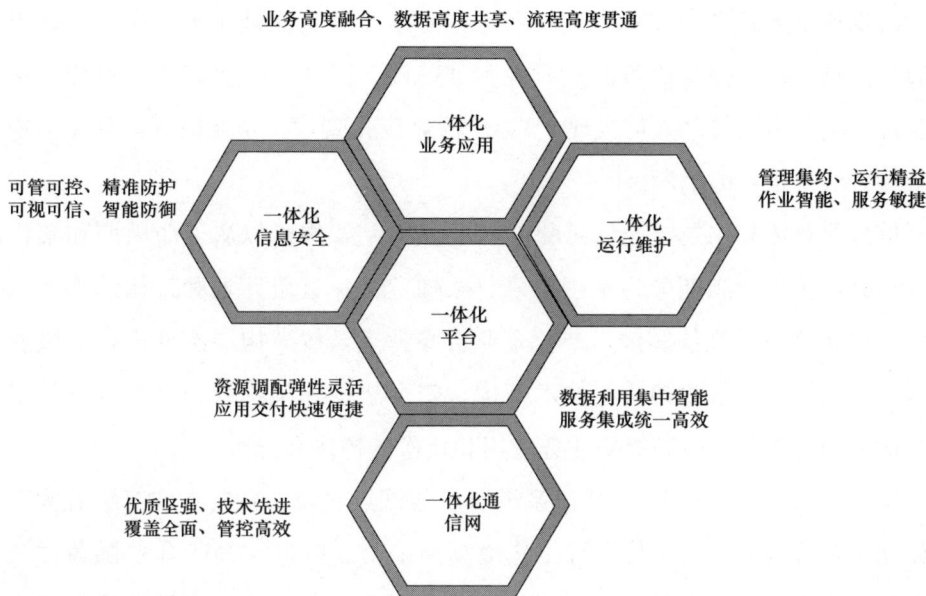

图 6-19　国家电网公司"五个一体化"建设内容示意图

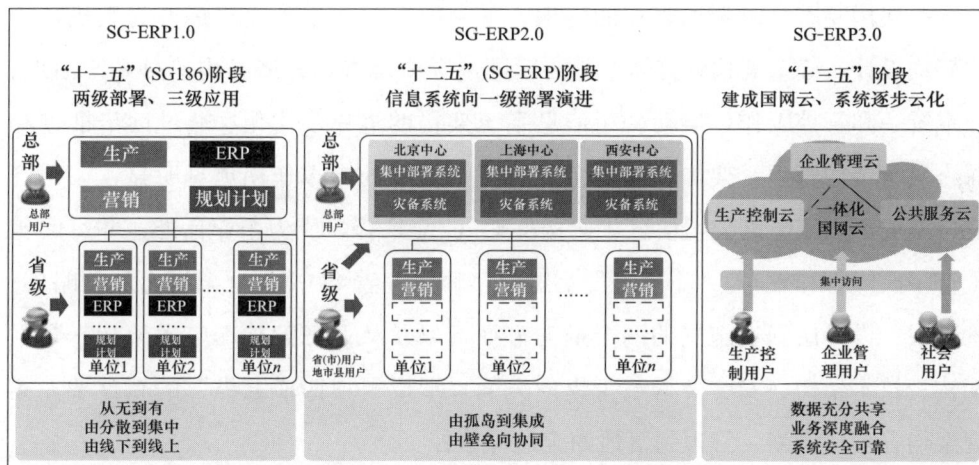

图 6-20　国家电网公司 SG-ERP1.0、SG-ERP 2.0、SG-ERP 3.0 工程建设历程示意图

统,大量业务系统投入运行,这些信息系统加强了信息管理手段,提高了公司
管理水平,为公司赢得了巨大的经济效益和社会效益。但与此同时,由于缺乏
有效的、规范的、统一的架构管理来支持,信息化建设经常反复重复进行,应
用系统对业务处理的支撑能力难以转换为对管理决策的支撑能力,部门间难以
协同工作或重复冗余的工作,导致了企业工作效率的降低和运营成本的上升。

为了实现整个运营全过程管理和控制，就必须及时真实地了解、应用、分析各方面的信息，从而提高决策的及时性和准确度。因此，企业需要一整套信息资产管理方法，帮助管理人员实现 IT 资产的规范化管理。企业信息化总体架构及其管理方法是很好的手段。

信息化总体架构是企业信息化的核心能力，架构可以从生命周期和架构层次来划分，按生命周期分为架构愿景、架构定义、过渡计划和架构治理。国家电网公司参照国际最佳实践，结合企业自身特点，按架构层次分为企业级业务架构、应用架构、数据架构、技术架构、安全架构和架构管控六部分。从架构的层次上划分有利于较高级别业务应用和技术的描述和分析。

国家电网公司于 2011 年通过系统研发与试点建设，尤其在"三集五大"和一体化平台等方面，将架构管理工作提高到一个新阶段。2012 年，随着"三集五大"的全面推广和大量的信息系统适应性调整工作，架构设计和管控工作得到进一步落实。为平衡项目、程序规范性和项目工期的矛盾，确保推广实施符合统一架构要求，以架构管控的落地、平台的推广建设和完善提升为契机，深化架构设计，健全架构管控体系，持续推进专项督查，开展异构信息系统治理、版本统一和管控工作，推动公司信息系统架构的进一步优化。通过逐步推进和深入执行架构管理，架构管控对企业管理和发展的支撑作用愈见明显，公司已设计形成了国家电网公司信息化架构框架（SG-EA），成为企业标准，并每两年进行一次修订和发布。"十三五"后进一步修订完善 SG-EA 框架提出从策略层、管理层、设计层到实施层的四个横向方面，以及从业务架构、应用架构、数据架构、技术架构、安全架构五个纵向方面，形成了"四横五纵"的新框架，实现架构管理从谋划、管理到落地的全过程管控。

为更好管理现有架构资产，以结构化、可视化、多视图、全方位方式管理和展现 SG-EA 五大架构的设计内容，并解决传统非结构化建模工具难维护、难管理的问题，且同时有效支持企业从总体架构到系统架构过渡，将总体架构包括业务、应用、数据、技术和安全五个方面逐级细化，形成对信息系统建设有实际意义的模型，进而建成贯穿国家电网公司信息系统规划－计划－建设－运维全过程的架构管控体系。

国家电网公司信息化架构构建了由策略、管理、设计到实施，由谋划、管理到落地的 SG-EA "四横五纵"框架。国家电网公司信息化架构示意图如图 6-21 所示。

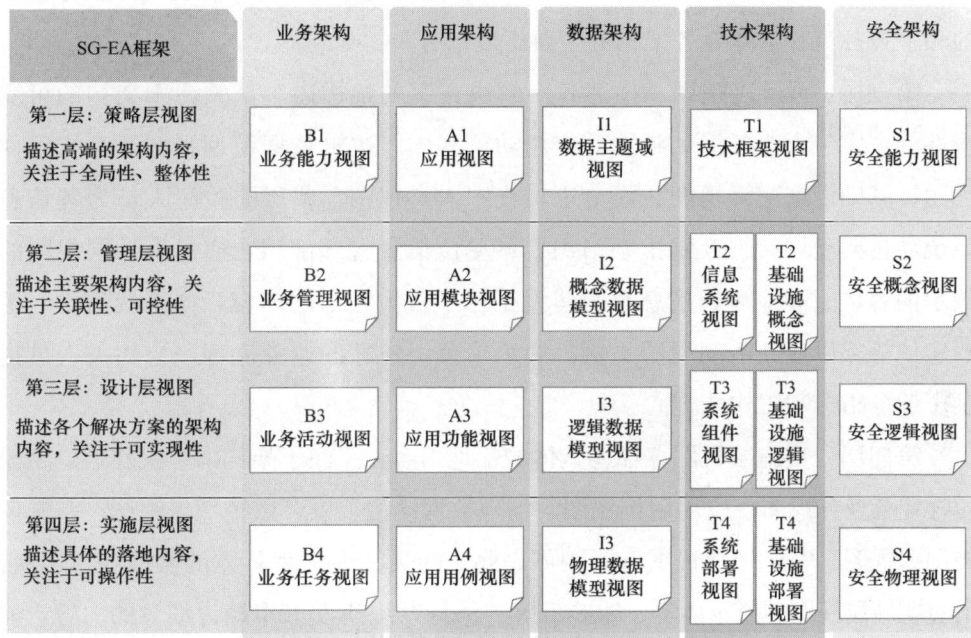

SG-EA框架	业务架构	应用架构	数据架构	技术架构		安全架构
第一层：策略层视图 描述高端的架构内容，关注于全局性、整体性	B1 业务能力视图	A1 应用视图	I1 数据主题域视图	T1 技术框架视图		S1 安全能力视图
第二层：管理层视图 描述主要架构内容，关注于关联性、可控性	B2 业务管理视图	A2 应用模块视图	I2 概念数据模型视图	T2 信息系统视图	T2 基础设施概念视图	S2 安全概念视图
第三层：设计层视图 描述各个解决方案的架构内容，关注于可实现性	B3 业务活动视图	A3 应用功能视图	I3 逻辑数据模型视图	T3 系统组件视图	T3 基础设施逻辑视图	S3 安全逻辑视图
第四层：实施层视图 描述具体的落地内容，关注于可操作性	B4 业务任务视图	A4 应用用例视图	I3 物理数据模型视图	T4 系统部署视图	T4 基础设施部署视图	S4 安全物理视图

图 6-21　国家电网公司信息化架构示意图

1. SG-EA 的"四横"

SG-EA 的"四横"体现信息化建设由决策管理到设计实现的层层细化。

第一层：策略层视图。描述高层次的架构内容，着重关注架构的全局性和整体合理性。主要包含业务能力视图、应用视图、数据主题域视图、技术框架视图和安全能力视图五类视图。此层的关注人员为国家电网公司信息化领导小组成员，通过视图的展示，以全面了解公司的业务领域、数据主题、安全能力等高阶架构元素，为公司的信息化工作战略提供参考。以业务能力视图为例，展示了公司 13 个业务域及组成每个业务域的一级业务职能，使得公司信息化领导小组成员能全面直观了解公司当前的业务战略。

第二层：管理层视图。描述了架构的主要内容，关注业务架构、应用架构、数据架构、技术架构和安全架构之间的关联性和可控性。主要包含业务管理视图、应用模块视图、概念数据模型视图、信息系统视图、基础设施概念视图、安全概念视图六类视图。此层的关注人员为国家电网公司总部信息化管理部门、总部各业务部门、各单位信息化领导小组，通过管理层视图的展示内容，能清晰了解当前信息化工作的主要内容，如业务职能、应用模块、信息系统等。以业务管理视图为例，展示了公司13个业务域下的业务职能，以及支撑业务职能的相关业务流程，是业务架构的主要组成部分。

第三层：设计层视图。描述各个解决方案的架构内容，关注于架构的可实现性。主要包含业务活动视图、应用功能视图、逻辑数据模型视图、系统组件视图、基础设施逻辑视图、安全逻辑视图六类视图。此层的关注人员为各信息系统项目典型设计组及统推项目组、各单位信息管理部门，通过设计层视图的展示内容，能够了解到信息系统建设工作中较为细节的内容，如系统组件、逻辑实体等。以业务活动视图为例，展示了公司实际的业务流程，为相关人员提供了业务指导和工作依据。

第四层：实施层视图。描述具体的落地内容，关注于架构的可操作性。主要包含业务任务视图、应用用例视图、物理数据模型视图、系统部署视图、基础设施部署视图、安全物理视图六类视图。此层的关注人员为具体的实施项目团队，通过实施层视图的展示内容，能够了解到信息系统建设工作最为细节的内容，如应用用例、物理实体、系统部署情况等。以业务任务视图为例，展示了每个业务流程步骤在系统的操作过程，为实施项目团队的工作提供设计参考。

2. SG-EA 的"五纵"

SG-EA 的"五纵"体现信息化建设的内容和管控体系。

（1）业务架构。通过业务架构相关元素间及其元素关系，描述定义 SG-EA 业务架构相关视图：业务能力视图、业务管理视图、业务活动视图、业务信息视图。它们描述国家电网公司业务目标、组织和职能，确定国家电网公司包括的业务场景，明确给出每个业务的流程，以及流程相关的组织、职能和信息。

业务架构划分为15个业务域，具体是人力资源、财力资源、物力资源、规划计划、电网建设、生产检修、电力营销、调度运行、电力交易、产业业务、金融业务、科研业务、国际业务、协同办公、综合管理，共包括一级业务职能143个，二级业务职能666个。国家电网公司业务架构示意图如图6-22所示。

（2）应用架构。通过应用架构相关元素间及其元素关系，描述定义 SG-EA 应用架构相关视图：应用视图、应用模块视图、应用功能视图、应用用例视图。

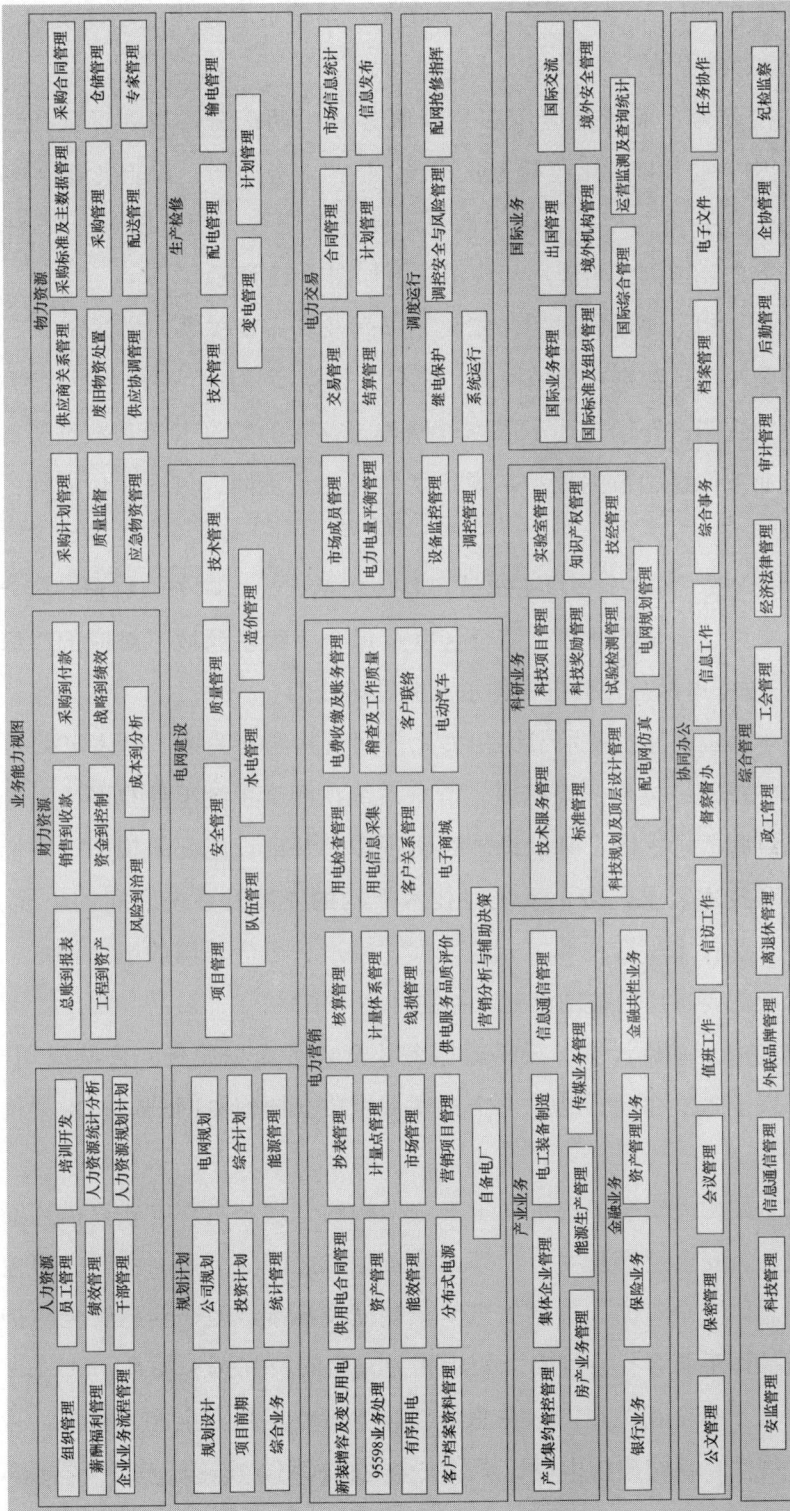

图6-22　国家电网公司业务架构示意图

它们描述了需自动化和已自动化的业务逻辑，给定业务逻辑的功能支撑、功能的层级关系和功能间的交互及组织上的分布。

应用架构分为企业管理应用和公众服务应用两部分，规划设计微应用共1230个。其中企业管理应用包括专业管理、横向业务协同、智能决策分析三类；公众服务应用包括电力市场、电子商务、新能源服务、用电服务、财务金融、物业服务六方面，国网公司应用架构示意图如图 6-23 所示。

（3）数据架构。通过数据架构相关元素间及其元素关系，描述定义 SG-EA 数据架构相关视图：数据主题域视图、概念数据模型视图、逻辑数据模型视图、物理数据模型视图。它们描述了国家电网公司存在的数据资源和数据资源管理方法，解析业务信息的数据模型，规定了信息在流程间、数据在功能间的流转方式。

数据架构划分为 10 个一级主题域，具体包括人员、财务、物资、资产、客户、市场、电网、安全、项目、综合，以及每个一级主题域下对应的二级主题域共 85 个。国家电网公司数据架构示意图见图 6-24。

（4）技术架构。通过技术架构相关元素间及其元素关系，描述定义 SG-EA 技术架构相关视图：技术框架视图、信息系统视图、系统组件视图、系统部署视图、基础设施概念视图、基础设施逻辑视图、基础设施部署视图。它们描述了基于功能和技术需求，多个系统对技术架构的支撑及系统之间的集成关系，系统部署方式及技术平台构建方式，开发、生产、运行环境的组件构成，涉及的安全技术及需要选择的基础设施，并制订使用策略。

技术架构由云基础设施、云平台服务、全业务数据服务、公共应用支撑、访问渠道、安全防护和运行维护 7 个技术域组成。国家电网公司技术架构示意图如图 6-25 所示。

（5）安全架构。安全架构定义了安全架构的管理和实现方式，描述安全能力、安全概念、安全逻辑及安全物理内容及相互之间的关系。主要内容包括国家电网公司总体安全策略、各类信息安全制度及标准规范、信息安全防护方案及各类安全操作手册等。通过安全架构相关元素间及其元素关系，SG-EA 安全架构描述定义了多个相关视图：在总体架构中策略层是安全能力视图，管理层是安全概念视图；系统架构中设计层是安全逻辑视图，实施层是安全物理视图。

公众服务应用(6)

电力市场

成品注册　计划服务
交易出清　交易合同
信息发布　在线咨询

电子商务(2)
网上超市
网上招投标

新能源服务(3)
充电桩
电动汽车
分布式光伏

用电服务(9)
用电申请　用电工程
智能小区　故障报修
电费缴纳　电量转供
客户诉求　在线服务
用电信息发布

财务金融(7)
电子发票　电费账单
财务自助　收付款
证券交易
客户信息

物业服务(4)
餐饮服务　科技安保
物业服务　特约服务

企业智能应用(1299)

智能决策分析(31)

人力资源决策分析　采购管理分析决策　竣工分析决策　经济分析决策　进度与动态管理分析
资金管理　预算分析　仓储营销分析决策　国际运营分析决策　队伍建设能力分析
项目管理　监测管理　供应链交易管理　信息分析决策　营销分析与辅助决策
资产管理　费用成本分析　高级分析与决策　合同管理分析决策　审计分析决策　开工工程与态度数据决策

项目窗口信息(16)

资产全寿命周期(19)

横向业务协同应用(1个应用域，52个微应用)

购销售全链条(6)　　购销电全流程(11)　　客户服务全流程(19)

专业管理应用(15个应用域，1116个微应用)

核心资源与综合业务(265)

人力资源(20)
招聘配置管理(2)　组织管理(6)
干部管理(1)　薪酬福利(2)
劳动关系管理(3)　科目核算(2)
培训开发管理(3)　绩效管理(2)
调研发展资产(4)　能源业务(1)
企业全业务链管理(5)　人员规划计划(1)

财力资源(53)
总账核算(10)
销售利润表(13)
采购物料管理(5)
工程财务产(4)
资金明细分析(3)
成本核算管理(1)
风险防治理(3)
战略投资管理(3)
安全纪检监察主题析(4)

物力资源(53)
物力计划管理(10)
采购管理(6)
供应商关系管理(7)
合同管理(4)
供应商评价(1)
仓储物流管理(6)
供应链协调管理(3)
应急管理(3)
采购标准基本数据(1)

专业管理应用(51)

协同办公
公文管理(9)
保密管理(7)
督查督办(4)
会议管理(4)
信息工作(7)
信访工作(3)
综合办公(9)
任务协同(4)
电子文件(2)
专业共享管理(2)

综合管理(88)
安全管理(26)
科技管理(6)
信息服务(14)
后勤管理(11)
经济法规(7)
离退休工作(7)
后勤管理(4)
纪检监察(5)
工会管理(4)
党建管理(5)
专业共享(4)

电网主体业务(532)

规划计划(48)
规划计划(2)
公司规划(12)
电网规划(9)
项目储备(5)
投资计划(8)
综合计划(9)
统计管理(2)
能源管理(5)
综合业务(1)

电网建设(39)
项目管理(10)
安全管理(5)
质量管理(9)
技术管理(8)
造价管理(2)
队伍管理(4)
水电业务(1)

生产检修(158)
计划管理(38)
技术管理(30)
抢修管理(31)
运检管理(29)
配网管理(30)

电力营销(192)
稽查及工程管理(9)
分布式能源(9)
供电服务品质评价(4)
供电服务品质提升(3)
用电服务管理(12)
客户档案资料管理(2)
自备电厂(7)
核算管理(5)
市场管理(5)
电费收缴及报名管理(9)
专业市场营销(4)
计量管理(5)
新装增容及变更用电(4)
有序用电(5)
用电检查管理(8)
供电电价管理(1)
95598业务处理(8)
电动汽车(9)

公司经营管理(319)

国际业务(47)
国际业务(9)
运四管理(26)
国际交流(4)
国际组织权益维护(1)
境外机构管理(5)
国际联合管理(2)

产业管理(202)
电工装备制造(28)
传媒业务管理(9)
信息通信管理(35)
装备生产管理(23)
房产物业管理(55)
能源生产管理(4)
产业集中管控(43)

科研业务(41)
技术服务管理(28)
科技项目管理(5)
实验室管理(3)
技术标准管理(2)
科技发展管理(6)
科技知识产权管理(3)
成果统计与管理(3)
技术检测管理(2)
智能配用电全寿命周期(1)

金融业务(30)
银行业务(11)
保险业务(7)
资产管理业务(2)
专业内共享(5)
移动应用(6)
市场信息公众服务内(5)
邮箱运营管理(6)
邮箱信息采购(4)
计划管理(3)

电力交易(95)
市场成员管理(4)
交易计划(9)
合同管理(6)
结算管理(12)
资产日常管理(5)
交易组织管理(1)
交易管理(5)
交易全场统计(4)
交易全域统计(5)
火电机组环保数监测分析(4)
市场分析管理(1)
市场运营管理(5)
基础应用支撑(11)

図6-23　国家电网公司应用架构示意图

223

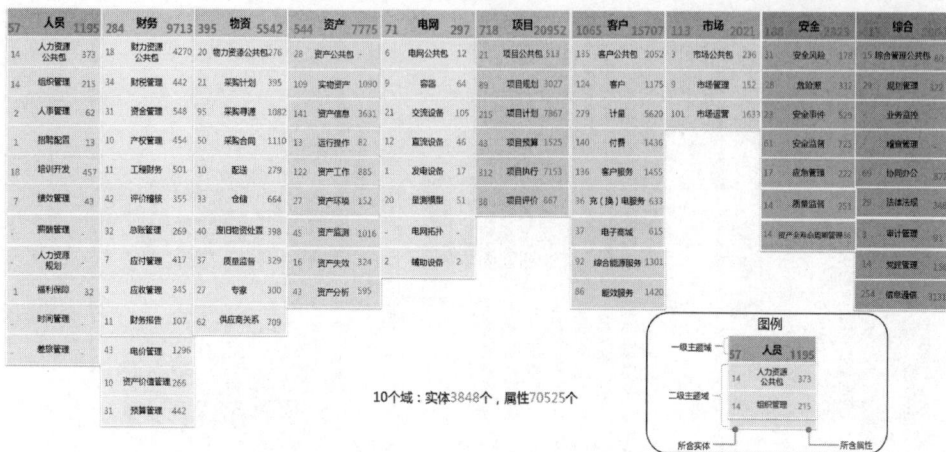

图 6-24 国家电网公司数据架构示意图

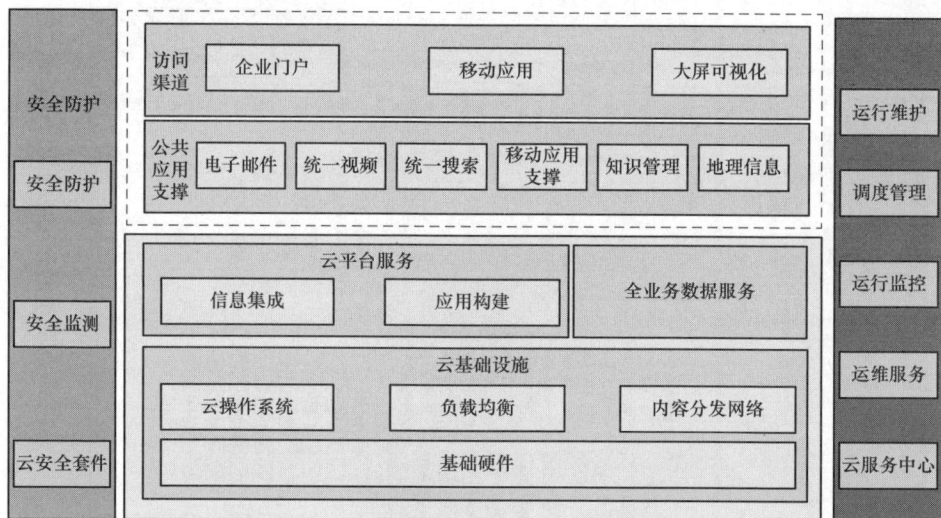

图 6-25 国家电网公司技术架构示意图

网络安全划分为五个安全策略，具体包括可管可控、精准防护、可视可信、智能防御、保障措施，以及每个安全策略下对应的主题域共 25 类。国家电网公司安全架构示意图如图 6-26 所示。

3. 架构管控

为保证架构设计的有效落地，需要进行架构管控。架构管控广义上是决策权分配机制和确保企业向愿景演进的流程集合。狭义上是在架构设计的基础上，建立健全管控组织、明晰管控职责、制定管理原则、执行管控流程、管理架构资产、考核管控绩效的管理行为，保障企业架构的落地。通过开展架构管控工作，一方面能保障系统架构设计遵从总体架构，另一方面保障各省市公司、相关直属单位和研发单位的架构资产与公司总部遵从。

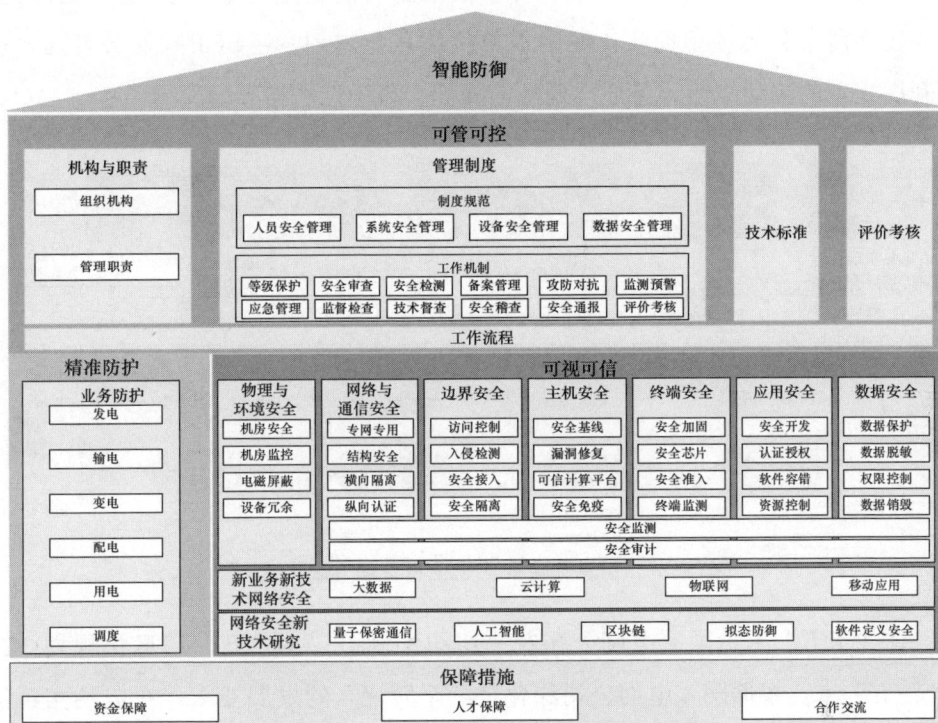

图 6-26　国家电网公司安全架构示意图

6.2.3　国家电网公司信息化建设项目管理

国家电网公司建立了完备的信息化建设项目管理体系，按照国家电网公司信息化建设管理办法，将信息化企业建设的方法大致分为战略规划、顶层设计、试点先行、迭代完善、集中推广。在具体的信息化企业建设项目管理中，必须依托企业信息化建设整体规划要求，严格设计并执行总体规划、需求统筹、可研立项、竣工验收、后评估等关键流程，建立全过程的管理体系，从而实现规划的有效落实执行。信息化企业建设项目管理方法示意图见图 6-27。

6.2.3.1　统一信息化规划计划管理

1. 规划管理

国家电网公司信息化规划实行集中管理，建立了公司总部及下属单位两级规划编制体系。以国家电网公司整体发展战略为指导，按照"自上而下，两级规划"原则,统一组织编制公司信息化规划,保持信息化规划与各业务规划的有效衔接。开展两级规划编制工作加强公司规划对下属单位规划的指导,确保各单位规划与总部规划保持一致,各单位以公司信息化规划为依据,结合自身业务发展需求和信息化现状,编制本单位信息化规划。密切跟踪业务发展,适时开展规划的滚动修编,保证规划的前瞻性、科学性和指导性。

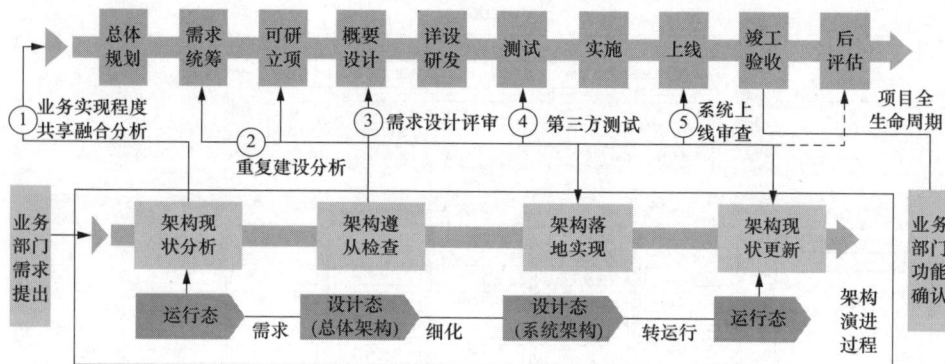

图 6-27 信息化企业建设项目管理方法示意图

在"十五"末,国家电网公司统一组织编制了"十一五"信息化规划。在"十一五"末,根据国家电网公司深化"两个转变"的发展要求,在成功实施信息化"SG186"工程的基础上,提出了建设国家电网公司一体化集团企业计划系统(SG-ERP)的目标,基于现代企业架构理论,提出了国家电网公司企业架构(SG-EA),构建由策略、管理、设计到实施,由谋划、管理到落地的 SG-EA"四横五纵"框架,描绘了公司"十二五"信息化规划蓝图。"十二五"末,公司定义并发布了"十三五"信息化规划。

2. 信息化项目可研管理

按照规划的要求,每年初明确各单位信息化计划,通过计划确定年度实施项目,从而保证了规划、计划的落地和项目立项的合理性。为确保信息化项目质量,国家电网公司对信息化项目前期形成一整套严格管理机制。

(1)重视可研编制。根据业务发展和信息化建设现状,结合信息化需求分析,论证项目必要性。在必要性论证基础上,进行可行的项目建设方案比选研究,提出推荐的项目建设方案。提出软硬件设备配置需求清单,给出各类费用估算及其估算依据。

（2）严格可研评审。要求项目单位委托具有可研评审资质的单位对信息化项目进行可研。组织专家论证信息化项目的必要性和可行性，确保信息化项目质量和建设成效。

（3）规范可研费用。为科学、合理地确定信息化项目预算，国家电网公司参考基建工程标准定额管理方法，对信息化项目进行标准化的工作细分，明确项目边界、工作内容、实施方法和实施队伍构成，从而对项目工作量和费用进行较准确的预测，逐步形成了一套行之有效的操作方法和流程，形成了《国家电网公司信息化项目建设成本度量管理细则》《国家电网公司生产运营标准成本体系》和《国家电网公司信息运维服务标准细则》，并不断完善各项目的实施工作内容，消除了项目可研中工作量描述的模糊性，强化了各项目间的相互配合与协同，提高了信息化投资效益。

3. 信息化项目费用定额

国家电网公司成立了专门的技术经济评审小组，在信息化项目可研编制的后期，按照统一的方法对项目费用进行测算。

首先，根据国内信息从业人员的收入水平统一确定了国家电网公司信息化项目的人天单价，以此作为项目费用测算的基础。其次，根据不同的项目类型，探索设计了一套工作量评估模板和方法。对于软件研发类项目，应用功能点计算法，按照需求调研、分析、概要设计、详细设计、代码开发、测试等工作项细分工作内容后，测算开发工作量，要求在可研编制阶段对软件功能点进行初步的规划设计，力求在立项时对交付成果有较清晰的描述。对于实施类项目，设计了标准的信息化项目实施 WBS 模板，按项目管理、差异分析及方案设计、数据收集及处理、系统部署及配置、系统集成、系统测试、培训、上线准备及切换、上线试运行支持、质保运维十个工作项及三十个二级工作子项细化工作内容，并按实施单位的性质、规模及信息系统部署模式分类后进行分项测算。根据项目具体特点进行局部修正，从而较为准确地测算信息化项目的工作量。同时，根据经验和相关项目的情况对项目边界、工作内容、进度计划、实施组织等方面提出改进建议，项目可研编制组根据测算结果和建议对可研进行进一步的修订完善。

4. 信息化项目储备

信息化项目通过可研评审后，纳入公司信息化项目储备库管理。公司信息化项目储备库由总部及各单位信息化项目储备库组成，实行总部、各单位两级动态管理。各单位信息化职能管理部门负责建立、维护本单位信息化项目储备库。总部信息化职能部门负责建立、维护总部信息化项目储备库，并对各单位定期报送的信息化项目储备库进行审核及评价。

信息化储备项目原则上根据项目性质及作用，从技术、经济两方面进行评分排序，按分值从高到低依次进入项目储备库，以便统筹安排年度预算和信息专项计划。根据需求进行适时调整、滚动更新总部及各单位信息化项目储备库，并履行相应的评分排序、审查程序。储备项目列入年度信息化项目计划后，相应项目从储备库中删除。

5. 综合计划管理

国家电网公司综合计划管理明确要求，不符合可研程序的项目不得进入储备、未纳入储备的项目不得列入计划和预算、无计划和预算的项目不得建项实施和支付资金，强化综合计划规范管理。信息化建设年度计划编制分为"三上三下"。

一上一下：每年 3～10 月，各单位形成本单位信息化项目储备库，并上报总部。总部完成项目储备库审查，并统一固化项目储备库。二上二下：每年 11 月，各单位上报本单位信息化总控目标建议，总部确定公司信息化专项总控目标和各单位信息化专项总控目标。三上三下：每年 11 月至下一年度 1 月，公司各单位基于固化项目储备库，通过信息化系统编制本单位信息化专项计划建议（项目清单和投资），并上报公司总部。总部审核后，并通过有关程序决策后下达执行。

6.2.3.2 严格信息化项目实施管控

"十一五"以来，国家电网公司在信息化建设过程中，在从规划计划层面开展企业信息化顶层设计的基础上，在项目建设层面加强管控，严格项目实施，确保系统设计和建设的统一性、科学性和适应性，有效解决了各单位业务运营模式差异大、数据标准不一致、信息系统存在异构等问题，建成了纵向贯通、横向集成的一体化企业级信息系统。

1. 建设管控

（1）统一架构管控，集中开展系统典型设计。从信息系统建设源头管控系统建设模式，以企业级顶层架构设计为指引，强调系统架构对企业总体架构的遵从性。要求所有项目可研设计中包含：

1）业务架构。阐述系统涉及的业务领域、业务能力和业务流程，规范业务模型，确保系统业务模型设计与企业总体业务架构的有效衔接。

2）应用架构。以业务架构为依据，分解、识别应用功能，阐述应用边界、功能定位和应用交互，确保将建设系统的功能充分、边界合理。

3）数据架构。以数据架构、应用架构为依据，阐述业务数据模型、数据标准，确保系统涉及企业全局数据标准统一，数据充分共享。

4）技术架构。在业务架构、应用架构、技术架构基础上，依据最新信息技术及其走向，阐述系统技术路线、部署模式和关键技术实现可行性，确保技术路线统一，系统实现技术科学合理。典型设计要基于国家电网企业架构（SG-EA）框架体系，以可行性研究阶段四大架构设计为基准，细化业务模型，形成标准化功能设计，并分别从系统组件模型、数据模型、部署模型、集成模型等方面开展系统架构设计，形成标准化系统设计。

5）安全架构。遵循统一安全规划，统一安全方案，统一安全审查，统一安全通报，统一安全稽查"五统一"原则，遵从"机构与职责、管理制度、技术标准、工作流程、评价考核"等安全管理要求，设计时需考虑项目全生命周期的覆盖、各环节相互联动、同步各类安全管理和事件调查与安全应急响应相结合几个方面。

公司重点从可研立项、概要设计、上线运行三个关键环节开展架构一致性审查，统一各项目建设模式，组织开展架构督察评价（见图 6-28），确保架构蓝图和管控目标有效落地。

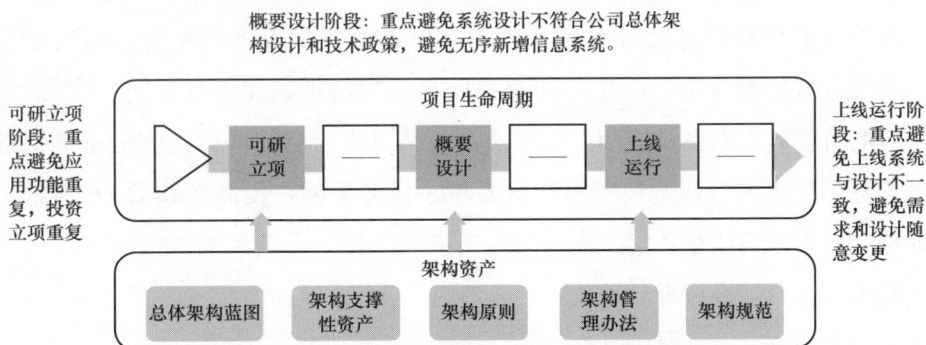

图 6-28　架构督察评价的三个大关键环节

（2）加强技术管控，统一技术路线。

1）统一技术平台。加强企业级一体化平台建设，通过企业门户、目录服务、统一授权管理、非结构化数据管理平台、主数据管理平台、海量历史/准实时数据管理平台、空间地理信息平台（GIS）、企业服务总线等平台系统持续建设和完善，实现信息资源共享，避免重复建设，为信息互联互通奠定技术基础。

2）统一基础架构。建立软硬件目标架构及实施规范，通过资源有效整合，形成统一的基础架构，从而实现系统硬件资源集约利用，简化系统运维。

3）统一系统建设标准。建立数据标准、技术标准等标准体系，指导和规范系统建设行为，并通过定期标准和架构督查确保标准有效落地和切实遵从。

（3）严格过程管控，确保系统建设质量。推进项目研发过程的标准化管理，建立研发过程规范体系，约束和规范系统设计、开发行为，提升系统建设过程质量。严格把控关键环节质量，建立多级评审、多道质量防线机制。系统架构设计在总部统一管控下，经研发单位评审和总部统一评审通过后，方可开展系统构建工作；系统需经过项目组内部测试、研发单位出厂测试和第三方测试后，方可上线，确保系统建设成果质量。

2. 集团化采购

国家电网公司稳步推进信息系统软硬件集团化采购工作，信息化采购的集团化效益逐步展现。考虑信息系统设备采购量大、信息系统建设需求变化大的特点，公司按年发布集中采购目录和采购批次计划，总部统一提出技术标准，明确技术规范要求，对各用户单位报送的采购需求进行归类汇总，分批开展集中采购，确定中标人。各用户单位根据中标结果与中标单位签订合同，督促中标单位按期进行供货，并对到货产品进行验收。为确保采购设备质量，公司特别重视设备抽检和供应商评价工作，每年定期对供货设备的配置、运行情况、使用情况进行抽查，对存在设备和服务质量问题的供应商进行处罚，情节严重的供应商将被列为不良供应商。供应商评价情况作为招标评标工作的重要依据。通过信息化集团采购，避免同类物资各单位重复采购，提高采购效率，降低采购成本，保障采购质量，实现规模效益；有利于整合采购资源，确保及时供货，统一技术标准，推进标准化建设。

3. 项目实施

信息化项目建设坚持标准化原则，按照统一功能规范、统一技术标准、统一开发平台、统一产品选型的要求，组织开展典型设计、试点先行、分步推广等工作，确保公司信息化建设顺利推进。典型设计阶段主要是规范工程建设的内容、建设标准、技术标准、业务接入规范等纲领性、统一的框架。试点实施阶段主要是将典型设计应用于试点单位，验证其可用性、实用性并结合试点单位的实际业务需求进行总结和完善，便于指导推广实施阶段工作。实施阶段主要工作是各级单位按照典型设计要求并结合试点单位的经验总结，完成工程建设将工程应用于全网各个单位，实现统一部署、统一应用的目标。

（1）试点建设。鉴于国家电网公司是一个多层级、多单位的集团企业，为了稳妥推进信息化建设，根据国家电网公司试点先行原则，信息化项目建设首先要结合业务及信息化发展情况选择典型单位开展试点建设工作。在试点建设的过程中，各试点单位统一运用典型设计形成的框架平台、技术方案等成果，结合各单位的实际情况，从基础框架平台功能、基本应用、专业应用三大部分进行建设与完善。整个试点建设过程是一个不断交流、迭代、完善的过程。试点单位在完成本单位系统功能建设的同时，协助典型设计工作组进行技术方案与实施方案的差异分析。各单位的建设项目组与总部典设组保持密切联系，持续向国网典设组反馈系统建设经验、技术特点、业务特色，并积极探索各系统建设的共同推进途径，对典型设计不断完善。

（2）全面推广。在推广实施阶段，各级单位按照典型设计要求并结合试点工作经验，开展系统建设、框架平台功能、基本应用和扩展应用的建设工作。在推广过程中，在遇到各单位本身业务流程与典型设计不一致的情况时，开展差异原因分析，对于需要优化的作业流程，各单位在项目组的辅助下，重新梳理并调整业务流程，达到节约资源、高效运作的目的。在完成系统功能建设实施的同时，兼顾与相关信息系统的横向集成以及与总部数据纵向贯通，为后续系统应用及系统实用化提供重要保障。横向集成主要考虑系统设计时要规范接口标准，严格遵循调试程序。纵向贯通主要考虑有效利用公司现有的数据中心、ESB（企业级服务总线）、非结构化数据平台等资源，避免重复建设。

4. 建设转运行

国家电网公司在信息化建设中，借鉴电网基建工程中建设转运行维护的成熟模式，为实现信息系统建设和运行维护的平滑衔接，推进信息化工程建设、运行维护工作的专业化。

信息系统运行维护阶段承担着运行保障和深化应用的两大职责，运维团队能够顺利接手运维任务的关键就在于早计划、重参与、严把关、强管控。通过建立科学的建转运实施过程，前移建转运工作的起点，明确建转运的各方职责，通过开展非功能性需求评审，规定信息系统上线时应遵从的标准、规范和约束，实现系统建设、运行维护各阶段的平稳过渡和有序衔接，实现 IT 服务精细化管理。同时，建立建设转运维的可回溯性控制流程，提升运维主动性。主要做法如下：

（1）优化信息化项目可研报告。明确可研报告编制包括运维模式、运维规模、运维费用等运维计划内容，作为项目审批的重要依据；设计完成可研报告模板，形成运维需求评审管理办法及流程。

（2）优化建转运规划阶段、建设阶段、交接阶段和运行等阶段的工作职责和工作内容，形成信息系统建转运工作开展的依据。召开专家研讨会，完善可研报告模板和建转运实施细则。

（3）建立非功能性需求管理机制。编制形成信息系统非功能性需求说明书模板；建立非功能性需求申请、评审、跟踪和变更等管理制度及沟通机制，加强非功能性需求管理，形成《国家电网公司信息系统非功能性需求管理规定》；完善《国家电网公司信息系统建转运实施细则》。

（4）制订建转运实施策略。选取试点项目，按建转运实施细则要求，在信息系统全生命周期各阶段完成建转运工作。

（5）开展建转运工作。选取新立项项目按照建转运实施细则逐步开展建转运工作，各运维单位定期向总部汇报建转运进展情况。

6.2.3.3 规范信息化项目验收

信息化项目验收是指项目建设完工后，依据国家及行业有关法规、标准和规范，根据项目设计和建设过程中的相关文件资料，对项目进行验收。信息化建设项目评价工作是对重要项目的建设管理、技术路线、运行情况和投资收益等进行评估，比较项目实际状况与预测情况存在的偏差并分析原因，提出改进意见。验收程序主要包括提出验收申请、启动验收、开展验收、验收结论四个环节。首先，项目具备验收条件后，项目参建单位应及时提出验收申请，提供验收资料；其次，在接到竣工验收申请后，项目归口管理单位启动验收工作，组织人员审查验收资料；再次，根据信息化建设项目类型，采取现场考察、书面评议、网络评审、系统测试、专家会议验收等多种方式进行验收；最后，对验收项目给出相应的验收结论。

项目竣工结算主要是根据国家和国家电网公司的相关规定，依据合同约定，对项目前期、设计、施工、咨询、技术服务、设备材料、项目管理等项目全过程所发生的费用进行决算的活动，是包括软硬件购置费、软件开发费、集成服务费、实施服务费等费用在内的工程费用全口径结算。

6.2.4 国家电网公司信息化建设内容

自2006年至今，国家电网公司围绕公司战略目标、结合自身业务特点，将信息化建设纳入企业发展战略，并作为增强企业核心竞争力、实现管理创新、推动科学发展的重要抓手，全面推进信息化各项工作。

6.2.4.1 国家电网公司信息化建设核心内容

"十一五"以来，国家电网公司建设完成了以信息化SG-ERP1.0（即"SG186"工程）为核心的一体化企业级信息系统，并在继承完善SG-ERP1.0工程成果和深化应用的基础上，建成电网创新发展、公司高效运作、系统安全可靠、覆盖全部业务和全部用户的智慧化的国家电网公司一体化集团企业资源计划系统（SG-ERP 2.0）。国家电网公司按照统一领导、统一规划、统一标准、统一组织实施的"四统一"原则，通过"典型设计标准化，设备采购集团化，项目费用定额化，工程管理规范化，建设运行自主化，资源共享集约化"的科学管控，按照"统一组织、典型设计、试点先行、分步推广"的实施路线，统筹推进全公司系统的信息化建设，加快了建设进度，节约了项目投资，推动了公司从传统管理向现代化管理方式的演进，总结出适应特大型集团企业管理信息化管控手段、建设模式以及信息系统运行体系等信息化工程建设经验，对特大型集团企业信息化建设具有重要的借鉴作用。

国家电网公司采取科学的信息化建设模式和方法论，统一推进公司信息化建设，建成了覆盖公司总部（分部）、省（市）公司、地市县公司以及直属企业等约2200余家单位的一体化企业级信息系统，涵盖企业核心资源与综合业务、电网主营业务、产业金融业务和智能分析决策 4 大板块、涉及 15 大业务应用，实现各业务应用的横向集成和纵向贯通，实现信息系统单位全覆盖、专业全覆盖、人员全覆盖。

1. 构筑一体化平台

在"十二五"期间信息化建设基础上，创新应用云计算、大数据、物联网、移动互联等技术，基于云架构进行优化重组。其中，网络传输强化对物联网的支持；基础设施全面深化云计算技术应用，提供软硬件资源的封装；数据资源引入大数据技术，构建公共数据资源池；信息集成引入移动互联技术，并改造原企业服务总线，构建公司企业服务资源池；访问渠道建设移动应用平台；应用构建向云开发和测试演进。

（1）网络传输。建设一体化电力通信专网。完成了三级信息网络 100％覆盖和带宽的全面提升，北京、上海、西安三大数据中心之间直连链路带宽达到 40GB，总部到省公司、分部的带宽不低于 10GB，总部到直属单位带宽不低于 500MB，部分特殊区域按需逐步满足带宽建设要求；推进配用电侧接入网建设，加快电力无线网络规划及建设；开展无线网络相关技术研究和应用；开展信息网络下一代互联网协议（IPv6）、软件定义网络（SDN）、安全接入等技术改造。

（2）企业门户。提升企业门户的信息展现、统一访问、接口开放能力。扩展对桌面终端、移动终端、可视化大屏等各类信息展现渠道的支持，为公司业务应用系统提供统一访问入口和统一信息展示。构建开放式的企业门户，提供业务应用服务注册和开放式开发接口，便于业务应用功能的后期持续接入发布。改造企业内外网门户，完善企业门户在用户互动、移动应用支撑等方面的功能。建设内外网移动门户，支撑各类移动应用建设内网和外网移动门户，实现公司移动应用统一入口，优化企业各业务条线移动应用集成管理，为内外部用户提供一站式的移动应用服务。优化提升可视化平台组件的多设备、多展现、多渠道的展现交互能力。分别建设基于信息内网和信息外网的移动应用平台组件，支撑面向公司员工的移动办公、作业和面向社会公众的移动服务。完成统一搜索服务功能提升的建设，完善目录服务和统一权限管理。

（3）数据中心。建设总部和省级电力公司两级部署的企业级大数据平台。基于 X86 集群架构，采用分布式技术，融合 4 大数据中心，整合、优化、重构公共数据组件和智能分析决策平台，构建公司级大数据平台。并针对大数据平台功能进行可行性验证，依托大数据平台开展电网生产、经营管理、优质服务等方面大数据应用试点建设。针对数据整合、数据存储、数据计算、安全管理、数据分析、平台服务、配置管理、分布式存储管理、内容管理核心组件、元数据迁移工具、GIS平台改造等业务需求开展设计工作。完成数据整合（包含分布式消息队列等子模块）、数据存储（包含非关系型数据存储等子模块）、数据计算（含流计算等子模块）、数据分析（含分布式挖掘算法库等子模块）、配置管理、平台服务（包含展现服务等子模块）、安全管理（包含接入安全等子模块）、分布式存储管理（异构存储管理等子模块）、内容管理核心组件（用户权限管理等子模块）、元数据迁移工具（元数据迁移工具子模块）、GIS平台改造（分布式存储管理功能等子模块）等新增模块的开发工作，以及基于大数据平台开展新型客户服务业务型态应用等场景的试点开放工作。借助企业级大数据平台，增强数据存储横向扩展能力，提升数据实时处理能力，加强数据融合与深度挖掘能力，支撑公司一体化、专业化、扁平化、集约化管理，构建新型电网企业运营体系。

建设全业务统一数据中心是公司现有数据中心的进一步发展和完善，主要包括数据处理域、数据分析域和数据管理域三部分。数据处理域是公司生产经营管理过程中各类业务数据存储、处理、融合的中心，主要支撑业务处理类应用，是推进业务流程贯通和数据共享，保障数据质量的关键，提升数据应用水平的基础。数据分析域是公司各类数据清洗转换、汇聚整合的中心，主要支撑采集监测类和分析决策类应用，是挖掘数据资源价值，提升数据应用水平的核心。数据管理域是公司数据模型管控、主数据应用的中心，是实现数据规范、安全、正确的关键和保障。以上三个部分紧密结合，互相促进，是一个有机的整体。

（4）基础设施。构建公司统一的软硬件资源池和基础资源服务体系。软硬件资源池由混合、异构并存结构向统一、标准化的架构演进。简化平台软件版本，开展版本兼容性测试。构建基础资源服务体系，针对不同的使用需求，根据服务水平协议，提供差异化的存储服务、计算服务、基础软件服务和负载均衡服务等。优化软硬件资源管理，实现资源和服务的统筹管理。构建运维管理模块，统筹管理软硬件资源需求；构建服务管理模块，实现服务台、事件管理、服务监控和服务水平管理等功能。完善提升应用级灾备体系。充分继承现有应用级灾备建设成果，持续开展应用级灾备体系建设工作。

（5）软硬件资源。支撑公司一体化平台、一体化业务应用系统、一体化信息安全体系、一体化运行维护体系所需软硬件资源（服务器、存储、网络设备、系统软件、数据库、中间件等）的建设（升级和改造）。主要包括基础设施的云化建设和升级改造，软硬件资源的自主化替代，新增业务应用建设需购置的软硬件配套资源，在运设备的优化扩容或更新替代。

建设由企业管理云、公共服务云和生产控制云三部分组成的"国网云"，主要由一体化"国网云"平台及其支撑的各类业务应用组成。截至目前，有企业管理云 4000 个节点，公共服务云 600 个节点。国家电网公司"国网云"平台示意图如图 6-29 所示。

企业管理云

公共服务云　State Grid Cloud 国网云　生产控制云

图 6-29　国家电网公司"国网云"平台示意图

1）公共服务云。覆盖外网区域的资源及服务，为电力营销、客户服务、电子商务及直属单位等业务应用提供支撑。

2）企业管理云。覆盖管理信息大区的资源及服务，为企业管理、分析决策、综合管理类业务应用提供支撑。

3）生产控制云。覆盖生产控制大区的资源及服务，为电网非实时、生产管理类业务提供支撑。

（6）集成服务。建设集成管理平台组件，全面支撑面向服务架构（SOA）和事件驱动架构（EDA）的应用集成。建设集成管理平台组件，完善注册、部署、装配、访问和监控等功能，支持开发态和运行态服务管理。优化和完善业务流程模块（BPM）和企业服务总线（ESB），优化流程集成体系，完善业务流程部署。建设集成管理平台组件的服务引擎、流程引擎和事件引擎，实现 SOA

和 EDA 的信息集成。构建支持微应用、移动应用、快速交付模式的应用开发平台组件。

2. 推进业务应用全覆盖

（1）企业核心资源与综合业务。完善提升人力、财力、物力资源业务应用，实现人、财、物等企业核心资源的高效协同管理。优化整合协同综合业务应用，拓展移动应用，实现企业行政办公与综合管理业务的高效协同。

在人力、财力、物力资源管理业务方面，完善提升企业资源的集中管理和集约调控能力，应用云计算、物联网、移动互联等新技术优化业务应用群建设，促进企业核心资源的高效协同管理。在人力资源方面，形成业务覆盖全、数据信息全、功能模块全的"三全"一体化人力资源管理应用，助力公司人力集约化水平向国际先进水平迈进。在财力资源方面，构建"全面覆盖、实时管控、刚柔并济、科技驱动"的一体化企业级智慧财务应用，全面支撑智慧精益高效的财务集约化实时管控体系。在物力资源方面，形成"稳定高效、智能协同"的一体化物力集约化管理应用，全面支撑物力资源集约化、扁平化、专业化管理。

在协同综合业务方面，优化整合业务应用，推进移动办公建设，建设集内部监审应用、专业业务应用和行政办公应用于一体的协同综合服务应用，拓展各应用的广度与深度，深化各专业的业务融合，进一步提升用户体验

（2）电网主营业务。广泛应用云计算、物联网、智能控制、移动应用等新技术，优化提升电网主营业务，促进专业内部业务应用深度集成及各专业间横向协同，持续提升电网"发电、输电、变电、配电、用电、调度"六个环节的"自动化、信息化、互动化、智能化"水平，推进生产作业层自动化向上、信息化向下的延伸与相互融合，支撑坚强智能电网创新发展与能源互联网广泛互联、互通建设。

在规划计划业务方面，全面覆盖公司综合计划十六个专项项目，实现数据一个源、电网一张图、项目一个库、业务一条线、应用一平台的一体化规划计划业务应用。

在电网建设业务方面，完成对常规基建工程、特高压工程及其他非工程类项目的全面覆盖，重点加强工程建设全过程管控、精细化管理，准确定位重点环节，开展大规模基建数据管理分析。

在电网调度运行业务方面，优化完善调度管理各应用模块，实现智能调度控制重点突破，提高实时调度控制与智能决策水平。

在电网生产检修业务方面，完善提升设备精益化运维检修应用，贯通基层核心业务并建立移动作业体系，进一步提升检修业务中的智能化程度和安全监管智能化水平以及智能配用电一体化管理水平。

在电力营销业务方面，紧随售电侧放开业务需求，拓展互联网服务渠道、范围与深度，构建覆盖营业、计量、市场、智能用电和客户服务全业务的营销一体化应用；推进多品种全周期电力市场交易体系建设，健全全国电力市场交易平台，保障电力市场稳定、有序、规范运作；同时促进电动汽车充换电等新型业务发展、依托用户资源发展电子商务平台等互联网业务，形成"互联网＋电力营销"格局。

（3）产业金融业务。在兼顾公司管理要求和行业监管要求的前提下，强化科研教培、专业公司、产业公司、金融公司信息化建设，全面提升直属单位生产、经营、管理和决策水平，实现"办公业务自动化、基础管理精益化、客户服务精细化、风险预警实时化、战略决策科学化、业务创新信息化"，灵活适应市场变化和产业变革，引领业务创新发展。

在通用业务方面，依托公司统一建设推广的企业核心资源与综合业务，涉及企业核心资源管理（人力、财力、物力）、协同综合管理（行政办公、综合管理）等。

在专有业务方面，为具有专业特色的业务应用，科研教培涉及科研管理、电网规划、教育培训等，专业公司涉及交直流运检、信息通信建设运维管理、客户服务等，产业公司涉及电工装备制造、信息通信、房产物业、能源生产、海外投资、工程总包、通用航空、物资供应、传媒业务和运营监测等，金融服务涉及银行、保险、资产管理等金融业务。专有业务建设广泛应用云计算、大数据、物联网、移动应用、智能控制等新技术创新发展业务模式，形成"互联网＋科研""互联网＋教培""互联网＋制造""互联网＋金融"等的信息化发展格局。

（4）智能分析决策。以公司企业核心资源与综合业务、主营电网业务、产业金融业务为基础，应用大数据、云计算等技术，建设面向电网生产、经营管理、优质服务和公司战略的大数据智能分析决策体系，实现公司运营在线监测（控），实现数据资产集中管理、数据资源充分共享、数据价值深度挖掘。

在电网生产运行方面，整合电网生产控制大区、管理信息大区信息资源，实现智能电网、能源互联网生产运行等关键业务的信息分析与智能监控、预警，提升电网调控运行、源荷接入、能源交易、电网建设、生产检修的数据价值利用水平。

在公司经营管理方面，整合公司经营管理侧各条线业务信息资源，推动集约化、精益化管理，实现分析决策和管理流程相结合，实现业务活动动态监控和分析优化、核心资产集中管理和在线监控，实现企业内部业务数据集中分析、深化应用、智能决策。

在客户优质服务方面，整合电力交易、电源入网、营销配电、客户服务等面向电源侧、用户侧和政府部门的信息资源，实现外部服务各业务条线的信息分析、智能监控与预警，提升公司对社会公众及相关方的服务履职能力。

在公司发展战略方面，在电网生产控制、企业经营管理、客户优质服务分析决策基础上，全面整合各方面数据资源与分析成果，开展运营监控、公司发展、电网发展、公司风险、内部环境、外部环境等跨领域综合智能分析决策，实现公司全局实时监测分析与战略决策支持，有效促进管理方式变革，提升公司运营水平。

3. 推进信息系统深化应用

信息系统深化应用就是要不断拓展信息系统业务应用的深度和广度，不断强化系统数据质量，不断提升业务应用水平的常态化工作，确保信息系统可用、能用、会用、在用、实用。只有通过全面深度使用业务应用系统，才能实现海量信息处理、高效业务协同、互动服务响应、智能决策支持，并在此基础上进行业务融合和提升，充分发挥信息系统的效能。国家电网公司从多个方面开展信息系统深化应用工作，保障信息系统稳定运行，提高系统数据质量与智能决策支持，持续提高系统应用水平，实现以评价考核促应用，以应用促发展，全面提升信息化对公司高水平可持续发展的坚强支撑。

（1）建立深化应用组织体系，落实各级责任。各级"一把手"是信息系统深化应用的第一负责人，带头应用，亲自研究、协调处理深化应用中的重大问题。信息化领导小组对深化应用工作负总责，统一组织和领导，督导各部门和基层单位应用情况。业务部门在深化应用中发挥主导作用，加强实用评价、数据治理、对标考核、应用培训、技能竞赛等工作，提高信息系统应用水平，确保业务活动在信息系统中在线操作，实现闭环管理。信息化部门保障深化应用，加强安全督查、客户服务、系统调度、运行维护和技术支持等工作，持续开展信息系统性能调优，不断完善信息安全防护体系，确保信息系统安全、可靠、稳定运行。

（2）按照抓建设的要求抓深化应用。严抓深化应用方案的实施，落实到每个部门、系统、班组和岗位，强化进度控制，建立完善周、月例会制度，确保取得实效。建立深化应用常态化管理和促进的体系，形成信息系统"应用－深化－提升－更好应用"的闭环持续提升机制。

（3）强调标准化建设。国家电网公司依托信息化典型设计现有成果，结合公司集约化管理和坚强智能电网建设要求，从信息系统总体架构和实用化的角度，全面审视和修订完善相关典型设计，并严格贯彻执行，有效指导信息化建设的开展。强化深化应用需求的集中梳理、共性功能的统一开发和推广、信息标准的统一实施、管理模式和流程的统一规范、知识和经验的广泛交流。

（4）健全应用评价考核体系。进一步优化完善指标体系，全面开展公司总部、公司系统信息化应用情况的评价考核，强化深化应用专项督导；结合公司信息系统运行监控和展示工作的安排，建立完善对公司主要业务信息、各项生产经营指标、信息系统运行应用指标的在线监测及实时展示，强化统计分析；完善典型经验交流机制，促进对标、评价成果转化；开展外部对标，加强与国际一流企业的交流学习。

（5）开展全员培训。按照深化应用的工作要求，坚持以人为本，切实加强人才培养及培训力度。各单位广泛宣传，鼓励、引导业务人员深度参与信息化建设和应用，通过开展全方位、全过程、全员的培训，全面提升操作、管理、决策三个层面的应用水平，通过深度应用和良性回馈，优化信息系统的界面和使用环境，提升应用水平。创建开放共享的企业信息化氛围，着力培养人人关心信息化、重视信息化的企业文化氛围。及时总结经验，开展本单位及跨单位、跨区域的应用成果交流，建立深化应用的典型经验和知识库，组织巡讲团赴各单位开展深化应用的宣讲。通过板报、网站、报纸等多种形式宣传，营造浓厚的深化应用工作氛围，提高全员信息化意识。

4. 保障信息系统稳定运行

随着信息化的大规模建设和信息系统深化应用工作的深入推进，信息系统的安全稳定运行直接关系到国家电网公司电网安全运行和业务正常运营，迫切需要建立科学有效的信息系统运行维护体系。在参考借鉴国际 ITIL（信息技术基础架构库）运维体系基础上，国家电网公司结合信息系统"一个系统、两级部署、三层应用"的实际，在"十一五"期间提出构建信息系统"两级三线"运维体系。"两级"主要指总部、省公司两级纵向运维架构，"三线"主要指一、二、三线横向运维组织体系。一线运维是指前台客户服务，主要包括服务受理、业务应用前台支持和桌面维护等工作内容。二线运维是指后台运行维护，主要包括系统平台运维和业务应用运维等工作内容。三线运维是指由公司统一协调原生产厂家，向二线运维队伍提供技术服务支持。

进入"十二五"，随着公司信息系统与主营业务的融合度进一步提升，各业务流程对信息系统的依赖性进一步提高，三个异地灾备（数据）中心建成投运，为公司信息系统真正迈入一体化运行阶段奠定了基础。同时，信息系统运行工作面临重大机遇与严峻挑战。

为确保公司一体化企业级信息系统安全稳定运行，实现信息系统运行工作由以技术服务为核心向以业务支撑为核心的转变，在"两级三线"运维体系基础上，公司借鉴电网调度生产的成熟管理经验和国际先进的信息运行模式，遵循"主业化、集中化、专业化、一体化"的原则，首次在国内外信息化领域创新性提出并建设应用"一体化信息系统调度运行体系"，其核心内容是"两级调度、三层检修、一体化运行"。该体系主要将"两级三线"运维体系中的二线运维工作细分为调度、运行、检修三种业务分工，打破以往信息系统运维工作按网络、主机、安全的专业分工模式，形成互相监督、互相制约的运维组织体系，加强了运维监护，规范了审批流程，实现了运维工作由分散化向集中化的转变，由被动式向主动式的转变，由专业分工向业务分工的转变，进一步提高了信息系统安全运行保障能力。一体化信息系统调度运行体系的建设内容主要包括组织架构、制度体系和技术支撑三部分。

（1）在组织架构方面。一线运维建立公司总部、省公司两级信息客服呼叫中心，主要职责包括信息系统客户服务请求的受理、分派、跟踪、质量监督、定期回访和统计分析等的闭环管理。二线运维建立公司总部、省公司两级信息系统调度运行监控中心和相应机构，实行 7×24 小时"四班两运转"信息调度运行值班制度，强化了信息系统实时监控，第一时间掌握信息系统运行状态。各级调度机构根据实际情况设置主值、副值、三值和安全督查等主要调度值班岗位，调度值班员主要职责包括监控信息网络、系统、应用和安全运行状态、调控信息系统运行方式、受理检修计划申请、应急指挥、完成当值调度计划以及运行数据统计分析等。建立公司总部、省公司、地市公司三层运行检修机构（队伍），运行机构主要负责各级信息系统的日常巡检、缺陷管理、告警管理和对检修工作的运行监护等内容，检修机构（队伍）主要负责具体检修计划的制订和执行。三线运维公司建立统一的三线技术支持中心，主要以远程方式（电话、邮件、远程登录）为公司各级单位的二线运维提供统一的技术答疑、故障诊断、系统维护等服务，满足信息系统正常运行的一般要求。根据特定业务需求，提供技术培训、业务保障等专项服务。

（2）在制度体系方面。按照四层文件体系分层次编制管理办法、管理规定、实施细则和操作指南。管理办法是整个调度运行体系的纲领性文件，管理规定是调度运行体系主要业务环节的职责和内容的规定，实施细则是针对管理规定中的工作内容进行具体描述，形成可操作的工作流程和工作表单，操作指南是在具体运维工作中的标准作业指导书。目前，公司已经编制印发《国家电网公司信息系统调度运行管理暂行办法》《国家电网公司信息系统调度管理规定》《国家电网公司信息系统运行管理规定》《国家电网公司信息系统检修管理规定》《国家电网公司信息系统客户服务管理规定》《国家电网公司信息系统三线技术支持管理规定》以及部分运维工作内容和信息系统的实施细则。

（3）在技术支撑方面。全面建成信息通信调度一体化运行支撑平台（IMS/I6000）、通信管理系统（TMS）等运行支撑系统，实现信息通信设备集中监管、实时监视，覆盖了运行工作的监视、调度、运行、检修等关键环节，有力促进了运行工作的流程化、规范化。信息通信调度一体化运行支撑平台（IMS/I6000）是集"综合网管、安全管理、桌面管理、运维流程"为一体的运行监管平台，实现对公司各级网络设备、信息设备、安全设备、业务应用、桌面计算机、运维流程的实时运行监控，保障其安全、稳定、连续、可靠、有效运行，实现全视角的实时运行监管、全方位的信息安全专业管理、全过程的运维行闭环管理、全贯通的安全运行监管。通信管理系统（TMS）完成省级及以上单位通信管理系统核心功能建设，实现一、二、三级骨干传输网的全面管理和信息通信指标数据的统一可视化展现。

"十三五"以来，国家电网公司提出一体化运行维护体系（SG-ITOM 3.0），以推动运维工作从"面向设备"到"面向业务与数据"、从"支撑业务"到"推动业务"两个转变为着力点，含调控、运行、检修、客服、三线支持和质量管理六大构成。

国家电网公司一体化运行维护体系（SG-ITOM 3.0）构架示意图见图 6-30。

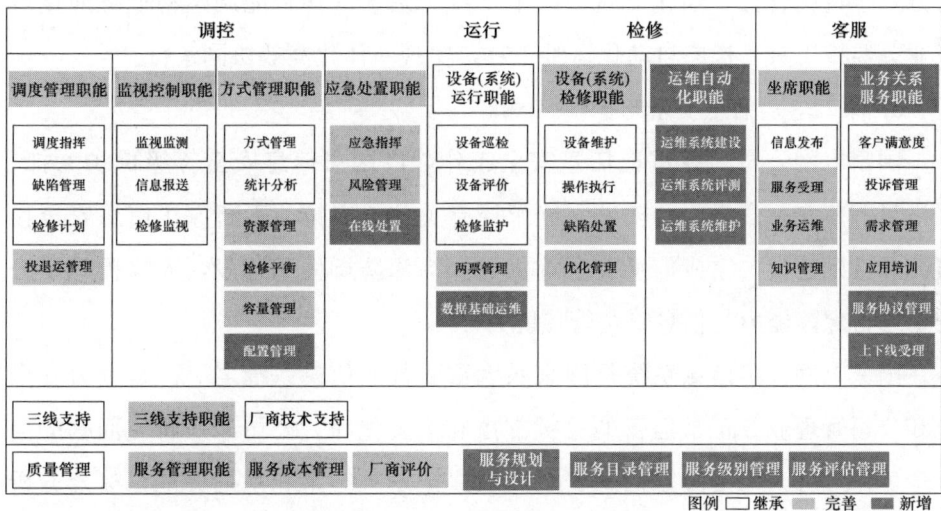

图 6-30　国家电网公司一体化运行维护体系（SG-ITOM 3.0）构架示意图

国家电网公司 SG-ITOM 3.0 运维体系核心内容包括一个体系、两个支撑、三个属性、四个加强。

一个体系：完善调运检体系，建成两级调控、三层检修、一体化运行、全业务支撑的信息通信运维体系。

两个支撑：加强人才队伍建设，健全完善制度和标准。

三个属性：运维体系需要体现生产、服务和安全三个属性。其中，生产属性是指运行工作以资源为核心，优化资源运维工作，保障资源可靠运行。服务属性是指运维工作以面向业务和数据为提升点，引入运营理念，提升运维服务质量和价值。安全属性是指在信息通信生产服务全过程中，要坚持以生产安全、网络安全、信息安全为根本，做好本质安全，保障信息通信系统安全稳定运行。生产属性和服务属性是运维工作提升和优化的两个方向，安全属性是运维工作的重点。

四个加强：加强管理集约化，加强运行精益化，加强作业智能化，加强服务敏捷化。

SG-ITOM3.0运维体系建设，强调以价值服务为导向，健全组织体系，优化基础架构和流程；夯实运行基础，完善制度规范，强化责任监督，深化风险防控和隐患治理；全面提升科学调控、精益运检、敏捷服务核心能力，加强运行方式全过程管控，强化设备系统上下线管理；深化智能调运检业务应用，升级业务监控工具，推广自动化运维工具，实现一体化高效协同运行。

5. 深入落实信息安全防护

国家电网公司高度重视信息安全工作，以国家信息安全等级保护为抓手，严格贯彻落实国资委、公安部、能源局有关部署安排，不断深化信息安全技术研究和基础建设，完成信息安全等级保护纵深防御体系建设，大幅提升了公司安全运行保障能力与信息安全管控能力。

国家电网公司信息系统是国家八大重要行业信息系统之一，是电力安全生产和公司管理业务正常运营的关键支撑和重要保障。公司深入研究面临的信息安全工作形势，依据国家信息安全等级保护定级结果和系列标准，综合分析安全风险因素，结合电网信息安全防护的特殊性，建设企业信息内网和信息外网，并通过公司自主研发的安全隔离装置对信息内网和外网进行逻辑强隔离，最大程度保障信息安全。国家电网公司信息安全防护策略分为生产控制大区安全防护策略和管理信息大区安全防护策略。生产控制大区的系统安全防护严格遵循"安全分区、网络专用、横向隔离、纵向认证"的安全防护原则。管理信息大区在以"双网双机、分区分域、等级防护、多层防御"为核心的等级保护纵深防御策略的基础上，部署先进适用的信息安全核心装备，并进一步遵从"双网双机、分区分域、安全接入、动态感知、精益管理、全面防护"的主动防御策略，进行信息安全防护。"十一五"期间，公司建成电网信息安全等级保护纵深防护体系；"十二五"期间，全面推进完成信息安全主动防御体系建设；"十三五"期间，开展信息安全智能防护体系建设。国家电网公司信息安全防护建设历程示意图如图 6-31 所示。

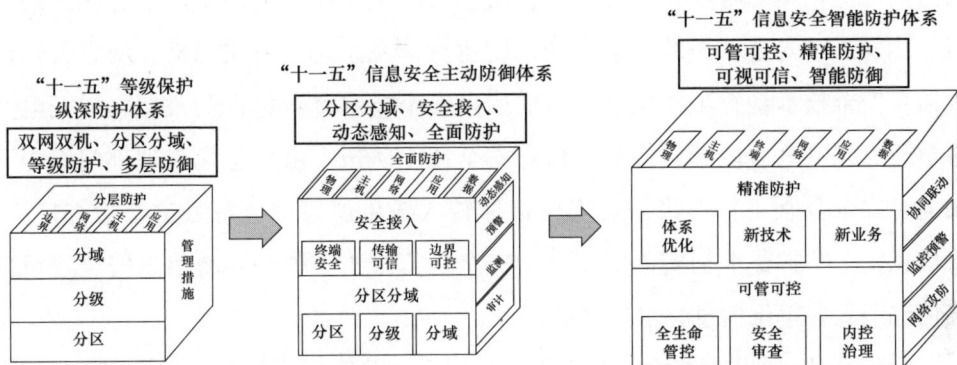

图 6-31 国家电网公司信息安全防护建设历程示意图

（1）信息安全防护理念。国家电网公司坚持信息安全"三个纳入"（将等级保护纳入信息安全工作中，将信息安全纳入信息化工作中，将信息安全纳入公司电力安全生产管理体系中）。信息安全全面融入公司安全生产管理体系。按照人员、时间、精力三个百分之百的原则，实现了全面、全员、全过程、全方位的安全管理。贯彻执行信息安全与信息系统同步规划、同步建设、同步运行的"三同步"原则，持续改进等级保护防护体系建设。全面加强人防、制防、技防、物防的"四防"工作，落实安全责任，严肃安全运行纪律，确保公司网络与信息系统安全。

（2）信息安全技术手段。公司印发《国家电网公司信息化"SG186"工程安全防护总体方案》，提出针对一体化平台及八大业务应用涉及系统的安全防护策略、安全域划分的方法，采用逻辑强隔离设备、安全移动存储介质管理系统、信息运维综合监管系统、办公计算机保密自动检测系统，强化信息安全管理。公司建设并投运灾备中心，采用存储复制和数据库复制结合的技术路线，实现信息系统数据级灾备。

（3）信息安全管理手段。国家电网公司按照"谁主管谁负责、谁运行谁负责"和属地化管理原则，统一部署信息安全工作，逐级落实信息安全防护责任，建立完善的信息安全管理、信息内容保密规章制度体系，发布公司信息安全管理办法、标准体系和典型设计，开展信息安全管理工作和防护体系建设。建立与信息化发展相适应的事故调查与责任追究机制、突发事件应急机制、通报机制、安全风险管理机制。以业务需求为导向，以提升信息化价值为目标，通过信息资源优化调度与配置，建设贯穿信息系统全生命周期、支撑信息化发展战略、达到国际先进水平的信息系统调度运行体系。建立公司总部、网省公司两级信息安全技术督查工作机制，形成信息安全技术督查标准与规范，依托电力科学研究院（电力试验研究院）信息安全技术队伍，由信息化管理部门组织开展信息安全督查工作。将信息安全指标转入各单位每周、每月常态检查指标，将信息安全防护要求切实落实到日常安全运行维护工作中，将信息安全建设落实情况纳入各单位信息化水平评价。

（4）信息安全防护特色。国家电网公司全面落实国家信息安全管理要求，全面加强物理安全、运行安全、技术安全和管理安全建设，建立电网信息安全等级保护纵深防御体系，按照"四统一"原则，在推进信息安全防护工作中，高度重视自主知识产权、自主研发、自主可控、国产化应用，强化集团化应用与创新。

6.2.4.2　国家电网公司信息化建设主要特点

国家电网公司企业管理信息化有效整合了公司主要经济活动的业务流、资金流和信息流，为公司构筑了一个集成的业务运作平台和数据平台，实现业务信息跨部门、跨单位的流转，有效解决了"信息孤岛"和"数出多门"的现象，确保了全公司业务信息的有效共享，为各项业务分析、决策和绩效评估提供了扎实基础。

国家电网公司各部门、各级单位全员参与，上下联动，举全公司之力，聚全公司之智，探索并成功走出了一条低成本、高收益、自主可控的中国电网企业信息化创新发展之路。主要特点如下：

（1）遵循规律、尊重科学。面对"十一五"之前公司信息资源分散、系统缺乏集成、实用化水平低、"信息孤岛"多、低水平重复建设等突出问题，国家电网公司遵循信息化客观规律，选择科学的技术路线，搭建了适应特大型集团企业管理的信息系统体系架构，确立了紧密耦合类业务应用采用 ERP 软件实施与松散耦合类业务应用采用统一自主开发业务应用软件相结合的科学技术路线，制定了"统一组织、典型设计、试点先行、分步推广"的实施策略、采取了"典型设计标准化，项目费用定额化，设备采购集团化，建设运行自主化，资源共享集约化，项目管理规范化"的管控方式，确保了SG-ERP 1.0的全面建成和SG-ERP 2.0的启动实施，解决了特大型集团企业数据交换、信息共享、数据一致性及信息系统安全等级保护等信息化建设中的重大难题。

（2）国际水准、国网特色。依据电网企业生产经营特点，借鉴国际最佳实践，SG-ERP工程构筑了一体化企业级信息平台，建成了人资、财务、物资等十大业务应用，健全完善了网络安全智能防护、运行维护等五个一体化，填补了公司相关业务、过程及口径信息化覆盖空白，实现了公司范围内信息横向集成和纵向贯通，既完成了信息化国际先进理念和工具在国家电网公司的柔性落地，又最大程度满足了公司发展的实际要求，构建了与主营业务深度融合的全球规模最大、功能覆盖最广、用户和服务客户最多的单一企业一体化集团企业级信息系统，推动国家电网公司信息化水平整体迈进国内领先、国际先进行列。

（3）建用并重、服务发展。通过SG-ERP 1.0和SG-ERP 2.0工程建设，国家电网公司坚持信息系统建设和应用并重的原则，信息化工作紧密服务于公司发展需求，并已全面渗透到公司各个管理领域和各项业务环节，为公司深入推进电网发展方式转变和公司发展方式转变提供安全可靠的公共平台和实现手段，支撑业务管理向扁平、集中、统一转变，推动业务应用向一体化、集约化、精益化转变，成为促进公司管控模式由"自转"向"公转"、由壁垒向协同、由分散向集中、由自发向可控、由粗放向精益、由孤立向共享转变的强大推动力。信息化已扭转滞后电网发展和企业管理的被动局面，成为与公司发展规模相适应、速度相匹配、水平相符合、作用相一致的重要业务，有效促进了公司和电网的科学发展，推动公司从传统管理向现代化管理方式演进。

（4）深化应用、提升水平。通过信息系统深化应用，不断拓展业务应用的深度和广度，强化系统的数据质量，常态化提升信息系统性能和业务应用水平。国家电网公司信息系统深化应用工作由业务部门和信息部门分工负责，协同推动。国家电网公司坚持以应用规范化管理为主线，持续深化应用，重点促进地市县及直属单位应用，加快全业务、全单位和全员的信息系统覆盖，确保信息系统可用、能用、会用、在用、实用，推进数据集成共享和业务集成融合，营造了"我要信息化"的浓厚信息化氛围。

（5）安全防护、保障运行。国家电网公司首次提出了"双网双机、分区分域、等级防护、多层防御"为主的总体防护策略，实现信息内外网分开建设，提升信息化安全防护能力，加强各级单位对边界、网络、主机、应用和数据等方面的纵深防御工作，全面完成了公司下属各单位的信息系统等级保护整改。公司研发信息安全主动防御技术并开展试点，完成信息安全接入平台、信息外网安全监测系统、安全治理体系试点建设；建成应急指挥信息系统，实现应急信息共享和资源优化调度，提升公司应对电网突发事件和配合政府相关部门开展应急救援的综合能力。公司严格落实信息系统安全责任制，确保不发生因信息系统故障引起的电网安全事故，确保不发生重大信息系统停运事故，确保不发生重大信息泄露事故。

（6）培养队伍、助力发展。国家电网公司在管理信息化发展过程中，培养了一支高素质的信息化人才队伍。注重信息化管理、建设、运维、应用、安全督查等各环节高层次人才培养，公司系统内的科研院所和专业运维公司组成的内部信息化研发队伍高质量完成了大部分业务系统软件开发和部署实施工作，充分发挥了主力军作用，强化了对软件知识产权的管控，在业务系统完善提升和深化应用中掌握主动权，推动了信息化人才队伍的可持续发展。

6.3　国家电网信息化企业建设主要成效

国家电网公司通过统一开展一体化企业级信息系统建设和持续推进深化应用，取得了显著成果，极大地促进信息化效能、效率和效益提升，推动公司管理创新发展，持续提升企业管理水平。

6.3.1　建设和应用主要成果

通过"十一五"以来的信息化建设和持续推进的信息系统深化应用工作，国家电网公司建成全球规模最大的电力专用通信网，光缆总长 142 万 km，110kV 及以上变电站光纤覆盖率达 100％。骨干带宽 400GB，通信站点 4.5 万座，通信设备 51 万台/套，信息网络站点超过 3 万个。建成央企领先的一体化集团级信息系统，信息设备 202 万台/套，涵盖了企业的人财物核心资源和电网核心业务，即电网规划、建设、运行、调度、营销等，以及各直属单位业务，如运行、建设、电工制造、科研、教培、金融、国际等业务，注册用户超 2 亿户（其中内部用户 250 多万户），峰值在线用户 800 余万户，建成北京、上海、西安三地数据（灾备）中心。建成国内先进的网络安全主动防御体系。日均拦截非正常访问 6 万余次、高风险攻击 2000 余次，使用国密安全芯片 4.7 亿片，建成了信息通信系统运行维护体系，"两级运维，三层检修，一体化运行"，有效保障了信息通信系统的安全可靠稳定运行。建立了与公司战略发展相匹配的信息化专业管理体系。管理、建设、运维、安全四支队伍有从业人员超过 3.5 万人，制订信息通信企业技术标准 164 项，行业技术标准 21 项。

随着公司信息化 SG-ERP 3.0 深入推进，深入开展业务融合与数据共享，公司信息化水平进一步提升，一体化平台支撑能力大幅提高、业务系统不断完善、保障体系成效显著。

"十一五"以来，国务院国资委开展了 2007、2008、2010、2012 年度中央企业信息化水平评价，国家电网公司综合排名分别为第四、第三、第二、第一名，排名稳步提升，近年来稳居领先水平。在 2012 年度的水平评价中，国家电网公司在信息化顶层设计能力、业务融合度、基础支撑能力、信息系统安全运行能力方面均位居第一名，在信息化组织推动力方面位居第五名。根据埃森哲对国内外 1300 多家高效能企业信息化水平排名，国家电网公司位列第 46 名，列入第一方阵。

6.3.2　信息化效能、 效率和效益显著提升

1. 效能提升

随着信息系统的深入应用，各专业在有效时间所处理的业务数量和质量得到了显著的提升，有力地提高了业务效能。一体化业务应用系统平均每天处理业务数据 1705 万笔，全年超 15 亿笔，内网在线人数峰值为 58.1 万人，外网在线人数峰值为 758 万人。全业务、全口径、全过程在线实时管理超过 163 万名员工信息，网络大学全年培训 720 万人次。电子商务平台年度集中采购金额为 4200 余亿元，单次招标金额最高达 390 亿元，包含 1400 个供应商、投标 1 万多个标包次。基建系统累计管理输变电工程 2.4 万个、现场项目部 3.2 万个。"掌

上电力""电 e 宝"等各类电子渠道注册用户达 2.6 亿户，全年线上办电 646 万件，交费 7.5 亿笔，交易金额达 1161 亿元。国网商城线上交易突破 5000 亿元。全国统一电力市场年成交电量为 1.2 万亿 kWh，同比增长 50%。电网资产统一身份编码应用设备赋码超 20 万台，智慧车联网平台接入充电桩 26 万个，充换电 2400 万次。业务能力的提升也充分展现了信息化效能的不断提升。

2. 效率提升

信息化手段有效提升各项业务的经营、生产和管理效率。人资管理系统月均完成员工绩效约 31.7 万份，考核结果 42.4 万条，支撑全员劳动生产率年均提升 8.8%。财务"一键式"报表全面推广，单体报表编报周期从 5 天缩短至 1 天，合并报表从 15 天缩短至 2 天。通过电子商务平台，招标文件审查由 7 天缩短为 3 天，审查专家减少 50%，大批次评标时间由 7 天缩短为 4 天，合同签订效率提高 1 倍。设备（资产）精益化管理系统（PMS 2.0）深化应用，抢修工单一次解决率提高 10%，抢修恢复时间平均压缩 12min。新能源的预测准确率从 75% 提升到 85%，效率进一步提升。营销业扩流程处理环节缩短时长 66.1%，线上故障报修平均处理时长缩短 1.68h。95598 电子渠道受理业务量同比增长 3.8 倍，工单派发准确率达 99.98%。

3. 效益提升

国家电网公司以较少的人均投入建成了世界先进水平的集团信息系统，有力推动电网生产、企业管理与业务创新，信息系统与公司生产运行、经营管理、对外服务深度融合，产生了显著的经济效益。一体化电量与线损系统全网累计线损计算近 7 万次，累计发现窃电和违规用电 25.4 万起，追补电量 7.9 亿 kWh、电费和违约金 17.3 亿元。设备（资产）电商化采购交易金额达 135 亿元，节省成本 20.2 亿元。网络大学远程培训 3216 万学时，考试 440 万人次，节约费用超过 7 亿元。

6.3.3　信息化推动管理创新

国家电网公司在提升自身企业管理水平方面的努力，始终与贯彻国家关于创新集团管理模式、增强集团控制力、提高核心竞争力的总体部署相一致。通过信息化建设和应用，信息化有效支撑了集团化运作，实现了基层单位生产经营管理数据的及时获取，发挥规模优势，集中监控和调配财务资金等核心资源；促进了集约化发展，通过信息系统的两级部署、三层应用，虚拟压缩了管理层级，实现业务集中统一，增强管控能力；推进了精益化管理，创新管理模式，优化业务流程，强化业务全过程管理；实现了标准化建设，通过信息系统有效固化业务流程和管理标准，推进生产经营管理主数据的统一，强化各项业务的标准化管理；支撑了管理变革，将国际先进理念与国家电网公司实际相结合，有效地整合了公司主要经济活动的业务流、资金流和信息流，使业务处理透明化、精益化、制度化和规范化。实现人力资源管理的"扁平、集中、统一"模式；推动财务管理从分散型向"一本账"转变，通过资金归集系统，及时有效归结公司各单位资金，提高资金利用率；实现物资管理向集约化转变，推行物资在全公司范围内的调配和集团化采购，大幅节约了资金；实现项目管理的精益化转变；推动电力营销管理向集中优质高效转变；实现生产管理的专业化和标准化；推动决策分析从统计型向分析型转变。国家电网公司信息化已深入公司管理的各个方面、各个环节，通过信息贯通与共享，管理的规范和高效，提升公司业务管控能力，为管理创新创造了基础。

6.4　国家电网公司信息化企业评价体系

国家电网公司在"十二五"信息化规划中提出了建设信息化企业的任务。公司各单位经过"SG186"、SG-ERP工程建设应用，信息系统功能更加完善，工作流程更加优化，应用绩效显著提升，切实夯实了公司的信息化建设基础。到"十三五"期间，国家电网公司进一步发挥大数据、云计算、移动互联等新技术在公司建设具有卓越竞争力的世界一流能源互联网企业进程中的创新引领作用，巩固信息化建设成果，保持公司信息化领先优势，激发公司创新活力。

国家电网公司在建设信息化企业过程中始终把信息化企业标准评价作为公司信息化工作重要抓手，结合国务院国资委、工业和信息化部等国家部委对央企信息化的要求，通过评价持续推动公司各单位深化信息化建设应用，用大信息化理念加快建设信息化企业。

笔者将规划设计与运用国家电网建设信息化企业评价体系的思考、实践和体会进行归纳总结，为读者在信息化企业建设过程中提供借鉴。

6.4.1 评价体系的内容

信息化企业评价体系标准充分考虑了信息化基础保障能力、信息化应用水平、信息化应用绩效和信息化引领企业战略及创新发展方式等方面的内容，从"三融三化"的维度构建信息化企业评价体系标准框架，省（自治区、直辖市）电力公司评价体系包含一级指标 6 项、二级指标 20 项、三级指标 63 项、采集项380 个，并根据评价需求，将部分三级指标细化到四级指标、五级指标。信息化企业评价体系标准框架示意图如图 6-32 所示。

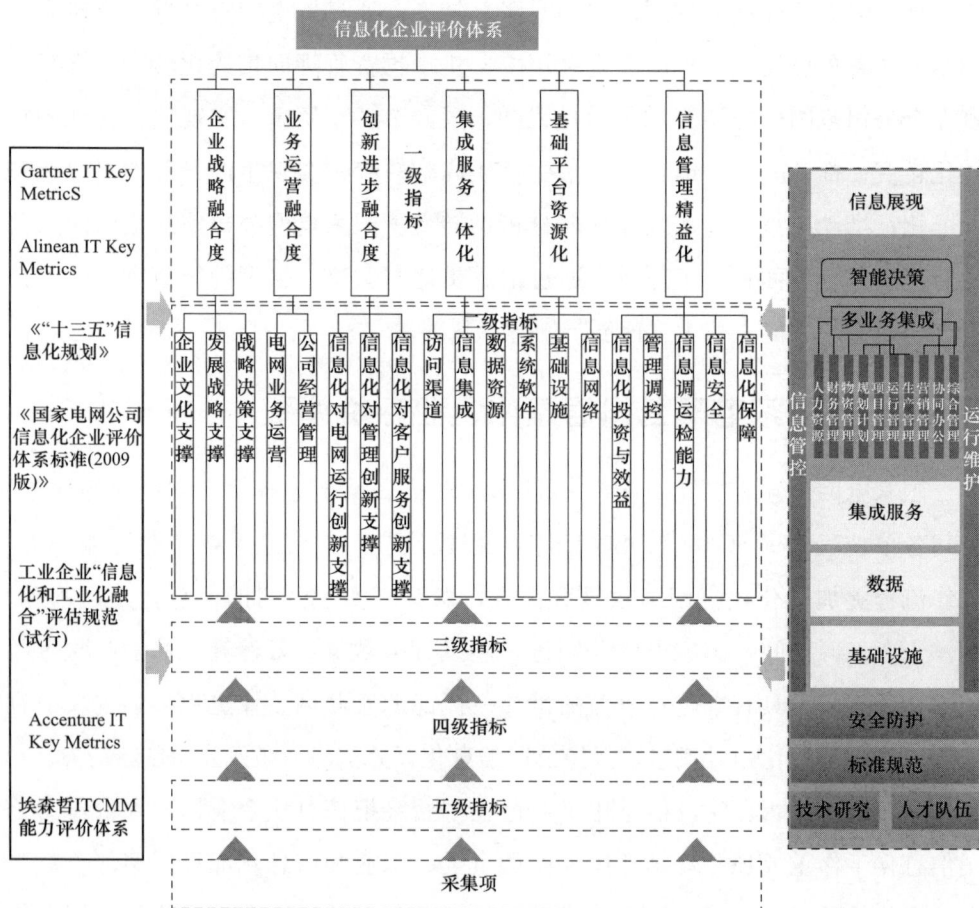

图 6-32 信息化企业评价体系标准框架示例

由于各直属单位涉及业务差距较大，为满足直属单位信息化标准评价需求，根据直属单位分类及其特点，分别搭建了直属产业单位、直属金融单位和直属专业单位信息化评价体系标准。直属单位信息化企业评价体系标准遵从"三融三化"标准框架，从二级指标开始，针对各直属单位业务进行差异化设计。其中直属产业单位标准包含二级指标 23 项、三级指标 66 项、采集项 253（274）个。直属专业单位标准包含二级指标 22 项、三级指标 60 项、采集项 337（338）个。直属金融单位标准包含二级指标 17 项、三级指标 41 项、采集项 231 个。

1. 企业战略融合度

企业的发展战略明确了企业的目标，指引企业各项业务活动的开展。信息化建设必须遵循企业发展战略，故企业战略融合度旨在考查信息化建设是否融入了企业的发展战略，以战略为目标，构建公司的信息化体系。根据国家电网公司的发展战略，将企业战略融合度分解为企业文化支撑、发展战略支撑和战略决策支撑三个二级指标。企业战略融合度构架示意图见图 6-33。

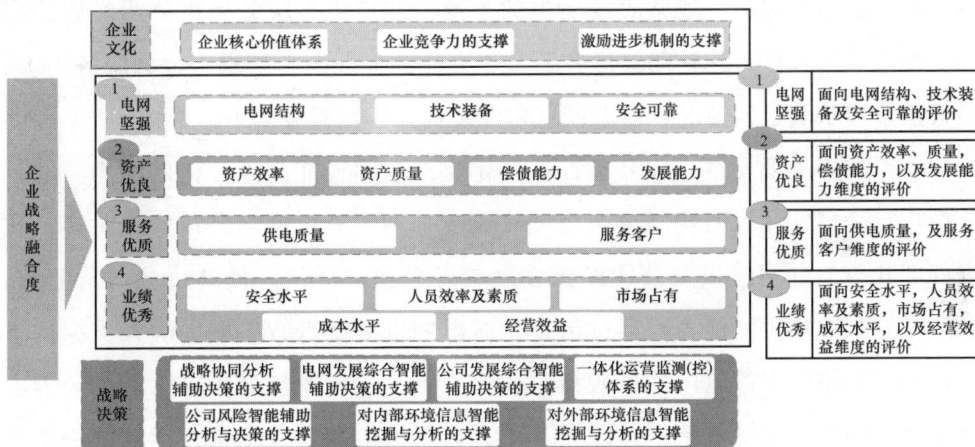

图 6-33　企业战略融合度构架示意图

（1）企业文化支撑。考查信息化是否融入企业文化建设过程，是否对企业文化建设具有强大的支撑和引领作用。对于企业文化的融合首先体现在信息化与企业核心价值体系的融合，信息化规划、建设、运行等各项工作是否遵从企业精神、企业的核心价值观、企业的使命、企业的愿景等。其次，企业文化的融合还包括信息化对于企业核心竞争力的支撑，检查企业信息化建设能否全面支撑公司核心业务运行，能否为公司的战略管理决策提供支撑，辅助公司全面提升技术创新能力、经营管理能力和资源配置能力。信息化对激励进步机制的支撑也是企业文化融合的重要考查项，考查信息化对于个人激励进步、组织绩效评估的支撑情况，确保人才队伍建设符合企业文化要求。

（2）发展战略支撑。考查信息化与公司发展战略思想的融合度，是否秉承公司建设具有卓越竞争力的世界—流能源互联网企业战略指导思想开展信息化建设、运行等工作。信息化对公司发展战略的支撑主要从信息化对大电网安全控制能力的支撑、信息化对电网资产运营能力的支撑、信息化对优质服务能力的支撑、信息化对企业持续发展能力的支撑四个方面衡量。信息化对电网坚强公司发展战略的支撑考查信息化对于电网规划、建设等标准化、精细化管理要求的支撑能力，加强智能电网的协同互动、智能决策支撑，提升电网的故障预警、故障定位、应急处理、调控运行、源网荷协调水平，全面支撑电网安全稳定运行。信息化对资产优良公司发展战略的支撑考查信息化对设备资产精益化管理的推进，对电网资产的运营效率提高的辅助，对金融资产质量提升的帮助，对生产、运营、服务、战略等的决策的支撑。信息化对服务优质公司发展战略的支撑重点考查信息化辅助新形势下对于客户的复杂电力需求、金融服务需求、监督监管需求满足的情况，借助信息化建设提升客户服务水平。

（3）战略决策支撑。主要考查信息化支撑公司智能决策分析的能力。通过信息化对公司发展战略协同分析辅助决策支撑的考查，推动公司实现对多元化内外部环境、电网建设及公司经营发展的综合协同分析，提升公司运营监控、风险防控和战略协同能力。通过信息化对电网发展综合智能辅助决策支撑的考查，敦促各单位完善电网发展规模、基建投入、运行效益分析决策能力，为电网发展战略决策提供支持，并建立基于大数据的电网发展综合智能辅助决策模式。通过信息化对公司发展综合智能辅助决策支撑的考查，推动公司运营业务领域的数字化监控与分析，增强信息化辅助决策应用功能。通过信息化对一体化运营监测（控）体系支撑的考查，深化拓展在线监测、在线计算、在线分析能力，提升自动监控与预警水平，实现对公司主营业务活动、核心资源和关键流程的实时在线监测分析与预警控制，支撑公司数字化运营监控与智能分析决策。通过信息化对公司风险智能辅助分析与决策支撑的考查，完善公司战略风险管理分析决策能力，拓展风险管控的内容，丰富监控视角、判断和数据分析。

2. 业务运营融合度

业务运营融合度主要考查信息化应用于企业各项核心业务、支持和推动各种核心业务流程不断发展的程度，反映信息化和业务的融合程度。对于电力企业而言，业务运营不仅包括公司的经营管理，还包括电网的运营管理，故针对业务运营融合度主要从智能电网运营和公司经营管理两方面开展。业务运营融合度架构示意图见图 6-34。

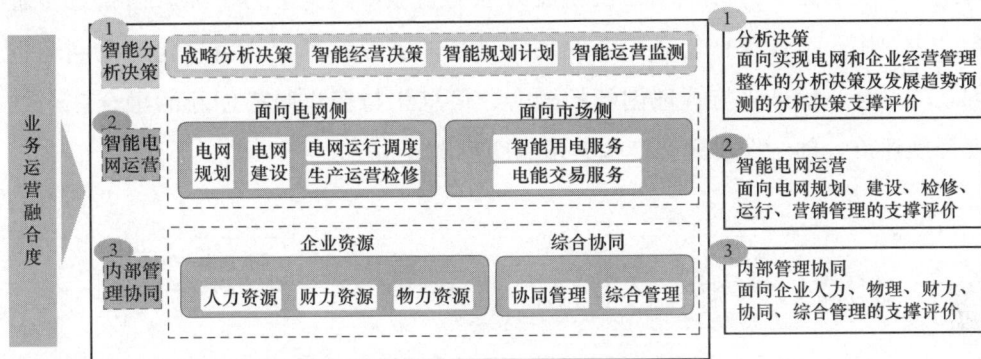

图 6-34　业务运营融合度架构示意图

（1）智能电网运营。按照公司电网业务管理划分为电网规划、电网建设、电网运行、电力检修、电力营销五大模块。智能电网运营融合度信息化考查分别从信息系统对业务的支撑水平、信息系统实用化水平、业务应用拓展和深化能力、智能分析决策应用四个维度进行。信息系统对业务的支撑水平主要考查各单位电网规划、电网建设、电网运行、电力检修、电力营销五大模块信息系统功能建设情况，信息系统能否完全支撑业务管理的需求。信息系统实用化水平主要考查各单位对于相关信息系统的使用情况，是否及时、准确地录入信息系统数据或凭证，是否符合规划化、标准化管理要求等。业务应用拓展和深化能力考查各单位在信息系统基本功能应用的基础上，结合业务创新、拓展等需求，深化信息系统功能的应用情况。智能分析决策应用考查信息系统智能分析功能对于电网规划、电网建设、电网运行、电力检修、电力营销五大模块业务管理的支持情况，能否满足业务执行过程的数据采集、数据分析、监控预警等业务需求。

（2）公司经营管理。对公司经营管理的考查主要从人力资源管理信息化水平、财务管理信息化水平、物资管理信息化水平和行政综合管理信息化水平四大模块开展，与智能电网运营的分析维度保持一致，即包括信息系统对业务的支撑水平、信息系统实用化水平、业务应用拓展和深化能力、智能分析决策应用四个评价维度。

3. 创新进步融合度

企业创新能力的提升是企业竞争力提高的标志，创新能力的高低，直接关系到一个企业竞争力的强弱。创新能力强的企业，其竞争力也强。创新进步融合度主要用于考查信息化对于企业创新进步的支撑情况，从信息化与电网运行创新的融合、信息化与管理创新的融合、信息化与客户服务创新的融合三个维度开展评价。创新进步融合度构架示意图见图 6-35。

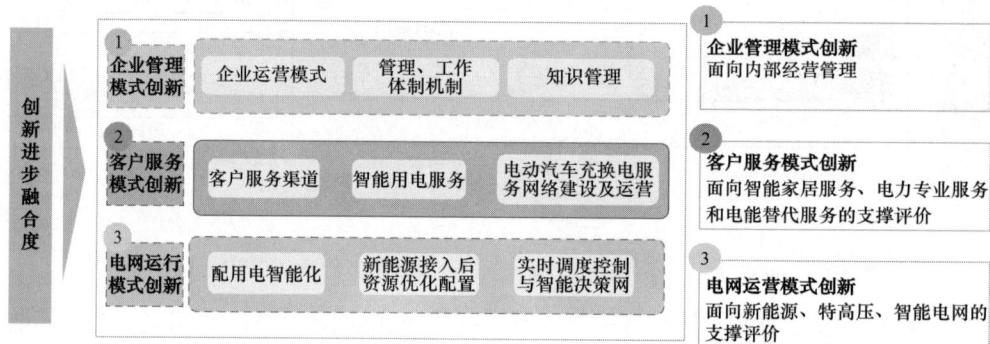

图 6-35　创新进步融合度构架示意图

（1）信息化与电网运行创新的融合。电网运行的创新是电力行业企业发展的驱动力，信息化对于电网运行创新的支撑力度很大程度上决定了电网运行的创新能否真正实现。通过信息化对输变电智能化支撑的考查，敦促各单位应用新型信息通信技术增强输变电设备状态智能感知与实时评价、故障自动预警、设备精准定位、现场操作防误等能力，提高设备巡检安全性、便捷性和准确性，推动输变电运维检修方式转变，提升输变电智能化水平。通过信息化对配用电智能化支撑的考查，推动各单位提升配电网对分布式电源、电动汽车等新型设备或系统的消纳能力，完善高级量测体系，提升双向互动的消费计量能力。通过信息化对新能源接入后资源优化配置能力支撑的考查，促进各单位提高电力负荷和用电量预测能力，优化需求响应模型、需求响应效果监测与评价方法，引导用户合理用电，实现电源、电网与用户之间的资源优化配置。通过信息化对实时调度控制与智能决策水平提高支撑的考查，推进大电网分布与集中相互协调的分析控制模式优化，提升电网安全稳定策略的准确性、执行可靠性和有效性，推动变电自动化系统和调控主站的协同互动，提升大电网协同运行和设备集中监控能力，提高电网实时调度控制与智能决策水平。

（2）信息化与管理创新的融合。主要用于评价信息化对企业自身管理方面创新的支撑情况，包括信息化对项目统一储备库的管理支撑、信息化对资产设备相关主数据联动机制的支撑、信息化对管理体制和工作机制创新的支撑和信息化对知识管理创新的支撑四个方面。通过信息化对项目统一储备库的管理支撑的考查，督促各单位信息化能够实现统一储备库项目的全过程管理。通过信息化对资产设备相关主数据联动机制支撑的考查，最终实现设备的全寿命周期、全景信息展示。通过信息化对管理体制和工作机制创新支撑的考查，掌握各单位利用信息化支撑精益生产、六西格玛管理、流程管理等先进管理方式的情况。通过信息化对知识管理创新支撑的考查，加大信息化对对显性知识和情报资源覆盖范围，以及数字图书馆、典型经验、专利等支撑力度。

（3）信息化与客户服务创新的融合。从信息化对客户服务渠道的支撑、信息化对智能用电服务的支撑两个方面开展评价。信息化对客户服务渠道的支撑主要考查各单位应用移动互联技术开展多渠道客户服务，提升客户服务质量的情况。信息化对智能用电服务的支撑考查智能电表应用覆盖情况，以及计量装置运行状态监测与故障智能诊断、分布式电源及储能设备实时监测和智能控制应用情况。

4.集成服务一体化

集成服务一体化从访问渠道、信息集成、数据资源三个维度评价各单位信息化建设情况。集成平台服务化构架示意图见图6-36。

（1）访问渠道。包括企业门户、可视化平台、移动应用平台三个方面。企业门户从门户的功能和门户的使用情况开展评价，考查各单位门户组件功能覆盖度、企业门户中应用系统单点登录集成率、月有效平均登录次数。可视化平台从可视化平台功能和可视化平台使用情况开展评价，考查各单位可视化平台组件功能覆盖度和可视化平台的使用频率。移动应用平台从移动应用平台功能和移动应用平台使用情况开展评价，考查各单位移动应用组件功能覆盖度和月移动应用商店使用率。

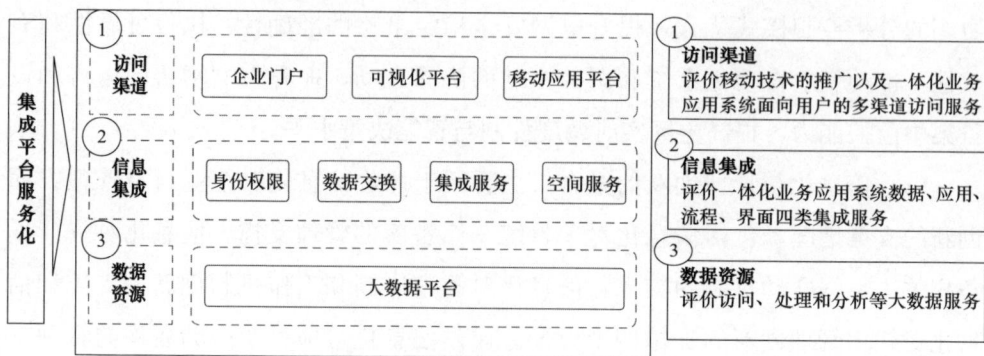

图 6-36　集成平台服务化构架示意图

（2）信息集成。包括身份权限、集成管理、数据交互、空间服务四个方面。身份权限从身份权限功能和身份权限使用情况开展评价，考查各单位身份管理使用率、统一权限应用系统接入比率、员工身份管理覆盖率、员工权限管理覆盖率和系统响应速度。集成管理从集成服务功能和集成服务使用情况开展评价，考查各单位集成服务组件功能覆盖度、应用服务化比率、服务重用率和可靠性。数据交互从数据交换平台功能和数据交换平台使用情况开展评价，考查各单位数据交换平台组件功能覆盖度、月均传输次数和月平均数据传输量。空间服务从空间服务平台功能和空间服务平台使用情况开展评价，考查空间服务平台的服务能力、全公司电网"一张图"的应用情况、线路覆盖率和使用情况。

（3）数据资源。主要考查大数据平台应用情况，包括数据处理中心、数据分析中心和全业务数据中心管理域建设三个方面。数据处理中心主要评价系统上云情况、跨业务流程系统水平和统一数据访问能力等。数据分析中心主要评价实时数据接入情况、结构化和非结构化数据管理水平、分析应用迁移及建设情况和统一数据分析水平等。全业务数据中心管理域则主要评价统一数据模型建设、主数据管理水平、元数据管理水平和数据质量等。

5. 基础平台资源化

基础平台资源化从系统软件、基础设施、信息网络、通信接入网四个维度评价各单位信息化建设情况。基础平台资源化构架示意图见图 6-37。

（1）系统软件。包括系统软件功能和系统软件使用两方面，评价各单位系统软件通用功能、系统软件被云化功能，以及被云化的系统软件使用率。

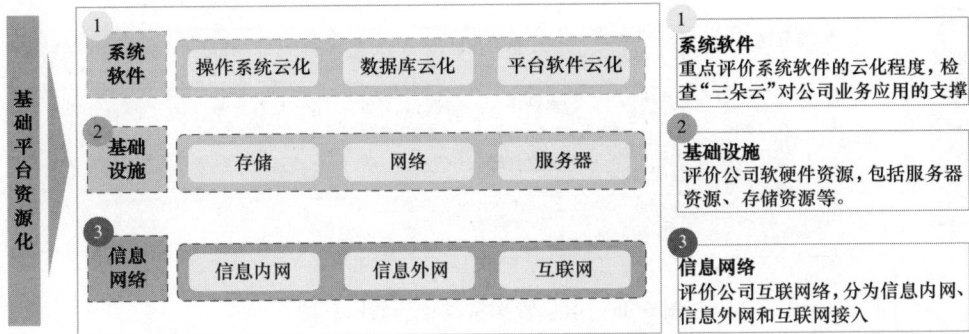

图 6-37　基础平台资源化构架示意图

（2）基础设施。包括服务器资源、存储资源、网络资源、机房环境四个方面。服务器资源从 X86 服务器建设和 X86 服务器使用情况开展评价，考查各单位 X86 服务器云化率和云化 X86 服务器应用率。存储资源从存储资源建设和存储资源使用情况开展评价，考查各单位存储资源云化率和云化存储资源应用率。网络资源从网络资源建设和网络资源使用情况开展评价，考查各单位网络资源云化率和云化网络资源应用率。机房环境主要用于评价机房环境建设情况，包括机房绿色程度。

（3）信息网络。包括信息内网、信息外网两个方面。信息内网从信息内网建设和信息内网使用情况开展评价，考查各单位网络覆盖率、网络带宽水平和网络可用率。信息外网从信息外网建设和信息外网使用情况开展评价，考查点与信息内网一致。

（4）通信接入网。包括通信专网覆盖、结合公网后通信接入网覆盖两个方面。通信专网覆盖从通信专网建设情况开展评价，考查通信接入网"三遥"站点专网覆盖率、通信接入网 10kV 开关站光纤专网覆盖率。结合公网后通信接入网覆盖关注于通信专网及公网使用情况，考查通信接入网覆盖率。

6. 信息管理精益化

信息管理精益化从信息化投资与效益、管理调控、信息调运检能力、信息安全、信息化保障五个维度评价各单位信息化建设情况。信息管理精益化构架示意图见图 6-38。

（1）信息化投资与效益。包括信息化投资和信息化效益两个方面。信息化投资中主要评价各单位信息化支出占运营成本的比例、人均信息化支出。信息化效益中主要评价信息化支出占公司营收的比例。

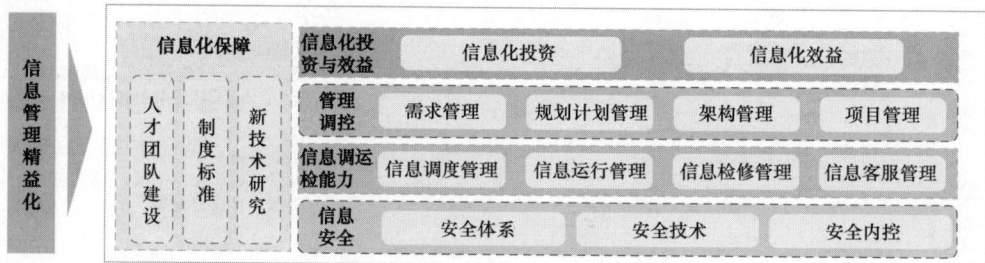

图 6-38　信息管理精益化构架示意图

（2）管理调控。包括需求管理、规划计划管理、架构管理、项目管理四个方面。需求管理主要用于评价各单位信息化需求管理水平。规划计划管理评价信息化规划水平和信息化计划精益化水平。架构管理用于评价信息化架构资产一致性和信息通信技术与标准合规性。项目管理主要评价信息化项目按计划开工率、信息化项目按计划完工率、项目后评估开展比率和按计划完成的项目占比率。

（3）信通调运检能力。包括信息调度管理、信息运行管理、信息检修管理、信息客服管理四个方面。信息调度管理用于评价各单位调控一体化管理水平。信息运行管理评价包括自动化运维水平、移动运维水平、运维服务领域扩展水平、人均运维设备数、企业高效率应急抢修实现方式、运行方式与业务方式结合度。信息检修管理评价包括设备状态检修管理、核心应用故障数据丢失率、核心应用故障平均恢复时间。信息客服管理评价包括服务模式创新水平和客户运维服务满意度。

（4）信息安全。包括安全体系、安全技术和安全内控三个方面。安全体系中主要评价各单位信息安全防护体系和安全制度覆盖度水平。安全技术用于评价各单位信息安全技术手段的智能可信程度。安全内控评价中包括信息系统事故及故障次数、信息安全隐患通报次数、全生命周期安全管理措施、信息安全投资占信息化总投资比例和员工信息安全培训覆盖率。

（5）信息化保障。包括新技术研究、制度标准、人才团队建设三个方面。通过信息化相关专利、论文、软件著作权等完成度评价各单位信息化新技术研究情况。通过专职信息人员比率和信息化专家增长率评价各单位信息化人才团队建设情况。

6.4.2 信息化企业评价工作历程与工作流程

6.4.2.1 评价工作历程

国家电网公司于 2009 年提出，信息化企业是现代企业的前提，建设信息化企业的过程，就是推进建立现代企业制度的过程。信息化企业不能仅停留在建设信息系统层面，其内涵是信息高度集成共享、运营与管理业务高度协同，固化于信息平台的各项业务流程规范，体现国际最佳管理实践，现代化管理理念深入人心，信息化贯穿企业日常生产、经营、管理和决策全过程，对企业的战略和发展起到重要支撑作用。为此，国家电网公司开展长期的信息化企业评价体系探索及实践工作。

2011 年，国家电网公司成立信息化企业评价工作组，结合信息化 SG186 工程实施成果，组织多名专家、学者研讨、论证，初步形成信息化企业评价指标体系，经持续优化完善后，于 2013 年在国内首家发布了《国家电网公司信息化企业标准（试行）》，指导各单位开展信息化企业建设。2014～2015 年，国网山东省电力公司、国网浙江省电力有限公司等 6 家单位开展信息化企业试评价，成效明显，验证了评价指标体系的科学性和适用性。

近年来，在"互联网＋"发展浪潮的新形势下，信息通信技术将与公司经营管理、智能电网建设及对外服务等紧密结合，成为支撑公司创新发展的关键驱动，公司在先期评价体系实施效果基础上，融入新的"三融三化"框架，并结合工业和信息化部"信息化与工业化融合"评估规范要求，进一步深化、修订、完善信息化企业评价体系架构，历经 2016 版、2017 版，最终于 2018 年 1 月份形成《国家电网公司信息化企业评价标准（2018 版）》。国家电网公司将信息化企业建设工作与"两化"融合工作有效结合，将"两化"融合管理体系贯标作为各单位信息化企业评价的必备条件，从启动信息化企业评价工作至今，已有包括国网上海市电力公司、国网江苏省电力有限公司、国网南瑞集团有限公司等 21 家单位通过信息化企业验评工作。

最新版本的信息化企业评价体系标准充分考虑了信息化基础保障能力、信息化应用水平、信息化应用绩效和信息化引领企业战略及创新发展方式等方面的内容，从"三融三化"的维度构建信息化企业评价体系标准框架，省（自治区、直辖市）电力公司评价体系包含一级指标 6 项、二级指标 20 项、三级指标 63 项、采集项 380 个。

6.4.2.2　工作流程

信息化企业评价体系实施分为单位自评、总部测试、专家验评及总结发布四个工作阶段。

（1）单位自评阶段。各参评单位按照工业和信息化部"两化"融合指标体系进行贯标认证且不断改进，通过认证后按照信息化企业评价指标要求开展自评；自评工作完成并达到评价要求后，向总部提交测试申请材料，申请总部测试评审。申请材料一般包括信息化企业评价申请表、信息化企业评价工作报告、信息化企业评价技术报告、信息化企业应用及效益报告以及信息化企业评价相关佐证材料。

（2）总部测试阶段。国家电网公司总部成立由公司内部专家组成的测试工作组，针对各单位提交的申请材料，采取远程审阅、测试和适度现场抽查的方式开展测试，汇总测试结果，编制信息化企业测试报告，报告内应包括具体测试评分情况，以及被测试单位的信息化企业建设亮点、成效等。对于存在的问题和不足，及时反馈被测单位进行整改。

（3）专家验评阶段。由国家电网公司总部邀请系统内、外部专家，组成验评专家组，在参评单位现场开展专家验评，并给出现场测评意见。

（4）总结发布阶段。国家电网公司总结评价工作成果，结合各参评单位信息化企业测试情况、专家现场验评情况，核算各参评单位信息化企业评价最终得分，形成信息化企业验评结果表，经公司网络安全与信息化领导小组审查通过后以公司文件形式公布（得分不发布、单位不排名），并对通过评价的企业授牌；组织编写信息化企业验评总结报告，全面分析公司信息化企业评价工作成效、信息化企业建设水平等，为后续信息化企业评价工作奠定基础。

6.4.3　评价体系实施成效

国家电网公司自实施信息化企业评价以来，对企业的影响是全方位的，实施成效涉及企业运作的各个专业和各个层级，难以逐一地、全面地去寻找信息化影响的每一个指标。当然，把每一个产生效益的环节都认为是企业信息化作用的结果，也会使最终的指标偏离评价目的，导致最终的评价结果不准确。因此，评价企业推行信息化企业建设所取得的成效，一般可以从经济效益和社会效益两个层面来进行综合考量，具体又分为效能、效率、效益三个方面。

（1）效能。信息化企业建设实施成效可以通过企业效能的增加来体现，具体而言就是指由信息化带给企业的新能力，即企业过去无法或者难以实现的业务，通过信息化建设企业获得了实现该业务的能力，这种效能的提升必定能够转化到企业的收益上来。比如营配调业务的贯通，财务与业务融合的多维精益管理，一键式报表生成等等这些功能过去是不可能实现的，企业的能力得以增强。国家电网公司推行信息化企业建设以来，信息化效能不断提升，2017 年信息化系统全年业务处理量超 15 亿笔；"掌上电力""电 e 宝"等各类电子渠道注册用户达 2.6 亿户，全面线上办电 646 万件，交费 7.5 亿笔，交易金额达 1161 亿元，国网商城线上交易突破 2600 亿元。

（2）效率。信息化企业建设实施成效可以体现在企业效率的提升。现实中，效率提高最直接的表现就是完成同一工作的单位时间缩短。如果一个企业从供应链的开始到产品销售到客户，通过信息化，各个阶段的时间都缩短，整个周期缩短，相关的资金周转加快，资金时间价值就会为企业带来很大的经济效益；同时，单位时间内的产量提升，也会给企业带来更多的收入与竞争优势。国家电网公司推行信息化企业建设以来，信息化效率持续提高，2017 年人资管理系统支撑全员劳动生产率提升 8.8％；财务"一键式"报表全面推广，单体报表编报周期缩短了 4 天，合并报表缩短了 13 天；电子商务平台系统的实施提高合同签订效率 1 倍，各项指标均处于行业领先。

（3）效益。信息化企业建设实施成效既可以是通过提高企业的效能和效率来增加效益，也可以表现为成本的减少。在企业运作过程中会产生许多成本，包括制造成本、销售成本、库存成本、管理成本和研发成本等。通过信息管理系统，可以降低这些成本，最明显的例子是通过信息化实现无纸化，大大降低办公成本、人力成本。国家电网公司推行信息化企业建设以来，信息化效益显著，根据国家电网公司信息化综合绩效评估模型（SG-iCORE）估算，2017 年信息化综合贡献 289.9 亿元，综合贡献率为主营业务收入的 1.38％，信息系统投入产出比为 1∶3.62。其中单个业务系统投入产出比最高的是物资、营销和人资系统，分别为 1∶6.79、1∶5.82、1∶3.92。

下面以国家电网公司旗下四家省级单位及两家直属单位为例，从经济效益和社会效益两个层面入手，简述推行信息化企业评价所取得的成效。

6.4.3.1　国网上海市电力公司

国网上海市电力公司（简称国网上海电力）以优化提升 SG-ERP 建设成果为载体，以支撑并驱动电网发展和国家电网公司发展为目标，将信息技术与国网上海电力生产、经营和管理深度融合，广泛应用大、云、物、移、智新技术，全面提升信息平台承载能力和业务应用水平，消除业务壁垒，实现信息化融入国网上海电力全业务、全流程，实现数据资产集中管理，数据资源充分共享，信息服务按需获取。为配合国家电网公司创新发展思路，国网上海电力公司布署了高效运作、安全可靠、覆盖全部业务和用户的一体化集团企业资源计划系统（SG-ERP）。建设"互联网＋电力"业务应用，实现营销服务、安全生产、经营管理的模式转变，信息化工作取得了良好成效，有力推动了公司的信息化企业建设，实现国网上海电力价值的同时服务经济与社会的发展。国网上海电力 2016 年通过信息化企业评价，在经济效益和社会效益方面取得以下成绩。

1. 经济效益

（1）科学电网规划，满足经济发展需求。更集约、更高效、更及时地管理信息，帮助国网上海电力更科学地进行电网发展规划，根据对供电区域用电量的统计分析，规划电网建设部署，让电力供应更高程度地满足当地的经济发展需要，为当地经济发展提供能源支撑保障。

（2）优化公司资源配置，提高企业效益。全范围提升信息化管理能力，实现国网上海电力内部各类资源的充分流动和优化配置；不断提升信息与业务融合的水平，加强业务经营战略与计划的决策能力，以及生产经营活动的管理能力。

（3）管理模式创新，促进营销业务效率提升。营销系统的全覆盖深化应用，在电费回收形式更加严峻的局面下，继续保持电费回收 100％；创新"集抄集收"管理，基于用电信息"全覆盖、全采集、全费控"，实施集中远程抄表、集中智能核算、集中统一收费、集中专业运维。

（4）生产系统智能化。实现电网设备台账、运维、检修、评价等闭环管理，规范电网设备的日常维护和检查，及时发现电网设备异常，做到设备的及时维护和校验；及时对电网设备进行故障或缺陷处理，有效减少电网设备的异常处理时间，保障设备的可靠运行，提高电网设备寿命，进而提高经济效益。

（5）实现物资全过程智能化管理。建设仓库管理系统（EWM），实现仓储业务管理的信息化、智能化、可视化；实现仓库业务管理信息化全覆盖，以及仓储物资、物流资源、仓库作业所有环节的精细化管理；通过仓库业务管理信息与 ERP 库存管理信息的集成，实现各个信息系统之间的无缝衔接；实现仓储管理信息系统与仓库控制系统（WCS）以及其他物流硬件设备的信息与作业集成，提高仓库物流运行效率，降低物流总成本。

（6）财智共享一体化提升业财协同能力。通过构建财智共享一体化平台，支撑"三大主线"——预算到项目、采购到支付、报表到分析的应用提升，实现财务管控创新和落地的目标，将财务工作重点逐渐聚焦于以管理会计为主的财务高价值链工作，推动财务职能向企业的价值引领者转型，将国网上海电力打造成为行业财务信息化领先企业。

（7）检修模式创新，实现输变电设备在线监测。建成覆盖所有电压等级的状态检修体系，加快实现基于不停电检测为主的状态检修模式。开展状态检修后，输变电设备平均检修频次下降，一线检修人员数量下降，减少停电时户数。

（8）新技术应用，践行"互联网＋"，驱动公司业务模式的创新发展。一是促进电力营销新型业务与互联网业务发展，实现售电服务互联网化；二是提升双向互动的消费计量能力，构建客户互动服务体系；三是增强新能源接入后资源优化配置能力。

2. 社会效益

（1）提升企业核心竞争力。国网上海电力大力开展信息化企业评价体系实施落地，有助于提升公司电力的整体竞争力，尤其在可持续发展、风险控制及经营控制等方面能力的提升，促进了企业健康持续发展。

（2）助力智能电网创新发展。国网上海电力作为国家电网公司智能电网的试点骨干单位，在智能电网示范区建设、智能电网建设等方面取得了多项成果，积累了丰富的经验。信息化支撑电网发展方式的转变，支撑发、输、变、配、调、用等六环节的建设、监控、管理和服务，提升电网智能化。

6.4.3.2 国网江苏省电力有限公司

国网江苏省电力有限公司（简称国网江苏电力）全力推进信息化企业建设，组织制订了信息化企业建设三年行动计划，提出信息化企业建设"十大工程"。同时以信息通信新技术创新发展行动为契机，广泛应用大、云、物、移、智、"互联网＋"等新技术，全面铺开一体化平台、一体化业务应用、一体化信息安全防护和一体化运行维护体系设计和建设工作，积极参与全业务统一数据中心试点，创新开展"源-网-荷"友好互动体系建设，信息化工作效益明显。国网江苏电力2016年通过信息化企业评价，在经济效益和社会效益方面取得以下成绩。

1. 经济效益

信息化建设对企业产生的经济效益基本上是间接的，是体现在企业的各种生产活动中的，通过信息化企业建设，有效缩短了生产周期和作业时间，降本增效。

（1）直接经济效益。2016年直接经济效益约2.1亿元。全面推广集中支付，节省的资金贷款利息近2400万元/年；实现资金集中管理，省公司可周转资金大幅度增加，因此减少的利息支出为2580万元/年；推行电子化集中招标，降低采购成本，通过物资集中采购和网上招投标，规范了采购流程，降低了人工成本，提高了采购工作效率。

（2）间接经济效益。省、市、县业务协同，提高了工作效率，达到了减人增效目标；通过信息资源集中与整合、账户集中管理、集中招标、统一人力资源管理等措施，提高了公司集约化管理能力；实现业务预算和现金预算的双控制，实现资金归集率达90％以上，创造了效益，提升了公司竞争力；有效规避了公司生产管理经营风险。

2. 社会效益

（1）坚强信息基础设施，支撑坚强智能电网各环节数据全面采集、存储和计算。信息网络延伸到所有配电侧和用户侧，覆盖率达100％，为配电自动化、用电信息采集、电力光纤到户等智能电网业务提供了基础条件；建立综合安全防御体系，通过安全防护平台，为智能电网各环节全面信息采集提供统一的安全防护，确保智能电网互动方式安全、可靠；信息资源进一步整合到省公司，通过云计算等虚拟化技术，优化提升数据中心主机、存储设备对海量数据的存储和处理能力，提升虚拟存储能力，按照国家电网公司容灾中心规划完成国网江苏电力容灾中心建设和应用，提升国网江苏电力数据和应用容灾能力。这些都为智能电网建设海量数据的存储和计算提供了更可靠的服务。

（2）柔性信息集成平台，支撑智能电网各环节业务融合。统一公司业务模型，完善集成平台服务总线、流程引擎功能，提升信息平台的智能集成和柔性适应能力；贯通发电、输电、变电、配电、用电、调度六个环节，实现能量全过程所有海量数据信息的采集、传输、存储、处理，实现生产控制与电网管理的有机融合；依托能量全过程管理，实现在电能双向交互下对调度信息、配电信息、故障信息、负荷信息、微电源信息的全方位的电网信息集成，实现故障智能研判和故障自愈，为故障抢修指挥和供电方案优化提供辅助决策信息，在灵活营销策略下实现营销结算、有序用电、新市场开拓预测分析、市场存量优化、能效优化、营销渠道优化的应用管理，建成提供灵活的市场服务品种满足不同类型用户需求的智能电网电力市场交易运营系统。

（3）多样化互动方式，支撑智能电网良好互动。业务过程自动化处理，智能化能力更高。通过业务的整体设计，实现相关关联业务的自动处理；通过推式工作流，将业务处理自动推到前台，并通过邮件、短信、待办、RTX等多种方式主动提醒，提高工作效率；应用先进的人机交互技术，互动性更好；应用地理信息系统（GIS）技术，提供统一的空间信息服务。

（4）高级智能系统综合应用，提升智能电网各环节运行水平。一是发电环节，建立电力用户、电源与电网之间的友好互动平台，更好地激励用户及电源参与互动，进一步促进削峰填谷等效益的发挥。二是输电环节，全面建成输电线路状态监测系统，实现对所有220kV及以上重要架空及电缆线路的状态监测；建设完成覆盖全省的雷电、风区、污区、电磁环境等分布图，建设完成雷电、台风、飑线风、雾霾等电网自然灾害气象预警系统，实现220kV及以上线路的智能故障诊断的辅助决策；建设完成输电线路通道的三维地理信息系统，实现输电线路的台账信息、实时运行数据和在线监测数据的三维全景显示；建成输电线路智能综合评估分析系统，实现线路输送能力、防雷击性能、防污闪性能、防风偏性能等动态智能评估。三是变电环节，支撑智能变电站信息采集，进一步完善一次设备监测、诊断、控制、自保护等功能，实现设备运行数据、状态参数的全面采集和实时共享，支撑系统各类高级应用。四是配电环节，推广生产管理系统（PMS）中配电网业务功能与营销管理系统功能的集成应用，推广配电应急抢修管理系统，提升配电管理水平。五是用电环节，优化营销业务应用系统；全面完成并完善用电信息采集系统，基本建成智能用电体系，双向互动服务在大部分城市得到应用；居民用户信息采集得到大规模应用，用电信息采集系统覆盖率达到 100%。六是调度环节，全面建成全省一体化智能电网调度体系，在省调建成、在地调推广智能电网调度技术支持系统，实现调控一体化及地县一体化的实时监控和预警功能，实现省、地（市）、县一体化的电能量采集和调度生产管理，实现电网运行风险在线预防控制。

6.4.3.3　国网重庆市电力公司

国网重庆市电力公司（简称国网重庆电力）信息化建设全面渗透到公司各个管理领域和各项工作环节，信息化在企业管理中的支撑和引领作用不断增强，成功推动公司管控模式由壁垒向协同、由分散向集中、由孤岛向共享转变，有效促进了公司和电网的科学发展，促进了公司盈利能力的提升。国网重庆电力 2018 年通过信息化企业评价，在经济效益和社会效益方面取得以下成绩。

1. 经济效益

（1）人力资源管理方面。人力资源管理工作实现了事前预估、事中控制、事后分析的闭环管理；并通过辅助决策分析、劳动定员测算、人力成本等高级分析结果在管理中的运用，极大程度地降低了公司人力成本和管理成本，为国网重庆电力提高各项工作生产效率奠定坚实基础。

（2）财务管理方面。以信息化为支撑，紧紧围绕深化财务集约化应用，强化财务实时管控要求，从对业务全过程的信息实时反应、过程实时控制和结果实时监督三个方面深化应用、提升功能。截至 2017 年底，公司银行账户监控率达 100%，资金归集比例达到 100%；电子支付比率保持在 90% 以上，预算调控能力有效提升；财务月结流程实现自动结转功能，减少财务用户工作量；月结流程从 7 天缩短至 2 天，凭证集成率达到 100％，设备资产联动率达到 99％以上，资产信息完整率每月达到 100％。

（3）物资管理方面。通过电子商务平台，截至 2017 年底，已经实现 366 个批次的招标、47 个批次的询价采购、56 个批次的竞争性谈判、60 个单一来源等项目。每年统一招投标与分散招标的采购费用节约 50 万元左右，有效降低了物资的采购和管理成本，规范了物资从计划、招投标、合同签约到合同履约的全采购流程，保障了物资管理的业务数据流转及时、准确，防范了计划采购的预估金额、供应商的投标金额、专家名单等的保密性业务数据的安全性，让供应商安全、放心参与招投标，有序竞争，较好地保证了采购的合理、有序、有效性，大大提高了采购的效率，降低了采购的成本。

（4）规划管理方面。建立统一、系统、完整的规划基础信息数据管理，实现了对规划业务基础数据信息的全面归集、规划数据分析多元展示；解决了数据的标准、模型不统一等问题，可提供完整、权威的数据服务。

（5）建设管理方面。在国家电网公司总部基建部和信息通信部共同指导、统一建设的基建信息化业务应用系统基础上，根据建设和使用过程中总结的问题，有针对性地对业务进行梳理。增加现场部分功能深化应用功能、增加基建管理信息系统深化应用阶段需求等。通过有效统筹各方资源，整合各业务应用系统之间的信息，实现各部门间的信息共享，减少管理成本，提高管理工作效率。

（6）运行管理方面。实现"调控一体化"和"调度一体化"，推进电网调度运行与输变电设备集中监控的集约融合，支撑各级调度核心业务功能的一体化运作，通过电力调度综合管理系统实现调度管理流程化、运行管理整体化、专业管理规范化、信息整合平台化，及时准确处置大电网运行风险、减少调度人力成本，提升调度部门综合效益。

（7）检修管理方面。推行资产全寿命周期管理模块，推进实现资产全寿命周期管理的各项指标，强化信息集成共享和基础数据管理，实现配网 LCC 成本效益分析和成本效益计算，计算出工程投资最佳投入产出比，为资产全寿命周期管理工作开展奠定了基础。开展并完成了公司系统资产清理工作，做到了固定资产台账与设备台账一一对应，确保公司资产账、卡、物统一和联动。

（8）营销管理方面。通过营财一体化试点工作，实现公司制定的营财一体化数据集成、业务融合、高度统一的工作目标。实施大营销体系，实行扁平化管理，压缩管理层级，减少跨部门协调，大幅提升工作效率，快速响应市场及服务需求；新增支付宝、微信等第三方代收缴费渠道，有效降低电力营业厅的服务压力，减少人工成本支出；完成业扩精益化改造工作，精简业扩手续，居民客户办电时长从2015年的平均2.69个工作日下降到2017年的平均1.63个工作日，提高了办电效率，降低了时间成本。

2. 社会效益

（1）提升能源安全。依托完善的信息化建设、集成的信息化应用，助力科学的发展规划，筑建扎实的能源工程，构建了以特高压为骨干网架、各级电网协调发展的坚强智能电网，在保障能源需求、优化能源结构、调整能源战略、推动电力和能源可持续发展方面取得了重大成就。

（2）提升供电安全。深化信息化安全防护，确保信息系统安全可靠运行。持续推动信息通信系统隐患排查治理工作，通过加强排查、过程管控、整治监督等有效的管理手段，强化了信息通信设备隐患的发现和整改，确实提升了设备的整体健康水平，确保不发生因信息通信引起的电网安全事故、重大信息通信系统停运事故和重大信息泄露事故，保障电网安全生产和业务正常运营。

（3）服务社会效益明显。深化应用应急指挥管理平台，全力抗击自然灾害；继续推进农电系统深化应用，积极服务"三农"，助力农网改造升级；积极进行信息系统研发实施，挖掘节能降耗潜力，大力推进新能源接入及并网信息化支撑技术研发应用，服务清洁能源发展。推进营销业务管控、简化客户办电流程，提高客户服务能力。

（4）服务用户效益明显。坚持"你用电、我用心"，深化营销管理系统应用，规范服务标准、方便用户缴费、满足个性化服务，为用户提供优质的供电服务及便捷的缴费服务。深入实施95598光明服务工程，打造95598供电服务统一热线和互动网站，不断提高优质服务水平；规范、完善业扩流程管理，落实精简手续要求，推进信息公开透明，创新市场竞争策略，强化全过程管控，切实提高办电效率和服务质量，提升工作效率和服务能力，全面提升公司品牌的知名度、认知度、美誉度。

6.4.3.4 国网安徽省电力有限公司

国网安徽省电力有限公司（简称国网安徽电力）信息化工作坚持以公司整体规划为指导，大力推进信息化和工业化融合，实现了信息化工作由规模发展向科学发展、内涵发展的转变，实现了与公司经营、电网生产的全面、协调、可持续发展。信息化带来综合效益显著提高，持续支撑公司建成网架坚强、安全高效、绿色低碳、友好互动的现代化大电网，建成管理卓越、业绩优秀、队伍一流、文化先进的现代企业集团。国网安徽电力2018年通过信息化企业评价，在经济效益和社会效益方面取得以下成绩。

1. 经济效益

（1）人力资源管理方面。基本实现"一级部署、四级应用、八大领域"的人力资源信息化建设目标，初步建成业务全面、流程规范、标准统一的信息平台，实现总部、省、市、县四个层级纵向贯通和深化应用，覆盖规划计划、劳动组织、岗位职级、用工配置、绩效管理、培训开发、职业发展、薪酬激励八大业务领域，有效提升了集约化管理水平。其中，人力资源统计报表90%以上的数据实现自动统计汇总，月度报表编制由5～7人·天缩短至1人·天；招聘模块实现在线统一考试，整体效率提升70%；网络大学业务在省公司范围全覆盖，极大地降低了培训成本，节省了各类差旅、培训费用。

（2）财务管理方面。深入实施财务集约化管理，全面建立了集中、统一、精益、高效的现代化财务管理体系，建成了横向集成、纵向贯通的一体化财务信息工作平台，实现了财务业务的一体化应用。"十二五"以来，公司财务的价值引领作用彰显，累计实现利润85亿元；全面应用企业级项目编码，搭建项目预算执行多维监控模型，建立业财互融、协同管控的常态工作机制；深化与各业务集成应用，应用协同对账功能，凭证自动生成，内部交易自动抵销，报表一键式生成；完善220kV及以上设备资产对应关系，设备资产联动率达99%以上，电网资产保险管理信息系统结案率保持在90%以上；累计节约资金筹措成本12.51亿元，现金预算执行偏差率持续控制在4%以内。

（3）物资管理方面。通过统一的网上招投标平台，大大降低采购成本，规范招、投、评标管理过程和物资采购流程，实施"透明"操作，保障供应商公平参与投标、有序竞争，较好地处理了"扩大范围与保证供应市场稳定、提高工作效率与规范管理行为、追求企业效益与保障社会公平"的关系,实现了企业经济效益与社会效益的和谐统一。通过统一招投标减少的采购费用达56200万元;通过信息化系统对库存物资及物资采购进行统一分配管理,减少了库存积压,节省的积压物资购置费用达50000万元。

(4)规划管理方面。利用信息化手段固化发展业务流程和标准,从规划设计、规划管理、计划管理、综合分析四个层面对"大规划"业务的22个大项业务能力、138个子项业务功能实现全面的覆盖和支撑,涵盖规划信息管理、规划编制管理、规划滚动修编、规划调整、项目前期管理、计划预测与分析、计划编制、计划调整、计划跟踪分析、规划效果评估、投资统计、生产统计、综合计划、生产计划、能源消耗、零星购置等各项发展业务,全面支撑"规划一个本、管理一个口、计划一条线、信息一平台"的"大规划"体系建设。

(5)建设管理方面。在基建管理信息系统现有功能模块基础上,简化工程过程节点,强化关键节点管控,提升基建信息化效能;强化职能管理、队伍管理、过程管理等管理能力,强化对现场标准化和专业化管理的支撑,加强对专业分析、综合查询的支撑;积极推进基建专业与其他专业的数据共享与业务融合,促进基建业务与其他业务的横向集成,为实现跨部门业务数据传递与交互创造了条件。

(6)运行管理方面。通过信息通信技术提高了调度层面的协调能力,实现了电网运行的主动预警,提前进行检修工作,规避电网事故造成的经济损失达1000万元以上;采用信息化技术进行调度操作票起草审批、停电计划会签批复节省的工时费达253万元。

(7)检修管理方面。应用信息通信技术,提高生产效率,减少停电时间,加强电网运行设备的精细化管理。及时对电网设备进行故障或缺陷处理,有效减少电网设备的异常处理时间,保障设备的可靠运行,提高电网设备寿命,进而提高经济效益。此外,通过加强无功和电压的分析,采用科学合理的方式进行运行方式调整,可有效减少主变压器有载调压分接开关调节次数和电容器投切次数,延长电网设备服役时间,提高经济效益。同时,运维检修平台系统可切实提高电压合格率,确保电网安全优质运行,提升电力一次设备、二次设备、用电设备的寿命。

（8）营销管理方面。公司通过营销业务应用系统建设，加快电费资金的回收速度，电费在途时间平均缩短 3 天；高压用电客户业扩报装接电时间平均缩短 4 天，每年可带来收益约 1200 万元；运用采集各关口计量点及用户侧计量数据，计算理论线损，节省了人力、物力、财力，提高了测量数据的准确度，使理论线损计算结果更加接近实际、线损管理决策与规划更加合理，通过分层、分压、分线的线损分析计算，每年可节约人力成本约 1000 万元。

2. 社会效益

国网安徽电力实现从薄弱到坚强、从传统到智能的转变，成为集电能传输、资源优化配置功能于一体的重要平台，在保障能源安全，保证电力安全、经济、优质供应，支撑服务社会价值和行业发展，改善用户服务质量方面成效显著。

（1）提升能源安全。依托完善的信息化建设、集成的信息化应用，助力科学的发展规划，筑建扎实的能源工程，构建了以特高压为骨干网架、各级电网协调发展的坚强智能电网，在保障能源需求、优化能源结构、调整能源战略、推动电力和能源可持续发展方面取得了重大成就。

（2）提升供电安全。各级调度计划的协调时间、响应其他业务的调度计划的制订时间将有效缩短，调度计划精益化程度提升，避免重复停电，有效减少停电时间；通过全面、快速、准确、直观地掌握电网的运行状况，大幅缩短故障定位、电网自愈时间，增强自动发电控制、自动电压控制的控制策略的精益度，提升潮流计算、负荷预测的准确度，提升电网运行分析、安全校核的效率及准确度。

（3）服务社会成效明显。建设和完善电网供电可靠性管理，推动智能电网建设，促进无功设备管理、无功电压综合分析与电压调节，以进一步推动"三新"（新技术、新材料、新工艺）建设和低电压整治。信息系统的投运将全面提高全网电压管理水平和工作效率，以切实提高电压合格率、降低线损率，确保电网安全、优质、经济运行；进而提升供电服务质量，实现优质服务承诺，提高客户满意度，塑造公司良好形象。

（4）服务用户成效明显。建成了全省集中的 95598 客服中心呼叫系统和对外网站，并在此基础上实现了系统的总部集中。实现了跨地域、跨系统的业务工单流转，支撑服务全流程在线管控，有效支撑世界规模最大、服务人口最多的公用事业客户服务中心的运行。实现了集约化、专业化的公共服务管理，服务水平和效率实现了突破。

6.4.3.5　南瑞集团有限公司

南瑞集团有限公司（简称南瑞集团）经过持续不懈地深入推进信息化企业建设工作，集团信息化实现了长足发展。信息化建设全面渗透到集团各个管理领域和各项工作环节，信息化在企业管理中的支撑和引领作用不断增强，成功推动集团管控模式由壁垒向协同、由分散向集中、由失调向可控、由孤岛向共享转变，有效地实现了利润增长、负债率降低。据初步测算，信息化促进盈利能力提升，信息化工程已取得每年 2 亿元左右的间接效益，对主营业务的贡献率达 1％以上。南瑞集团 2017 年通过信息化企业评价，在经济效益和社会效益方面取得以下成绩。

1. 经济效益

（1）实现库存动态管理，减少库存积。南瑞集团上线 ERP 系统后，以准时化生产方式（JIT）实施，实现库存动态管理，减少原材料、在制品与成品库存约 30％，库存资金占用共减少 3.5 亿元。生产计划水平的提高，将公司存货周转率提高了 13％，每年减少周转资金占用 5 亿元以上。以每年减少 8.5 亿元资金占用计算，按目前 5.6％的贷款利率计算，累计每年节约贷款利息及相应库存管理成本金额超过 5000 万元。

（2）缩短采购时间，降低生产成本。通过灵活应用信息化系统，南瑞集团采购部门平均采购提前期由 3 个月缩短至 1 个月，减少 66.7％的采购时间；通过集中采购和长期框架采购协议等方式，降低单独采购数量 6％。以上两项每年节约采购成本约 4000 万元。

此外，南瑞集团通过物料需求计划（MRP）大大提高了物料采购准确性，有效提高了采购部件的通用化、系列化和标准化，避免了错误采购造成的浪费，由此带来相关一系列人、财、物的效应，可降低生产成本 5％，以集团每年生产人工和制造成本总额 10 亿元左右计算，每年直接节约生产成本 5000 万元。

以上各项每年累计降低生产成本约 1.2 亿元。

（3）提升财务管理效率，节约人工行政成本。严格成本费用管控，费用预算实现线上实时控制，"三公"、会议、客商费用等非生产性开支持续下降。建立费用支出与绩效挂钩总控原则，结合各单位业务特点和历史规律，加强内部对标，制订各单位管理费用和销售费用总控原则，实行线上控制，剔除工资、折旧等刚性费用后，销售费用同比下降3.69％，管理费用同比下降1％，费用支出得到有效控制。

（4）集约化人资管理，提升全员劳动生产率。南瑞集团人力资源各项工作紧密围绕高科技产业集团的发展定位，以"规范管理、高效运作、支撑发展"为目标，深入开展人力资源效能分析工作，规范二级单位机构设置，强化全口径用工管控，构建统一职位框架体系，推进员工职业发展通道建设、试点岗位薪点工资，统一福利项目设置，持续推进人力资源集约化管理工作，全员劳动生产率显著提高。

2. 社会效益

南瑞集团实施全面社会责任管理、认真履行社会责任的具体实践，坚定不移地贯彻依法经营、严格管理、透明运行的企业方针，加快转变发展方式、提升经营管理水平、服务经济社会发展、推进生态文明建设、促进公益事业发展。

（1）支撑服务电网发展。南瑞集团坚持自主创新，以智能电网核心技术为支撑，大力推进同源技术拓展，为我国智能电网建设和特高压电网建设的快速发展提供坚强的技术保障。

（2）促进交通事业发展。南瑞集团遵循节能减排、绿色环保的理念，将系统安全隔离与认证、集成 RAMS（Reliability、Availability、Maintainability、Safety）管理、节能环保技术等应用到轨道交通领域，开发了具有完全自主知识产权的轨道交通自动化系统解决方案，为轨道交通行业提供更加安全、高效、节能环保的轨道交通运营管理系统。

（3）服务社会。南瑞集团持续强化经济法律、纪检监察、审计管理、企业门户等信息系统建设应用，更好地推动依法治企和公开透明，全面加强反腐倡廉建设；强化对口帮扶，提升支援建设能力，不断加强援藏援疆事业；积极进行信息系统研发实施，挖掘节能降耗潜力，大力推进新能源接入及并网信息化支撑技术研发应用，服务清洁能源发展。

6.4.3.6　中国电力财务有限公司

中国电力财务有限公司（简称中国电财）是经中国银行业监督管理委员会

（简称中国银监会）批准，为国家电网公司成员单位及经中国银监会核准的服务对象提供金融服务的非银行金融机构。

通过多年的信息化建设，中国电财已建立起来覆盖业务运营、业务管理和决策支持的一整套信息化平台，公司所有主营业务均已运行在信息化平台上。信息化建设的深化应用促进了业务和管理统一化、精细化和集约化，服务优质化和决策科学化，促进了公司管理提升和创新，公司总体工作效率与管理水平明显提高。中电财2018年通过信息化企业评价，在经济效益和社会效益方面取得以下成绩。

1. 经济效益

（1）业务高效化。信息化建设有效地整合了中国电财主要经济活动的业务流、资金流和信息流，为公司构筑了一个集成的业务运作平台和数据平台。通过加强业务全过程的信息集成，使得复杂的各个利益相关方包括本部、分公司和业务部三个层面和各组织部门的人员实现互相之间的信息沟通和共享，打破了部门之间的壁垒，提高了工作效率，降低了企业运作成本，提高了服务质量。

（2）作业精细化。信息化建设为公司作业精细化提供了有力支撑，通过对各部门、各层面的职责和管理权限以及各业务流程加以固化，使公司各专业部门分工明确、各司其职；使各项业务处理透明化、制度化；实现全公司范围内的资金在线集中，加强集团公司（国家电网公司）资金管理；通过数据集成、积累和分析，量化了关键绩效指标，提高了对作业和监控力度要求和程度的把握，使其更趋于合理；加强了工作计划的准确度和可实现性，有利于工作上的管控。

（3）管理集约化。信息化建设为中国电财建立集中式数据中心，对全公司核心业务数据进行统一、实时集中存储和透明化管理，实现在线管理，加快了业务和管理信息的反馈速度，协助公司向扁平化管理结构转变，加速公司一体化管理进程。

（4）服务优质化。覆盖全公司业务信息系统协助中国电财，为客户提供一站式网络金融服务，实现在线运营，提供安全便捷服务，加强业务规范，提高工作效率和服务质量。建立功能完备的客户服务中心系统，为客户提供全面、快捷、优质的服务，提高客户满意度和公司形象。系统增强了公司的服务能力，良好的服务带来的客户数量和客户资金量的增加。业务信息系统的推广应用促进了公司电子银行业务的发展，有利于提高公司对外服务的发展和创新。建立全流程管理，以客户为中心，建立客户档案；系统实现银财接口，建立统一的银行接入平台；实现财企接口，架设企业与财务公司的实时交易平台。

（5）决策科学化。2017年中国电财新核心业务系统成功上线，建成了"产品模型化、业务流程化、渠道协同化、风控体系化、架构组件化、本外币一体化"的企业级业务信息系统，以信息化手段全面支持公司向以"产品中心、定价中心、运营中心"为核心的商业银行运营模式转变，为公司加快建设具有银行综合服务功能的国际一流现代财务公司提供坚强的信息化支撑。

（6）信息系统实施经济效益显著。经初步测算，在人力资源管理方面，保持管理人员数量未增加，通过提升薪酬核算、报表编制等工作效率，节约人工70人·天，效率节支7万元/（人·天）；通过人力资源系统开展远程培训教育，共开展远程培训200人·天，实现效能节支6万元；在财务管理方面，通过实现系统报表自动汇总合并，全公司报表生成效率节支195万元，跨集团对账和集团内部对账效率节支67.2万元；核心业务系统自动化单笔业务处理时间为0.02min/笔，系统年结算367万笔，效率节支3053.2361万元；资金结算系统年结算571.9399万笔，效率节支3574.6244万元。

2. 社会效益

中国电财通过信息化建设，在国家电网公司加强资金集中管理、提高资金使用效率方面发挥了不可替代的作用，为国家电网公司转变电网发展方式、转变公司发展方式以及确保电力安全可靠供应做出了应有的贡献。中国电财自身发展也得到各方面的认可，各项监管指标均符合中国银监会的监管要求。

第7章 信息化企业的演进与发展

当前，以信息技术为代表的新一轮科技革命方兴未艾，互联网日益成为创新驱动发展的先导力量。信息技术与生物技术、新能源技术、新材料技术等交叉融合，正在引发以绿色、智能、泛在为特征的群体性技术突破。信息、资本、技术、人才在全球范围内加速流动，互联网推动产业变革，促进工业经济向信息经济转型，国际分工新体系正在形成。全球信息化进入全面渗透、跨界融合、加速创新、引领发展的新阶段。企业信息化也一样，随着最新信息通信技术的广泛深入应用，企业信息化不断增加内涵和外延，信息化企业的形态也在不断进化，信息化企业越来越数字化、自动化、智能化。

7.1 企业信息化的阶段性

企业信息化发展进程是有阶段性的，不同的企业处于不同的阶段。一般来说，绝大多数企业信息化经历了构建（Construction）、运营（Operation）、简化（Simplifies）和转型（Transformation）四个阶段。其中，构建表示的是企业的信息化建设过程，包括了信息系统的方方面面，比如网络、基础设施、终端、平台、应用系统、安全体系、运维体系建设等等，企业规模越大，这一过程越复杂、周期越长。运营是企业建设的信息化系统投入运行后的使用阶段，系统上线后经过培训，业务人员开始逐步使用信息系统进行业务操作，信息系统逐步发挥作用。简化是企业信息系统经过长时间的大量的运行和使用后，系统不断增加功能、增加模块，架构越来越复杂，系统和功能模块越来越多，积累的数据越来越多，相应的运行效率也越来越慢，因此进行的系统架构简化、系统集中化、数据归档化的过程，这一过程可以说是信息系统的内部优化。转型则是经过上述过程后，应用大云物移智等最新信息通信技术，对系统架构进行创新性优化升级，增加新的更为强大的功能和新兴业态。这四个阶段可以按照构建—运营、构建—运营—简化、构建—运营—简化—转型的模型反复循环迭代，这些过程实际上是十分漫长的，有的企业在前两个阶段的迭代就可能经历十几年的时间，但仍然做不好，甚至有可能由于系统功能不满足业务需要而被退出运行，这样的信息化建设就不是成功的。有很多企业，即使信息化进行了几十年，也没有达到第三阶段，即由多个生产厂家开发的信息系统越来越多，信息化作用也发挥出来了，但用户仍有不少抱怨，信息系统不断处于修修补补、抢修救火的局面，信息部门焦头烂额。在践行信息化企业建设方面，笔者所工作的国家电网公司已经经历了信息化构建、运营、简化三个发展阶段，目前正处于转型创新的第四阶段，在此阶段，创新的因子全面植入信息化企业建设全过程，信息化成为引领企业发展创新的重要驱动力。企业信息化发展进程示意图如图 7-1 所示。

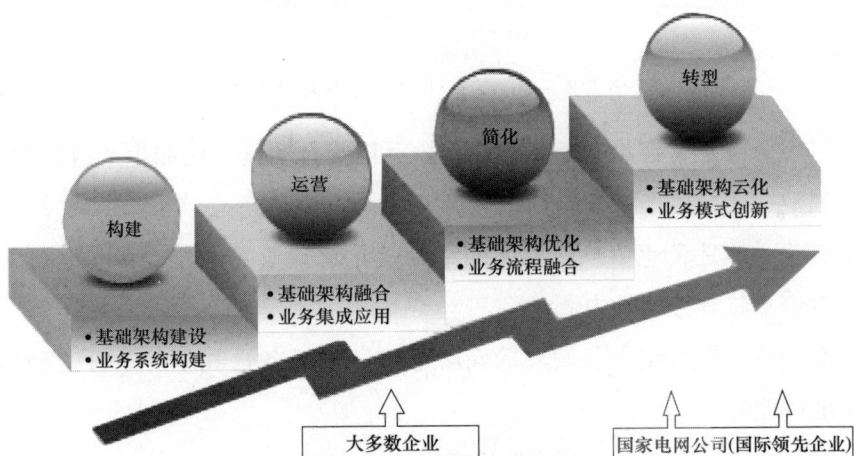

图 7-1　企业信息化发展进程示意图

信息化企业实施也具有阶段性。信息化企业的诸多特征涉及企业发展的全过程。正如笔者在信息化企业的内涵中提出的"信息化企业本身将处于动态发展中"，信息化企业是一个动态概念。我们既不必因为它处于动态发展中，就认为企业永远无法实现信息化企业；也不能因为企业在某一个阶段对照此阶段的标准达到了信息化企业，就认为它从此可以永远称为信息化企业。正确地认识两者之间的辩证关系，有助于我们将企业信息化的发展过程按照结果划分为不同的阶段。基于笔者对于国内外管理理论及最佳实践经验的总结，可以按照成熟度将企业信息化划分为三个阶段，分别是数字化企业、信息化企业和智慧化企业，如图 7-2 所示。这三个阶段的划分，同样对应了企业发展的驱动力从数字到信息，再到知识的发展脉络。

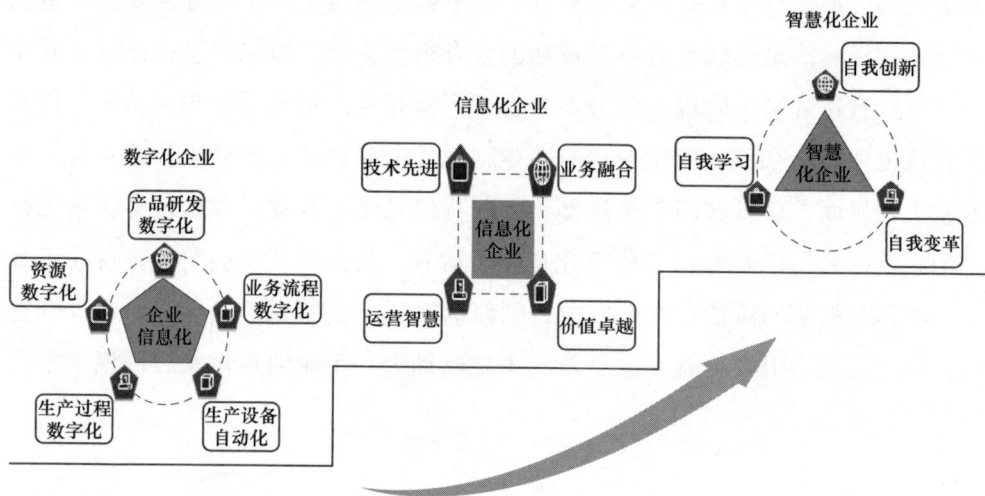

图 7-2　企业信息化发展成熟度示意图

数字化企业主要聚焦于企业要素的数字化及自动化，例如生产过程数字化、业务流程数字化、生产设备自动化等。

信息化企业是企业信息化发展的结果，它具备业务融合、技术先进、运营智慧、价值卓越等方面的内涵。

智慧企业是信息化企业发展的高阶形态，它具备自我学习、自我创新、自我变革的鲜明特征。

下面将对这三类企业进行简单概述说明。

7.1.1　数字化企业

数字化是指事物蕴含的信息通过数学语言进行描述，将模拟信号转变为数字信号，从而形成数据的过程。它可简单理解为定量分析过程的一种通俗说法，是信息化的起始阶段。数字化的目的是形成数据，数据是数字化的结果。由于微电子技术中每个单元器件正好适合存储一位数据，人们一般采用二进制方式存储数据，按照固定的排列方式摆放形成数据块。这些数据块加上各自的索引数据按照固定的排列方式进行存储，形成数据文件。对这些数据进行的各种处理过程，我们一般称为数字化应用过程。

数字化企业可以按照以下几个方面来定义，即在一个数字化企业里面所有的商业关系和设备设施，诸如客户、供应商、雇员之间以及设备状态、设施信息均是通过数字化后的单个设备或通过信息系统在线连接，实现信息传输和处理。同时，核心的企业资产例如财务和人力资源也是以数字化系统的方式进行管理和运作的，也就是所谓的电子化管理。数字化企业对外部环境的反应速度比传统的企业要快得多，使之能够在竞争激烈、变化无常的市场环境中生存并保持持续的竞争力。因此，数字化企业实现了企业各项业务的数字化，分布在研发、生产、采购、销售、管理等多个领域，主要由计算机辅助设计（CAD）、计算机辅助制造（CAM）、数据采集与监控系统（SCADA）、办公自动化（OA）、财务电算化（数字化）、客户关系管理（CRM）等众多系统来实现。业务数字化实质上是将业务的模拟或手工信息进行数字化，从而借助计算机的高速计算和通信能力得到快速处理和方便快捷的应用，提高信息应用速度和质量，实现企业又快又好地发展目的。

数字化企业是信息化企业建设的基础，只有建成了数字化企业，具备了最基本的数据采集和加工处理能力，主要业务功能实现了信息化管理，相关业务数据支持系统自动采集，才有可能发展为信息化企业。目前，国家电网公司等信息化水平较高的企业已经在总部及各层级单位建成了数字化企业，而制造型工业企业、农业等行业大部分单位尚未实现数字化，目前正处于数字化进程之中。

综上可知，数字化企业是信息化企业的初级阶段，其最主要的特征是连接和支撑。连接是指生产自动化设备的相关信息由模拟信号转变为数字信号之后，与中心主站实现连接。支撑是指通过相关信息系统提高工作效率、降低运营成本或管理成本、减少企业运营风险，实现企业的运营管理。它在一定程度上也能够整合企业内外部的各种资源，但不一定已经形成了统一的价值链；它也实现了一定范围内的信息收集、处理和呈现，但智能化和自动化程度尚待提高；能够关注企业的长期发展，但尚未达到通过信息化引领提升的层面。

当前来看，数字化企业的建设重点是制造企业、农业，因为这些企业或行业是人类生存和社会生活的基础设施，发展更早更原始一些，数字化基础相对薄弱，数字化难度大、范围广、投入大。因此，人类社会在进入 21 世纪信息化发展到一定程度，便纷纷启动了"工业 4.0""智能制造 2025""工业互联网"等重大工程，实际上是在补之前数字化的课。但是，不能因此就说我们整体上在向数字化转型。笼统地讲，许多单位都在进行数字化转型是不准确的。

7.1.2　信息化企业

为了给读者厘清信息化企业、数字化转型、数字企业、数字政府、数字中国、数字地球等概念，本节将从其概念入手，详细辨析其本质，并叙述它们之间的区别与联系。

7.1.2.1　从数字化到信息化

当数字化企业继续发展时，就面临了一个飞跃式大发展的机遇期，各项业务应用日趋成熟、各类数据实现了自动化管控、信息化建设及管控能力得到了显著增强，各项工作均达到了高度信息化的水平。相对于初级的数字化企业，信息化企业在此基础上业务功能将更全面、更贯通，但仅仅实现了部分自动化和智能化，如部分智能辅助决策、核心业务智能决策等。在这一阶段，不仅达到"全覆盖"、"全应用"，而且信息化对企业发展方式和员工的理念及行为方式有直接影响。一方面，它对作业层、经营层和战略层的各项活动构成了全面有力的支撑；另一方面，它也起到一定程度的引领作用。信息化企业均是处在行业或泛行业标杆阶段的企业，信息化建设与应用取得的成效显著，与同行相比具有明显的竞争优势，在行业中具有先进性和示范性。其大部分对标指标在同行中处于标杆状，即使与其他相近的行业相比也毫不逊色。此外，它与重要的供应商和客户也形成了统一的价值链，信息收集、处理和呈现的智能化和自动化程度也很高，完全能够满足不同层面的信息需求。

本书前面已经对信息化企业的特征做了总结提炼，主要包括全面融入企业各项活动、整合企业内外部资源、全面自动化和部分智能化、转变企业发展方式、总体效益领先等。信息化企业是指通过建成集中统一的数据中心，能够对企业的业务进行集中统一的管理，实现企业各类信息的综合应用和业务流程的贯通、业务融合、数据共享。信息化企业建设的终极目标就是构建智慧化企业，在这一阶段，信息化企业特征全部具备，如全数据管理、全信息应用、全业务贯通以及全方位信息化管控等。信息化的作用直接体现为引领，既引领企业转变发展方式，也引领员工转变行为方式，企业在变与不变之间能够运转自如，其发展方式成为其他各行各业竞相效仿的对象，它的总体效益，包括经济效益和社会效益等均非常突出。

7.1.2.2　信息化与数字化的联系与区别

数字化是信息化的前一阶段，没有数字化就没有信息化；信息化是数字化的发展阶段，只有在数字化的基础上才能实现对数据的加工处理和应用，从而实现信息的应用。数字化企业和信息化企业并没有绝对的界限，在同一个企业中，数字化企业和信息化企业的特征往往是同时存在的，并不是说任何一个信息化企业都意味着完成了所有的企业数字化进程，数字化的过程和信息化的过程都是随着业务需求和管理需要逐步完善的，是动态持续的过程。

对于近年来由西方学者提出的数字化转型，我们要正确理解和看待，而不是简单地照搬名词。笔者认为，可以有三类不同的解释：第一，就是在图7-1中的信息化过程中的第四阶段，即转型阶段，这一阶段严格来说并不是数字化转型，而是信息化建设和应用过程中的创新性转型。第二，就是重点对过去数字化、信息化较少涉及的领域进行数字化改造、信息化覆盖，比如工业、农业领域，过去主要是生产的模拟化（非数字化的）制造设备，或者过去主要是手工作业的活动，将这些进行数字化改造。第三，国内很多专业人士提出的所谓的数字化转型，其实是数字化变革或者再数字化的过程，是在信息化过程中补数字化的课。这仍然是企业信息化的范畴，就算是纯数字化，还是属于信息化的建设范畴，需要按照信息化企业的建设标准，结合信息化企业建设的理念，同步推进数字化和信息化。如果简单地谈数字化转型，很容易给大家以低水平的重复之嫌。所以，在讲到数字化变革或创新发展时，不能仅仅从技术角度来谈，比如从CIO的角度；而是应该从企业角度入手，从CEO关心的内容进行（尽管实际上CIO也要关注企业本身、CEO也要关注技术）。

下面以不同视角去认识企业信息化和信息化企业之间的区别，从企业信息化到信息化企业的建设，首先要面临的是意识的转变，就是要充分理解企业信息化和信息化企业的不同之处。从企业信息化到信息化企业，不是简单的字序变化，而是信息化应用水平质的跨越，可以从图 7-3 描述的企业信息化和信息化企业视角的转变来理解。

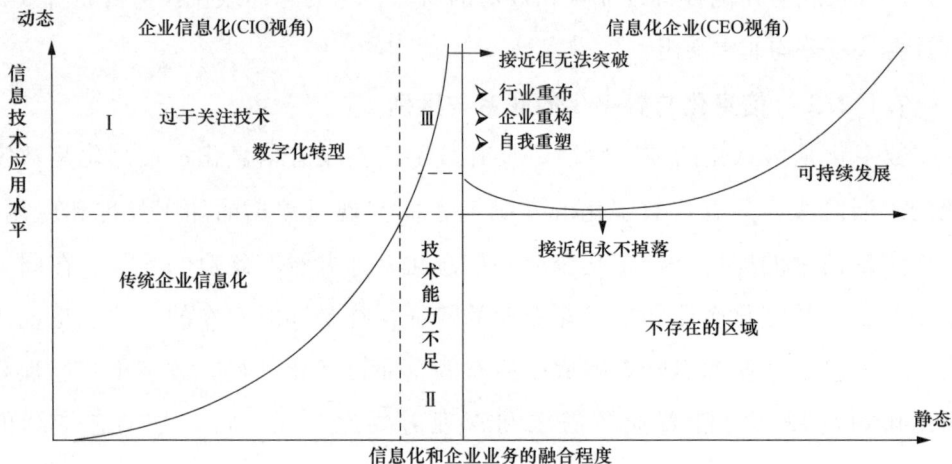

图 7-3　信息化视角变迁示意图

很多企业的信息化站在 CIO 的视角，在企业属于从属和服务地位，通常它只能根据公司高层制定的战略或其他部门的业务需求，来决定是否需要开发相关的信息系统。它扮演的角色实际上只能是"支持"和"配合"的角色。在过去技术能力不够的情况下只能是低水平地重复；随着技术水平的发展，可以进行一定的转型升级，但难以达到与企业发展高度融合。而信息化企业则强调站在企业 CEO 层面，在企业中处于主导地位，紧密围绕企业战略，驱动和引领企业进行自我重塑、业务重构乃至行业重布，从而实现企业的可持续发展，实现基业长青，打造百年老店。

7.1.2.3　数字地球、数字中国、数字政府与数字企业

数字地球是 20 世纪 90 年代由美国首先提出来的，它是利用数字化技术和方法将地球及其上的活动和环境的时空变化数据，按地球的坐标加以标识，存入计算机中构成全球的数字模型，使得全球百姓可以方便获得地球相关信息。它以计算机技术、多媒体技术、地理信息技术、宽带网络技术和大规模存储技术为基础，对地球进行多分辨率、多尺度、多时空和多类型的三维描述，以此为工具支撑改善人类活动和生活质量。数字地球理论的建立、数字地球核心技术的发展以及集团企业业务与管理的需要成为信息技术发展的催化剂。由于其概

念提出较早，数字地球目前仍处于持续建设之中。

2018 年 4 月，中国发布了《数字中国建设发展报告（2017 年）》，确立了数字中国的顶层设计架构，包括总目标、发展思想、三大战略、六个主攻方向等内容（见图 7-4），明确了数字中国由数字治理、数字经济、智慧社会、数字文化、数字生态五部分组成。

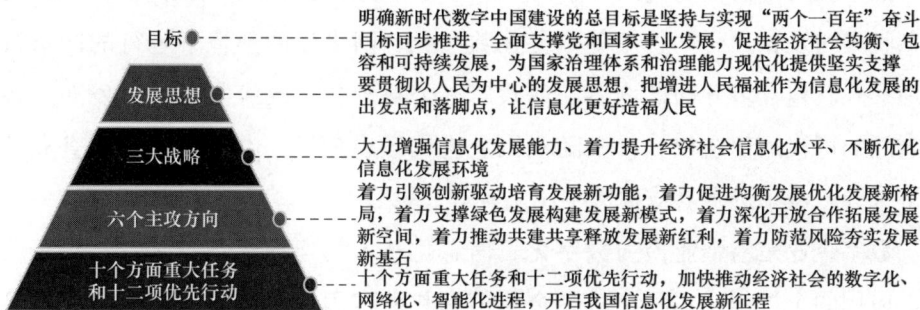

图 7-4 数字中国顶层设计构架示意图

目标 ●------ 明确新时代数字中国建设的总目标是坚持与实现"两个一百年"奋斗目标同步推进，全面支撑党和国家事业发展，促进经济社会均衡、包容和可持续发展，为国家治理体系和治理能力现代化提供坚实支撑

发展思想 ●------ 要贯彻以人民为中心的发展思想，把增进人民福祉作为信息化发展的出发点和落脚点，让信息化更好造福人民

三大战略 ●------ 大力增强信息化发展能力、着力提升经济社会信息化水平、不断优化信息化发展环境

六个主攻方向 ●------ 着力引领创新驱动培育发展新功能，着力促进均衡发展优化发展新格局，着力支撑绿色发展构建发展新模式，着力深化开放合作拓展发展新空间，着力推动共建共享释放发展新红利，着力防范风险夯实发展新基石

十个方面重大任务和十二项优先行动 ●------ 十个方面重大任务和十二项优先行动，加快推动经济社会的数字化、网络化、智能化进程，开启我国信息化发展新征程

图 7-4 数字中国顶层设计构架示意图

近年来，中国相继出台《国家信息化发展战略纲要》《"十三五"国家信息化规划》等重大战略规划，明确数字中国建设发展的路线图和时间表，明确新时代数字中国建设的总目标是坚持与实现"两个一百年"奋斗目标同步推进，全面支撑党和国家事业发展，促进经济社会均衡、包容和可持续发展，为国家治理体系和治理能力现代化提供坚实支撑；明确数字中国建设要贯彻以人民为中心的发展思想，把增进人民福祉作为信息化发展的出发点和落脚点，让信息化更好造福人民；明确数字中国建设的三大战略任务是大力增强信息化发展能力、着力提升经济社会信息化水平、不断优化信息化发展环境；明确数字中国建设的六个主攻方向是统筹实施网络强国战略、大数据战略、"互联网＋"行动，整合集中资源力量，着力引领创新驱动培育发展新动能，着力促进均衡发展优化发展新格局，着力支撑绿色发展构建发展新模式，着力深化开放合作拓展发展新空间，着力推动共建共享释放发展新红利，着力防范风险夯实发展新基石；明确"十三五"时期数字中国建设的十个方面重大任务和十二项优先行动，加快推动经济社会的数字化、网络化、智能化进程，开启我国信息化发展新征程。

数字中国是新时代国家信息化发展的新战略，是满足人民日益增长的美好生活需要的新举措，是驱动引领经济高质量发展的新动力，涵盖经济、政治、文化、社会、生态等各个领域的信息化建设，包括"宽带中国"、"互联网＋"、数字经济、电子政务、智慧城市等内容，推动信息化发展更好造福国家和人民，为决胜全面建成小康社会、开启全面建设社会主义现代化国家新征程提供强大动力。

数字政府是指在现代计算机、网络通信等技术支撑下，政府机构日常办公、信息收集与发布、公共管理等事务在数字化、网络化的环境下进行的国家行政管理形式。包含多方面的内容，如政府办公自动化、政府实时信息发布、各级政府间的可视远程会议、公民随机网上查询政府信息、电子化民意调查和社会经济统计、电子选举（或称数字民主）等。

数字企业是指企业借力数字化、信息化技术构建内部数据采集、传输、处理、应用的全过程，实际上就是企业信息化的过程，通过数字企业建设提升数字经济占比，将社会由工业社会向信息社会转变的过程。应该说，数字企业不等同于数字化企业，数字企业是企业信息化战略在新时代的一种描述方式，是信息化建设在新时期的进一步推进，是与数字经济相对应的企业信息化成果的总称，在新时期更加侧重突出数据的价值、更加侧重突出客户的个性化体验。数字企业包括了数字化企业、信息化企业和智慧化企业。

下面笔者以国家电网公司提出建设的数字国网为例，探讨数字企业建设的全过程。"数字国网"是信息化有效支撑国家电网公司建设世界一流能源互联网企业的新战略目标，是公司新战略的重要基础支撑，通过新技术与能源产业的深度融合，引领和指导企业创新发展，让企业更好地服务于社会。

数字国网战略是以客户为中心，综合运用新一代信息通信技术，以在数字世界形成真实世界企业业务的实时完整映射为基础，数据价值在业务中得以充分体现为目标，支撑由"基础环境＋数字业务＋数字服务＋数字生态"组成的全数字化世界一流能源互联网企业建设。

通过数据价值在业务中得以充分发挥，达到数据驱动企业变革与创新的效果，推进决策模式、运营模式、服务模式、盈利模式和企业文化、组织架构的变革，使得传统的业务将更好、更快发展，同时将促进企业产生新业务、新业态、新模式、新成本、新速度、新体验。数字国网构成示意图见图7-5。

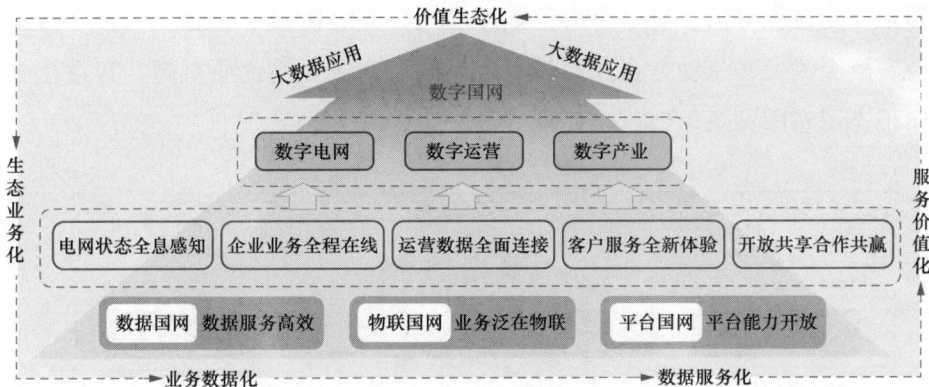

图 7-5　数字国网构成示意图

由图 7-5 可知，数字国网是通过大数据应用，推动互联网、大数据和人工智能与电网生产运营、上下游产业发展深度融合，引领数字国网建设，服务于国家电网公司实现建设"具有全球竞争力的世界一流能源互联网企业"新时代战略目标。

具体而言，数字国网的底层支撑是数据国网、物联国网和平台国网，通过建设一个泛在全业务的电力物联网，实现所有设备、传感数据的实时采集传输，基于国网云的计算平台对数据进行存储和加工处理，大数据平台对数据进行深入的挖掘和分析，从而具备了国家电网公司对数据的全流程的处理和应用。通过数据的深入应用，实现电网状态全息感知、企业业务全程在线、运营数据全面连接、客户服务全新体验、开放共享合作共赢，并在此基础上实现了数字电网、数字运营和数字产业，共同组成了数字国网，实现业务数据化、数据服务化、服务价值化、价值生态化、生态业务化，再到业务数据化的循环过程。

7.1.3　智慧化企业

智慧化企业是建立在信息化企业实现的基础上的，是信息化企业发展的结果。信息化企业通过大数据、云计算、物联网、移动互联、人工智能等最新信息技术的广泛应用，以及通过企业各类数据的深度广泛挖掘使用，逐步向具有高度"自我学习、自我创新、自我变革、自我进化"能力的智慧企业发展，从而实现企业"全数据统一管理、全业务云上运行、全环节在线互联、全时空通信覆盖、全过程可信互动、全方位数据应用"等高阶形态，企业的业务流、信息流、资金流通畅流动，企业运转稳定高效，企业业绩优质卓越。智慧化企业高阶形态示意图见图7-6。

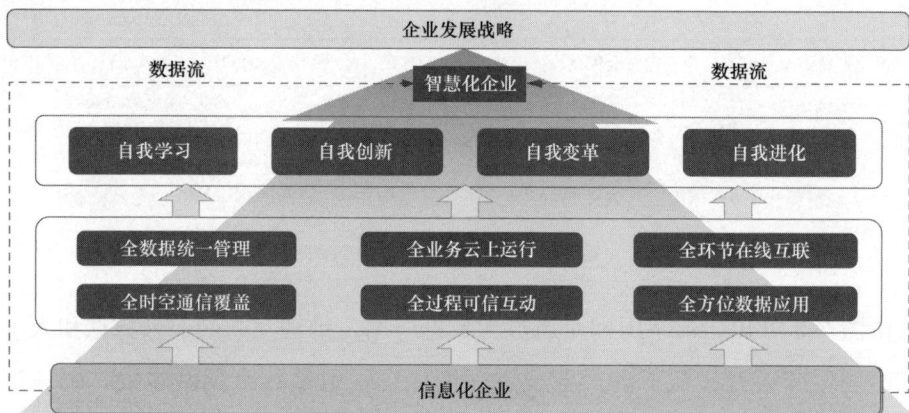

图7-6 智慧化企业高阶形态示意图

归纳来说，智慧化企业将具备三个鲜明特征（见图7-7）。

第一个特征是智能化。企业的智能化体现在以技术应用为核心，全面整合数据及平台，推动智能技术场景化应用，完成技术与企业业务的深度融合。比如企业的应用智能方面：一是机器人流程自动化。业务流程及操作模式自动化执行，推动效率提升。二是人工智能。应用AI实现更复杂的业务优化，解决业务难题。三是智能分析。利用智能分析技术，能够灵敏捕捉和分析数据，并基于大数据和动态管理算法，智能化地实现企业各层面的决策，减少对人的依赖，提升决策效率和质量，实现业务快速洞察，优化业务决策。第二个特征是网络化。智慧化企业的网络化，是将整个互联网的资源，包括企业内部资源，整合成一个超级计算机，实现计算、存储、知识、专家等各类资源的全面共享，结合智能应用和智能设施的投入，大大增强客户需求的响应能力和服务水平，并且能够根据市场需求、客户需求适时调整内部流程，设计新流程，开发新产品，培育新功能，提升企业核心竞争力。第三个特征联通化。在智慧化企业的时代，企业的边界变得模糊，不同主体之间信息无缝连接，合作协同高效，企业对外部环境的感知、对客户需求的识别、与相关方的合作，都变得通透顺畅，作为一个系统内的利益共同体谋求最优解，优化企业的生存业态。

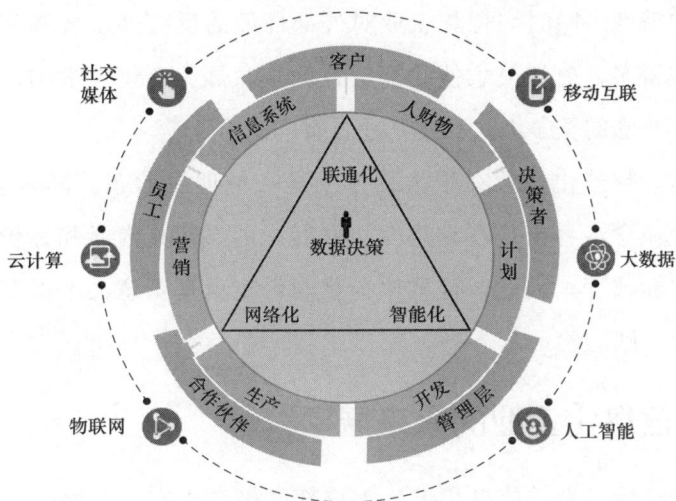

图 7-7　智慧化企业特征示意图

　　智慧化企业是信息化企业发展的高阶组织形态，是信息技术引领的企业未来变革方向，进一步融合了包括机器智能在内的信息技术与企业业务、企业环境、企业员工，建立企业创新文化，打造敏锐信息捕捉、敏感分析挖掘、敏捷反馈响应的企业执行能力，构建和谐共赢的企业多元业态和生态体系，从而创造更大经济效益和社会价值。下文就以智能化、敏捷化以及创新三个方面进行阐述：在智能化方面，包括数据智能、平台智能和应用智能，实现数据的自动感知和获取、多源数据的融合贯通、机器深度挖掘，实现平台的功能自动添加、故障自动修复、性能自助提升，实现业务流程自动执行、应用功能自主增加、业务决策智慧洞察。在敏捷化方面，根据市场需求、客户需求实时调整内部流程，构建基于项目的柔性工作组织，实现知识、技能和技术平台的协作共享，设计新的业务流、开发新的产品、培育新的动能，不断提升企业的快速响应能力，从而不断提升企业的核心竞争力。在创新方面，智慧化企业的方方面面高度融合了创新基因，员工具有全员创新变革意识，具有创新的良好的方法论和氛围，可以从不同角度审视问题，考虑多种解决方案并不断迭代完善，同时具有掌握新技术的渠道、环境、设备和数据，实现创新思维的持续驱动和不断引领，帮助企业不断进步、自我变革、自我提升，创造更加优秀的业绩。

　　智慧化企业具有自己的战略特点，它形成了一种新的企业模式，能够以新的方式捕捉市场机遇，建立新型的客户和员工价值理念。最重要的是，智慧企业应当具有独特性。同时，智慧企业对外部环境的反应速度比数字化企业和信息化企业要快得多，更加灵敏使之能够在竞争激烈、变化无常的市场环境中生存并保持持续高涨的竞争力，获得基业长青的优秀业绩。

客观而言，智慧化企业在很大程度上是一种理想形态。同时应注意的是，智慧企业这个概念本身也是在动态变化发展中的，即其内涵和评价标准均会随着时间的推移而改变。因此，智慧化企业能否实现真正意义上的基业长青，还有待于时间和实践的验证。

7.2　信息化企业的未来展望

作为新经济的标志，信息化催生着全新的经济生态，并将带来经济社会的深刻变革，成为推动社会经济发展的重要动力。目前，中国网民数量、网络零售交易额、电子信息产品制造规模已居全球第一，一批信息技术企业和互联网企业进入世界前列，形成了较为完善的信息产业体系。信息技术应用不断深化，"互联网＋"各种业态蓬勃发展，经济社会数字化网络化转型步伐加快，网络空间正能量进一步汇聚增强，信息化在现代化建设全局中引领作用日益凸显。中国综合国力、国际影响力和战略主动地位持续增强，发展仍处于可以大有作为的重要战略机遇期，借助信息化推动经济社会的发展，优化企业的生产经营模式，具有重要的战略意义。

在这样的大环境下，信息化企业在未来发展的进程中，势必要对各种新思想、新技术和新手段来加大研究探索力度，同时新的工作、合作方式也会应运而生，并与企业实际管理及需要紧密结合，逐步向智慧企业的形态迈进。站在信息化企业的高度展望未来，就不能忽视其在技术、管理、应用三个层面可能产生的深刻变化。

7.2.1　未来信息化企业的技术

信息化企业不断发展的过程，必然是新技术不断深化应用的过程。"大云物移智"、区块链等新技术真正走出概念理论的范畴，在企业部署实施，与企业的业务、管理深度融合，驱动企业整体效能的飞跃。

以目前较为火热的人工智能技术（Artificial Intelligence，AI）为例，其起源于20世纪50年代，技术经历了长期的发展过程。人工是指人工智能出自于人类文明，它是人类智慧的结晶；而智能则指的是可以模拟人类的智能行为以及思维方式，具有人工智能的计算机以及其他的电子设备。人工智能只是计算机应用的一个分支，近期的主要研究热点在于研发使用机器来模仿以及执行人类大脑的一些智能功能，并且研发一系列的理论和算法。当前主要的技术包括：一是对计算机系统如何能够履行那些只有依靠人类智慧才能完成的任务的理论研究，例如视觉感知、语音识别、在不确定条件下做出决策、学习，还有语言翻译等；二是对人的意识、思维的信息过程的模拟，该领域的研究包括机器人、语言识别、图像识别、自然语言处理和专家系统等。

随着人工智能技术的不断发展，人们也将人工智能的先进技术运用于企业之中（见图7-8），未来信息化企业必然会深度应用人工智能技术。自然语言理解、深度学习、图像识别、文本挖掘、前景分析、预测分析和询证等均可以在信息化企业中逐步深入应用。

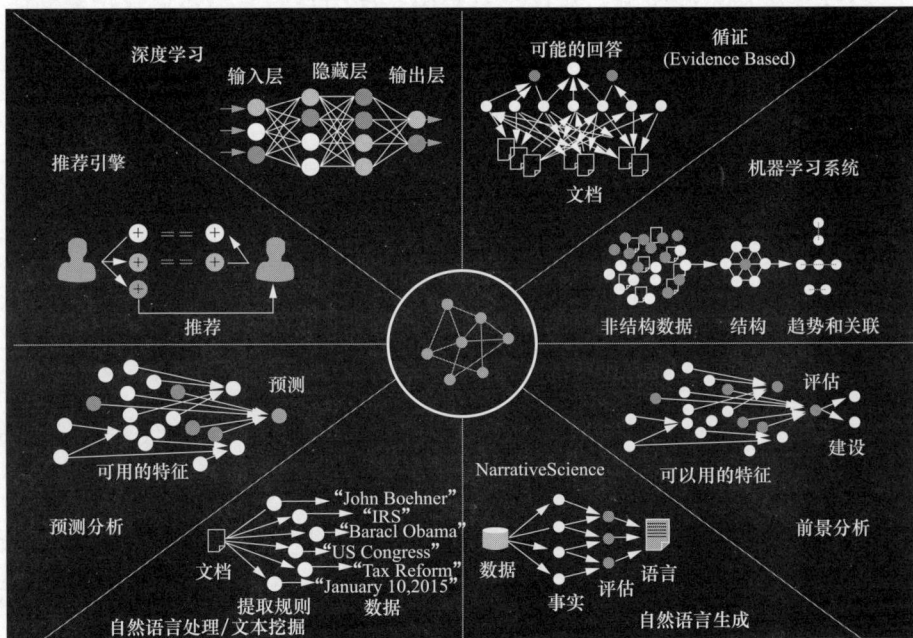

图7-8　人工智能的企业应用示意图

一方面，企业将广泛应用诸如深度学习神经网络等技术。人工智能系统获取的数据越多，其预测效果就越精准。深度神经网络算法可以不断扩展和提高自身能力，可以自主学习，无须人为监督。如硅基智能研发的硅语电话机器人，电话机器人能够自动从聊天记录中进行基于知识图谱的自动化校验，而模块预警机制、自我训练学习的反馈系统能帮助机器人学习生成知识库，减少知识库运维的成本；运用多轮会话技术，方便客户定制复杂的对话机器人，满足多种应用场景的需求。随着知识累积和能力增长，就可以协助员工工作，还无须担心它们会"跳槽"。

另一方面，企业将更加注重人工智能与生产过程和业务的融合。在整体的生产过程中，智能系统一是完成对过程监督，对异常自动处理上报，比如日本NEC公司推出的机器视觉检测系统可以逐一检测生产线上的产品，从视觉上判别金属、人工树脂、塑胶等多种材质产品的各类缺陷，从而快速侦测出不合格品并指导生产线进行分拣，在降低人工成本的同时提升出厂产品的合格率。二是即时调整策略，如机器提前预知机器故障时可自动停机或排除故障，无须后台人员的操作与决策，各类机器能通过学习发现机器运行过程中的问题并有效解决，以保证生产不受影响，在这个过程中，因为只需要关注异常状况，所以一个管理人员就可以管理更多的生产过程，传统的管理金字塔结构逐步地扁平化。管理者的关注点从对生产过程细节的监督，转入到对整体业务状况的关注。

7.2.2 未来信息化企业的管理

信息化企业的发展不只是一个技术问题，更是一个管理问题。它要求企业的管理者具有信息化意识和知识，要求企业的管理制度成熟完善，要求企业的管理数据科学完备，要求企业的管理机构合理稳定。因此，信息化企业的发展，需要有新的管理模式相适应。从项目立项、开发实施，到投入使用以及以后的运行维护，技术总在不断变化、升级和更新，业务也总在不断创新，信息化企业的"软件"也不得不随之升级更新。同时，随着信息化企业建设覆盖企业越来越多的业务、职能、单位，对企业跨单元沟通的要求也日益升高。因此，要求企业具备与之相匹配的柔性组织管理模式，以目标为导向形成临时性跨专业跨部门的团队，并采取敏捷开发等快速响应迭代的工作方式。只有这样，才能适应信息化企业的不断快速深化发展。

未来信息化企业和智慧化企业的管理更加柔性和个性化。很多流程全部是自动完成，管理者的很大精力在于根据大数据挖掘的结果和深度学习后的预测结果进行综合分析研判，确定企业的战略方向与近期运营方针和目标，实时调整企业的服务方式和创新业务形态。

此外，管理模式的变化，离不开一支高素质的信息化建设、管理和应用队伍，离不开全员信息化能力的提升。实际上，全员信息化能力，正是未来信息化企业的核心竞争力，这就要求加强对信息专业人员的培养和引进，加强对既熟悉业务、又懂信息化、又懂大数据分析的复合型人才的培养。未来信息化部门的主要精力集中于一体化信息平台及数据中心的架构升级、技术升级以及可靠运行，集中于网络安全的防控以及各类技术政策的落地。业务部门将与信息化技术深度融合并成为业务应用的主导者。

7.2.3 未来信息化企业的应用

信息化企业的发展，也将带来应用层面的深刻变革。未来的信息化企业，将逐步向智慧化企业过渡，企业运行更加自主化、智能化、自愈化。从技术上来看，将更加凸显平台化的特征：以一个坚强的信息化平台为核心统合应用集群，并链接相关方形成生态圈。第一，信息化核心平台将更加坚强，数据中心将能够统合全业务、全流程，平台具备自我感知和容错能力，以及自愈功能，运行可靠性更加提高。第二，平台将统合应用集群，实现大量微应用在平台上面优胜劣汰，用户体验好，质量高的微应用将留存并不断迭代更新，而随着柔性组织和工作模式的改变，用户的自主开发成为常态，用户可以自行整合素材，更加深入参与到应用的制作上，将需求直接植入应用原型，进行实用性开发。而专业队伍则更聚焦于后台支撑能力、集成能力和开发能力的完善。

随着全员信息化能力的不断提高，包括用户、信息专业队伍、业务人员、技术服务商等各相关方的分布式开发、在线测试、在线投入运行的快速开发运维一体化的模式成为可能。这不仅释放一线人员的创造力，而且大大提高了开发效率，提升了信息化应用的整体水平。国家电网公司着力打造的"大平台、微应用、组件化"的新一代一体化信息平台，正是基于这种思想。

在未来的信息化企业中，信息化办公已经可以与信息化生活无缝连接、高度融合，智能身份识别使身份鉴别更加有效安全；云工作系统使得资源更充分利用和共享；区块链技术使得信息存储更精确不可篡改；智能处理系统使得工作界面更加友好、效率大幅提升……未来的信息化企业，必将带来更便捷智能的体验，增强人们的满意度和幸福感，为构建和谐社会、满足人民对美好生活的向往带来一抹亮色。

参 考 文 献

［1］　All EF. International Data Group ［J］. Human Molecular Genetics，2014，23（9）：
2459-2467.

［2］　Arcangeli F. Atypology of networks：flexible and evolutionary firms ［J］. Research Poli-
cy，1998，27（4）：415-428.

［3］　EMC 数字化宇宙（IDC 提供研究分析），充满机会的数字化宇宙：丰富数据与物联网的
价值，2014.

［4］　Hurtubise R. Tapscott，Don and Art Caston. Paradigm Shift. The New Promise of In-
formation Technology ［J］. Relations Industrielles，1993，48（3）：570.

［5］　Illmakunnas P.，Maliranta M. Aging，Labor Turn over and Firm Performance ［J］.
Discussion Papers，2007，30（1）：3-11.

［6］　Informationweek ［M］. CMP Publications，1985.

［7］　Perkins K，Parson R，Loeblein T，etal. Soluçōesdeaçúcaresal ［J］. Simulações Interati-
vasPhET-Universidadedo Colorado.

［8］　RouvinenP，·Maliranta M. ICT and Business Productivity ［M］//The Economic Impact
of ICT. 2004：213-239.

［9］　Tambe P.，Hitt LM. Now IT's Personal：Offshoring and the Shifting Skill Composition
of the U. S. Information Technology Workforce ［M］. INFORMS，2012.

［10］　Vamos T. Computer Intelligence ［C］// Euromicro97. NewFrontiersofInformation
Technology. Proceedings of the Euro micro Conference. IEEE，1997：571-573.

［11］　Yang，Huafei，Cui. Research and Applicationon IT Standards System of SGCC ［J］.
中国标准化：英文版，2011，（4）：55-58.

［12］　阿里研究院、毕马威，迎接全球数字经济新浪潮 ［R］. 数字经济论坛，2018.

［13］　程丹丹. 从企业信息化到信息化企业——京博控股转型三重奏 ［J］. 企业管理，2011
（10）：92-94.

［14］　戴云徽. 出入境检验检疫符合性条件的筛选、检验策划及风险预警研究 ［D］. 南京理
工大学，2008.

［15］　第 41 次《中国互联网络发展状况统计报告》发布 ［J］. 中国广播，2018（03）：96.

[16] 董祺. 中国企业信息化创新之路有多远？——基于电子信息企业面板数据的实证研究 [J]. 管理世界，2013（7）：123-129.

[17] 董伟龙，屈倩如. 变中求进精益求精——2015年中国制造业企业信息化调查 [J]. 电器工业，2017（1）.

[18] 范波，杨展期. 总体架构在电力企业信息化建设中的应用 [J]. 电力信息化，2011（10）.

[19] 方芳. 从"企业信息化"到"信息化企业"[J]. 互联网周刊，2009（8）：78-79.

[20] 工业和信息化部. 我国出台《关于加快推进信息化与工业化深度融合的若干意见》[J]. 军民两用技术与产品，2011（5）：6-6.

[21] 龚泓铭，靳义翠. 发展是硬道理，改革是关键词——2015年政府工作报告解读 [J]. 祖国，2015（6）.

[22] 国际数据公司，国际数据观察：从混沌中提取价值，2016.

[23] 国家环境保护局. 21世纪议程 [M]. 中国环境科学出版社，1993.

[24] 何仁伟. KY集团信息化建设总体规划 [D]. 电子科技大学，2008.

[25] 胡建生. 从企业信息化到信息化企业 [J]. 电力信息化，2009，（5）：18-20.

[26] 胡建生. 从企业信息化到信息化企业 [J]. 新金融世界，2009，（5）：8-9.

[27] 胡建生. 从企业信息化到信息化企业 [J]. 中国制造业信息化：应用版，2009，（4）：52-53.

[28] 胡建生. 信息化企业的核心与要素 [J]. 中国信息界，2009，（4）：26-27.

[29] 贾风岗. 信息化企业建设之初探 [J]. 管理现代化，2010，（4）：21-22.

[30] 姜奇平. 中央企业走在信息化前列 [J]. 互联网周刊，2010，（7）：6-6.

[31] 卡斯泰尔. 信息化城市 [M]. 江苏人民出版社，2001.

[32] 李洪. "十二年科技发展规划"的历史回顾 [J]. 求实，1991（4）：20-21.

[33] 李伟. 大力推进中央企业信息化增强企业核心竞争力促进国有资产保值增值 [J]. 信息化建设，2007（6）：6-9.

[34] 李向荣，郝悍勇，樊涛，等. 构筑数字化电网建设信息化企业 [J]. 电力系统自动化，2007，31（17）：1-5.

[35] 李长忠. 企业管理与信息化企业理念结合性探讨 [J]. 现代商业，2011，（32）：115-115.

[36] 刘世民，朱继阳，范秉旭. 信息系统一体化运维体系研究 [J]. 信息系统工程，2016（01）：111-112.

[37] 刘伟. 基于业务应用集成体系架构探参 [J]. 软件导刊，2013，（8）：17-19.

[38] 刘雁. 基于ITIL的A公司运维服务管理研究 [D]. 南京邮电大学，2014.

[39] 刘正珩. 信息化企业的创新实践 [J]. 中国物流与采购，2012（1）：55-55.

［40］ 龙小康. 对企业信息化理论和实践的思考［J］. 行政论坛，2002（11）：11-13.

［41］ 娄策群. 信息化与企业竞争力发展研究——信息化如何改变企业竞争力？［J］. 情报学报，2004，23（6）：755-760.

［42］ 明托. 金字塔原理［M］. 南海出版公司，2013.

［43］ 聂元铭，朱卫国，刘世栋. 电力信息系统数据安全防护［J］. 信息安全与通信保密，2015（04）：45-47.

［44］ 宁光杰，林子亮. 信息技术应用、企业组织变革与劳动力技能需求变化［J］. 经济研究，2014（8）：79-92.

［45］ 潘莹玉. 浅谈信息化企业［J］. 决策探索，2009（18）：43-43.

［46］ 乔泰. 下一代企业：人工智能升级企业管理［J］. 互联网经济，2016（08）：26-31.

［47］ 斯蒂格勒，裴程. 技术与时间［M］. 译林出版社，2000.

［48］ 孙孝科. 信息化与企业理念的变革［J］. 社会科学家，2004，（6）：48-51.

［49］ 唐家华，胡祺，廖鸿志，等. AHP方法在企业信息化水平评价中的研究与应用［J］. 云南大学学报（自然科学版），2011，33（s2）：234-238.

［50］ 涂扬举. 智慧企业框架与实践［M］. 北京：经济日报出版社，2016.

［51］ 汪光焘. 城市交通与信息化［J］. 城市交通，2015，13（03）：1-4.

［52］ 汪莹. 企业信息化的效应理论与评价方法研究［M］. 中国经济出版社，2006.

［53］ 王海昌. 大力推进中小企业信息化建设［J］. 科技信息，2004（3）：46-47.

［54］ 王华. 人本管理与科学管理、绩效管理并蓄打造现代信息化企业［J］. 山东企业管理，2007，（3）：8-10.

［55］ 王继业. 电力大数据技术及其应用［M］. 北京：中国电力出版社，2017.（ISBN 978-7-5198-0971-3）.

［56］ 王继业. 大力推进下一代互联网技术应用打造坚强智能电网［J］. 世界电信，2012：58-60.

［57］ 王继业. 电力大数据平台研究与设计［J］. 电力信息与通信技术，2015，13（6）：1-7.

［58］ 王继业. 电力行业的大数据安全防护［J］. 中国信息安全，2013，85-86.

［59］ 王继业. 电网信息系统综合绩效评估模型［J］. 电网技术，2015：2653-2657.

［60］ 王继业. 对管理信息系统的认识. 电力技术应用，1995.

［61］ 王继业. 对管理信息系统的再认识［J］. 农村电气化，1997：11-13.

［62］ 王继业. 国家电网企业信息架构模型 SG_EA 的构建与应用［J］. 中国电力，2016：101-106.

［63］ 王继业. 企业架构创造未来［J］. 电力信息化，2012，10（2）：5-5.

［64］　王继业. 企业信息化与信息化企业［J］. 电力信息化，2011，9（3）：7-7.

［65］　王继业. 谈谈信息化的评价考核［J］. 电力信息化，2010，8（5）：6-6.

［66］　王继业. 信息化价值及其实现［J］. 电力信息化，2010，8（4）：6-6.

［67］　张海涛，靖继鹏. 信息化企业内涵及其结构研究［J］. 情报科学，2004，22（6）：646-648.

［68］　张海涛，靖继鹏. 信息化企业内涵特征及结构的再认识［J］. 情报科学，2008，26（7）：1000-1002.

［69］　张晓京. 从企业信息化到信息化企业——华能国际电力股份有限公司信息化建设实践［J］. 中国电力企业管理，2009（8）：20-26.

［70］　王继业. 再谈电力信息标准化［J］. 电力信息化，2011，9（4）：6-6.

［71］　王继业. 基于区块链的数据安全共享网络体系研究［J］. 计算机研究与发展，2016：742-749.

［72］　王继业. 能源互联网信息技术研究综述［J］. 计算机研究与发展，2015：1109-1126.

［73］　王继业. 能源互联网信息通信关键技术综述［J］. 智能电网，2015：473-485.

［74］　王继业. 信息驱动的全球能源互联网全景安全防御系统［J］. 全球能源互联网专刊，2016：13-19.

［75］　王继业. 云计算综述及电力应用展望［J］. 中国电力，2014：108-127.

［76］　王四新. 《欧盟数据保护一般规则》简评［J］. 中国信息安全，2016（3）：74-78.

［77］　吴同. 美国《网络安全信息共享法案》的影响与应对［J］. 保密科学技术，2016（2）：50-51.

［78］　肖静华. 企业信息化水平评价理论与方法［M］. 北京：电子工业出版社，2010.

［79］　晓镜. 国外企业信息化发展现状研究［J］. 中南视点，2006（4）.

［80］　杨大寨. 完善的信息化管理制度是信息化建设的保障［J］. 中国信息化，2008（21）.

［81］　杨一平，马慧. 企业信息化能力成熟度研究［M］. 北京：人民邮电出版社，2011.

［82］　佚名. 企业内部控制基本规范［C］. 核工业勘察设计，2009.

［83］　佚名. 上海宣言亚太地区城市信息化高级论坛宣言（草案）［J］. 上海信息化，2000（2）：7-8.

［84］　詹姆斯·C. 柯林斯，杰里·I. 波拉斯. 基业长青［M］. 北京：中信出版社，2002.

［85］　张根周，毕鹏翔. 国家电网公司标准化和信息化融合的探索［J］. 电力信息与通信技术，2013，11（5）：9-12.

［86］　张海涛，靖继鹏，辛立艳. 信息化企业的运行模式与运行机制研究［J］. 情报科学，2008（11）：1643-1646.

索　引

后　　记

　　企业信息化伴随着信息化的发展经历了近 50 年，其间起起伏伏，坎坎坷坷走到今天，终于可以发挥一定的作用了。信息系统日益成为企业运营、生产、服务不可或缺的基础支撑，信息资源日益成为重要的生产要素、无形资产和数字财富，信息网络已经成为员工办公、数据采集、客户服务的重要保障。各行各业正积极加强信息化建设，将生产、经营、服务等与信息技术高度融合，信息化成为拉动经济增长的新引擎、新动能。信息化与经济全球化相互交织，推动着全球产业分工深化和经济结构调整，重塑全球经济竞争新格局。

　　信息化发展日新月异，新概念、新技术、新名词层出不穷，有些甚至昙花一现。信息化企业是企业信息化过程的结果，不管一些新的名词多么吸引眼球、多么令人兴奋，其基本原理是不变的，信息化的规律是不变的。企业信息化，首先用信息技术改造传统设备，实现设备和信息采集的数字化；其次用流程去穿越职能壁垒，实现跨专业、跨层级、跨单位的，不同职责、界面以及内容要求的无缝衔接、协同运作，这种变革是深入的、持续的，采购、生产、服务等各环节都将被改变；最后是根据企业运营中产生的、企业相关方提供的大量大数据，进行数据挖掘和深度分析，乃至对某些业务进行预测，指导和反馈企业运营进行进一步的改进，以便进一步提高生产效率和服务水平，降低成本。这些方面的综合结果，就是使传统企业成为业绩优秀、表现优异、基业长青的信息化企业。

　　随着技术的不断进步和管理能力、信息化能力不断加强、不断演进和深度学习技术的全面广泛应用，信息化企业最终走向智慧化企业，成为卓越企业的典型特征。智慧企业包括了数字化企业、信息化企业的所有典型特征，是更能适应周边环境的、反应灵敏的、更为智能化的企业。

　　不同行业、不同类型、不同规模的企业，其信息化发展历程均不相同，建设重点也有所不同，因此数字化企业、信息化企业和智慧化企业的典型特征在某一时间段内可同时存在，即有些企业目前仍然存在于数字化阶段，有些企业已经进入信息化阶段，还有些企业已露出智慧化的端倪，也有些企业同时具备三类企业的部分特征。信息化企业和智慧化企业的建设是长期的，需要持续不断的投入和完善，才能成为基业长青的"百年老店"。